JN437541

한국이슬람연구소 창립 20주년 기념 논문집

이슬람 총서 3

이슬람 연구 3

모든 인간은 하나님의 형상을 닮은 존엄한 존재입니다. 전 세계의 모든 사람들은 인종, 민족, 피부색, 문화, 언어에 관계없이 존귀합니다. 예영커뮤니케이션은 이러한 정신에 근거해 모든 인간이 존귀한 삶을 사는 데 필요한 지식과 문화를 예수 그리스도의 사랑으로 보급함으로써 우리가 속한 사회에 기여하고자 합니다.

이슬람 연구 3

초판 1쇄 찍은 날 · 2013년 10월 15일 | **초판 1쇄 펴낸 날** · 2013년 10월 18일
엮은이 · 김아영 | **펴낸이** · 김승태

등록번호 · 제2–1349호(1992. 3. 31) | **펴낸 곳** · 예영커뮤니케이션

주소 · (136–825) 서울시 성북구 성북1동 179–56 | **홈페이지** www.jeyoung.com
출판사업부 · T. (02)766–8931 F. (02)766–8934 e–mail: jeyoungedit@chol.com
출판유통사업부 · T. (02)766–7912 F. (02)766–8934 e–mail: jeyoung@chol.com

ISBN 978–89–8350–864–5 (94230)
978–89–8350–861–4 (세트)

값 18,000원

이 도서의 국립중앙도서관 출판시도서목록(CIP)은 서지정보유통지원시스템 홈페이지(http://seoji.nl.go.kr)와 국가자료공동목록시스템(http://www.nl.go.kr/kolisnet)에서 이용하실 수 있습니다.
(CIP제어번호: CIP2013018727)

이슬람 연구 3

김아영 엮음

예영커뮤니케이션

✳✳✳✳✳✳✳✳ 추천사

It is both a pleasure and a privilege to commend this excellent collection of papers celebrating the 20th anniversary of this important journal because I believe each one of them can help Christians in one way or another to address the enormous challenges that are presented by Muslims and Islam. If we ask what is involved in facing these particular challenges, there are at least five things that Christians need to do:

– *Know Muslims personally and develop relationships with them.* It is said that some of the Christians who have the most negative views about Islam have never actually met a Muslim. It's important therefore that we learn how to develop genuine personal relationships with them.

– *Learn more about Islam and Muslims.* When there is so much ignorance in our churches about Islam, we need to learn as much as we can about the beliefs and practices of Islam and understand the many different kinds of Muslims and Islam that we find in the world today.

– *Think biblically and theologically about Islam.* We need spiritual discernment in order to understand both the common ground and the significant differences between the two faiths, and this should drive us back to study the Bible and do our theology in new ways.

– *Deal with our fears and prejudices.* Sometimes our problems in understanding Islam and relating to Muslims lie within ourselves, and in this case we need to find ways of dealing with our deep-seated fears and prejudices.

– *Learning how to work together to relate to Muslims.* What are we going to do to face these challenges? This is where we need to develop realistic strategies which will enable us to work together.

I am very happy to commend this volume because I am confident that every paper can help us in one or more of these five different areas, and I congratulate the Torch Trinity Center for Islamic Studies on this important anniversary.

Colin Chapman

(Formerly lecturer, Islamic Studies, Near East School of Theology, Beirut, Lebanon)

I am very pleased to write this recommendation for the Torch Trinity Center for Islamic Studies. I first had contact with the Center in its early days through Professor Chun Chae Ok, with whom I shared a conference platform at London School of Theology in 1998. I subsequently visited the Torch Trinity Center for Islamic Studies in May 2000 and was very encouraged by what I found.

At that early stage, the Center had already acquired a significant library, it was teaching classes on various locations around Seoul and it was sending its staff abroad for postgraduate training. Indeed I served as supervisor for two Master of Theology dissertations that were written by staff of the Center.

Since that first visit to the Torch Trinity Center for Islamic Studies, I have watched its development with interest and admiration. It now produces highly professional publications, it is able to draw on highly trained and skilled staff, and it has a dynamic plan of action for the future by the leading of the current director of the Center, Dr. Ah Young Kim. I am also impressed by the breadth of the Center and am confident that it will serve for many years as a rich resource for the Korean churches as they engage with the world of Islam and with Muslims. The relationship between Christianity and Islam will be a crucial element in inter-religious relations during the 21st century. The Torch Trinity Center for Islamic Studies is now well equipped to make a significant contribution to the Christian-Muslim relationship in coming decades.

Peter Riddell

(Vice Principal for Academic Affairs, Melbourne School of Theology)

햇불트리니티신학대학원대학교 한국이슬람연구소에서 지난 20여 년 동안 발표된 논문과 서평을 모아 『이슬람 연구』라는 책을 출판하게 된 것을 크게 기뻐합니다. 한국 기독교계에 이슬람 연구가 부족한 상태에서 한국이슬람연구소에서 꾸준히 저널을 발행하고, 오랜 세월 발표된 여러 교수님과 전문가들의 좋은 자료들을 수집하여 한 권의 책으로 발간하여 신학교와 선교사 훈련을 위해, 또 목회자들의 길잡이를 위해 이슬람 연구의 교재로 사용할 수 있게 된 것은 아주 큰 성과라 여겨집니다. 이 책이 많은 분들에게 유익을 주고, 무슬림 선교에 눈을 뜨게 하는 계기를 만들어 주리라 믿으며 이 책을 추천합니다.

김상복 총장(햇불트리니티신학대학원대학교)

이슬람은 기독교 이외에 세계 선교를 꿈꾸는 유일한 종교입니다. 그러므로 이슬람은 기독교에 가장 가까운 종교이면서 동시에 선교에 있어서는 가장 커다란 장벽이 되어 있습니다. 어떤 면에서 이슬람 선교는 아는 만큼 기회를 얻을 수 있는 사역입니다. 생각보다 깊이 있는 이슬람 연구가 부족한 한국의 상황에서 이번 『이슬람 연구』가 출간되는 것은 또 하나의 열매라고 여겨집니다.

이 책이 이슬람 선교의 기회를 한걸음 더 넓힐 것이라 확신하며 적극 추천하는 바입니다.

이현모 교수(침례신학대학교 선교학)

하나님 사랑, 이웃 사랑(마 22:34-40)은 선지자와 율법의 핵심이며, 이 둘은 별개가 아니라 사실은 하나입니다. 그런데 이웃 종교인 이슬람과 무슬림을 알지 못한 채 어떻게 그들을 사랑할 수 있겠습니까?

한국이슬람연구소에서 발간하게 된 『이슬람 연구』의 진정한 가치가 여기에 있습니다.

1995년 이후 한국이슬람연구소의 저널을 통하여 발표된 이슬람과 관련된 다양한 논문들과 중요 저서들에 대한 서평이 이 책에 수록되어 있습니다. 이 글들의 필자들에게 박수를 보내며 그 귀한 글들을 모아 연구서로 발간한 한국이슬람연구소 연구원들과 스태프들에게 감사와 격려의 말씀을 전합니다. 무슬림들을 더 이해하고 사랑하고자 마음에 품고 기도하며, 또 실제 현장에서 사역하고 있는 모든 분들에게 필독을 권합니다.

정마태 교수(합동신학원 선교학)

한국이슬람연구소는 창립 이후 꾸준히 이슬람과 관련된 연구논문들을 모아 저널을 출판하였고, 횃불트리니티신학대학원대학교로 자리를 옮긴 후에는 *Muslim-Christian Encounter*라는 이름으로 재창간하여 이슬람의 정체성과 정신을 이해하여 이슬람 선교에 대한 안목을 높이고 넓히는 일에 노력해 왔습니다.

이제 한국이슬람연구소 창립 20주년을 기념하여 그간의 연구물들을 모아 『이슬람 연구』라는 이름의 연구총서를 발간하게 된 것을 기쁘게 생각하며 하나님께 감사를 드립니다.

이 책이 나오기까지 수고한 김아영 소장과 권지윤 책임연구원, 그리고 오랜 세월 함께 동역해 온 예영커뮤니케이션의 김승태 사장께 감사의 말씀을 전하며, 이 책이 이슬람 선교를 위한 건강한 방법론을 모색하는 일에 좋은 교재로 사용되기를 소망합니다.

전재옥 교수(이화여자대학교 명예교수, 한국이슬람연구소 명예소장)

한국이슬람연구소 창립 20주년 기념 논문집

발간사

2012년 9월 25일은 한국이슬람연구소를 섬겨온 사람들에게는 특별한 의미가 있는 날이었습니다. 한국이슬람연구소가 이슬람권 선교를 위한 벅찬 발걸음을 시작한 지 20년이 되는 날이었기 때문입니다. 한국교회 이슬람권 선교의 선구자로, 은퇴 후에도 후배 선교사들을 위한 격려와 기도의 사역을 멈추지 않는 선교적 삶을 살고 계신 전재옥 이화여자대학교 명예교수님이 한국교회 이슬람권 선교의 성숙한 발전을 위해 동역자들, 제자들과 함께 시작한 한국이슬람연구소가 어느덧 성년을 맞이하게 된 것입니다.

이슬람에 대한 지식이 아라비안 나이트와 산유국이 전부였던 시절에 시작하여, 이슬라모포비아(islamophobia)가 그리스도인들의 마음마저 움츠러들고 냉정하게 만들었던 시기를 지나, 보다 객관적인 지식에 기반한 선교적 태도로의 전환이 요구되는 시기로 이어지는 변화를 겪으며, 한국이슬람연구소는 선교를 위한 이슬람 연구 공동체로서의 정체성을 유지하기 위해 성실한 노력을 이어왔습니다.

한국이슬람연구소 설립 20주년을 맞이하며 그 세월 동안 보이지 않는 곳에서 한결같은 마음으로 연구와 섬김에 최선을 다해 준 고마운 분들을 기억하지 않을 수 없습니다. 이제는 이슬람과 관련된 학위를 받고 전문가로 활동하고 있는 연구원들, 혹은 지식과 경험을 두루 갖춘 전문 선교사로 세계 곳곳의 이슬람 선교 현장에서 활동하고 있는 연구원들, 그리고 연구소 내에서 최선을 다해 실무를 맡아 주고 있는 연구원들에게 이 지면을 빌어 감사한 마음을 전합니다.

또한 이슬람 (선교) 연구라고 하는 익숙치 않은 분야에 신뢰를 가지고 지난 세월 동안 후원과 기도를 아끼지 않은 후원 교회와 개인, 단체들, 그리고 이슬람 선교에 대한 깊은 관심과 기도로 격려를 아끼지 않으시는 횃불트리니티신학대학원대학교 김상복 총장님과 이형자 이사장님, 그리고 교직원 여러분께도 깊은 감사의 말씀을 드립니다. 또한 이슬람권 선교를 위한 협력사역의 필요성에 의해 설립된 이슬람 파트너십의 실행위원들은 한국이슬람연구소가 어려운 상황에 직면할 때마다 격려와 존재 이유를 분명히 알려 준 고마운 동역자들입니다.

한국이슬람연구소는 창립 20주년을 맞이하며 무엇으로 이 날을 축하(celebrate)할 것인가를 오랫동안 논의하였습니다. 그리고 떠들썩한 강연회나 축하 모임보다는 논문집을 발간하는 것이 지나간 20년의 연구활동을 기념하는 가장 뜻깊은 일이라는 것에 의견이 모아졌습니다. 이를 위해 그간 연구소의 소식지와 저널을 통해 이미 발표되었던 논문들을 추리는 작업을 시작하였고, 국내외의 학자들께 논문을 의뢰하여 "이슬람 연구 총서"로 묶어 발간하기까지 꼬박 1년의 시간이 걸렸습니다. 한국이슬람연구소가 성년으로 새로운 발걸음을 떼는 2013년에 이 뜻 깊은 논문집을 발간하게 된 것입니다.

20여 년의 세월이 흘렀으나 이슬람권 선교는 여전히 어려운 과제로 우리 앞에 놓여 있습니다. 무슬림들을, 이슬람이라고 하는 종교를 어떻게 규정하고 어떻게 다가가야 하는가 하는 문제를 두고 그리스도인들 사이에 의견이 여전히 분분하며, 배타적이고 폭력적인 일부 무슬림들의 변함없는 태도는 여전한 선교의 장애물로 남아 있습니다. 또한 아랍의 봄, 혹은 재스민 혁명으로 시작되어 세속적 이슬람과 이슬람주의의 대결로 이어지는 이슬람 내에서의 투쟁(struggle)은 이슬람 선교방법론, 그리고 건강한 기독교-이슬람 관계 모색을 연구 주제로 삼는 저희 한국이슬람연구소에게 끊임없는 도전과 연구과제를 제시해 주고 있습니다.

녹록지 않은 연구 환경 속에서 한국이슬람연구소에 속한 모든 연구원들이 세계 도처에서, 그리고 한국에서 끊임없는 연구와 성찰, 기도를 통하여 이 시대에 무슬림들을 향한 하나님의 마음과 뜻을 분별해 내고, 이를 확장하는 일에 최선을 다할 수 있게 되기를 간절히 소망합니다.

이제 이 연구서 발간을 계기로 한국이슬람연구소가 지나간 20년의 활동을 정리하고 새로운 한 세대를 내다보며 변화하는 세계 종교환경과 이슬람 선교 환경 속에서 "우리 시대의 그리스도인들로 하여금 이슬람 세계를 이해하고 건강한 선교적 태도를 형성하여 기독교-이슬람 간의 바람직한 관계를 만들어가도록 영향력을 미치고자" 하는 한국이슬람연구소의 사명선언(mission statement)에 부합하는 연구활동을 지속적으로 수행하게 되기를 간절히 기원합니다.

어려운 출판환경 속에서도 흔쾌히 연구서의 출판을 허락해 주신 예영커뮤니케이션 김승태 사장님과 직원분들, 그리고 오랜 시간 편집을 위해 애써 준 권지윤 책임연구원에게 감사의 말씀을 전합니다.

이 모든 일의 동기와 목적이 되시는 하나님께 모든 영광과 감사를 올려드립니다.

2013년 한국이슬람연구소 "이슬람 연구 총서" 발간을 감사하며
한국이슬람연구소 소장 김 아 영

3권 차 례

7부 민속 이슬람

서평

1권 차 례

2부 이슬람 신학

3부 이슬람 선교

2권 차 례

5부 무슬림 공동체의 다양성

6부 무슬림 여성

무슬림 여성 : 어제와 오늘

전재옥

Ⅰ. 서론

이슬람교는 1970년대에 들어와서 정치, 경제적인 이유로 한국에서 관심을 모으게 되었다. 1960년대 후반까지만 해도 이슬람교는 대학교육기관에서 하나의 독립된 과목으로 개설이 되지 못하고 종교학 또는 세계 종교라는 과목의 관련 부분으로써 다루어져 왔다. 또 이슬람을 전공한 교수가 이슬람을 강의하는 기관은 드물었고, 이슬람학 교수의 희소성으로 인해 1970년대 후반까지는 이슬람에 대해 학문적인 관심을 갖지 못하였다. 그러나 아랍어과를 신설한 몇 대학에서 본격적으로 이슬람을 학문적으로 검토함에 따라 연구는 제 궤도에 접어들게 되었다.[1] 그리고 1980년대부터는 한국중동학회 등 이슬람을 연구하는 학회도 설립되었다.

1) 한국외국어대학교 아랍어과는 1967년에, 명지대학교 아랍어과는 1976년도에 신설 되었다.

이슬람을 학문적으로 접근하기 위해서는 아랍어가 필수이며 아랍어로 된 꾸란을 읽지 않고는 이슬람 연구가 어렵다. 최근에는 이슬람 연구 발표가 정기적으로 이루어지면서 학문적 관심이 높아져 가고 있다.

지금까지의 이러한 연구 추세는 한국인으로서 이슬람을 신앙으로 받아들인 한국인 신도의 입장에서의 이슬람에 대한 본격적 연구가 이루어져 왔다고 볼 수 있다. 여성으로서는 이 분야에서 무슬림 신도로서 활동하는 학자가 없다 해도 과언이 아니다. 이슬람권에서는 종교 연구 영역에 대한 여성의 학문적 진출이 어렵기 때문이다. 그러므로 한국 이슬람학자들은 거의 모두 남성이며 이슬람을 따르는 자들이라 할 수 있다.

이러한 상황을 고려할 때, 이 논문은 기독교 여성의 관점에서, 그리고 선교 신학적 관점에서, 또 한국인 선교사가 경험한 이슬람권 문화를 배경으로 쓰여졌다는 점이 고려되어야만 한다.

본고의 제I장에서는 서론으로 논문의 접근 방법, 한계, 목적을 언급한다. 제II장에서는 꾸란에 나타난 여성관을 다루는데, 여기에서는 예언자 무함마드(muhammad)의 여성관을 주로 다룬다. 하디스는 포함되지 않았고 꾸란의 '여성의 장'을 중심으로 자료를 찾아보았다. 제III장에서는 현대 무슬림 여성에 대한 이해를 원리주의적 관점에서 아불 알라 마우두디(Abul Ala Maududi)의 주장을 중심으로 다루고 있다. 그리하여 꾸란의 여성상이 변화하는 무슬림 세계 속에서 어떻게 받아들여지고 있는가에 관한 주요 흐름을 알 수 있게 될 것이다. 제IV장에서는 현대주의 관점에서 본 무슬림 여성에 관한 이해를 다루며 이에 대한 몇 학자의 견해가 제시될 것이다. 제V장에서는 현대 파키스탄 여성 운동의 관점에서 본 무슬림의 여성 문제들을 다루며 이를 위해 부토 여사(Benazir Bhutto)의 여권 선언서와 아크바르 아흐마드(Akbar S. Ahamad)의 견해를 살펴보게 될 것이다. 마지막으로 제VI장에서는 선교적 차원에서 볼 때 파키스탄 무슬림 여성에 대해 한국교회 여성의 바람직한 의식구조의 전환의 필요성을 인식시키고자 하였다.

이러한 전체적 구조 속에서 본 논문은 현대 무슬림 여성 이해를 위해 파키스탄 여성을 선택하였다. 파키스탄은 이슬람 공화국으로 1947년에 탄생되어 이슬람 법, 샤리아대로 이슬람을 부흥시키는 데 온 관심을 집중하고 있다. 파키스탄은 20세기 중반에 새로이 세워진 나라로 변화의 기운이 강한 곳이므로 꾸란의 여성상과 현대 무슬림 여성 이해의 비교를 위한 좋은 사례가 된다고 볼 수 있다.

또 꾸란의 여성을 다루는 데 있어서 가정에서의 여성의 위치, 여성의 결혼과 이혼문제를 중심으로 검토하였다. 그것은 꾸란의 '여성의 장'과 그 외의 자료들이 여성에 대해 주로 성, 결혼, 이혼, 상속 등 가정의 테두리 안에서의 문제를 전적으로 가르치고 있기 때문에 본 논문의 범위를 좁히기로 하였다. 또 꾸란에서 언급되고 있는 여성에 관한 구절들에 근거하여 이슬람의 여성관을 검토하는 과정에서 자연스럽게 위의 주제들에 집중하게 되었다.

꾸란 이외의 문헌조사에서도 이슬람의 여성에 관한 것은 주로 의상, 성, 결혼 등을 언급하고 있고 이에 대한 견해는 대개 두 흐름을 따라 달리 전개되는 것으로 나타났다. 두 흐름이란 이슬람의 원리주의 입장과 현대 세계에 적응하고자 하는 서구 교육을 받아 서구를 의식하며, 개혁과 적응을 하려는 개혁적응주의 흐름이다.[2]

논문의 한계점으로 지적되어야 하는 것은 꾸란에서 여성의 죽음 이후의 문제, 부활의 문제에 대한 가르침이 중요한 영역인 만큼 빈약하게나마 언급이 되었어야 하는 아쉬움이 없지 않다. 이러한 한계를 의식하면서 꾸란의 여성관을 이해하고자 한 것이다.

2) Richard Symonds, *The Making of Pakistan* (1950).

II. 꾸란의 여성관

1. 꾸란의 의미

꾸란은 114장(수라)으로 구분되어 있는데 크게 메디나 장과 메카 장으로 나뉘며, 이것은 예언자 무함마드가 23년간 구두로 가르친 것을 기록한 경전이다. 꾸란이 아랍어로 읊어지고 전달되어야만 그 의미가 있다는 것은 이슬람 신조 중 하나이다. 꾸란은 아랍어로 계시된 것을 내용으로 하며, 다른 언어로 번역되어서는 안 되며 번역될 수 없다는 것이 이슬람의 입장이다.[3] 다른 언어로 번역이 되면 그것을 '꾸란의 해석', 또는 '꾸란의 의미'라고 하며 '꾸란 경전'이라고는 하지 않는 것이 무슬림의 전통이다.

꾸란은 무슬림에게는 계시의 말씀이며 본래는 도덕과 예배의 가르침을 주는 책이었으나 민법과 헌법의 기능도 한다. 이슬람 공동체(움마)의 죄 문제에 대한 답을 주는 책으로 "깔람 알라(하나님의 말씀)"인 것이다. 인간은 이 말씀에 복종(이슬람)함으로써 바르게 살 수 있다는 것이다.

또 꾸란은 인간의 창작이 아니라 계시된 것으로서 그 내용을 실천에 옮기는 것이 하나님께 드리는 예배라고 가르친다. 꾸란에는 도덕적 가르침이 강하게 나타나고 있으며 특히 가난하고 불쌍한 자에 대한 책임과 구제를 강조한다. 가난하고 불쌍한 자에 대한 대표적인 묘사는 여성과 아이, 과부와 고아로 조명되고 있다. 이것은 이슬람의 창시자 무함마드의 생애에서 고아의 경험[4]과 그 아내, 카디자(Khadija)의 과부였던 기간의 경험이 반영된 것으로 보인다. 꾸란은 여성과 아이에 대한 가르침을 통하여 사회 정의를 강

---

3) L.Sanneh, *Translating the Message* (Orbis, 1989), 212.

4) W.M.Watt, *Muhammad* (Oxford, 1961), 7.

조하고 있으며 이것이 꾸란 내용의 상당한 비중을 차지하고 있다. 꾸란의 알라는 정의의 하나님으로 불쌍하고 바르게 사는 자에 대해 자비를 베푼다. 꾸란의 각 장의 첫 문장은 알라의 자비에 대한 선포이다. 114장 중에서 하나의 장을 제외하고는 모두 "자비로우시고 자애로우신 알라의 이름으로"라는 구절로 시작된다.

2. 꾸란 제4장 "니싸"를 통해 본 예언자 무함마드의 여성관

"니싸('여인의 장'이라는 뜻)"라고 기록된 이 장은 메디나 시기의 자료로 예언자 무함마드의 후기 가르침이다. 이슬람 공동체가 형성되고 성장하면서 겪은 투쟁과 전쟁의 배경을 짐작하게 하는 가르침으로 여성에 관한 가르침이 많기 때문에 여성의 장으로 알려졌고, 고아, 결혼, 이혼, 유산, 가족의 권리에 관하여 다루고 있다. 여기에서 여성에 관한 대표적 구절만을 인용한다.

"만일 너희들이 고아에게 하지 못할 것 같이 생각되면 누군가 마음에 드는 두 명, 세 명, 네 명의 여자와 결혼해도 좋다. 만일 공평하지 못한 생각이 들게 된다면 한 명으로 한다든가 너희 바른손에 소유하고 있는 것으로 하라. 그러면 불공평하게 될 염려가 없다(수라 4:3)."[5]

"너희들 자녀들에 관해 알라께서는 다음과 같이 명령하셨다. 남자애들에게는 여자 두 사람 몫을, 그리고 만일 여자애가 두 사람 이상 있을 때는 그녀들은 유산의 3분의 2를 갖는다(수라 4:11)."

"남자는 여자보다 우위에 있다. 알라께서 서로 간에 우열을 붙인 것으로서 또한 남자가 생활에 필요한 돈을 대고 있기 때문에 이러한 점에서 남

5) 김용선, 『聖 꾸란』 上, 124.

자가 여자보다 우위에 있으며 따라서 정숙한 여자는 남자에게 순종하고… (수라 4:34)"

이 외에도 수라 2:228에도 "남자가 여자보다 좀 위에 있기는 하지만 여자들은 자기가 하여야 할 것 만큼의 대우를 받을 권리가 있다."라고 기록되었다.

다음의 구절은 여성이 알라의 피조물로써 남성과 동격으로 기록되어 있다.

"인간들아 너희들의 주를 공경하라. 너희들을 단 한 사람으로부터 만들어 내시고 그 일부에서 배우자를 만드시고 이 두 사람으로부터 무수한 남자와 여자를 지상에 잉태하시었다(수라 4:1)."(비교 : "우리는…모든 것을 짝으로 만들었다(수라 51:49).")

꾸란은 피조물로서의 여성이 본질적으로 남성과 같다는 것을 인정한다. 알라의 창조로 두 성(남성과 여성)은 알라의 보살핌과 축복의 대상이다. 그러나 여성은 수라 4장에 기록에 의존한다면 남성의 지배를 받는다. 동시에 꾸란의 정신은 여성의 열등함을 지적하는 것이 아니라 여성이 그 사회에서 보호를 받고 신분을 보장받으며 인간으로서 자리를 찾아 살 수 있게 하는 것이었다. 인간은 약해서 악과 유혹에 빠져버리기 쉽기 때문에 이에 대한 제도적 장치로써 가정과 결혼이 여성의 삶의 공간으로 제시되었다. 여성에게 결혼은 선택이 아니라 절대적 제도로써 따라야만 하는 것이다. 당시의 아랍 사회에서 꾸란의 여성에 관한 가르침은 혁신적이며, 그 문화 안에서는 여성의 참 모습을 찾아 주려는 개혁적 노력이었다. 여성은 이슬람 이전에 아랍 세계에서 신분의 보장이 없었다.

예언자 무함마드는 당시 아랍 세계에서 여자 아이들이 버림을 당하고, 노예로 사고 팔리고, 결혼의 보장도 없이 이혼당하는 불쌍한 처지에 있는 여성의 존엄성을 가르치고 실제로 실천한 것으로 볼 수 있다. 꾸란 시대의 문화와 아랍세계의 비인간적 여성의 삶에 비추어서 생각해 보면 꾸란의 정신은 여성의 비인간화를 조장하는 것일 수 없었으며 예언자 무함마드는 더 나은 여성의 삶을 위한 종교적·정치적 개혁을 시도한 것이다.

다음과 같이 수라 4장은 구절마다 여성과 관계된 가르침으로 가득하며, 매우 구체적 상황을 지적해 준다.

"사람들이 여자의 일을 가지고 의견을 물으러 올지 모른다. 그러면 여자에 관해서는 알라 자신이 너희들에게 그녀들에 대한 판정을 내리신다. 그리고 너희들이 규정한 재산을 아직 주지 않고 더욱이 자기의 처로 삼으려고 생각하고 있는 고아 아이라든가 불쌍한 어린 아이라든가 또 고아를 올바로 취급하지 않으면 안 된다는 등 성전(聖典) 중에서 특히 이러한 점을 읽어 들려 주어라(수라 4:127)."

"남자이건 여자이건 믿음이 깊은 자는 누구든지 낙원에 들어가 대추씨만큼도 부당한 취급을 받지 않는다(수라 4:124)."

종교적으로는 남녀의 구별이 없이 은총과 심판이 있다고 하는 사실을 위 구절을 통해 읽을 수 있다.[6]

예언자 무함마드는 자기의 가정과 그의 아내 카디자를 통하여 이슬람의 이상적 여성상을 제시했고 가르쳤다. 무함마드 당시 아랍 세계의 여성의 위치는 매우 불투명하고 불안하고 비인간적인 대우를 받는 것으로 알려져 있는데, 메카에는 극히 소수의 여성들이 독립적으로 사업을 할 수 있었을 뿐이었다.[7]

메카에서 아랍인들은 쉽게 이혼을 하였고 남자들은 카라반 여정과 부

6) 전재옥, 『이슬람의 이해』, 이대논총 1990년 12, 58, 26-28.
7) W.M.Watt, *Muhammad* (Oxford, 1961), 10.

족 간의 전쟁으로 높은 사망률을 보였다. 남자가 여자보다 일찍 죽음으로써 한 여자가 세 번 또는 네 번까지 차례로 결혼을 하는 경우가 생겼다. 그것은 유능한 여자에게 유산이나 위자료 사업을 하여 경제적으로 독립하는 계기를 열어 주었다.

예언자 무함마드의 첫 번째 결혼의 대상이었던 카디자는 무함마드와의 결혼 전에 두 남편이 있었고 부유한 여사장격의 인물로 알려졌다. 카디자는 소수의 독립적 여성 중 한 사람이었던 것이다. 예언자 무함마드는 이 첫 번째 부인에게서 이상적인 무슬림 여성상을 형성하게 되었을 것이다. 예언자 무함마드의 생애에서 카디자와의 만남과 결혼은 그로 하여금 이슬람 창시자로서의 방향을 잡게 하였던 것이다. 카디자는 무함마드가 가브리엘이라는 천사의 음성을 듣고 정신착란 증세가 아닌가 하고 불안해 하고 회의에 빠졌을 때, 그를 믿어 주고 그의 계시의 사건을 인정하였다고 한다.

무슬림 학자들 대부분이 동의하는 바는 이슬람의 첫 번째 개종자는 카디자라는 것이다. 카디자에게 와라까(Waraqa Ibn Naufal)라는 사촌이 있었으며, 그는 기독교인이었고 성서에 관해 상당한 지식을 갖고 있었다고 한다. 그러므로 카디자와의 대화에서 성서 이야기가 전달되었을 것으로 보며, 꾸란의 많은 신·구약 내용이 선택적으로, 때로는 왜곡되어 인용이 된 것도 카디자의 영향이 있었다고 볼 수도 있다. 이것은 무함마드의 계시 내용에 간접적으로 작용한 것으로 이해할 수 있다. 와라까는 무함마드를 만났고 무함마드의 계시 내용을 성서와 관련시켜 격려해 준 것으로도 본다.[8]

이것은 매우 중요한 무함마드의 종교적 출발점인데 그것이 부인 카디자에 의한 것이었다는 것이 주목된다. 카디자가 죽기까지 무함마드는 다른 여자와 결혼하지 않았으며, 다른 아내가 없었다. 카디자의 죽음 이후 무함마

---

8) W.M.Watt, *Muhammad* (Oxford, 1961), 40.

드는 곧 사우다(Sawda)라는 과부와 결혼하였고 이것은 사우다가 무슬림이 아닌 남자와 결혼하지 않도록 하는 정치적 결혼이었다고 한다. 그후 무함마드는 세 명의 아내가 있음에도 불구하고 자이납(Zainab)과 결혼을 또 했다. 자이납과의 결혼은 무함마드의 결혼에 있어서 문제가 되었다. 그것은 그가 여러 아내가 있음에도 불구하고 결혼한 것 때문이 아니라 자이납이 무함마드의 양자 자이드(Zaid ibn Harithah)의 아내였고, 무함마드와의 결혼을 위하여 이혼했던 여자였기 때문이었다.

무함마드의 여러 번의 결혼은 대부분 정치적 동기가 컸다고 볼 수 있다. 그의 아내들의 배경이 과부, 아이, 이혼녀, 처녀 등 다양했다는 점은 당시의 여성과 결혼에 조명해 주는 점이 많다. 그러므로 무함마드의 여성관이 그의 아내들과의 관계에서 형성되었다는 점을 지적할 수 있다.

또 무함마드는 여성들에 대한 보살핌과 공평한 사랑의 강조, 유산, 상속, 결혼 지참금, 위자료에 대한 지시 등에 관한 언급을 반복하였다. 무함마드는 결혼과 가정에서는 여성의 위치가 가려지게 했지만, 인간으로서의 여성, 피조물로서의 여성은 알라 앞에서 남성과 똑같이 은총과 심판의 대상으로 본 것 같다. 다음 장에서는 여성에 대한 현대 무슬림 학자들의 논쟁을 두 대표적 흐름에 따라 검토하겠다.

Ⅲ. 현대 파키스탄 무슬림 여성의 이해 : 원리주의 관점으로

1. 원리주의의 부흥 이해

이슬람 공화국으로 1947년에 새로이 탄생한 파키스탄은 서구의 식민정책으로 200여 년간 눌림을 받아온 이슬람 정신의 깨어남의 표현이었고, 현대화로 인한 가치관의 변화를 일으켰다. 이것은 이슬람 문화 속에서 이슬람 전통을 되찾으려는 종교적 부흥 운동의 결과이며 정치적 결실이었다.

이 장에서는 이슬람교의 여성이 현대에 들어와 어떤 위치에 있는가를 검토한다. 더 구체적으로는 파키스탄의 무슬림 여성을 대상으로 하여, 꾸란의 여성관이 현대에 어떻게 이해되고 적용되고 있는가를 밝히고자 한다. 이러한 맥락에서 파키스탄 사상가이며 법학자인 마우두디와 아미르 알리(Ameer Ali)를 통하여 이해하고자 한다.

마우두디는 현대 이슬람교 부흥의 주도 세력이라고 할 수 있는 원리주의의 대표적 인물이며, 파키스탄에서는 자마엇대 이슬라미(Jamaat Islami) 정당의 대변가이다. 아미르 알리는 이슬람 정신의 부흥과 현대 이슬람 국가의 탄생을 예언하였다. 이슬람교의 부흥을 위한 그의 예언적 역할에도 불구하고 서구의 문화, 현대 교육의 방법론을 도입하여 적응주의의 길을 간 사상가이며 파키스탄 형성의 세 명의 대표적 공헌자들 중 한 명이기도 하다. 즉 사이드 아흐마드(Syed Ahmad, 1817-1897), 아미르 알리(Ameer Ali, 1849-1938(, 그리고 무함마드 이끄발(Muhammad Iqbal, 1873-1938) 3인 중 한 사람이다. 시대적으로 아미르 알리는 지난 세대에 속한다고 할 수 있으나 그의 영향력은 여전히 계속되고 있다. 그와 같은 흐름에 따르는 현대 이슬람 학자로는 파즐루 라흐만(Fazlur Rahman)을 들 수 있다.

서구의 이슬람 학자로 인정받고 있는 케네스 크랙(Kenneth Cragg)[9]은 파키스탄에서 여성의 위치와 역할이 점차로 원리주의 특징을 보여 주고 있다고 보았다. 이것은 정치적으로 여성에게 강요되는 원리주의라고만 평가될

9) Kenneth Cragg, "Contemporary Trends in Islam," in *Muslims and Christians on the Emmaus Road*, ed. D.Woodberry (MARC, 1989), 31.

수 없고, 여성 스스로 복고주의, 꾸란으로 돌아가자는 원리주의를 실천하고 있는 것이라고 말한다.

첫째, 의상 문제로는 무슬림 여성이 얼굴과 몸을 가리는 베일을 철저히 쓰려는 것으로 가장 두드러지게 나타난다. 베일은 꾸란에서 여성의 바람직한 의상, 예의의 표현, 정숙한 여인의 단장으로 높이 인정되고 있다.

둘째, 남성이 여성의 생활공간 및 활동공간을 제한하는 경향으로 이것은 여성의 베일을 쓰는 것과 무관한 것이 아니다.

셋째, 여성 해방의 허용을 반대하여 여성 해방을 무슬림 가정 파괴의 불안 요인으로 지적한다(사우디에서는 법적으로 여자가 운전을 할 수 없게 되어 있다.). 즉 이슬람 법 샤리아를 강화하는 추세가 현대 파키스탄에서 강해진 것이다. 이슬람교는 본질적으로 원리주의적이라 할 수 있는데 그것은 꾸란이 번역될 수 없는 하나님 자신의 "*ipissima verba* (그대로의 말)"로써 아랍어로 주어졌고 하늘에서 기록된 책이라는 신앙에 근거하는 종교이기 때문이다.[10]

2. 마우두디의 이해

마우두디는 그의 원리주의 사상을 여성의 의상, 여성의 사회적 위치, 결혼, 이혼에 관련하여 전개하였다.[11]

1) 의상규범 : "쿠므르"

"쿠므르"라는 단어는 이슬람 공동체에 의미를 준다.

10) Kenneth Cragg, "Contemporary Trends in Islam." in *Muslims and Christians on the Emmaus Road*, ed. D.Woodberry (MARC, 1989), 28.

11) S.A.Maududi, *Purdah&Status of Women in Islam* (Lahore, Pakistan, 1972).

"또 믿는 여자들에게 이렇게 말하라. '눈을 아래로 뜨고 정숙함을 지키고 밖에 나타나 있는 외에는 네 몸에 장식을 해야 할 곳을 나타내서는 안 된다. 얼굴의 너울을 가슴까지 내려라. 자기 남편, 아버지, 자기 아들, 남편의 아들, 자기 형제의 아들, 자매의 아들, 자기 집안의 여자, 혹은 자기 바른 손이 소유하고 있는 자 또는 욕망을 가지지 않는 남자의 하인 혹은 여자의 숨길 부분에 대해 지식이 없는 유아 이상의 사람들 외에는 네 몸의 장식해야 할 곳이 알려지면 안 된다.'(수라 24:31, '누르', 빛의 장)."

"오 예언자의 아내들이여, …그대들은 집안에 머물러 있어야 한다. 옛 암흑시대와 같이 화려한 몸차림을 해서는 안 된다. 예배 때를 맞춰드리고 정하여진 희사를 행하고 알라와 그 사도에게 순종하라. 오, 가정에 거주하는 자여, 알라는 오직 그대들로부터 부정을 제거하고 순결하기를 바라는 일념뿐이다(수라 33:32-33, '아흐자부', 부족 연합의 장)."

"오 예언자여, 그대의 아내와 딸과 신자들의 아내에게 '외투로 몸을 감추어라'고 말하라(수라 33:59)."

여기서 외투는 의상, 온 몸을 감싸는 긴 옷으로 머리에서 발끝까지 가리는 겉옷이다. 무슬림들이 대부분 고온 사막 지방에 많이 분포되어 있기에 섭씨 35-40를 오르내리는 기온에도 이 의상을 반드시 입어야 한다. 선택과 종교의 문제가 나라의 법으로 정해져서 입지 않으면 불법을 행하는 것이다. 그것은 꾸란의 가르침이며 예언자 아내들의 의상에 대한 예언자의 교훈의 중요한 부분이었기 때문이다. 예언자 시기에는 이것이 여성의 구속을 의미하는 것이 아니었고 여성의 보호를 위한 것이었다.[12]

마우두디는 위 꾸란 구절을 다음과 같이 해석한다.

12) 김용선, 『聖 꾸란』 中, 319.

a. "눈을 아래로 뜨고(수라 24:31)"

이것은 이슬람 공동체와 사회의 첫 번째 명령이다. 여성은 "눈을 아래로 뜨고(가드-바스르)" 남성과의 만남의 자세를 지켜야 한다. 이것은 사람들이 눈을 뜨고 남성과 여성이 전연 대면할 수 없다는 것이 아니라 욕정에 찬 눈빛을 보여서는 안 된다는 경고라 한다. 예언자의 제자 하즈라트 자리르(Hazarat Zarir)가 예언자에게 "만약 내가 우연히 그렇게 마주보게 되었을 때는 어떻게 해야 합니까?" 하고 물었을 때, 예언자는 눈길을 돌리라고 대답을 하였다.[13]

그러나 이 구절은 상황에 따라–여성을 구출해야 한다든가 치료해야 하는 경우, 넘어진 여자를 도와주어야 할 때 등–바라보는 것, 눈길을 주는 의도에 따라 허용되는 폭도 상대적이다. 예를 들면 결혼 대상자에 대하여 이슬람 법(샤리아)의 위 구절은 해당되지 않는다. 이 명령은 위에서 언급된 것과 같이 "가드-바스르" 명령이다.

b. "몸에 장식을…나타내서는 안 된다(수라 24:31)."

여성의 몸은 손과 얼굴을 제외하고는 자기 아버지, 아저씨, 남자 형제, 아들에게도 노출시켜서는 안 된다는 것이다. 이것을 "싸따르"라고 한다. 여기서 장식의 의미가 어떠한가에 대한 의견은 이슬람 학자들 간에 일치되어 있지 않으나 마우두디는 여성이 일하러 나가야 하고 일을 해야 하는 것, 즉 가족을 위한 일로 인해 몸의 장식을 보이는 것 외에는 금지하고 있다고 이해한다. 그는 다른 이유로 인해 여성 스스로 자기의 몸의 장식을 노출하는 것은 의도적으로 예언자의 가르침에 따르지 않는 것으로 본다.

13) 김용선, 『聖 꾸란』 中, 180.

c. "얼굴의 너울을 가슴까지 내려라(수라 24:31)."

"외투로 몸을 감추어라(수라 33:59)."

마우두디는 수라 33:59의 "몸을 감추어라."라는 것과 얼굴을 가리라는 것을 명령형으로 해석한다. 마우두디는 꾸란의 해석학자들은 이 구절에 대해 얼굴을 포함한 몸 전체를 가리는 것을 의미한다는 것에 의견이 일치한다고 말한다.[14]

이슬람교의 정숙한 여성상은 반드시 베일을 쓰고 다니는 것이다. 이러한 의상은 예언자가 자기의 아내들과 딸들에게 명하였던 것에 근거한다. 즉 꾸란에 기록된 말씀에 근거하는 것이며, 예언자들의 아내들에게 준 교훈으로 읽을 수 있다. 베일을 쓰지 않는 여자는 노예나 일일 막노동자들이나 집시 여자들에게서 흔히 보는 모습이다. 마우두디는 이 꾸란 구절에 대해 하디스[15]를 인용하여 여성의 의상이 얼굴, 손 그리고 몸을 가리는 전통을 높이고 있으면서도 불가피한 상황에 따라 얼굴 노출이 허용됨을 지적한다. 또 이슬람 법이 여성의 보다 나은 도덕적 생활과 사회질서를 위한 것이므로 이슬람 법에 순종해야 한다고 주장한다. 여성의 일정 부분, 특히 얼굴과 손의 노출은 여성의 매력과 허영을 위한 것일 수 없으며 여성이 불가피하게 해야 하는 일을 위해서만 정당화된다는 것이다. 그러므로 이슬람 여성의 의상 규범은 합리적이라고 마우두디는 해석한다.

---

14) 김용선,『聖 꾸란』中, 192.

15) 하디스(*Hadith*)는 꾸란의 해석으로 초기 이슬람교 시기에 편집된 것으로 예언자 무함마드의 언행록이며 이에 대한 해석이다. 화즐루 라흐만은 하디스의 편집이 9세기에 거의 완료되었다고 보고 있다. 그래서 10세기에는 여러 편집이 나타나고 있는데 그중 가장 권위있는 것은 다음의 여섯 권으로 본다.
① Muhammad ibn Ismail *al-Bukhari* (AD810-d.870). ② Muslim ibn *al -Hajjaj* (d.875). ③ *abu Daud* (-d.888). ④ *al-Tirmid zi* (-d.892). ⑤ *al-Nisai* (-d.886). ⑥ *ibn Maja* (-d.886). 이것들은 여섯 명의 학자들이 편집한 것을 하디스의 내용으로 하고, "부카리"의 하디스가 꾸란 다음으로 권위 있게 인용된다.

위의 두 구절에 대한 그의 해석학적 접근은 여성의 결혼, 상속 등 모든 가르침에 적용되는데, 꾸란에 계시된 말씀의 절대성에 대한 주장과 상황에 따른 융통성 있는 해석의 여지가 동시에 공존한다고 볼 수 있다.

2) 여성의 위치

수라 4:34에서는 "남자는 여자보다 우위에 있다. 알라께서 서로 간의 사이에 우열을 붙인 것으로써 또한 남자가 생활에 필요한 돈을 대고 있기 때문에 이러한 점에서 남자가 여자보다 우위에 있으며 따라서 정숙한 여자는 남자에게 순종하고…"라고 가르친다.

"당신들의 처는 당신들의 밭이다. 그러니 마음 내키는 대로 당신들의 밭으로 가라(수라 2:223)."

꾸란은 여성의 위치를 남성보다 낮은 것으로 가르친다. 이 교리는 이슬람 공동체, '움마(umma)'의 중요한 질서를 세운다. 사회구조와 질서를 위한 여성의 위치를 강하게 의식하면서 그 위치는 반드시 가족 내의 것으로 나타난다.

"남자가 여자보다 좀 우위에 있기는 하지만 여자들은 자기가 하여야 할 것만큼의 대우를 받을 권리가 있다(수라 2:228)."

다른 번역[16]은 "여성과 남성이 똑같은 권리가 있으나 남성이 여성보다 위에 있나니 하나님은 만사형통하시도다."라고 되어 있다.

"귀의하는 무슬림 남녀, 신앙을 갖는 남녀, 순종하는 남녀, 성실한 남녀, 인내하는 남녀, 겸허한 남녀, 자선을 하는 남녀, 단식하는 남녀, 정절을 지키는 남녀, 항상 알라를 염원하는 남녀, 이들에게 알라께서는 반드시 용서와 커다란 상을 준비하신다(수라 33:35)."

16) 권형기, 『꾸란에 나타난 여성관』. 미간행 복사자료, D.Woodberry의 *Introduction to Islam*, Fuller Theological Seminary 교재 중 발췌.

종교적 측면에서 남녀는 다 하나님의 축복의 대상이며 징계의 대상이다. 인간 내면의 위치는 신 앞에서 우열의 차이가 없다. 그러나 사회질서와 가족의 질서와 평화를 위하여 여성은 남성의 철저한 간섭과 지배를 받는다. 다음 꾸란 구절은 남성이 여성을 책벌할 수 있는 근거를 준다.

"반항적으로 될 염려가 있는 여자가 잘 타이르는 말을 듣는다면 그 이상의 수단을 써서는 안 된다(수라 4:34)."

김용선 꾸란 번역에는 위 구절에서 여자에게 벌을 주는 구절이 생략되어 있다. 권형기 번역은 "순종치 아니하고 품행이 단정치 못하다고 생각되는 여성에게는 먼저 충고를 하고 그 다음으로는 잠자리를 같이하지 말 것이며 셋째로는 가볍게 때려 줄 것이로다. 그러나 순종할 경우는 그들에게 어떤 수단도 강구해서는 아니되나니 진실로 하나님은 가장 위대하시다."로 되어 있다.

이슬람 학자로 유명한 유스프 알리(A. Yusuf Ali)의 『꾸란 번역과 해석』[17]이라는 데서도 "as to those women on whose part ye fear disloyalty and ill conduct. admonish them(first), (Next), refuse to share their bed, (and last) beat them (lightly)"으로 되어 있다.

3) 결혼 : "니카흐"

a. 일부다처제의 근거

전 장에서 꾸란 구절을 인용한 것과 같이 아내는 네 명까지 허용된다. 문제는 동등한 처우와 사랑의 분배이다(수라 4:3).

"너희들이 여하간 갈망하더라도 여자들을 공평하게 다루지 못한다. 그

17) A.Yusuf Ali, *The Holy Quran, Translation and Commentary* (Amana Corp. 1983), 190.

러나 편애한 나머지 처의 한 사람을 제멋대로 방치해 두어서는 안 된다(수라 4:129).”

이슬람교의 시아파에서는 일시적인 결혼이 성립이 되며 이것을 “무따아(Mat'a)”라고 한다. 여행길의 상인, 카라반 여정에서 허용되었던 일시적 처의 관습을 보여 주는 꾸란 구절이다. 이것은 계약 결혼으로도 언급된다. 이슬람교에서는 결혼만이 여성의 신분을 보장한다고 지적한다. 부모는 여성이 출산의 연령에 이르기만 하면 결혼을 시켜야 한다는 것이며 처녀, 이혼녀 등은 사회의 압력과 요청에 따라 결혼을 해야만 한다.

“그대들 중의 독신자, 경건한 종과 하녀들을 결혼시켜 줘라. 비록 그들이 가난하여도 알라께서는 풍성하게 하실 것이다(수라 24:32).”

b. 결혼의 조건

· **근친결혼과 결혼 대상의 한계** : “너희들이 혼인하여서는 안 될 상대로서는 자기의 어머니, 딸, 자매, 아버지 편의 숙모, 어머니 편의 숙모, 형제의 딸, 자매의 딸, 자기의 유모, 젖형제, 처의 어머니, 너희들의 육체적 교섭을 가진 처가 데리고 온 의부의 딸로서 지금은 자기가 후견하고 있는 양녀, 단 아직 육체적 교섭이 이루어지지 않았다면 죄가 되지 않는다. 따라서 자기가 낳은 아들의 배우자와 그의 자매, 이 두 사람을 동시에 처로 삼으면 안 된다. 단 지나간 과거의 일은 상관치 않는다(수라 4:23).”

· **타종교인과의 결혼** : 수라 5장은 식탁의 장으로서 음식의 터부에 관해서 주로 가르치는데 여기서는 기독교와의 관계도 언급된다. 수라 5장 5절에서는 무슬림들의 기독교인이나 유대인들과의 결혼이 허용된다는 것

을 가르친다.

"이제야 좋은 것은 모두 너희에게 허락되어 있다.…믿는 자들 중의 정숙한 여자도, 너희들보다 이전에 성전(聖典)을 받는 사람 중의 정숙한 여자도…올바른 행실을 갖추어서 그 여자들과 결혼하면 된다.…"

여기서 보면 이슬람교의 남성만이 기독교와 유대교의 여성과 결혼할 수 있다. 무슬림 여성은 무슬림이 아닌 남자와 결혼해서는 안 된다. 그것은 여성의 위치가 남성의 소속으로만 인정되어야 하기 때문이다. 무슬림 남자가 무슬림이 아닌 유대인이나 기독교인과 결혼을 하면 그 여성은 무슬림이 되어야 한다.[18]

· **노예와의 결혼** : "또한 처로 삼아서는 안 될 여자는 정식으로 남편이 있는 유부녀이다. 그러나 너희들의 바른손에 소유하는 것은 별도이다(수라 4:24)."

여기서 바른손의 소유는 전쟁으로 인한 여자 노예들을 의미한다. 이것은 또한 하인 여자들이 결혼의 대상의 수에 포함되지 않는 것도 의미한다.

c. 이혼 : "딸라끄"

이슬람교에서는 무슬림 남자만이 이혼을 제기하고 이행할 수 있으며 여성에게는 이혼을 당하는 것만이 실제 가능하다.

"이혼은 두 번까지, 즉 정당한 수속으로 자기 곁에 남게 한다든가 호의로 자유의 몸이 되게 해야 한다(수라 2:229-231)."

수라 65장은 이혼의 장(딸라끄)이다.

"오 예언자여, 그대들이 아내와 이혼할 경우 일정한 기한이 지난 뒤에 이

18) Ibid., 241 주 700.

혼하는 것이 좋다.…너희들은 아내가 문란한 행위를 하지 않았는데도 함부로 그녀들을 집에서 내어쫓거나 또는 나가게 만들어서는 안 된다. 이것이 알라의 규정이다.…(수라 65:1)"

그러므로 꾸란은 이혼을 도덕적 행위로 인정하였을 뿐만 아니라 이혼의 조건과 구체적 방법을 제시한다. 남편은 이혼 조건으로써 합법적 기간-"잇다(Iddah)"-을 채우고 이혼할 수 있으며, 분명한 이혼 선언을 한다. 이것이 "딸라끄"로써 "당신이 이혼되었소."라고 세 차례 선언하는 것이다. 세 번 이혼 선언이 된 이혼은 여자가 다른 남자와 결혼하여 이혼한 후가 아니면 다시 재결합할 수 없다.

"이혼의 장"이 있을 만큼 꾸란은 이혼 문제를 자세히 취급하였다. 이혼의 법은 예언자 무함마드와 그의 아내들의 관계에 상당히 근거하고 있다고 본다. 이 논문에서는 하디스를 범위에 포함시키지 않았는데, 하디스는 이혼의 방법과 조건을 매우 세밀하고 남성 우월적으로 제정해 놓았다.[19] 이혼의 종류만도 열두 가지가 있고 꾸란에서보다 훨씬 더 여성의 차별을 심화시킨 것을 내용으로 한다.

수라 33:28("아흐자브")에서 "오, 예언자여, 그대 아내들에게 말하라. '당신들이 현세의 생활과 허식을 원한다면 자, 오려므나, 내가 당신들에게 즐거움을 주리라. 친절하게 이혼도 해주리라."라고 함으로써 예언자의 이혼에 대한 태도와 가르침을 암시해 준다.

"만약 당신들의 처와 이혼하여 정한 기일에 이르렀을 때 자기 곁에 머물게 하든지 자유로이 해주든지 간에 친절히 해주어라. 결코 고통을 주어 무리하게 억류해서는 안 된다(수라 2:231)."

"처와 인연을 끊고자 맹세한 자는 4개월을 기다려야 한다. 만약 마음

19) 최영길, 『이슬람교의 생활 규범』 (명지대 출판, 1985).

을 돌이킨다면 참으로 알라께서는 관대하시고 자비로우시다. 그런데도 이혼을 결의한다면 참으로 알라께서는 잘 들으시고 잘 아신다(수라 2:226-227)."

· **간통죄** : 이혼과 관련하여 이슬람교에서는 간통에 대한 처벌도 꾸란에 기록하고 있다. 이것은 여성을 보호하기 위한 예언자의 가르침이었고 거짓증언에 대한 제도적 장치였다고 한다.

"너희들 처 중에서 간음을 범한 자에 대해서는 우선 네 명의 증인을 세우고 만일 증인들이 증언한다면 그녀를 집안에 감금시키고 죽음이 그녀를 데리고 사라지든지 또는 알라께서 그녀들에게 구원의 길을 열어 주실 때까지 집안에 감금해 두어라(수라 4:15-19)."

"자기 처를 중상하면서 자기 외에 어떤 증인도 없는 자들이 증언할 경우 단독 증언으로 알라에 맹세코 자기의 말이 진실하다는 것을 네 번 증언한다.…이런 여자가 징벌에서 면죄되는 조건은 그녀가 알라께 맹세하며 남자가 거짓을 말하고 있다는 것을 네 번 증언하고…다섯 번째에는 만일 그의 말이 진실이라면 알라의 노여움이 그녀 자신에게 내려지도록 맹세하는 것이다(수라 24:6-9)."

거짓 증언에는 벌이 적용되는데 80대의 태형을 받는다(수라 24:4). 간통의 벌은 남자와 여자 각각에게 100대의 태형이 주어진다(수라 24:2).

3. 이스라르 아흐마드(Israr Ahmad)의 이해

마우두디의 원리주의 운동은 현대 파키스탄 지도자 이스라르 아흐마드에게서 계속된다. 파키스탄에서는 지아울 학끄(Zia ul Haq) 정권 시기부터 원리주의의 적극적인 부흥 운동이 있어 왔다. 원리주의는 매스컴을 이용하여 운동을 활성화시키고 있는데 여기에는 여성의 베일(쿠무르)과 가족법에 대하여 꾸란으로 되돌아가자는 텔레비전 프로그램도 있다. 그 중 대표적인 인물로는 이스라르 아흐마드가 있는데 그는 꾸란 아카데미라는 기구를 설치하고 정기간행물을 발간하고 있다.[20]

그는 전통의상 "짜드르(*Chadr* : 여성의 얼굴과 몸을 덮는 의상)"와 "짜르디와르(*Chardiwar* : 사면의 벽)"라는 개념 안에 여성이 온 몸을 가리는 의상을 입고 네 벽 안에 있을 때 그 존재를 확인받고 보호받는다는 내용을 주장한다.

이스라르는 여성이 직업을 가질 수 없다는 것을 언급한 바 있는데 그것은 여성이 일하기 위해 길에 나타나는 것이 천하다는 논평이었다. 그는 파키스탄의 이슬람교를 갱신하고 그에 따른 이슬람 법, 즉 꾸란에 기록된 여성의 의상, 위치, 결혼, 이혼 그리고 간통죄에 대한 벌(후두드)을 적용할 것 등을 주장했다. 이스라르에게 있어서 이상적 이슬람 공화국 그리고 이슬람 공동체-움마-는 여성이 베일을 쓰는 것이며 남성의 주목을 끄는 자리에 서지 않는 것이라고 했다. 그의 이와 같은 발표는 파키스탄 여성들에게 큰 반발과 저항을 가져 왔다.

IV. 현대 파키스탄 무슬림 여성에 관한 이해 : 현대주의 관점으로

이슬람교의 현대 동향에 크게 기여한 사이드 아흐마드, 아미르 알리, 무함마드 이끄발은 모두 이슬람교를 부흥시키면서 현대화에 적응해 나가고자 한 이들이며, 그러한 정신에 입각하여 파키스탄이라는 이슬람 공화국 형성에 기여하였다.

20) H.Minties, *A New Debate on Women and Islam in Pakistan* (Christian Study Centre, Rawalpindi, 1984), 2.

1. 아미르 알리(Ameer Ali)의 무슬림 여성 이해

1) 결혼(니카드)에 대한 아미르 알리의 이해

아미르 알리는 이슬람 세계에서 고전으로 인정되어 온 그의 「이슬람 정신」[21] 제5장에서 "이슬람교에서의 여성의 위치"를 다루었다. 그는 이슬람교의 일부다처제의 결혼과 그에 따른 무슬림 여성의 생활이 상대적으로 서구의 결혼제도보다 낫다는 변론을 전개했다.

아미르 알리는 일부다처제(수라 4:3, 4, 15)를 예언자 무함마드가 법적으로 제정한 것이 아니라고 주장한다. 예언자 무함마드는 그 시대에 일부다처제가 빚어내고 있던 비인간적 측면과 법적으로 인정된 결혼이 없는 것을 보고 여성의 신분을 보장하고 여성을 위한 개혁으로써 이러한 결혼을 가르치며 여성을 존중하라고 강조했다는 것이다. 왜냐하면 예언자 무함마드는 카디자로 인해 자신의 생애의 전환점을 맞았고 이슬람교의 창시자로, 아랍 제국의 통치자로 승격하였기 때문에 여성에 대한 태도가 긍정적이었다고 볼 수 있다. 그의 첫 번째 아내 카디자와 그의 딸 중 화띠마(Fatima)는 매우 소중하였기에 그들이 그의 여성관 형성에 영향을 미쳤던 것으로 평가될 수 있다.

아미르 알리는, 수라 4:3에서 예언자 무함마드의 의도는 아내의 수의 "한계"를 지은 것이며, 남편으로 하여금 아내들에게 동등한 물질의 배려와 사랑의 관계를 조건으로 하려는 것이었다고 주장한다. 왜냐하면 그 구절에서 네 명까지 아내를 삼을 수 있다고 한 다음 바로 뒤이어 "그러나 만일 그들에게 공평하게 다룰 수 없다면, 한 명으로 하라고 했다."는 것이다.[22] 여기서 아랍어 "아들(*'Adl*)"이라는 단어는 의식주 문제에 대한 공평한 분배만을

---

21) Ameer Ali, *The Spiritual of Islam*, 1984 (Karachi 7th), Nazimabad, Pakistan.

22) Ibid., 229.

뜻하는 것이 아니라 사랑, 애정 그리고 존중의 감정 분배에서도 공평한 것을 뜻한다. 그런데 사랑의 감정이 공평하게 나타나는 것은 불가능한 것이므로 예언자 무함마드의 의도는 한 명의 아내를 두는 것이었다는 해석이다.

아미르 알리는 일부다처제를 비판하면서도 현실적으로 여성이 독립할 수 없는 무능한 상황에서는 일부다처제가 필연적으로 지속될 수밖에 없다는 사회의 필연적인 요소로 언급하기도 하였다. 그는 일부다처제를 완전히 개혁한다는 것이 어려운 것이라고 하였다. 그러면서도 "머지않아 무슬림 법학자 총회에서 일부다처제를 마치 노예제도 폐지처럼 이슬람 법에 위배되는 것으로 권위 있게 선포하기를 기원한다."[23]고 기록하였다.

아미르 알리는 예언자 무함마드의 열 명의 아내들-카디자, 싸우다, 아이샤, 하후사, 하인드 움살마, 움 하비바, 제이납, 주와이리야, 사휘야 그리고 마이무나-은 예언자의 희생적 보살핌의 대상으로 해석한다. 그리고 이러한 다수의 아내들은 정치적으로 이슬람교 확장에 공헌했다고 평가한다. 예언자 무함마드가 이슬람 법의 아내의 수인 네 명보다 더 많은 열 명의 아내들이 있었다는 사실은 예외로 간주되었다.

2) 이혼(딸라끄)에 대한 아미르 알리의 이해

이혼에 관한 아미르 알리의 견해 역시 꾸란의 이혼제도의 배경을 중요시한다. 즉 이혼이 허용된 것이 꾸란의 가르침이지만, 이것은 당시의 아무런 형식을 거치지 않고 위자료도 없이 행해졌던 이혼 관습에 여성을 존중하는 제도적 장치를 한 것으로 해석한다.

"딸라끄"-이혼되었다-의 구두선언은 선언마다 한 달간의 기간을 두어야 한다. 또 예언자 무함마드의 후기 가르침에서 "딸라끄"는 허용된 것들 중에

---

23) Ibid., 232.

서 하나님 앞에 가장 삼가해야 하는 것으로 나타나고 있다. 이혼법이 하디스 자료와 여러 학파에 따라 상당히 복잡하고 서로 다른 법 절차로 발전되었음을 볼 때 그것이 이슬람 사회에서 상당한 비중을 차지하는 것이었음을 알 수 있다.

"만일 둘 사이의 불화의 걱정이 있다면 남자의 가족 중에서 중재인 한 사람을 내세우는 것이 좋겠다. 만일 두 사람 사이에 화해가 성립됐다면 알라께서는 둘 사이를 다시 하나로 만든다(수라 4:35)."

수라 4:128, 129, 130에서는 이혼이 꾸란의 계시 말씀인 것이 분명하지만, 이혼했다가도 다시 화해하고 다시 부부로 재혼하는 것을 가르친다. 왜냐하면 결혼은 인간이 도덕적으로 타락하는 것을 방지해 준다는 것이다.

3) 의상규범(쿠무르)에 대한 해석

여성의 격리와 베일 의상(수라 33:59, 수라 24:3)은 여성을 존중하고 사회의 혼란을 피하기 위한 것으로 보았다. 그러나 아미르 알리는 이슬람 역사에서 여성은 아이샤와 같이 군대 대장으로 활약하기도 했고, 예언자 무함마드의 딸 화띠마는 "천국의 숙녀"[24]라 칭함을 받았는데 그는 정치가요, 카디자는 메카의 능력 있는 사업가였다는 것을 지적하면서 격리와 베일이 사회와 국가를 위한 여성의 활동의 장애요소로 해석되어서는 안 된다고 주장한다.

2. 파즐루 라흐만의 해석

아미르 알리의 해석의 흐름에 따르며 현대 학문활동을 하고 있는 이는

24) Ibid., 228.

파즐루 라흐만이다. 그는 현재 시카고의 이슬람학 교수로서 서구 세계에 이슬람교를 전하는 역할을 한다. 파키스탄 카라치 대학교에서 교수로 재직하기도 했던 그는 현대 적응주의 노선을 분명히 걷고 있다. 라흐만은 꾸란의 가르침에서 인간의 평등을 강조하며 본질적으로 인간의 높고 낮음은 없고 인권을 파괴하는 점들을 인정하지 않는 것이 꾸란의 사상임을 전개하였다.

"오 믿는 자들이여, 어떤 백성이나 다른 백성을 비웃으면 안 된다. 그들은 저들보다 훌륭한지도 모른다. 또 여자들도 다른 여자들을 비웃으면 안 된다. 그들이 저들보다 훌륭한지도 모른다(수라 49:11)."

1) 결혼에 대한 파즐루 라흐만의 이해

그는 꾸란의 인간 이해에서 기본적으로 네 가지 권리를 강조하였다. 즉 생명(수라 5:32), 종교(수라 2:256), 소득과 재산(수라 59:7), 개인의 존엄과 명예(수라 2:30)라는 것이다. 그는 이러한 사상에 근거하여 일부다처제를 해석한다. 그러므로 수라 4:3은 수라 4:2의 고아에 대한 재산권 보호 정신과 관련시켜 해석하려 한다. 이것은 이슬람 초기 확장에서 계속되었던 전쟁으로 많은 고아들이 있었고 그들의 재산 관리가 사회 문제였음을 보여 준다(수라 2:220, 4:2, 6, 8, 10, 36, 127, 215, 6:152, 17:34, 89:17, 93:9, 107:3). 여기에서는 고아의 보호자들이 고아들의 재산을 착취하는 상황을 개선하기 위하여 오히려 네 명까지는 아내로 맞이하되 그들에게 공평히 처우할 것을 가르친다는 것이다. 그러므로 4:3의 일부다처제의 근거 말씀은 "사람들이 여자의 일을 가지고 너희의 의견을 물으러 올지 모른다. 그러면 여자에 관해서는 알라 자신이 너희들에게 그녀들에 대한 판정을 내리신다. 그리고 너희들이 규정한 재산을 아직 주지 않고 더욱이 자기의 처로 삼으려고 생각하고 있는 고아 아이라든가 또 고아는 올바른 대우를 하지 않으면 안 된다는 등 성전(聖典)

중에서 특히 이러한 점을 읽어 들려 주어라(수라 4:127-)."와 같이 해석하여야 한다는 것이다.

또 수라 4:129도 수라 4:3의 해석에 도움을 준다고 한다.

"너희들이 여하간 갈망하더라도 여자들을 공평하게 다루지 못한다. 그러나 편애한 나머지 처의 한 사람을 제멋대로 방치해 두어서는 안 된다.…"

그렇다면 네 명의 아내들을 허용할 때 그들에 대해 공평해야 하는 책임과 인간으로서 도저히 그렇게 할 수 없는 현실 사이의 갈등과 모순을 어떻게 해석할 것인가 하는 문제가 제기된다. 원리주의자들의 해석에서는 이 문제를 남편의 양심에 맡기는 경향을 보였는데, 라흐만은 개혁주의, 현대주의, 적응주의의 대변자로써 다음과 같이 해석하였다. 즉 수라 4:3과 수라 4:129에서 정의, 공평한 처우가 가장 먼저 드러나야 하므로, 그러한 정의의 불가능성을 수용해야만 한다. 일부다처제의 허용은 시대적 상황에서 불가피했던 일시적 제도이며 제한된 목적을 위해 인정되는 것으로 이해해야 한다는 것이다.[25] 즉 그 시대에 이미 팽배해 있던 일부다처제의 개선을 위한 법적 차원의 조건으로 읽어야 하며 이상적 사회 공동체의 도덕적 향상을 위해 준 가르침이라는 점을 지적하였다.[26]

이것은 원리주의자들이 꾸란의 한 자 한 자가 '와히(영감)'에 근거한다고 보는 입장과는 큰 차이를 보인다. 그 까닭은 원리주의자들이 일부다처제와 여성에 대한 다른 가르침-증인 됨, 이혼, 상속-에 관해 주어진 꾸란의 구절들이 특수한 시대적 상황을 반영하고 있고, 이것을 계시의 계기(Occasions of Revelation)로 인정한다 할지라도 이 가르침의 효력은 보편적, 영구적이라고 말하기 때문이다.

25) Fazlur Rahman, *Major Themes of the Quran* (Bibliotheca Islamica, 1989), 48.
26) Fazlur Rahman, *Islam* (University of Chicago, 1966), 231.

예를 들면 수라 2:282의 대차 관계에서는 기록이 필수적인데 이러한 자리에 증인을 세워야 한다. 증인은 남자 두 명으로 하되 남자 증인이 없을 경우에는 남자 증인 한 명과 여자 증인 두 명으로 하라고 했다. "이는 여자 한 명이 잘못하면 다른 사람(다른 여자 증인)이 주의를 해줄 수 있기 때문이다(수라 2:282)."

라흐만은 원리주의자들과 달리 이러한 법이 영구적인 본질적 차이를 의미하는 것이 아니라 경제 문제에 있어 약한 성으로서 여성의 기억력이 남성에 의존하기 때문이며, 여성이 남성과의 이러한 대차 관계에서 능히 증거할 수 있으면 사회의 개선을 위해서 그것은 인정되어야만 한다고 주장한다.

수라 2:228에는 남녀 동등이 아닌 남녀 차별의 근거가 있는데-"남자가 여자보다 좀 위에 있기는 하지만"-라흐만은 이것도 인간의 본성의 차이나 우위의 가림이 아니라 여성의 기능, 역할 영역에 대한 가르침으로 해석한다.

수라 4:34에서 "남자는 여자보다 우위에 있다. 알라께서 서로 간에 우열을 붙인 것으로써 또한 남자가 생활에 필요한 돈을 대고 있기 때문에 이러한 점에서 남자가 여자보다 우위에 있다. 따라서 정숙한 여자는 남자에게 순종하고…."라는 구절에 대해 라흐만은 여성에 대한 남성 우위는 본성의 문제가 아니라 남성 역할의 우위라고 주장한다. 즉 기능적 우월성을 강조한다. 그러므로 여성이 경제적으로 가족을 부양하는 능력을 가지면 남성 우위는 저하되고 남성이 여성 위에 있다는 우월감의 근거는 없다는 것이다.

이슬람교에서 여성은 거의 전적으로 남편과 아내 관계에서만 그 위치가 이해된다. 그러므로 여기서 우위 문제는 남편과 아내의 관계를 다룬다고 보아야 한다. 그리고 이슬람교에서 결혼은 계약이며, 수평적 관계로만 이해되고, 거룩하고 성스러운 하나님 앞에서의 맹세는 아니라 해도 사랑과 자비의 관계로 높이 찬양되고 있다.

수라 2:187에서는 "그 여자들(아내들)은 당신들의 의복, 당신들은 그 여자들의 의복이다."라고 했고 아내들에게 친절하게 하고 너그럽게 하라고 기록하였다(수라 4:19-21).

수라 30:21에는 "그분은 그대들 스스로부터 그대들을 위하여 함께 사는 아내를 만드시고 둘 사이에 애정과 동정심을 일게 한 것도 알라의 증표의 하나이다."라고 기록되어 있다.

"인간들아 주를 공경하라 너희들은 단 한 사람으로부터 만들어내시고, 그 일부에서 배우자를 만드시고 이 두 사람으로부터 무수한 남자와 여자를 지상에 잉태하시었다…또 너희들은 어머니의 태를 존중하라(수라 4:1)."

2) 이혼에 대한 파즐루 라흐만의 이해

이슬람교는 결혼과 가족의 건전한 토대 위에 움마—이슬람 공동체—를 실현하려고 한 것이다. 그리고 이혼을 허용하면서 동시에 재결합의 길을 제도적으로 열어 줌으로써 가정파괴의 현실을 극복하였다(수라 2:229-232)고 보는 라흐만은 이러한 이혼 구절에 대해 특기할 만한 해석을 하지 않았고, 그 구절들만 인용함으로써 가족의 결속의 중요성을 언급하였을 뿐이다.

3. 이끄발의 여성에 관한 견해

라흐만 이전의 이끄발은 가장 과감한 지성적 현대주의자였지만 자기의 아내들은 다 격리시켜 베일을 쓰게 하였고 서구의 여성 해방을 비판하였다. 이것으로 미루어볼 때 현대주의자, 개혁주의자들은 어디까지나 꾸란의 해석에 있어서 어느 정도의 융통성을 인정하였지만 이슬람교 꾸란의 테두리를 벗어나지 못한 시각에서 이상을 추구하였다고 볼 수 있다.

그 이상은 이끄발의 시와 그가 인용한 시에서 전달되었다. 이끄발은 지아 알프(Zia Gok Alp)라는 터키 시인의 시를 인용하여 여성의 법적 동등성을 호소하기도 하였다.

"여기 여성이 있다. 나의 어머니, 나의 누이, 나의 딸:
내 존재의 심연에서 가장 성스러운 감정을 일으켜 주는 여성,
여기 나의 사랑하는 여성,
너의 태양, 나의 달 그리고 나의 별이여;
나에게 삶의 시를 깨우쳐 주는 여성, 어찌 이 아름다운 피조물을
감히 거룩한 법이 경멸할 수 있다는 것인가?
필경 학자들이 꾸란을 잘못 해석한 탓이로다."[27]

V. 여성 문제에 대한 현대 파키스탄 무슬림 여성 운동의 관점

다음은 현대주의를 주장하는 파키스탄 여성들 가운데 여권 운동에 앞장선 부토 여사의 선언서를 중심으로 오늘의 파키스탄 여성들의 여권 활동을 검토하여 보고자 한다.

1. 무슬림 여성, 부토의 여권선언서

파키스탄의 여성 운동은 비록 활발하지 않지만 작은 변화가 일어나고 있다. 여성 교육의 문이 넓어졌고, 전에는 닫혀 있던 직업 선택이 가능해졌다. 또 여성들의 문자 해독률은 20%밖에 되지 않지만 여성들은 점진적으로 여권 투쟁을 해야 한다는 의식을 가지기 시작했다.

---

27) H.A.R. Gibb. *Modern Trends in Islam* (Octagon Books, N.Y. 1978), 92.

무슬림 여성들이 여성 문제에 대해 이야기하기 시작하였다는 것과 동시에 정치인들은 정당 강화를 위해 여성 문제를 이용하여 기회를 찾고 있으며 여성들의 지지를 호소하기도 한다는 것이 주목된다. 이러한 정치적 동기와 부토 여사의 여성 의식의 동기로 인해 1971년 19항목의 무슬림 여권 선언서가 발표된 바 있다.[28] 그 전문을 편역하여 인용한다.

1. 여성의 성차별은 이슬람교의 정신에 위배된 것이다.
2. 여성 차별의 언어, 관습, 그리고 편견으로 인한 행위를 금지하는 법을 정하여야 한다.
3. 여성이 남성보다 열등하다는 관념에 의거한 관습과 행위의 폐지, 편견의 타파를 위한 국가적 차원의 여론 교육을 제도화한다.
4. 여성이 차별 없이 선거의 권리를 행사하고 모든 국가단체에 입후보자가 될 수 있으며 공무원의 권리와 공무를 집행하는 권리를 갖도록 제도화를 추진한다.
5. 사회단체의 기초가 되는 가정의 단합과 화합을 편견 없이 보장하기 위하여 가족법에 있어 여권을 보장하는 법령을 제정한다.
   ① 상속받은 재산을 관리하는 권한을 가진다.
   ② 여성은 자율적 합의에 따라 결혼할 권리를 갖는다.
   ③ 여성은 법적으로 모든 면에서 남성과 동등한 권리를 갖는다.
   ④ "쿨라(KHUL'A, 아내의 혼인 지참금을 되돌려 줌으로써 이혼할 권리를 가짐)"의 권리를 포함하여 법적으로 재산상의 속박됨에서 자유함의 권리를 갖는다.
   ⑤ 법에 따라 결혼 기간에 생활비를 받을 권리를 갖는다.
   ⑥ 법적으로 자녀 양육의 권리를 갖는다.
   ⑦ 이혼 후 즉시 지참금과 남편 사후 유산을 받을 권리를 갖는다.
   ⑧ 남편이 아내의 생활비나 자녀 양육 권리를 빼앗기 위해 아내의 순결에 거짓 죄과를 씌우는 데에서 보호받을 권리를 갖는다.
6. 가족법에 관계된 사건들을 제대로 처리하기 위하여 가능한 한 가정법원을 설치한다.
7. 어머니, 아내, 딸 또는 누이에게 주는 선물에 대해 세금 감면을 한다.
8. 여성이 모든 수준에서 교육의 기회를 남성과 동등하게 받을 수 있는 법령을 제정한다.
9. 여성의 적절한 건강 진료를 위한 특별 배려를 한다(주로 임신, 출산과 관련된 진료 의미).

28) C.C.A (Christian Conference of Asis), News, 정기 간행물(1977), 8월 15일자, 4.

10. 여성을 위한 지식 전달과 훈련을 하여 그들로 하여금 생산성 있는 직업을 택할 수 있도록 빠른 시일 내에 여성을 위한 다목적 연구소를 설치한다.
11. 여성을 위하여, 직업을 택하고, 전문직과 기술직의 향상을 위한 권리와 노동에 있어서 동등한 처우의 권리를 위하여 사회 경제적 삶에서 적절한 기회를 주는 법령을 제정한다.
12. 노동을 위한 효율적 권리를 확보하기 위하여 여성의 출산 시기, 결혼 시의 해고를 막는 조치와 결혼 휴가, 출산 휴가의 보장과 탁아소 혜택을 포함한 사회봉사의 혜택의 권리를 갖는다.
13. 가능한 한 여성에게 부업, 가정에서 할 수 있는 시간제 일, 여가활동을 통한 수입의 기회를 부여한다.
14. 여성에게 같은 직장, 사무실, 공장 또는 농사일에서 존경과 위엄으로 대하는 법국가적 규정을 제도화한다.
15. 여성 근로자에게 안전과 인간의 존엄성의 확보를 위한 필수 조건으로써 적절한 숙소와 교통편을 제공하는 조처를 취한다.
16. 정부의 모든 부서와 위원회에 여성 참여를 현실화하고 외국 파견에 있어서도 점진적으로 그 수를 증가시킨다.
17. 중앙 정부와 지방 행정부에서 채택되는 정책 수립과 기획에 자격을 갖춘 여성 참여를 지지한다.
18. 매스미디어는 사회에서 여성의 다양한 역할을 긍정적으로 건설적으로 묘사하도록 법령을 제정한다.
19. 중앙 정부와 지방 행정부, 자선단체 기구들 그리고 개인들은 최대한으로 이 선언서가 수용하고 있는 원리들이 실천될 수 있도록 지원할 것을 요청받는다.

2. 1980년대 파키스탄 여성의 여권 운동

그러나 이와 같은 의욕적이고 혁명적인 선언서는 부토 정권의 쇠퇴와 사회주의에 대한 저항으로 인해 무슬림 여성들에게 별로 알려지지 않았고 선언서의 내용도 거의 실현되지 못했다. 그에 대한 하나의 전거 자료는 다음의 글에서 지적될 수 있다.[29] 그런데 이 글은 파키스탄의 여성의 지위에 대

29) *Women's Link on Pakistan*. "Women's Issue : A National Issue" C.C.A. June (1985), 23-24.

해 매우 비판적으로 기록되었으며 부토 여사가 8년 전에 여권을 위한 선언서를 발표한 이후의 상황이다.

"여성의 문제가 국가의 문제가 된 반면 국가의 문제는 파키스탄 여성에게 어떤 영향력을 행사하였는가라는 질문이 제기될 수 있다. 비록 어떤 특수층의 여성에게는 의식화의 작업이 되었을지 몰라도 대부분의 경우 거의 어떤 영향력도 행사하지 못했다. 도대체 파키스탄의 평범한 여성의 삶은 무엇인가? 사회에서 여성의 위치는 무엇인가? 1973년 헌법에는 여성이 법적으로 남성과 동등한 권리를 가지며 성차별은 불법이라고 선포되어 있다. 그러나 법적으로, 정치적으로, 사회적으로, 경제적으로 여성은 남성에게 소유된 동물과 다름없는 대우를 받는다. 파키스탄 사회는 획일적이며 무조건적인 가부장제 사회로써 여성은 시종일관 남성의 소유물로써 보호를 받는다. 여성의 주체성, 여성의 명예, 여성의 자아의식은 오직 자기가 소속되어 있는 남성의 손에 달려 있다. 여성의 주요역할은 딸, 아내 그리고 어머니의 그것이다. 헌법과 이슬람 법 하에서 여성의 권리는 모두 무시되고 있다. 여성은 상속을 제대로 받지 못하고, 자기 재산을 갖고 관리하는 것도 허용되지 않으며, 자신의 노동의 대가를 관리하는 것도 허용되지 않는다. 실제 모든 결정들이 여성에게 강요되며, 대부분의 여성은 이 불평등의 위치를 '운명(끼스멋, *qismat*)'이라고 받아들인다…."

위에서 지적하였듯이 파키스탄에서는 아직까지 원리주의 정당이 우세하므로 마우두디의 원리주의 부흥과 이스라르의 텔레비전 프로그램은 집안 사방의 벽 안에서 갇혀 사는 여성을 정숙한 이상적 여성으로 가르치고, 일하는 여성을 그리고 직장 여성을 도덕적으로 타락한 여성으로 비하시킨다. 일반적으로 사회에서는 이러한 여성을 전통적 가치관의 파괴, 가족의 분산과 파괴의 주원인으로 비판한다. 그리고 여권 투쟁을 하는 여성들을 창녀와 다를 바 없다고 하여 지성적인 여성들의 분노를 일으키는 이스라르의 텔레비전 프로그램은 많은 사람들의 비난과 동시에 폭발적인 인기를 누리고 있다. 즉 여권 운동이 여성의 위치를 향상시키기보다는 오히려 더 악화시키는 결과를 초래한 것같이 보였다.

사실 지난 10년간 파키스탄 여성에 대한 폭력은 여러 면에서 가중되고 있다. 한 신문 보도에 의하면 가정 여성의 99%가 남편에게 맞는다고 했고, 직장 여성의 77%가 그런 경험이 있다고 했다. 파키스탄 무슬림 여성에게 가해진 이러한 폭력은 정부의 정책과 무관한 것이 아니며 오히려 정책적이라고 볼 수 있다는 점을 주목할 필요가 있다. 예를 들면 "후두드(이슬람 법에 따른 벌)" 규정은 간통과 성폭행을 구별하지 않으며 성폭행의 경우는 네 명의 남자 증인이 있어야 한다는 것이다. 그러므로 성폭행에 대한 증인의 도움이 인정되지 않으면 간통으로 인정되어 오히려 어처구니없이 억울한 매질(후다)를 받게 된다.

"여성의 역할은 파키스탄에서 더 좁혀져 가고 있다."[30]

파키스탄에서 꾸란은 적응주의, 현대주의자의 해석보다 오히려 문자주의적으로 더욱 융통성 없는 교리주의적인 해석을 통해 여성의 억압과 고통을 심화시키고 있다고 볼 수 있다.[31]

3. 1990년대 아크바르 아흐마드의 여성 문제에 관한 견해

아크바르 아흐마드[32]는 이슬람교의 여성의 위치는 이슬람을 이해하는

30) Kenneth Cragg, "Contemporary Trends in Islam," from *Muslims and Christians on the Emmaus Road* (ed) J.D.Woodberry (MARC, 1989), 31.

31) Hilda Saeed, "How Religion Contributes to the Oppression of Women," in *In God's Image*, June, 1987, 24.

32) Akbar S. Ahamad, *Discovering Islam* (Rutledge & Kegan, 1988), 184-195.

데 큰 역할을 한다고 하면서, 이슬람교 초기 공동체 '움마'에서는 예언자 무함마드의 아내 카디자와 그의 딸 파띠마-4대 칼리프 알리의 아내며 하산과 후세인의 어머니[33]-가 이상적인 여성으로 크게 활약하였기에 원리주의로 되돌아가자는 운동이 여성을 억압하는 것이 되어서는 안 된다고 말한다. 실제로 이슬람교 초기 확장 시대에 무슬림 여성은 전쟁의 선두에 섰고, 예술가, 작가로 활동하였으며, 라비아(Rabi'a al-'Adawiya) 같은 성현, 라지아 같은 인도(현재 파키스탄)의 통치자도 있었다. 또 파키스탄 건국 후 지나 대통령(Muhammad Ali Jinnah) 이후 제2대 대통령 선거에는 결혼을 하지 않은 여성으로 지나의 여동생 파띠마 지나가 출마하였다. 이것은 이상적 무슬림 여성상에 위배된 것이다. 왜냐하면 파띠마 지나는 결혼을 하지 않았고 베일을 쓰지 않았으며 정치가로 활약하였기 때문이다. 파띠마 지나는 대통령으로 당선되었던 아유브 칸(Ayub Khan)과 팽팽한 정권을 행사하였고 많은 여성들이 그를 지지하였다. 그럼에도 불구하고 오늘날 파키스탄 여성의 위치는 사우디아라비아 등 다른 아랍 국가의 여성들과 다를 바 없이 매우 불안하고 좌절감을 주고 있다.

신문에 보도되는 내용 중 여성이기 때문에 가해진 악과 그 피해는 상당 부분을 차지한다. 『아랍 세계의 여성』[34]이라는 책에서 이집트의 여류작가 나왈 엘 사다위(Nawal El Saadawi)[35]는 끔찍한 여성 억압의 많은 사례를 들고 있다.

이러한 상황은 파키스탄에서도 다를 바 없다. 이슬람 격언에는 여성에 대한 다음과 같은 내용이 있다. "여자는 코르(*Kor*, 집)에 있든지 아니면 '고루

33) Ibid., 185.

34) Nahid Toubia (ed), *Women of Arab World* (Zed, 1988).

35) Nawal El Saadawi, "Political Challenges Facing Arab Women at End of 20th Century," *Women of the Arab World,* Ibid, 8-26.

(*gor*, 무덤)'에 있든지 둘 중 한 곳에 있어야 한다."[36]

아크바르 아흐마드는 여성에 대한 이러한 차별의 사회현상이 서구 식민주의 정책으로 악화되었으며 그것이 이슬람교의 쇠퇴기에 일어났다고 한다. 그리고 모굴 시기 이후 식민시대에 정치적·사회적으로 압제당하던 무슬림 남성이 그 좌절과 불안과 공포를 여성에게 표현하거나 여성을 집안에 가두는 식의 현상을 보여 주게 되었다는 것이다.[37] 즉 아크바르 아흐마드는 이슬람 여성상은 꾸란의 정신인 예언자 무함마드의 가르침에 의하여 여성을 존중하고 인정하는 개혁이 본질적이었는데, 이슬람교의 확장과 쇠퇴 과정, 특히 18세기 이후 서구의 식민정책으로 인해 이슬람 여성관이 왜곡되어 그러한 현실을 야기시킨 것이라고 주장한다.

4. 파키스탄 여권 문제에 대한 전체적 평가와 요약

지금까지 오늘의 파키스탄 여성 이해를 위해 두 가지 대조적인 동향을 검토하였다. 그 하나는 원리주의 부흥 동향으로써 마우두디와 이스라르를 통한 검토였다. 이들은 모두 아랍 세계의 이슬람교 원리주의의 부흥-와하비 운동, 무슬림 형제단(이크완 알 무슬리민)-과 맥을 같이하는 "자마엇대 이슬람"의 대변자들로서 원리주의의 강화를 위해 강력하게 여성의 "베일"을 강요하고 이슬람 법에 따라 성, 결혼, 이혼 절차를 실천하려 하였다.

반면에 현대주의를 대표하는 아미르 알리, 이끄발, 파즐루 라흐만을 통해서는 베일을 벗고 피조물로서 가정과 사회에서 남녀 동등하게 일하고 생활하는 이슬람 여성의 해방을 이슬람교에서 찾으려 하는 움직임을 검토하

36) Ibid., 188.
37) Ibid., 185-195.

였다. 이들은 서구의 최고 교육을 접한 이들로서 서구의 장점을 많이 도입하려 하였으며 이슬람교의 정신을 갱신, 부각시키려 한 것으로 평가할 수 있다. 하지만 그들 자신과 그들의 가족, 즉 실생활에서는 이러한 갱신 및 부흥이론을 과감하게 행하지 못하였다고 본다. 그러므로 그들의 훌륭한 글에서는 여성이 인간다운 삶, 피조물로서 남성과 동등한 삶을 평화롭게 누리는 감상적 충격과 자극이 있었지만 변혁으로까지는 이르지 못한 것을 알 수 있다.

그러므로 이슬람교의 여성과 현대 파키스탄 여성 이해와 이에 따른 변혁을 위해서는 여성 문제를 여성이 다루어야 한다는 점이 드러나게 되었다. 그러한 이해 하에 파키스탄 여성들 중에서 이슬람교 사회주의자였던 부토 여사(베금 부토)의 여권선언서와 현재 파키스탄 교회 기구에서 여권 운동을 하는 여성들의 글을 검토하였다. 그런데 이들의 글과 노력도 파키스탄 여성들에게는 잘 인식되지 못해(여성의 80%가 문맹이므로) 극히 소수만이 이슬람교 여성관의 재확립에 관심을 가지고 있음을 볼 수 있었다. 그리고 이 소수의 여성들조차 정치적으로 문화적으로 사회 내에서 모두 외면당하고 있는 것이 현실이다. 또 그들은 자기들끼리만 모일 수밖에 없게 되었고 여성이라는 "성" 컴플렉스를 갖게 되어 스스로 사명감 있는 즐거움으로 이 사역을 하지 못하는 것처럼 보인다. 즉 원망과 비판의 피곤함을 극복하지 못한 채 여권 활동을 수행하고 있지 않는가라는 평가를 할 수 있을 것이다.

여기에 덧붙여 '원리주의냐, 현대주의냐, 여성주의냐'라는 흐름을 떠나 이슬람 여성을 조명한 글을 검토해 보았다. 그것은 이슬람교의 매우 폐쇄적이며 비개방적이고 화석화된 여성관의 배경이 꾸란의 여성관, 예언자 무함마드의 여성관에 있지 않고 오히려 서구 식민주의자들에 기인한다는 해석이었다. 그러나 현대 이슬람교의 여성과 특히 파키스탄을 중심으로 무슬림 여성들의 보다 나은 위치와 역할을 위해서는 지난날의 역사적 배경도 중요하지만 가까운 미래와 현재를 새롭게 고찰하여 변혁의 가능성을 모색하는 데 힘을 모아야 한다는 것이 논자의 입장이다. 그러한 하나의 제언으로서 한국교회 여성의 선교적 차원의 사고라는 과제에 대한 것을 마지막 장에서 다루고자 한다.

VI. 파키스탄 무슬림 여성들에 대한 한국교회 여성의 선교

1. 무슬림 여성에 관한 이해의 필요성

국제화 시대에 사는 한국교회 여성은 세계 선교적 안목을 갖고 이슬람교의 여성관을 이해하는 것이 필요하다. 비슷하나 동양적 사고방식을 가진 8억 5천만-세계 인구의 여섯 명 중 한 명의 비율-의 무슬림 인구를 생각할 때 무슬림 여성에 관한 이해의 필요성은 분수에 맞지 않은 생각이 아니다. 그것은 우리 앞에 다가오는 이슬람 세계에 관한 뉴스와 세계 경제와 정치에서 큰 몫을 하는 이들의 여성이기에 더욱 그러하다.

동시에 이러한 이해는 한국교회 여성의 사고의 폭을 넓혀 준다고 볼 수 있다. 이제는 폐쇄적이고 가족적인 친족 위주의 여성의 자리를 넓혀서 개방적이고 사회적인 이웃 위주의 사고를 해야 하는 때인 것이다. 그러한 출발로써 무슬림 여성이 어떤 삶을 살며, 주로 어디에 살고 있고, 어떻게 가까이 있는 무슬림을 이웃으로 만날 수 있는가를 의식해야 하는 것이다. 현재 한국에는 많은 한국 무슬림 신도들이 있고, 단기 혹은 장기로 외국으로부터 들어와 있는 무슬림 신도들이 있음을 생각해 봄이 중요하다. 그들과의 만남과 대화는 교회 여성의 그리스도인 됨으로 인한 은혜와 풍성한 삶에 도전이 될 것이다.

2. 만남과 대화의 장

무슬림 여성과의 만남의 접촉점을 찾아보자면 다음과 같은 것이 있을 수 있다. 전공 분야에 따라, 또는 관심 있는 프로젝트의 실천—정박아들을 위한 모임, 빈민촌 구제 모임, 가정 문제 상담 모임 등—을 통해서이다. 이러한 과정에서 독서와 만남, 교제로 이슬람교의 정신이 본래 여성을 위한, 인간다운 삶에로의 개혁과 변혁에 근거한다는 것을 생각해야 한다. 이러한 사고를 성숙시켜 나가기 위해 다음의 몇 가지 구체적 제안을 해보고자 한다.

첫째로 한국 내에 있는 무슬림 여성들을 알아본다. 그들이 어떻게 이 문화권에서 적응하며 그들의 여권 이해는 어떠한지 검토하여 본다. 둘째는 고등교육 수준, 즉 대학교 교육기관과 교회 여선교회에서 단기로 학생 및 교수의 교환 그리고 교회 여성 교환을 해보는 것이다. 우수한 극소수 한두 명을 서로 교환하여 서로를 통하여 배우는 것이다. 서구 작가나 무슬림 작가들에게만 의존하지 아니하고 직접 한국교회 여성의 통찰과 연구로 무슬림 여성을 이해해 보는 것이다. 셋째는 이슬람교의 여성들을 포함하여 이슬람교를 역사적으로 신학적으로, 문화적으로 이해할 수 있도록 이슬람 선교연구소[38] 설치에 적극 참여하는 것이다. 이것은 서구 기독교와 이슬람교와의 역사적 적대감을 생각할 때 제3의 지역, 고통과 수난의 역사, 현재에도 이념으로 인해 격리와 아픔의 벽을 헐지 못하는 이 땅의 여성이 주체가 되어 만

38) 전재옥, 『이슬람권 선교 방법』, 미간행 강연원고, 1991.8.21 한국 감리교선교사 세계대회 발제자료 (1991.9.21-24,광림교회).

남과 대화의 공간을 마련하는 것이다. 이러한 화해의 교량적 역할의 장으로 인해 공동 문제를 연구하는 공통 경험의 시간들을 가질 수 있게 될 것이다. 논자는 이러한 기관이 21세기를 향한 기존 교회의 선교를 변혁하며 시대의 요청에 순종하는 표현으로 절실히 필요함을 밝히고자 한 것이다.

VII. 결론

서기 6세기의 아랍 세계에서 여성들이 받던 비인간적 처우와 비교하면 꾸란의 여성에 대한 구절들은 그 당시의 상황에서 여성을 보호하고 존중하려는 의도의 가르침이었다는 점을 21세기를 향한 선교 여성은 인정해야 할 것이다. 그러나 동시에 이슬람 정신에 입각하여 오늘의 파키스탄 여성들을 관찰할 때 꾸란의 여성관의 문제와 한계, 이에 근거한 이슬람 법이 안고 있는 고질적이고 비인간적인 여성에 대한 이미지는 부정할 수 없다. 또 원리주의자들이 다시 꾸란에 철저히 문자적으로 매이는 부흥 운동, 또는 이슬람 정신의 부흥을 정치적으로 종교적으로 투쟁하듯 시도하는 것은 외형적으로 어떤 질서에로 복귀하는 것처럼 보이기도 한다. 그러나 여성이 베일을 썼다고 사회의 악과 도덕의 문제가 해결되는 것이 아님을 시인할 수밖에 없을 것이다. 또 여성에게 소망을 주는 가르침이었던 꾸란의 여성의 장이 서구에게 당하는 위협감과 느끼는 열등감의 해소를 위해 여성을 '속죄양'으로 내세워 해결하는 자료일 수 없다는 것도 사실이다. 그러므로 무슬림 여성은 이제 더 이상 사회악을 속죄하는 속죄양으로 견디기를 거부해야 함을 서서히 깨닫기 시작할 것이다.

그러므로 이슬람 여성관과 기독교의 여성관은 배척과 대치의 문제가 아니라 오히려 그리스도 선교의 선례에서 보여 주듯이 이슬람교의 여성관, 즉 꾸란의 여성관의 정신을 다시 해석해 보아야 할 것이다. 즉 우리는 복음과 꾸란의 관계를 배척과 적대감의 문제로만 보지 않고 충만하게 됨과 완성케 하는 선교적 관계로 이해해야 할 것이다. 여기에 한국교회 여성의 선교적 사고의 의미가 있고 공헌이 있으리라 확신한다.

한국교회의 선교적 차원의 사고는 무슬림 여성에게 말씀과 말씀에 따르는 변혁이 필요하다는 점을 내용으로 한다. 그리고 그 필요한 변혁은 꾸란과 예언자 무함마드의 시대적 상황에서 어느 정도 효과를 거둔 것이 사실임이 암시되었다 할지라도 그러한 변혁의 능력이 주어지는 것은 예수 그리스도의 복음의 능력에 잇대어 사는 데에 있다는 의식을 심어 주는 것이 한국교회 여성의 선교적 사고에 대한 도전이라 할 수 있다.

무슬림 여성

조희선

I. 서론

남성에 대한 '타자'적 존재로 인식되는 여성에 관해 이야기할 때 보통 불교 여성 혹은 기독교 여성이라고 지칭하기보다 한국 여성이나 일본 여성, 혹은 미국 여성이나 서구 여성 등으로 명명하는 것이 더욱 일반화되어 있다. 그러나 이슬람 제도권 하에 살고 있는 여성은 유독 무슬림 여성으로 분류하여 이질적인 집단으로 보는 것이 오늘날 무슬림 여성에 대한 일반적인 시각이다. 그러나 여성을 애초부터 '원죄의 원인'으로 보는 기독교 문화나 여성의 순종과 복종만을 가르쳐 온 유교 문화, 여신불성불(女身不成佛)로 여성을 도외시 해온 불교 문화, 사티(Sati)[1]의 풍속을 지닌 힌두교 문화 등 소위 제도권 문화 가운데서 무슬림 여성의 위치는 어떻게 자리매김되는 것일까?

1) 죽은 남편을 따라 타 죽는 아내.

무슬림 여성의 위치와 무슬림 여성관은 시대에 따라 많은 변천을 겪어 왔다. 이슬람 초기 여성의 위치와 그 이후의 여성의 위치가 다르며, 이슬람의 경전 꾸란에서 제시하고 있는 이상적인 여성관과 여러 요인들이 복잡하게 얽혀 있는 현실에서의 실제적인 여성관이 다르다. 또 오늘날에 와서는 각 이슬람 국가의 여성의 위치와 역할은 종교보다는 국가의 이념, 경제 발달의 수준, 사회 계층의 분포도, 각국의 역사적 상황 등에 의해 많이 좌우되고 있다. 따라서 본고에서는 무슬림 여성상에 대한 역사적 배경을 고찰한 후, 꾸란에 나타나는 이상적이고 전통적인 무슬림 여성관, 그리고 사우디아라비아, 이란, 이집트, 레바논 등을 중심으로 이슬람 운동 이후 현대 무슬림 여성의 상황과 그들의 페미니즘 운동을 간략히 살펴보고자 한다.

II. 역사적 배경

이슬람 이전 아리비아 반도의 사회제도는 부계와 모계가 공존하던 사회였음을 당시의 다양했던 결혼제도를 통해 알 수 있다. 이슬람 출현 이전 약 150년 동안을 지칭하는 자힐리야 시대의 아랍 여성의 위치는 일반 무슬림 학자들이 전하는 것보다 상당히 높았던 것으로 전해진다. 일반적인 경우는 아니다 하더라도 자힐리야 시대 여성 가운데는 시인, 시 암송자, 문학 비평가 등으로 명성을 얻은 여성이 있는가 하면, '무지르(보호자)'[2]로서의 사회적, 정치적 역할 또는 '카히나(예언자)'로서의 종교적인 역할을 수행하였던 많은 여성들이 있었다는 사실이 자힐리야 문학을 통해 우리에게 전해진다.

2) 당시 아라비아 반도에서는 타 부족에게서 쫓겨난 사람을 받아들여 보호해 주는 풍습이 있었는데, 이를 할 수 있었던 사람은 보통 부족의 유력가였다. 이들을 '무지르', 즉 보호자라 불렀다.

또 당시 여성에게 어느 정도의 재정권이 있었다는 사실도 꾸란이나 자힐리야 시에서 발견된다. 또한 여성이 전쟁에 동참하여 병사들의 사기를 북돋우기 위해 북을 치며 시를 노래하는가 하면, 부상병을 치료하거나 직접 전쟁에 참여하기도 하였다. 그밖에도 당시 여성은 다양한 결혼 형태를 통하여 어느 정도의 성적 자율을 누렸던 것으로 추정할 수 있다. 베드윈적 생활로 이와 같은 적지 않은 자율성과 사회활동을 영위하였던 자힐리야 여성에게 종교적 계율로서의 이슬람의 도래는 어느 정도의 규제와 속박을 가져다 준 것이 분명하다.

이슬람 이전과 이후를 단절하는 것은 잘못된 역사관으로, 특히 여성 문제의 경우 이슬람 초기 동안에는 이슬람 이전의 관행이 어느 정도 지속되었다고 볼 수 있다. 또한 이슬람이란 종교가 상업도시 메카에서 출현하였다는 사실을 주목해 볼 필요가 있다. 당시 아랍 사회는 사회, 경제생활에서 여성의 기여를 필요로 하였으며, 남성과 동등하지는 않았으나 그 당시 어떤 지역보다 여성에게 많은 자유와 사회적 역할이 보장되어 있었다. 이 같은 지역에서 태동한 종교인 이슬람이 아라비아 반도의 압도적 종교로 자리 잡게 되었을 때, 여성은 더욱 활발하게 사회활동에 참여할 수 있었다. 그리고 이슬람은 자힐리야 시대 최대의 사회적 악습이라고 일컬어지는 '여아 생매장' 풍습을 종식시킴은 물론, 남녀의 평등의식이나 여성의 보호관 등 당시 주변 국가에서는 볼 수 없었던 파격적인 여성의 위치와 지위, 권리를 확보해 주었다. 예언자 무함마드에 의해 계시되었던 꾸란에는 남녀의 평등사상을 주창하는 여러 구절이 있어, 적어도 정신적, 도덕적 의무에서 남성과 여성이 동등시되고 있음을 알 수 있다. 따라서 무함마드의 생존 시에는 비교적 여성에 대한 긍정적인 시각이 우세하였던 것으로 보여진다.

초기 이슬람 시대의 무슬림 여성은 남성과 더불어 전쟁에 동참하기도 했다. 예언자 무함마드의 부인인 아이샤(Aisha bint Abu Bakr)가 '낙타 전투'를 진두 지휘한 것은 그 좋은 예라 할 수 있다. 종교적인 면에서도 초기 무슬림 여성은 종교 토론에 참여하여 비중 있는 역할을 수행하였다. 아이샤는 2,210개의 하디스를 전승한 하디스 전승가로 인정받고 있으며, 2대 칼리파의 딸 하프사(Hafsa)는 아버지에게서 꾸란의 필사본을 물려받아 3대 칼리파 오스만(Uthmān ibn 'Affān)에게 물려 줌으로써 그 시대의 꾸란 편찬에 기여하였다. 여성에 대한 존중심이 없었다면 여성의 전승이 신성한 종교의 증거가 되기란 쉬운 일이 아니었을 것이다. 비록 이들이 예언자의 부인, 혹은 칼리파의 딸이란 특별한 신분을 지녔던 여성들이기는 하지만, 압바스 시대 권력 핵심의 측근이었던 여성들조차 낮은 위치에 있었던 점을 감안해 볼 때, 이슬람 초기 여성의 위치는 상당한 것이었음을 알 수 있다.

결혼 문제에 있어서도 이슬람 초기에는 여성의 결혼 전력이 걸림돌이 되지 않아 미망인이나 이혼녀가 자유롭게 재혼할 수 있었다. 예언자의 첫 부인이었던 카디자는 두 번 이혼한 과부로서 아무 후견인 없이 무함마드에게 청혼하였다. 그러나 압바스 시대 이래로 조로아스터교의 잔재라 할 수 있는 여성의 처녀성이 강조되면서 재혼에 대한 부정적인 시각이 등장하게 되었다. 또한 우마위야 시대 이래 끊임없는 정복 전쟁 결과, 수많은 여자 노예들이 이슬람 세계에 유입되면서 축첩의 풍습도 더해졌으며, 사산 제국의 하렘제도가 도입되어 여성이 사회적으로 고립되기 시작하였다.

예언자 무함마드 사후, 아랍 무슬림들이 여성의 사회 참여가 빈약하였던 비잔틴, 사산 제국 등을 점령하면서 아랍 여성의 위치는 떨어지기 시작하였다. 정복민의 숫자가 아라비아 혈통의 무슬림 숫자를 훨씬 상회하게 되면서 베드윈 아랍인의 문화는 정복지의 사회, 경제적 상황을 변화시킬 수 없었다. 더군다나 이후 종교를 해석하여 법제화시킨 법학자나 신학자의 상당수가 비아랍인들로 이루어져, 여성에 관한 꾸란 구절을 해석하는 데 그들이 지니고 있던 옛 문화의 가치를 적용하였다. 또한 도덕적, 정신적 세계를 추구하던 사람들이 소외된 세속화된 이슬람 제국은 자연 남성중심주의 사상에 젖어 있던 정치인이나 종교인, 법학자들에 의해 다스려졌다. 정치인과 결탁한 종교인들이 꾸란 구절을 자구 그대로 해석하면서 여성에게 불리한 이슬람 법이 확립되었다. 정작 정권의 뒷전에서 도덕적, 윤리적 메시지를 강조하던 수피와 카와리지파, 까라미따 운동[3]에 동참하였던 무슬림들은 축첩이나 유아의 결혼, 일부다처, 베일의 착용을 금지함으로써 여성에게 유리한 꾸란 해석을 하였다. 정복전쟁이 확대되고 무슬림 병사의 숫자가 많아지면서 예언자가 여성의 전쟁 참여를 금지하였던 것과는 달리 카와리지파에서는 여성의 성전 참여를 의무화하기도 하였다.

여성의 위치가 초기 이슬람 시대보다 낮게 설정된 또 다른 이유로 꾸란의 불명확성으로 인한 꾸란 해석의 다양화를 들 수 있다. 예컨대 결혼에 관한 같은 꾸란 구절을 놓고 수니파에서는 1부 4처로, 카와리지파는 1부 1처로 해석하고 있다. 예언자 자신에게 예외적으로 적용되었던 부인의 수도 이후 권력자들이 무한정의 여자와 결혼할 수 있는 악용의 소지를 만들어 주었다. 무엇보다도 남성 중심 사회의 타문화가 유입된 10세기 정도에 이슬람 법이 확립되어 여성에게 불리한 법규들이 생겨남으로써 무슬림 여성의 지위는 낮게 고착화될 수밖에 없었다.

그후 이슬람의 중세라 할 수 있는 15세기에서 19세기 초까지 다처, 축첩이 지배계급에서 성행하여 부인과 첩의 숫자가 계급과 권력의 정도를 표현하기에 이르렀다. 또한 이혼과 재혼도 빈번하게 이루어졌다. 그러나 중·하

---

3) 사회, 정치, 종교 운동으로 그 첫 주창자는 이라크의 함단 까르마뜨(Hadan Qarmat)이다. 930년 메카를 정복하여 '검은 돌'을 가져가 22년 후에 돌려 주기도 하였다. 972년 파띠마조의 칼리파 무잇즈(al-Mu'izz)가 그들을 진압하였다.

류 계층 사이에서는 경제적 이유로 일부다처가 감소할 수밖에 없었으며, 결혼 시 여자의 집안에서 일처를 결혼 조건으로 내세우는 경우도 있었다. 산업화가 진행되면서 특히 이혼녀나 미망인들은 베일을 벗고 생활전선에 뛰어들어야만 하였다.

19세기 말 경제, 군사, 과학의 전 분야에서 이슬람 국가에 비해 우월성을 지녔던 유럽 국가에 의해 무슬림 여성의 문제가 처음으로 제기되었다. 당시 이슬람 지역에서 헤게모니를 잡으려던 유럽인들은 무슬림 여성의 위치를 이슬람과 무슬림이 열등하다는 구실로 이용하면서 유럽 제국주의와 식민주의의 정당성을 주장하였다. 그들은 이슬람에서 보장된 여성이 누리는 재산권과 상속권 등의 권한은 외면한 채, 당시 종교 외적 요인으로 열악한 상태에 있던 무슬림 여성의 위치를 자신들의 우월성을 주장하기 위한 구실로 삼았다. 오늘날 무슬림 여성에 대한 일반적인 시각은 이 지역의 종교와 관습, 문화 등 이 지역의 독특한 환경과 상황 및 역사적 맥락에서 이해하지 않는 서구 중심의 시각에서 비롯되었다.

무슬림 여성의 열악한 상황을 종교의 탓으로 돌리던 것은 이슬람을 비난하기 위해 무슬림 여성의 상황을 악용하던 유럽인들뿐만이 아니었다. 아랍·이슬람 국가의 근대화 초기 서구에서 교육받은 지식인이나 정부 관료를 비롯한 중산층은 자신이 소속된 사회의 여성이 곤경에 처해 있는 정확한 원인을 제대로 파악하지 못한 채, 아무런 식견 없이 겉으로 드러나는 유럽 여성의 자유와 해방을 흠모하였다. 이들은 무슬림 여성이 고통받는 원인을 종교의 탓으로 돌리면서 국가의 진보와 여성의 해방을 동질의 개념으로 이해하였다. 그렇다면 이슬람의 경전인 꾸란에 언급된 이상적인 여성관은 어떠한 것일까?

Ⅲ. 꾸란 속의 여성[4]

꾸란은 그 자구의 애매모호함 때문에 그 해석에 따라 의미가 달라질 수 있다. 그러나 꾸란의 자구적 해석보다는 꾸란이 계시되었을 당시의 사회적, 역사적 맥락을 고려하는 것이 무엇보다도 중요하다. 이에 의거하여 꾸란에 나타난 여성의 남성과의 평등관, 유별관, 보호관 등을 살펴보기로 한다.

1. 평등관

꾸란에는 남녀평등을 주지시키는 많은 구절이 발견된다. 신이 아담의 갈비뼈로 여성의 조상인 이브를 창조하였다는 성경과는 달리 꾸란은 남녀의 공동 창조를 명시하고 있다; "백성들아! 한 영혼으로부터 너희를 창조하시고 그로부터 그의 배우자를 창조하신 주님을 경외하라(4:1)." 즉 신이 남성과 그 배우자를 모두 한 영혼으로부터 창조하였다는 이야기다. 특히 꾸란에는 남녀가 공히 종교적인 권리와 의무를 동등하게 누린다는 여러 구절이 발견된다; "남자이든 여자이든 너희가 행한 선행은 결코 헛되지 아니할 것이다…(3:195)." "실로 무슬림 남녀에게 믿음이 있는 남녀에게 순종하는 남녀에게 진실한 남녀와 인내하는 남녀에게 두려워하는 남녀와 자선을 베푸는 남녀에게 단식을 행하는 남녀와 정조를 지키는 남녀에게 하나님을 염원하는 남녀에게 하나님은 관용과 크나큰 보상을 준비하셨느니라(33:35)." "믿음으로 선을 행하는 모든 남녀에게 나는 행복한 삶을 부여할 것이다(16:37)." 이렇듯 꾸란 구절은 남성 신자와 여성 신자를 공히 동격에 놓고 신의 계시를 전하고 있다. 즉 무슬림 여성은 종교적인 의무와 수행에서 남성과 동격

4) 이슬람학회 논총 제4집 "이슬람의 여성관" 참조.

시 되고 있다. 종교적 의무인 5주[5]의 실천에서 여성의 임신이나 수유, 생리 시 단식이나 예배 등의 의무가 부분적으로 면제 혹은 순연되기도 하나 대부분의 종교적 의무와 수행이 남성과 동등하다고 할 수 있다.

혼인 문제에 있어서 여성도 청혼을 거절할 수 있다. 결혼 시 후견인의 동의가 필요하기는 하나, 결혼 당사자인 여성이 원하지 않는 결혼을 후견인이 강요할 수 없다. 한편, 미망인이나 이혼녀는 후견인의 동의 없이도 결혼이 가능하다. 결혼 시 여성에게 지급되는 '미흐르(혼납금, 신부값)'는 신부의 소유가 되며("여인들에게 미흐르를 선물로 줄지어다." 4장 4절), 결혼 후에도 여성은 자기의 재산을 소유할 수 있기 때문에 남편이 아내의 재산을 함부로 취할 수 없다.; "만일 너희가 다른 아내를 얻으려 할 때 너희가 그녀(전 부인)에게 준 금액 가운데서 조금도 가져올 수 없느니라(4:20)." "너희가 그녀들에게 주었던 마흐르를 가져오는 것은 너희에게 허용되지 아니하나…(2:229)." 또한 결혼 후에도 여성은 처녀 시절의 자기 성을 그대로 유지하여 남편의 성을 따르는 취성의 관행이 존재하지 않는다.

이혼 문제에 있어서도 아내가 먼저 이혼을 제기할 수 있다. 이 경우 여자는 결혼 시 받은 혼납금에 해당하는 보상금을 남편에게 지급한다. 꾸란은 여성의 재산권과 아울러 여성의 상속권도 명시하고 있다; "남자에게는 부모와 가까운 친척이 남긴 재산의 몫이 있으며 여자에게도 부모와 가까운 친척이 남긴 재산의 몫이 있나니 각자에게는 적던 많던 간에 규정된 몫이 차려지리라(4:7)."

위와 같이 꾸란에서 제시하고 있는 여성관은 유대교나 로마법, 그리스법이 보장하지 못한 개혁적인 내용을 담고 있다. 또한 자힐리야 시대 일부 부족들 가운데 남편 사망 시 형제나 사촌이 그 부인을 상속한다던가, 여아

5) 증거, 예배, 단식, 희사, 순례로 무슬림들이 지켜야 할 다섯 가지 의무 사항.

를 생매장한다던가, 혹은 딸을 결혼시키지 않는 등의 악습에 종지부를 찍은 것이 사실이다.

2. 유별관

여성과 남성의 평등사상과 아울러 꾸란은 여성과 남성의 유별을 기정사실로 받아들이고 있다. 꾸란은 남성이 여성의 상위에 있다고 보며("남성과 여성이 똑같은 권리가 있으나 남성이 여성보다 위에 있나니…." 2:228), 남성이 여성의 '보호자'가 된다고 언급하고 있다; "남성은 여성의 보호자이니 이는 하나님께서 그녀들보다 강한 힘을 주셨기 때문이니라(4:34)." 또한 증인의 자격에 있어서도 간음을 벌하는 사건과 같이 중대한 사안에 관하여 이슬람은 여성의 증언에 절대적으로 의존하지 않으며, 여자 두 명의 증언을 남자 한 명의 증언으로 간주한다. 꾸란은 남성이 여성보다 육체적으로 강하여 여성을 보호하고 부양해야 할 책임을 가지고 있다고 규정함으로써 결과적으로 남성이 여성의 우위에 있다고 보고 있다.

종교적 의무에서도 남녀는 유별된다. 여성은 모스크의 뒷켠에 분리된 장소에서 근행을 하는데, 이는 좌립을 반복해야 하는 예배 동작에서 남녀가 신체적으로 접촉하거나 한눈을 팔 수 있는 가능성에서 온 유별의식이다. 여성은 또한 월경이나 분만 시에 예배와 단식이 면제되며, 임신이나 수유 시에도 임산부나 태아, 혹은 젖먹이에게 해가 될 경우 단식이 면제되기도 한다.

경제적인 의무나 상속에서도 남녀가 구별된다. 생계비는 남자에게 의무로 지워져 결혼 전에는 부친이나 남자 친척이, 결혼 후에는 남편이 여성의 생계비를 책임진다. 꾸란은 심지어 이혼 후에도 전 남편이 여성의 생계비를 부담하도록 명시하고 있다; "너희 생활 수단에 따라 너희가 사는 것처럼 이혼당하는 여성도 살게 하라(65:6)."

한편, 상속에 대해서는 "하나님께서 너희 자식들에 대한 상속으로 너희에게 명하사, 아들에게는 두 명의 딸에 해당하는 양을…(4:11)."이라고 여성이 남성 몫의 2분의 1을 상속하도록 규정하고 있다. 이는 남성이 아내와 가족을 부양할 책임이 있기 때문에 가족 부양의 책임이 없는 여성보다 더 많은 상속액을 받아야 한다는 이유에서 비롯된 것이다.

남성에게 아내를 부양할 의무가 지워진 반면, 여성에게는 남편을 공경하고 그에게 복종할 것이 의무로 지워져 있다. 여성이 남편에게 순종하지 않을 경우 여성에게 충고와 제재, 처벌이 가해지기도 하며("남성은 여성을 그들의 모든 수단으로서 부양하나니 여성은 헌신적으로 남편을 따를 것이며 남편이 없을 경우 남편의 명예와 자신의 순결을 보호할 것이로다. 품행이 단정치 못하다고 생각되는 여성에게는 먼저 충고를 하고 그 다음으로는 잠자리를 같이 하지 말 것이며 셋째로는 가볍게 때려 줄 것이로다." 4:34), 남편은 여성에게 이혼을 요구할 수 있다. 이러한 꾸란 구절은 후에 여성에게 아주 불리하게 적용되어 부인이 남편에게 불복종하였을 경우 남편이 아내를 심하게 다룰 수 있는 '누슈즈'라는 이슬람 법으로 정착되었으며, 여성이 혼외정사를 했을 경우 후견인이 그 여성을 살해해도 살인죄가 성립되지 않는 것으로 해석되기도 하였다.

3. 보호관

이슬람에서는 일부다처제를 개인의 필요보다는 사회복지적 개념으로 해석하고 있다. 꾸란은 "만약 너희가 고아들에게 공평하게 대해 줄 수 없을 것 같은 두려움이 있다면 결혼을 할 것이니 너희 마음에 드는 여인으로 둘,

셋, 또는 넷을 취할 것이다. 그러나 그녀들을 공평하게 대해 줄 수 없을 것 같은 두려움이 있다면 한 여인이나 아니면 너희 오른손이 소유하는 것(노비)을 취할 것이다. 그것이 너희가 부정을 범하지 아니할 최선의 길이다."라고 명시하고 있다. 이 구절이 624년과 625년 두 차례에 걸친 부족군과의 전투에서 많은 군인들이 사상당한 이후에 내려진 계시하는 점에서 무슬림들은 일부다처의 개념을 사회의 구제적인 차원으로 해석하고 있다.

그러나 이러한 일부다처에는 아내들에 대한 아무런 편견 없이 공평하게 대해 주어야 한다는 다음의 단서가 붙는다; "만약 너희가 그들을 공정하게 대할 수 없다는 두려움이 있거든, 오직 한 여자와 결혼하라(4:3)." "너희가 애를 써도 여인들을 공정하게 대할 수는 없느니라. 그러나 너희는 한 여인만을 완전히 편애하여 다른 여인들을 매달린 여인처럼 되게 하지 말지어다(4:129)." 인간이 여러 아내에게 진정으로 공평하게 대할 수 없다는 이유를 들어 카와리지파와 까라미따 운동에서는 일부일처를 주장하기도 하였다. 이렇듯 일부다처는 일정한 조건 하에서만 허용되는 제도로 모든 무슬림들에게 보편성을 지닌 혼인제도는 아니다. 현재 이슬람 국가 가운데 투니스와 터키에서는 실제적으로 일부다처를 법적으로 금지하고 있다.

히잡(베일) 역시 이슬람에서는 여성의 보호라는 측면에서 이해하고 있다. 여성의 히잡을 언급하고 있는 꾸란 24장 31절, 즉 "밖으로 나타내는 것 외에는 유혹하는 어떤 것도 보여서는 아니되니라. 그리고 가슴을 가리는 수건을 써서 남편과 그녀의 아버지, 남편의 아버지, 그녀의 아들, 남편의 아들, 그녀의 형제, 그녀 형제의 아들, 그녀 자매의 아들, 여성 무슬림 그녀가 소유하고 있는 하녀, 성욕을 갖지 못하는 하인, 그리고 성에 대한 부끄러움을 알지 못하는 어린이 외에는 드러내지 않도록 해야 되니라."에서 '유혹하는 것'과 '가슴'이라고 언급되어 있을 뿐 무슬림 여성이 가려야 할 신체 부위가 구체적으로 언급되어 있지 않다. 후에 이슬람 법학자들이 "밖으로 나타내는 것"을 얼굴과 손으로 이해하고 그 부분을 제외한 모든 신체 부위를 가려야 한다는 법적 해석을 내림으로써 그것이 관행화되었다. 오늘날 이슬람 운동의 확산으로 무슬림 여성의 자발적인 베일 착용이 확산되고 있다. 그러나 베일의 착용을 법적으로 의무화한 이슬람 국가는 사우디아라비아에 불과하다. 여성의 베일 착용이 여성에 대한 굴레가 아니라 여성의 성적 상품화를 막고 여성의 의류비 지출을 막아 경제적 이득도 가져다 준다는 시각이 오늘날 전통적 무슬림 페미니스트들의 주장이다.

IV. 현대 이슬람 국가의 전통적 페미니즘 운동

1979년 이란의 이슬람 혁명은 이슬람 운동의 확산을 예고하였다. 문화적 정체성과 정통성을 최고의 이념으로 삼고 있던 '이슬람주의자'들은 무슬림 여성을 이슬람 문화의 가치와 전통의 상징으로 받아들였다. 이슬람 운동의 확산 후, 이슬람 세계의 여성들은 이슬람적 가치의 상징으로 삼으려 하는 이들의 주장을 고귀한 사명으로 받아들이는가 하면, 또 다른 한편에서는 자신들의 직업과 의상, 여행 등에 규제를 가하는 이슬람주의자들의 주장을 거부하기도 하였다. 이러한 현상은 각국의 정치적, 경제적 상황에 따라, 또 같은 국가 내에서도 사회 계층, 교육 정도, 연령, 민족 그룹의 차이에 따라 그 양상이 다르게 나타났다.

이란 여성의 경우, 그들은 이슬람 혁명에 적극적으로 가담하였으나 혁명 성공 후에는 주변적인 존재로 전락하였다. 1980년 호메이니(Ruhollah Khomeini)는 '베일 법령(*Hijab* law)'을 공표하여 정부 부처에서 일하는 여성에게 베일을 의무화하였다. 또한 피임과 임신 중절이 금지되었고, 여성의 법적 결혼 인정 연령이 13세로 낮추어졌다. 여성은 판사가 될 수 없으며 증인을 설 때 남성의 반의 역할밖에 인정받지 못하였다. 이러한 원칙적인 여성의 위치에 대한 불평등과 더불어, 베일의 착용을 수용하는 종교적인 타협과 투쟁을 통하여 1990년 초 이란 여성들은 국회에서 진출할 수 있는 기회를 얻었으며, 자유업에서 자신의 위치를 확고히 할 수 있었다. 교육이 모든 무슬림의 권리라고 하는 이슬람 원리에 근거하여 여성들은 남성과 동등한 교육의 기회를 확보할 수 있었으며, 심지어 의학 교육을 남성에게만 한정시키던 관행에도 대항함으로써 보다 폭넓게 사회활동에 적극 참여할 수 있었다. 또한 여성에게 불리하게 적용되던 이혼법도 개정하여 이혼 후 여성의 재정적 권리를 확보하기도 하였다.

이집트 여성은 18세기 당시 이집트의 정치, 경제, 사회적 요소가 그들의 재산권 확보를 가능케 하였다. 당시 이집트를 지배하던 맘룩 간의 투쟁과 암투는 그들로 하여금 여성의 재산 상속을 일반화시켰다. 전쟁이나 암투로 사망할 것을 우려하여 혹은 재산 몰수를 염려하여 그들이 여성에게 상속함으로써 여성은 남편이나 아버지로부터 많은 재산을 상속받을 수 있었다. 당시 여성들은 토지를 팔고 사는 일에 종사하기도 하였으며, 많은 여성들이 사업가적 수완을 발휘하여 완전한 재산권을 행사하기도 하였다. 당시 경제적 권한을 행사하였던 종교학자 울라마들도 여성 편에서 그들을 지지하였다.

그러나 19세기 영국의 이집트 점령에 따른 중앙 집권의 강화와 울라마들의 권위 약화는 여성의 경제활동 참여에 현격한 변화를 가져왔다. 국가에 의해 부가 통제되면서 여성의 경제적 권한은 축소되었으며 여성과 울라마의 연계도 사라지게 되었다.

20세기 초 이집트의 독립과 더불어 여성의 위치가 재정립되기 시작했다. 1930년대 여성 교육의 확대, 특히 대학교육의 허용은 여성의 권한과 사회 참여의 확대를 가져왔다. 이집트에서의 여성의 권리 회복 투쟁은 서구의 모방이 아닌, 이슬람이 보장한 여성의 권리에 대한 재인식과 이슬람에서 보장한 여성의 재정적 권한의 회복에 기초하였다. 보호와 종속이라는 이중 개념을 가지고 있던 베일에 관해서도 그것을 분명히 해야 할 필요성이 생겨나게 되었다. 아랍의 민족주의 엘리트들도 교육을 받고 직업을 가진, 그러나 서구화되지 않은 '신여성'의 창출에 기여하였다. 그러나 '명예를 위한 범죄(crime of honour)'[6]의 불식에는 적극적으로 대처하지 않았다. 이러한 범죄는 가난한 농부 계층에서 일어나는 것으로 우선 엘리트 여성의 관심사 밖이었고, 아랍 여성 페미니스트들은 이러한 문제들이 서구식의 성적 난잡의 허용으로 비춰질 것을 우려하여 적극적으로 대처하지 않았다. '히잡(베일)'은 이슬람 운동의 주요 문제로 부상하였으며, 히잡이 여성의 사회적, 경제적 혜택을 가져다 준다는 인식이 확산되면서 자발적인 히잡 착용이 확대되었다. 대부분의 남성들이 히잡을 쓴 여성을 결혼 상대자로 선호하면서 히잡을 쓴 여성이 결혼할 수 있는 가능성이 높아졌으며, 유행을 타지 않는 히잡의 착용은 경제적 실용성을 가져다 주었다. 이슬람 운동의 확산과 더불어 여성의 자발적인 히잡의 착용은 여성 운동의 근원이 서구의 가치가 아닌 이슬람의 재해석에 있다는 것을 단적으로 설명해 주는 것이라 할 수 있다.

이슬람 혁명 이후 이란의 여성 운동과는 달리 이슬람 운동에 따른 전통적인 이집트 여성 운동가들은 가족법이나 이혼법, 후견인 제도, 일부다처, 상속 등의 문제에 관해서는 미온적인 태도를 보이고 있다. 그러나 이집

6) 결혼하기 전에 처녀가 남자와 관계하거나 결혼한 여자가 혼외정사를 했을 경우, 아버지나 오빠 혹은 남편이 가문의 명예를 걸고 그 여자를 살해하던 관행.

트 여성은 이란과는 다른 정치적, 경제적 과거로 인하여 사회적으로 보다 전문적인 일자리를 확보할 수 있었다.

레바논 여성의 경우, 은행, 병원, 상점, 방송 등에서 여성의 활동이 두드러지는 것과는 대조적으로 국가에서의 여성의 실질적인 영향력은 매우 제한되어 있다. 정치 분야에서 여성의 활동은 거의 찾아보기 힘들며, 고위 행정직에서도 일부 배경이 좋은 여성들을 제외하고는 여성을 찾아보기 힘들다. 이것은 레바논이 안고 있는 계층과 성, 종교 간의 장벽이 평등사상이나 제도화된 여성 운동을 가로막기 때문이다. 매우 현대화되어 보이는 레바논에서 여성은 '주요 결정권(decision-making)'의 지위에 접근하지 못하는 것이 현실이다. 서구의 식민주의 시대가 종식되었음에도 불구하고, 레바논에서는 여전히 유럽과 미국식 학교가 남겨 놓은 잔재로 서구식 교육 과정을 채택하고 있는 기독교학교가 현대화의 표본이 되고 있다. 또한 종교 갈등과 이로 인한 사회 계층 분열은 진정한 여성의 자유 확보를 방해하고 있다. 레바논 헌법에 명시된 남녀 평등의 조항에도 불구하고 법 실행에 있어서는 '명예를 위한 범죄'가 여전히 묵인되는 등 불평등이 존재하고 있다.

한편, 사우디아라비아의 여성은 이슬람의 상징처럼 되어 국가와 가족의 명예를 모두 짊어지고 있는 듯하다. 사우디는 여성의 베일 착용을 의무화하고 있으며, 여성의 운전을 법적으로 금하고 있다. 이러한 규제는 사우디에 거주하는 외국인에게도 예외 없이 적용된다. 서구적 개방화와 여성 운동은 즉각적으로 저지되어 왔다. 1990년 걸프전 당시 국가의 통제력이 약화되자 사우디아라비아 여성들이 자신들에게 자동차 운전 허용을 요구하는 데모를 벌이기도 하였으나 즉각적으로 저지되었다. 그 결과 사우디아라비아 여성은 엄격한 이슬람적 가치를 통하여 자신의 위치와 권한을 확보하려고 노력하고 있다. 즉 그들은 베일을 쓰고 이동의 자유를 확보함으로써 완전한 격리로부터 벗어날 수 있었다. 또한 남성과 격리된 분야, 즉 여성을 위한 은행, 여성 전용 상점 등의 분야에서 자신의 사회적 영역을 확보할 수 있었다. 가족의 생계를 위해 집안의 가사 노동은 물론 집 밖에서 돈벌이에 나서야 하는 이집트 여성과 베일을 쓰고 파키스탄인 운전사를 대동하고 쇼핑을 하러 나오는 사우디아라비아 여성을 여성의 베일을 통한 사회 격리가 곧 여성의 구속이라는 차원에서 함께 논하기란 어려운 일이다.

이상에서 살펴본 바대로 이슬람 초기의 꾸란과 순나는 당시 여성의 위치를 향상시킨 것이 사실이다. 그리고 그것은 오늘날 이슬람 세계의 여성 운동의 밑거름이 되기에 손색이 없었다. 특히 경제적 독립의 상징인 예언자의 첫 부인 카디자, 정치적 수완과 종교적 권위로 인정받던 예언자의 애처 아이샤, 도덕성과 종교적 권위의 상징이었던 예언자의 딸 파띠마와 같은 7세기 무슬림 여성은 오늘날까지도 이슬람 여성의 본보기가 되고 있다. 그러나 여성을 경시하는 타문화의 유입과 남성 중심의 이슬람 법이 제정되면서 무슬림 여성의 위치는 하락의 길을 걷게 되었다. 꾸란의 이중적 특징, 즉 불변하는 신성한 특징과 다양한 해석이 가능한 진화론적 특징도 이후 여성에 대한 양비론적 시각을 가져온 요인 가운데 하나이다.

그러나 무슬림들이 꾸란을 확고부동의 텍스트로 볼 것이 아니라 사회의 동적인 한 작용으로 인식하는 것이 바람직할 것이다. 또한 이 지역의 독특한 환경과 상황을 고려하지 않은 서구적인 시각을 탈피하여 중립적인 상대주의 원리에 입각하여 무슬림 여성을 바라보는 시각이 필요하다. 예컨대 베일을 여성의 속박의 개념이 아닌 여성의 보호라는 측면에서의 시각도 가져볼 만하다. 베일은 여성을 눈요기감이 아닌 한 인격체로서의 존엄성을 가져다 줄 수 있다. 이란 여성은 베일을 정치, 경제적 권한을 확보하기 위한 여성 운동의 도구로 활용하였다. 이집트에서는 베일이 도덕적 우위를 가져다 줌은 물론, 경제적 실용성의 혜택을 가져다 준 것으로 해석하고 있다. 사우디에서의 베일 착용은 여성의 이동의 자유는 물론 사회 활동의 더 많은 영역을 확보해 주었다. 따라서 이슬람 세계의 베일 착용이 여성에 대한 속박이라든가 비근대적이라고 단정 짓는 것은 서구적 시각에 불과하다.

파키스탄 이슬람화 정책과 무슬림 여성의 지위

김영남

I. 서론

이슬람 세계에 대한 관심이 점점 높아지고 있는 이유는 종교·문화적 차원에서라기보다는 국제질서 속에서 이슬람 세계의 움직임이 우리의 정치·경제적 문제와 관련이 있기 때문일 것이다. 최근 들어 이슬람 세계에 대한 과거의 단편적이고 왜곡된 시각들이 수정되고 있는 것은 사실이다. 특히 이슬람 국가에서 적극적으로 활동하고 있는 무슬림 여성들의 모습이나 무슬림 여성 운동들은 오리엔탈리즘적인 사고방식으로 재현되었던 무슬림 여성의 이미지[1] 변화에 크게 기여하고 있다. 실제로 '성별(gender)' 문제와 여성 권리에 대한 무슬림 여성들의 자각이 일어나고 있는데, 바로 자기정체성을

1) 에드워드 사이드(Edward Wadie Said)는 그의 저서 『오리엔탈리즘(*orientalism*)』에서 무슬림에 대한 이미지의 정치화를 비난하고 있다. 특히 무슬림 여성들을 수동적이고 성적 대상으로 이미지화하는 서구인들의 왜곡된 시각을 반영하고 있다.

확보하려는 의식과 이상사회의 표상으로써 여성에게 부여된 베일 착용과 활동공간의 제약이 함의하고 있는 것에 대한 문제의식을 가진다는 것이다.

하지만 이슬람 세계에서 여성의 인권 문제가 여전히 심각하다는 것은 국제 보고서들을 통해서 잘 드러나 있다. 그러나 이슬람 변증자들은 이런 여성의 인권 문제에 대한 지적과 국제적인 논의를 이슬람 세계에 대한 공박이나 도전, 혹은 간섭으로 여기는 경향이 있어서, 외부의 일부 학자들마저도 반제국주의(anti-imperialism) 명분 아래 이슬람 근본주의 혹은 독재 통치 하에 있는 여성들의 삶의 곤경을 간과하거나 문화상대주의적 관점에서 인정하고 있다.

무슬림 여성학자 하이데 모기시(Haideh Moghissi)는 비이슬람 세계에서 소수 그룹인 무슬림의 권리를 옹호하는 것과 이슬람주의자들이 집권하고 있는 이슬람 국가에서 억압적인 정치·문화적 행위들을 혼동해서는 안 되며, 여성에 관한 이슬람 변증적 진술들은 오히려 더 문제를 일으키게 된다고 말한다.[2] 그녀의 말대로 이슬람주의자들의 변증적 논의는 보호라는 명분으로 남성에 대한 여성의 종속적 관계를 정당화하기 때문에 이슬람을 가부장적 종교로 환원시키는 것이며, '신앙'으로서의 이슬람과 통치체계로서의 이슬람의 구분을 흐리게 하는 것이다.

일반적으로 무슬림 여성주의자들의 주장은 이슬람 초기의 신앙정치 공동체인 움마(ummah)에서 여성의 지위는 남성과 대등하였으며, 남녀 불평등의 관계는 이슬람 제국이 확장되면서 가부장적 구조 속에서 통치자들에 의한 조작이라는 것이다. 무슬림 여성·정치사회학자인 파티마 메르니씨(Fatima Mernissi)는 그의 저서 *Women's Rebellion and Islamic Memory* 에

2) Haideh Moghissi, *Feminism and Islamic Fundamentalism : The Limits of Postmodern Analysis* (London&New York: Zed Boofs), preface.

서 근본주의자들은 여성의 베일 착용을 무슬림의 신성한 이상의 표상으로 삼고 이것을 국가정책으로 강화하며, 베일 착용의 조직적 운동을 통하여 여성의 힘을 무력화시키려 한다고 보고 있다. 따라서 이슬람 근본주의 운동과 베일 착용 운동은 시민을 침묵시키고 민주화를 저해하기 위한 전략이 되고 있다는 것이다.[3]

과거 초국가적 이슬람 공동체와는 달리, 근대에 식민 시대의 유산으로서 탄생된 이슬람 개별 국가들은 민주주의라는 통치체계를 통해 이슬람의 이념을 실현하고자 한다. 따라서 정치와 종교가 일치했던 칼리프 시대와는 국가 성격이 다름에도 불구하고 이슬람주의자들은 보편적 이슬람 공동체 실현을 주창하며 대중들에게 호소하고 있다. 그 한 예가 파키스탄에서 진행된 '이슬람화' 정책이라고 할 수 있다. 그러면 이슬람화 운동은 과연 메르니씨가 언급한 대로 시민으로서 여성이 가져야 할 권리를 침묵시키는 정책인 것인가? 아니면 지배 권력과 무관하게 순수한 종교적 목적에서 일어난 것인가? 이슬람화 운동이 여성의 사회적 지위에 끼치는 영향은 결국 어떻게 나타났고 이에 대한 여성들의 반응은 어떤 식으로 전개되었는가? 이러한 질문을 염두에 두고 현대 이슬람 국가인 파키스탄의 이슬람화 정책과 그로 인한 여성들의 지위를 고찰하려 한다.

여성의 역할과 지위는 사회적 현상과 관련이 있는 것으로, 파키스탄에서 이슬람화 운동이 여성의 역할을 제한하고 지위를 약화시키려 할 때 여성들의 저항 운동도 함께 진행되어 왔다. 이슬람화 운동과 여성의 권리를 위한 투쟁을 이해하기 위해서는 인도 대륙에서부터의 무슬림 정치사상과 발전 그리고 무슬림 여성의 투쟁 단계들과 현대사에서 이슬람의 역할을 추적해 보아야 하지만, 이 글에서의 연구는 파키스탄이 독립한 1947년 이후에

3) Fatima Mernissi, *Women's Rebellion and Islamic Memory* (London: Zed Books, 1996).

파키스탄에서 이슬람화의 첫 단계인 '이슬람 법(*Sharia*)'의 도입과 무슬림 여성의 권리를 위한 운동이라는 정치 발전의 과정에 제한한다.

II. 이슬람 국가로서의 파키스탄

1. 무슬림들의 국가 탄생

파키스탄(Pakistan)은 '순수의 땅'이라는 뜻으로, 주요 지명의 첫 글자와 마지막 글자를 따서 만들어진 이름이다(Punjab, Afghan Frontier, N-W Frontier, Kashmir, Sindh, Balochistan). 1947년 인도에서 종교적 이유로 분리, 독립한 파키스탄을 다양한 인종에도 불구하고 하나로 묶을 수 있었던 것은 이슬람의 이념이었다. 무슬림들의 정치적 자각으로 생겨난 무슬림 연맹(the Muslim League, 1906년)의 목표는 '인도 무슬림들의 정치적 권리와 이익 옹호 및 증진'이었지만, 더 나아가 무슬림들은 문화·종교적 존재보다는 정치 세력의 주체로서 자신들을 보게 되었다. 파키스탄의 시인이며 철학자인 이끄발(Allama Muhammad Iqbal)은 이슬람 정치를 합법적 제도에 의해 제정된 특별한 윤리적 이상에 의해 생겨난 사회구조로 언급했다. 그 윤리적 이상은 무슬림 역사에서 중요한 구성요소가 되어 왔다.[4]

1940년 전(全) 인도 무슬림 연맹이 무슬림 국가를 건설한다는 생각은 이미 내놓았지만, 국가와 관련하여 이슬람이 특별히 언급된 것은 독립 후 1949년 '목적결의안(the Objectives Resolution)'에서였다.

---

4) Syed Sharifuddin Pirzada, ed., *Formations of Pakistam-All India Muslim League Documents: 1906-48*. II (Karachi: National Publishing House Limited, 1970), 159-160. cited from "Pakistan in Perspective: 1957-1997" ed. by Rafi Raza (Karachi: Oxford, 1997)

"온 세상 주권은 전능하신 신에게만 속한다. 신이 내린 한도 내에서 백성에게 행사되도록 파키스탄이라는 국가에 대리하는 권한은 하나의 신탁(a sacred trust)이다.…이슬람으로 공표된 대로, 민주주의 원리에서 자유, 평등, 관용, 사회정의는 온전히 지켜질 것이다. 그 안에서 무슬림은 꾸란과 순나에 설정된 대로 이슬람의 가르침에 따라 사적·공적 영역에서 삶을 영위해 갈 수 있을 것이다."[5]

한 국가의 주권이 누구에게 있느냐에 따라 그 국가의 정치체제가 달라진다. 위의 '결의안'은 민주주의체제를 지향하면서도 주권을 신에게 귀속시키는 추상적인 설명을 하고 있다. 따라서 파키스탄의 탄생을 이슬람 이념의 실험장으로 간주한 무슬림들의 요구를 충족하지 못한 채 '주권재민(主權在民)'의 시민 국가로 탄생한 파키스탄의 헌법은 '주권재신(主權在神)'의 '이슬람 국가 건설'이라는 문제에 봉착하게 되었다. 서로 다른 견해들로 인하여 어려웠던 무슬림들의 요구는 1973년이 되어서야 헌법에 이슬람 조항을 삽입함으로써 이루어졌다. 꾸란이나 순나 외의 다른 어떤 것에서 법의 지침을 찾아서는 안 된다는 이슬람주의자들에게 이슬람 국가란 이슬람 법들(Islamic laws)을 갖고 있는 국가를 의미했다. 이슬람 법, 즉 샤리아(*Sharia*)가 무엇을 의미하는가에 대한 견해는 학파마다 달랐다.

또 이슬람이 대통령제를 말하는가 혹은 의회제를 말하는가, 선거가 무슬림과 소수 그룹을 다 포함하는가 혹은 분리되어 이루어져야 하는가에 대한 논의가 오랫동안 있었다. 그러나 초대 대통령 알리 지나(Quaidi-azam Mohammad Ali Jinnah)는 파키스탄은 울라마(ulama)가 국가를 운영하는 책임을 지는 신정체제가 되지 않을 것이라고 밝혔다. 1948년 2월 그는 이렇게 말했다.

"과오를 범하지 마십시오. 파키스탄은 신정체제나 혹은 그와 유사한 어

---

5) Rafi Raza ed., *Pakistan in Perspective 1947-1997* (Osford, 1997), 4.

떤 것도 아닙니다."

수상 알리 칸(Liaquat Ali Khan) 역시 1949년 3월 7일 '목적결의안(the Objectives Resolution)'에 대해 말할 때도 신정체제[6]를 반대한다고 선언했다.

"나는 지금 국민이 권력의 참된 수혜자라고 말했습니다. 이것은 당연히 신정체제 건설의 어떤 위험도 배제합니다."

2. 정치세력으로서의 이슬람 단체

초대 대통령 지나가 신정체제를 반대하는 선언을 했음에도 불구하고 이슬람 단체들은 정치 세력으로서 영향력을 행사하려는 시도를 했다. 무슬림 안에서도 전통적인 이슬람의 사상과 실천을 강조하는 울라마 전통주의자와 이슬람 개혁 운동을 추구하는 근대주의자들로 나누어졌는데, 파키스탄 운동을 일으킨 것은 대부분 현대주의자들이었다. 파키스탄 운동 지지자에게는 다양한 동기들이 있었지만, 결정적인 동기는 정치·사회면에서 이슬람 이상을 실현하고자 하는 강한 열망 때문이었다.[7]

파키스탄에서 가장 강한 정치적 영향력을 갖고 있는 이슬람 단체는 근본주의(fundamentalism) 입장을 취하면서도 전통 울라마와는 방법론이 다른 개혁적 근본주의자 마울라나 마우두디(Maulana Maudoodi)가 설립한 '자마엇데 이슬라미(Jamaat-e-Islami : JI)'이다. 이 단체는 이슬람적 가치가 근대화라는 명분 하에 짓밟히던 때에 이슬람의 수호를 위해 대중의 지지를 기

6) "신정체제란 안수받은 특정한 성직자들에 의해 정부가 운영되는 것을 의미합니다. 성직자는 특별히 임명된 자로서 권한을 휘두르게 됩니다. 나는 그런 사상이 이슬람에 절대적으로 이질적인 것이라는 사실을 크게 강조할 수는 없습니다. 그리고 신정체제의 문제는 단순히 이슬람에서만 발생하는 것이 아닙니다." Ibid., 29.

7) Kemal A.Faryki, "Pakistan: Islamic Government and Society," ed. by John L.Esposito, *Islam in Asia: Religion, Politics, and Society* (Oxford: Oxford Univ, 1987), 55.

반으로 하고 대중을 상대로 한 사회·정치적 개혁을 호소했다.

파키스탄이 탄생했을 때 정권을 장악한 근대주의자들의 주도로 세속적 헌법이 제정되자 자마엇데 이슬라미(JI)는 샤리아를 기초로 헌법이 이루어지도록 대중의 지지를 호소했다. 1949년 의회는 우주의 주권은 신에게만 있고 그 범주 안에서 국가와 국민이 존재함을 밝혔으며, 모든 국민이 이슬람의 가르침과 규범 내에서 생활해야 한다는 것을 밝혔다. 그러나 JI의 노력에도 불구하고 샤리아는 파키스탄의 헌법의 기초가 되지 못하다가 이념이 다른 즐피카르 알리 부토(Zulfikar Ali Bhutto) 정권에 의해 1973년에 최초로 이슬람이 파키스탄 국교로 명시되었으며, 대통령과 수상은 무슬림이어야 된다는 조항이 헌법에 삽입되었다.

뒤이어 1977년 군사 쿠데타로 정권을 장악한 지아울 하크(Ziaul Haq)에 의해 이슬람화 정책이 이루어지고 지아와 그의 정책은 JI의 지지를 받았다. 지아는 자신의 정권의 정당성을 확보하기 위해 국가의 기본이념으로 이슬람을 강조하고, 이슬람적 사회질서와 이슬람 법을 정부와 사회에 도입했던 것이다. 이런 이슬람화는 신중하게 계획되었고 중요한 세 통로를 통해 이루어졌다.[8]

1. 이슬람 이념의 심의회(the Council of Islamic Ideology) 재건 : 국가 기존법의 이슬람화와 파키스탄 주요 도시에 종교재판소 설립을 제안.
2. 자카트세 도입 : 빈부의 격차를 줄이기 위한 목적. 이슬람식 무이자 은행 건립.
3. 이슬람 교리와 실천에 맞게 처벌법 수정 : 범죄율을 감소시키기 위한 목적.

---

8) Qu Hong, 'The Significance of Islamic Studies,' "The Middle East War and Peace" (한국중동학회 제10차 국제학술대회, 2001.10.26, 42-43)

이와 같이 JI는 이슬람화를 위한 강력한 영향력을 행사하는 정당의 역할을 해왔다. 그러나 JI가 군부정권을 합당한 것으로 간주한 것은 아니었으며, 군부에 대한 불신 때문에 자신들이 군부정권과 동일시되지 않도록 주의했다.[9] 민주적 방식으로 등장하지 않은 정권은 국민의 지지를 위해 이슬람을 이용하고 이슬람주의자들은 그들의 정치·종교적 목적을 이루기 위해서 정권과 결탁하지 않을 수 없었던 것이다.

이런 파키스탄의 이슬람화에 대한 심층적 이해를 위해서 이슬람화 운동에 지대한 공헌을 하고 있는 JI의 창시자 마우두디의 사상과 실천 계획들을 살펴볼 필요가 있다.

1) 자마엇데 이슬라미(JI) 창시자 마우두디의 사상과 실천

이슬람 개혁사상가 마울라나 마우두디가 창시한 JI는 적극적 정치 참여를 통해 이슬람 율법인 샤리아를 근본법으로 하는 진정한 이슬람 국가 건설에 중점을 두고, 현실정치 구조 안에서 전통과 근대화의 이상적인 접목을 시도하면서 파키스탄에서 효과적으로 이슬람 정신을 구현하고자 했다.[10]

마우두디는 이슬람 체제를 세우기 위해 1941년 '자마엇대 이슬라미'라는 종교-정치 조직을 결성하였고, 이 조직은 파키스탄 이슬람 운동의 정신적 구심체 역할을 해오고 있다. 근대적 이슬람 개혁 운동의 이념적 근거가 되고 있는 그의 개혁 사상은 이슬람 국가관과 지하드 사상을 중심으로 전개된다. 마우두디에 의하면 현대적 의미의 이슬람 국가 형태는 꾸란과 하디스에 바탕을 둔 신의 절대성만 인정되는 완전한 신정주의 국가여야 한다.

---

9) David Taylor, 'The Politics of Islam and Islamization in Pakistan', James P. Piscatori ed., "Islam in the Political Process" (London: Cambridge Univ. Press, 1984), 186.

10) 이희수, '마우두디 사상과 20세기 파키스탄의 이슬람화 운동,' 『한국이슬람학회 논총』제5집 (한국이슬람학회, 1995), 266-267.

그가 주장하는 이슬람 정치 이론의 기본원칙은 유일신관(唯一神觀)에 기반을 두고 있으며, 주권이 신에게 있다는 것이다. 따라서 국가의 통치자는 신의 대리인(*Khalifa*)이라는 것이다. 그러나 중세의 신정체제와는 달리 불명확한 법에 대한 해석은 울라마(법학자)들의 전원 합의에 의존하는 이슬람식 '신정 민주주의(神政, theo-democracy)'[11]를 주장한다.

2) 자마엇데 이슬라미 이념의 목표

JI는 '종교적 정당이나 정치적 정당이 아니라 전 생활이 포괄적이고 보편적인 행동 규범에 따라 조성되어야 하는 바로 그 원리에 기초한 이념 정당'[12]이라고 자기 규정을 하고 있다. 그러나 집합의식의 창출로써 이념의 기능은 정치를 의미 있는 것으로 전환시켜 주는 권위적 개념으로써 자율적 정치를 가능케 하기 때문에 이념들 중에 정치적 함의를 갖지 않는 것은 없다는 클리포드 기어츠(Clifford Geertz)의 지적[13]에 비춰볼 때, JI의 이념은 파키스탄에서 인간의 전 생활을 변화시키는 완전한 이슬람화 정책을 함의하고 있다.

JI는 전 인간생활의 변화를 목표로 하는 행동 프로그램과 일련의 목표들을 제공하면서, 당시 유행했던 공산주의와 파시즘의 방법론과 조직적인 전략을 부분적으로 도입하여 이념적으로 고도로 훈련된 소수의 정예 그룹을 통해 정치 권력을 장악하고자 했다. 이슬람 이상을 구현하기 위해서 결성된 JI의 목표는 '이슬람 체제'를 수립하는 것이었고, 다른 무슬림 국가들

11) 이슬람식 민주주의는 절대주권은 신에게만 속하고 신의 뜻을 지상에서 실현하기 위해 대리 통치자인 칼리프를 두지만, 그의 권한은 제한되어 있고, 통치권의 행사는 전체 구성원의 의사가 집결될 수 있는 합의체(*Shura*)의 의사결정과 검증절차를 거치며, 칼리프로 위임받을 자격은 공동체 구성원 모두가 갖는다. 따라서 전체주의나 일인독재를 인정하지 않는데, 이것이 마우두디가 강조한 이슬람식 민주주의다.

12) Khalid Rahman, Muhibul Haq Sahibzada, Mushfiq Ahmed eds., *Jama'at-e-Islami and National and International Politics, 1* (Lahote: Book Traders, 1999), 3.

13) 클리프드 기어츠, 문옥표 역, 『문화의 해석』 (서울: 까치글방, 1998), 260.

은 파키스탄을 '이슬람의 실험실'로써 성공하도록 경제적 원조를 하였다. JI가 추구하는 것은 이상적인 '*al-Deen* (종교)'[14] 건설이다. 이런 목표를 위한 행동 전략은 다음과 같이 요약된다.[15]

1. 이슬람의 가르침을 회복하여 현대 세계에 적용될 수 있게 한다.
2. 건전한 사람들을 발굴하여 조직과 훈련을 통해 사회의 영향력 있는 분야에 진출시킨다.
3. 사회 개혁 : 교육 및 공공압력 등을 통해 불의에 저항케 한다.
4. 정치적 변화 : 올바른 사람들이 정권을 쟁취해서 잘못된 제도를 변화시킨다.

이상과 같은 계획을 진행하기 위해 JI는 적극적인 정치 참여뿐 아니라 필요한 경우에 절충하며 자기 입장을 수정하기도 했다.

3) 명시된 이슬람 국가

1949년의 목적결의안이 1956년 헌법 전문에 병합되었다는 사실에도 불구하고, 1956년 헌법은 국가 칭호를 '파키스탄 이슬람 공화국(The Islamic Republic of Pakistan)'으로 하고 '꾸란의 지침'과 '이슬람 도덕적 규범 준수(25조)'를 명시하였다. 그리고 대통령은 무슬림이어야 한다는 것도 밝혔다(32조). 더구나 197조항에는 대통령은 이슬람 연구와 지침을 위한 기관을 설립해야 한다는 것, 그리고 198조항에는 현존의 법을 이슬람 법령에 맞게 권고하는 협의회가 있어야 한다는 내용이 있었다. 이런 조항들에 대해 많은 이

14) '딘'이란 국가의 주권은 알라에게 있기 때문에, 공 · 사의 모든 분야에서 이슬람 생활양식을 따라야 한다는 것이다.
15) *Jama'at-e-Islami and National and International Politics, 1*, 1-9.

야기가 있었지만, 실제적으로 수행하려는 노력은 거의 없었다.

1958년 계엄령 아래에서 파키스탄 이슬람 공화국은 '이슬람'이라는 말을 누락시킴으로써 단지 '파키스탄'으로만 알려지게 되었다. 더 나아가 아유브 칸(Ayub Khan)은 1962년 헌법에서 '이슬람 공화국'이라는 말을 제거하여 국가가 '이슬람화' 되려는 경향을 막으려고 애썼지만, 결국 '이슬람 공화국'이라는 말은 곧 첫 번째 헌법 수정에서 재도입되었다. 아유브 칸은 또한 헌법 서문에서 '목적결의안'과 '국가 직접 통치의 원칙들(the Directive Principles of State Policy)' 속에 들어 있던 이슬람에 관한 언급도 빠뜨렸다. 구체적으로는 1962년 헌법 서문은 1956년 헌법에 들어 있는 '성 꾸란과 순나에 정해진 대로'라는 말을 없애고 단지 '이슬람의 지침과 필수 사항들'에 관해서만 언급했다. 따라서 무슬림들의 요구는 1973년이 되어서야 이루어졌고, 헌법은 처음으로 이슬람이 국가 종교라는 것(제2조)과 행정 수반이 되는 총리는 무슬림이어야 한다는 것을 구체적으로 밝혔다. 이것들은 대통령 선서에 다음과 같이 상세하게 설명되어 있다.

> 나는 무슬림이며 전능한 알라의 유일성과, 알라의 책인 성 꾸란이 마지막 경전이며, 무하마드는 마지막 예언자이고, 그 이후에 어떤 예언자도 없으며, 심판의 날과 성 꾸란과 순나의 가르침과 의무사항이 있다는 것을 믿는다.[16]

이슬람적인 주요 내용은 헌법 제227조에서 제231조에 있었다. 제227조는 모든 법률은 성 꾸란과 순나를 따라야 하고, 어떤 법도 그것에 어긋나서는 안 된다는 것이었다. 새로 설립된 '이슬람 이념 심의회(CII)'는 '국가의 경제·정치·합법적, 혹은 행정적 문제에 대한 이해'가 있는 사람들로 구성되는데, 적어도 한 명의 여성이 포함되어야 했다. 그럼으로써 CII를 울라마들이

16) Rafi Raza ed., "Pakistan in Prespective 1947-1997" (Karachi: Osford Univ. Press, 1997), 30.

독점할 수 없도록 한 것이다. CII는 7년 내에 이슬람 법률에 관한 최종 보고서와 연간 보고서를 제출해야 하고, 연간 보고서는 토의를 위해 하원과 각 지방 의회에 제출되어야 했다. 최종 보고서가 제출되고 2년 이내에 모든 법률이 제227조에 의해 시행되기로 되어 있었다.

알리 부토(Zulfikar Ali Bhutto)가 인도하는 파키스탄 인민당(Pa-kistan People's Party)은 '이슬람 사회주의(Islamic Socialism)'를 외치며 이슬람의 역동성과 사회 복지 정신이 헌법의 구체적 조항들 안에 있어야 한다고 주장했다. 따라서 평등하고 진보적인 사회의 목표를 반영하기 위해 '국가가 모든 형태의 착취를 배제하고, 각자의 능력과 일에 따른다는 근본적인 원칙을 점차적으로 실현할 것을 보장할 것'이라는 내용을 제3조에 넣었다.[17]

1977년 군사 쿠데타를 통해 지아울 하크가 정권을 장악하고 선포한 계엄령 아래에서 헌법은 정지된 상태에 있었다. 지아는 1984년 12월 국민투표를 통해 자신의 위치를 보장받으려고 다음과 같은 질문을 했다.

"파키스탄 국민은 성 꾸란과 순나에 있는 대로 이슬람 법령에 파키스탄 법률이 양립하도록, 파키스탄 이념의 보존을 위해, 계속적인 투표 절차를 위해, 선출된 국민의 대표에게 순차적인 권한의 양도를 위해 이 절차를 지지할 것인가?"[18]

1985년 지아는 1973년 헌법의 회복을 발표했다. 그러나 1985년 법령은 1973년 법령을 변형했다. 그는 대통령령으로 이전에 '정지된 헌법'을 바꾸었는데, 1980년 헌법 개정령을 통해 '연방 샤리아 법정(Federal Sh-ariat Court)'을 도입한 것도 그런 경우이다. 더구나 대통령으로서의 그의 위치를 강화하고 헌법 수정을 합법화하기 위하여 총리 무하마드 칸 주네조(Muhammad Khan

17) Ibid., 31.
18) Ibid., 36.

Junejo)의 의견에 동의하여 계엄령을 철회하고 의회로 하여금 헌법 제8차 개정을 채택하도록 했다.

헌법의 제8차 개정은 구체적으로 1977년 7월의 계엄령 선언을 인정했다. 연방 샤리아 법원은 헌법 제3장 A항에서 '어떤 법률 혹은 법의 어떤 조항이 이슬람 법과 일치하지 않는가' 하는 문제를 조사하고 결정하기 위해 설립되었다. 연방 샤리아 법원이 생겨난 것은 지아의 '이슬람화(Islamization)' 프로그램 중 한 부분이었고, 이 목적을 위해 지아는 비무슬림을 구별하고 그들을 위한 분리 선거민 제도를 도입했다. 또한 그는 제62조를 수정하여 무슬림 의원은 이슬람 지시사항들을 어겨서는 안 되고, 죄를 범하지 않을 뿐 아니라 이슬람의 의무를 실천하고 이슬람 교훈들을 잘 알아야 할 것을 요구했다. 1949년 '목적결의안'의 원칙과 조항들을 만들기 위해 삽입된 결의안 본문은 소수 그룹들이 그들의 종교를 고백하고 실천하며 자신들의 문화를 개발하는데 '자유롭게'라는 단어를 교묘하게 누락시켰다.[19]

헌법 수정 과정을 통해서 살펴본 것처럼 파키스탄에 나타난 양상은 2차대전 이후 제3세계의 신생국가에게서 나타난 권력을 장악하기 위한 양상들 중 하나라고 볼 수 있다. 건국자의 이념은 변질되고 정치가들은 편의주의에 따라 종교를 이용함으로써 민주시민의 주권을 탈취해 갔다. 파키스탄에서 민주주의를 저해한 가장 큰 요인이 바로 '이슬람 국가 건설'이라는 명분이었던 것이다. 정치 권력자와 종교인들이 함께 이슬람의 이름으로 '감시'하고, 신을 대리해서 '처벌'을 수행해 왔던 것이다. 그 권력을 수행하는 방식으로서의 감시와 처벌의 대상은 바로 여성들이었다.

19) Ibid., 37-56.

Ⅲ. 이슬람 법 도입과 여성의 지위

1. 합법적인 여성의 지위 격하

파키스탄 여성을 종속적 위치로 예속시키는 것에 대한 책임이 주로 관습과 오래된 전통에 있기는 하지만, 파키스탄이 건국된 이래 시행된 법들은 대부분 여성의 지위를 향상시키고 보호하려 했다는 것은 사실이다. 그러나 법 제정이 반드시 그 효과적인 수행을 의미하지는 않으며 여성이 법대로 혜택을 받았다는 것도 아니다. 그런 법률들은 기껏해야 여성에 관한 국가의 입장을 반영한 것이라고 볼 수 있다. 소위 이슬람 제도는 이런 과정을 포착하여 이슬람 법을 도입하여 실제로 사회에서 여성이 제2의 위치에 놓이게 만들었다. 그런 법이 바로 후두드 법령(*Hudood* Ordinance), 증거법(the Law of Evidence), 그리고 끼사스(*Qisa*)와 디야트(*Diyat*) 보상법이다.

지아 정권이 JI와 협력하던 당시(1978-1979), JI의 요구대로 여자 대학교의 분리가 승인되었다. 더 나아가 JI는 여성들에게 이슬람식의 옷차림을 하도록 강요했고, 이에 정부는 이슬람식의 옷차림에 대한 지시와 여성의 스포츠 관람 금지령을 내렸다. 또한 여성 부처에 이슬람 사회에서 여성의 지위와 권리 그리고 역할에 관한 질문서를 배포하였다. 질문서를 받은 사람들은 이슬람 사회에서 여성의 역할, 여성이 받아야 할 교육의 종류, 그리고 여성이 투표와 정치 과정에 참여해야 하는지, 만약 그렇다면 어떻게 해야 하는지, 이슬람의 맥락에서 여성에게 맞는 고용의 형태는 무엇인지 등에 관해 의견을 제시해야만 했다. 이런 질문들은 지금까지 인정된 여성의 지위, 권리, 역할이 이슬람적이 아니라는 것과 여성의 지위나 역할, 그리고 권리가 남성의 것들과 다르다는 것을 의미한다. 이 질문서의 배포 의미는 여성 권익에 대한 논의를 다시 시작하자는 것이었다. 마침내 정부는 여성의 지위를 낮추는 법안들을 통과시키려는 일에 착수했다.[20]

1) 후두드 법령(*the Hudood* Ordinance) : 처벌법

1979년 2월 무하마드의 생일을 기해 이슬람화의 구체적인 첫 단계가 군 정부에 의해 공포되었다. 그것이 바로 후두드 법령(*the Hudood* Ordinance)인데, 절도, 음주, 간음, 강간, 그리고 거짓 증거에 관한 처벌이다. 이 법령은 1981년 실제로 실행되었는데, 이 법령에서 보면 간음(*zina*)을 남편에 대한 개인적 죄라기보다는 국가에 대한 죄로 보고 있다. 따라서 이것은 법적인 것뿐 아니라 사회적인 차원을 포함하고 있는 것이다. 경찰과 법 시행기관들은 마치 사람들의 생활을 간섭할 면허증을 가진 것처럼 행세했고, 도덕성을 감시한다는 명분 아래 사람들을 공포로 몰아넣었다.[21]

법적 차원에서 여성에게 가장 심각하게 영향을 미치는 것은 '지나(*zina*)'이다. 그것은 간음, 강간, 그리고 매춘 등을 포함한다. 그것을 두 부분으로 분류하면 ① 지나(*zina* : 간음이나 간통)와 ② 지나 빌 자브르(*zina-bil-jabr* : 강간)이다. 지나에 대한 최고의 처벌은 핫드(*hadd*)인데, 기혼자는 돌에 맞아 죽는 것이고, 미혼자는 100대의 태형을 맞는 것이다. 핫드를 내리기 위해서는 사건에 대하여 건전한 네 명의 남자 증인과 자백이 있어야 한다. 그러나 형이 집행되기 전에는 언제든지 자백이 취소될 수 있고, 그런 경우에는 형이 집행될 수 없다. 여성이나 비무슬림의 증거를 포함한 어떤 다른 종류의 증거만 있을 경우, 핫드를 가해서는 안 되고 피고인은 보다 가벼운 형

20) Khawar Mumraz and Farida Shaheed, "Women of Pakistan : Two Steps Forward, One Step Back?" (London: Vanguard Books, 1987), 79.

21) Ibid., 100.

벌로 최고 10년간 투옥되거나 30대의 태형, 또는 벌금의 형을 치러야 한다.

이 후두드 법령은 여러 문제를 야기하지만, 특별히 문제가 되는 것은 여성에게 미치는 영향이다. 우선, 증인으로 네 명의 남자 무슬림이 있어야 한다고 명시함으로써, 이 법령은 여성의 증거를 배제하고 있다. 그러나 꾸란 24장 4절에서는 성(gender)을 명시하지 않고 '네 명의 증인'이라고만 언급하였다. 그럼에도 불구하고 증인을 남성으로 간주하여 법령에 적용하고 있어 성차별의 문제를 야기한다. 두 번째로, 이 법령은 강간과 간음을 구별하지 않고 똑같은 처벌을 내린다는 것이다. 대부분 강간의 희생자는 여성들이기 때문에 이 법령은 여성에게 매우 불리하게 적용되고 있다는 것이다.[22] 실제로 후두드 처벌법은 이슬람 사회에서 가문의 명예를 위한다는 명목으로 '명예살인'이라는 여성 인권유린의 문제로 확대되고 있다. 여성이 결혼 전의 부정행위로 의심이 되면 가족의 명예를 더럽혀 수치를 주었다는 이유로 명예살인을 당한다. 'Amnesty International 보고'에 따르면, 매년 수백 명의 파키스탄 여성들이 명예살인을 당하고 있으며, 보고되지 않거나 처벌되지 않은 사례는 훨씬 더 많을 것이라고 추정한다. '파키스탄 비정부 인권위원회(the NonGovernmental Human Rights Commission of Pakistan)'에 따르면, 1998년에는 펀잡 지방에서만 286명의 여성이 명예살인되었고, 신드 지역에서는 196건의 사례에서 255명이 명예살인되었다고 한다.[23]

파키스탄 정부는 1996년에 인준된 여성에 대한 모든 종류의 차별을 근절한다는 관습에 관한 조항 5를 무시하고 있는 상황이다.[24] 명예살인은 분

22) Ibid., 100-101.

23) 2000년 한 해 동안 신드에서 만도 관습에 따라 '*Karo-Kari*'라는 죄목으로 361명이 살해되었다. "The Frontier Post" (2001. 1. 6).

24) 조항 5는 편견이나 차별적인 전통을 제거하도록 남녀의 사회적 · 문화적 행동양식을 수정하도록 하고 있다.

명히 국가범죄법에 저촉이 되지만, 주로 아버지나 오빠, 친척들이 명예살인자인 문제에 대해서 국가는 거의 아무런 조치를 취하지도 않으며 사법부에서 처벌한다고 하여도 형식적인 가벼운 벌을 내릴 뿐이다.[25] 결국 소수의 남성들에 의해 해석된 꾸란의 원칙들은 선택적으로 적용되어 여성 차별과 여성의 권리를 빼앗는 권력으로 작용하고 있는 것이다.

2) 증거법(the Law of Evidence)

'이슬람 이념 심의회(CII, the Council of Ideology : CII)'는 1982년 4월 1872년의 증거조항(Evidence Act)을 대체하는 새로운 증거법을 제안했다. 이 법의 초안은 후두드 법령이나 다른 특별법이 포괄하지 않는 모든 경우에 두 명의 남자 증인이 없는 경우에 남자 한 명과 두 명의 여자 증인이 범죄 입증에 요구된다는 것이다.[26]

증거법에서 인용된 꾸란 구절(2:282)은 채무를 계약할 때 증인을 세우는 문제이다. "…그리고 두 남자의 증인을 세울 것이며 두 남자가 없을 경우는 한 남자와 두 여자를 선택하여 증인으로 세우라…."[27] 이에 여성단체들은 반발하면서 증거의 기본적 필수조건은 지성과 기억력이기 때문에 증거법이 7세기 상황을 20세기 상황에 적용한다는 것은 여성을 모든 공공 영역에서 배제하고 남성의 절반의 위치로 놓으려는 정책가들의 의도라고 보았다.[28]

---

25) http://www.amnesty.org/ailib/aipub/1999/ASa/33301899.htm.

26) Khawar Mumtaz and Farida Shaheed (1987), 106.

27) 이유는 남성은 사물이나 사건을 판별할 때 감성보다는 이성에 의존하나 여성일 경우는 이성보다는 감성에 치우치는 경우가 많기 때문이다. 어떤 사건을 진술할 때 감정이 예민한 여성일 경우 그 환경 및 질문자의 질문을 받을 때 감성에 치우치게 된다. 그러나 두 명의 여성을 증인으로 세울 때는 한 여성이 감성이 치우쳐 그릇되게 진술했을 때도 한 여성은 여성의 본성, 시기 및 질투로 인하여 허위로 진술하는 것을 부정하려는 심리가 강하다고 보기 때문이다. 최영길 주석, 『성 꾸란 의미의 한국어 번역』 (파하드국왕성꾸란출판청), 77.

28) Khawat Mumtaz and Farida Shaheed (1987), 110.

3) 끼사스(*Qisas*)와 디야트(*Diyat*)

이 법은 CII에 의해 1980년 초안이 작성된 살인, 신체 상해, 그리고 낙태에 관한 법안이다. 끼사스는 보복의 의미를 갖는 '눈에는 눈' 식의 처벌을 의미하고, 디야트는 비고의적 살인에 대한 처벌로 보복이 아니라 신체적 상해에 대한 재정적 보상이다.

문제가 되는 것은 이 법의 25(b)이다. 비고의적인 살인의 경우, 여성 희생자에 대한 디야트가 남자 희생자 디야트의 반에 해당한다는 것이다. 반면, 가해자로서의 여성은 살인이든 상해이든 간에 남자 가해자와 동등한 처벌을 받게 된다. 왜 이런 불균형적인 처벌이 적용되는가? 이유는 남자가 가족의 부양을 책임지고 있기 때문이라는 것이다. 이렇게 모든 삶을 남성 중심으로 해석하면서 여성을 공공 영역에서 배제시키고, 여성의 가사에 대한 중요한 역할을 무시하며 여성을 제2의 위치에 놓으려는 것이다. 여성단체들은 이 법안에 반대하며, 디야트는 인간의 생명을 값으로 환산한 것 자체가 옳지 않을 뿐 아니라 꾸란에 이런 문제에서 남녀를 구별하는 언급이 없다고 주장했다.

문제가 되는 또 다른 구절은 10(b)이다. 끼사스의 경우, 살인에서 결정적 증거를 위해 두 명의 남자 증인이 필요하며, 증인으로서의 여성은 가해자의 처벌을 가볍게 하는 데만 도움이 된다는 것이다. 즉 여성의 목격에 의한 증거는 정황을 말해 주는 것밖에 되지 않는다고 보는 것이다. 이에 대해 여성단체들은 살인현장에 여성만 있을 경우 살인자는 처벌을 면할 수도 있다는 문제를 제기했다.[29]

29) Ibid., 112.

2. 푸르다(*Purdah*) : 감시와 처벌

이슬람주의자들은 이슬람 사회제도들을 사회의 안전장치로 간주하고 그 제도 정착을 위해 노력해 왔다. 마울라나 마우두디는 이슬람 사회제도가 ① 자기정화(Self-purification) ② 응징법(Punitive Laws) ③ 예방책(Preventive Measures)[30] 역할을 하기 때문에 후두드 법령 같은 사회 전체에 악영향을 미치는 사회 범죄를 근절할 수 있는 법이 강화되어야 한다고 주장했다.[31]

JI 소속 여성분과에서도 정숙하지 못함으로써 발생되는 명예살인은 샤리아 법에서 처벌받을 만한 죄가 아니라고 보고 있다. 대법원장을 지냈던 사람조차도 일간지 *Pakistan* (1999. 9. 27)에서, "정숙하지 못해서 발생되는 살인은 고의적 살인이 아니므로 기소될 수 없다."고 파키스탄 처벌법 제302항을 해석한 경우가 있다.[32]

범죄 예방책 차원에서 실행되고 있는 것이 바로 '푸르다(*Purdah*)'이다. 이슬람주의자들이 지적하고 있는 이 제도의 특징은 성적인 자극을 유발하는 환경을 없애고, 남자와 활동 영역이 다른 가정에서의 여성의 활동이 가정과 사회를 지켜 준다는 것이다. 푸르다는 원래 봉건적 그룹이나 부족 사회에서 여성을 통제하는 수단보다는 여성 보호의 차원에서 시작되었다고 한다. 그래서 상류층 여성들에게 행해졌던 푸르다는 부요의 표징으로써 다른 계층, 말하자면 중류층이 모방한 문화양식이다. 이 격리 문화가 시골보다는 도시에서 더 뚜렷한 것은 푸르다를 통해 자신들을 노동 계층과 구별하고자 하는 중류층이 많았기 때문이다. 집안에 격리될 수 없는 경우에 '품행단

30) S.Abula'la Maududi, *Purdah and the Status of Woman in Islam* (Lahore: Islamic Publications, 1993), (13th Edition), 159-160.

31) S.Abula'la Maudud (1993), 169. 꾸란 24:2에 의하면 간통한 자는 100대의 매를 때리든지 돌로 쳐 죽여야 한다.

32) Crystals, *JI Women Wing Newsletter*, 1.

정'을 나타내는 외부적 상징으로써 일종의 베일인 부르카(*burqa*) 혹은 차도르(chaddor)를 둘러야 한다.[33] 그래서 모든 품위 있는 여성은 집안에 있어야 하고 부득이 외출할 경우에는 베일로 덮어야 한다고 지시하고 있다. 베일을 쓰지 않고 집을 떠나는 여성은 너무 가난해서 베일을 쓸 수 없거나 '단정치 못한' 여성으로 간주된다. 베일을 착용하지 않고 외출할 경우 그 여성은 남성의 성적 공격을 유발할 수 있으며, 따라서 공개적 모욕을 당하거나 어떤 공격을 받더라도 보호를 받지 못한다.

여성의 단정치 못한 일로 가족의 명예가 실추되지 않도록 여성의 행동을 세밀하게 감시하는 것이 아버지나 형제들의 임무라고 가족들은 확신하기 때문에, 푸르다는 편리한 여성 보호 방법이고 남성에게 권력을 부여하는 이슬람 제도인 것이다. 이런 사회적 관습은 정숙한 여인은 집안에 있어야 한다는 사회 통념을 강화시키고, 행동 주체로서의 여성은 배제된다. 다만 정숙이라는 명분 때문에 '공적 장소'에서의 활동이 금지되고 정치·경제·사회적 힘이 없는 남성 의존적이고 수동적인 존재로 남는 것이다.

정치·경제적 정책결정이 이루어지는 공공 영역에서 여성을 제외시키고 여성의 통치 수단으로써 발전한 푸르다 제도는 재산을 상속받을 수 있는 '경제권이 있는 사람'으로 법적으로 인정되어도 '보호받아야 할 사람'이라는 신분 때문에 무슬림 여성이 집 밖에서 경제권을 온전히 행사하기 어렵게 만들고 있다. 여성이 자기의 재산을 처분하거나 운영하기 위해서는 남성 후견인이 있어야 한다는 것은 실제적으로 여성을 통치하는 하나의 제도로 볼 수 있다.[34]

---

33) Khawar Mumtaz and Farid Shaheed (1987), 30.

34) Carrol McC. Pastner ed. by Lois Beck and Mkki Keddie, "The Status of Women and Property on a Baluchistan Oasis in Pakistan," *Women in the Muslim World* (Massachusets: Harverd Univ. pr. 1978), 438.

이슬람주의자들이 보호차원의 사회제도로써 간주한 푸르다는 실제로는 여성들을 사적 영역으로 추방하여 통제하고 감시하는 제도이며, 이것을 위반함으로써 발생하는 것이 처벌법(혹은 응징법)인 후두드인 것이다.

미셸 푸코(Michel Foucault)는 그의 저서 『감시와 처벌 : 감옥의 탄생』에서 사람을 일벌백계(一罰百戒)로 다스리기보다는 감시 아래에 두는 것이 더 능률적이고 효과적일 수 있다고 했다. 그래서 고전적 고문과 공개처형이 사라지고 죄수에 대한 제재를 위해 생긴 것이 바로 그들을 감시할 수 있는 감옥이다. 처벌은 위반자를 '교정'시키기 위한 것이 아니라 무너진 법의 신성함을 표현하고 회복하기 위한 일종의 의식(儀式)으로 생각되었다.[35] 그에 의하면 처벌은 인간을 제어할 수 있는 권력이며, 법률에서 그 기초, 정당화, 그리고 규칙들을 가져오고 그 결과를 확장시킨다. 처벌은 법률적인 동시에 정치적인 것으로서, 고전적 처벌 방식인 공개처형은 푸코가 말한 대로 정치적 제식(制式)이다.[36]

이런 맥락에서 이슬람 사회의 푸르다 제도는 남성의 권력을 더욱 능률적이고 효과적으로 강화시키는 제도이고, 후두드에 의한 처벌(돌로 쳐서 죽이는 것)은 이슬람 법의 신성함을 회복하기 위한 의식이 된다. 이같이 이슬람 사회에서 법률 위반은 신에 대한 공격으로 간주되어 법률의 기초가 되는 웅대한 힘이 공개적인 두려움으로 제시됨으로써 그 힘과 법률의 견고성은 재확인된다.

이슬람 전통적 양식을 유지하고 정당화하여 여성들을 '사회·정치적' 권력에 접근하지 못하도록 하는 푸르다를 통한 고도의 여성 통제 방법이 여성의 존재를 남성에게 계속 의존적이게 하는 한 수단인 것은 분명하다. 그

35) 마단 사럽 외, 임헌규 역, 『데리다와 푸코, 그리고 포스트모더니즘』 (서울: 인간사랑, 1999), 72-73.
36) 드레피스 라비노우, 서우석 역, 『미셸 푸코 : 구조주의와 해석학을 넘어서』 (서울: 나남, 1989), 219

러나 그렇다고 무슬림 여성을 단순히 두려움 많은 무력한 존재로 전형화해서는 안 된다. 조사에 의하면 푸르다 제도에 있는 여성들은 그것을 자신들의 보호제도로 수용하고 자신들의 삶에 대해서 만족해 하며 행복해 한다고 한다.[37]

이런 사실은 이 제도가 갖는 명분이 여성의 의식을 지배하고 있다는 것과, 그래서 이것이 바로 여성의 시민권을 종교 문화라는 명분 아래 침묵시키는 정당한 장치로 공헌한다는 것을 말해 준다. 1990년대 초반에 두 번이나 여성 정치가 베나지르 부토(Benazir Bhutto)가 집권을 했음에도 불구하고 곤경에 처한 여성의 상황은 전혀 변화하지 않았다. 오히려 그녀는 자신의 정치적 입지와 선거 승리를 위해 여권 신장을 방해하는 종교인들(*mullas*)의 주장을 방조하고 옹호했다는 비난을 받기도 했다.[38]

3. 생산된 여성의 이미지

1980년 정부는 모든 여성 직원은 이슬람 옷을 입어야 한다는 지시를 내렸다. 문제는 여성이 차도르를 써야 하느냐 아니냐가 아니라 모든 남성들이 여성의 정숙함과 사회에서의 지위를 판단하는 분위기가 조성되었다는 것이다. 직장에서도 남성들은 여성의 옷차림과 장식에 대해서 정숙하다 정숙하지 않다는 식의 간섭을 한다는 것이다. 왜냐하면 여성의 몸이 조금이라도 드러나는 옷을 입으면 자신들의 행동에 대해서 책임을 질 수 없기 때문일 것이다. 이것은 사실 인간의 내적인 문제를 여성의 외적인 문제로 환원시키려는 이슬람주의자들의 시도였다.

---

37) Fran Love and Jeleta Eckheart ed., "Ministry to Muslim Women : Longing to Call Them Sister" (Pasadena: William Carry Library, 2000), 15.

38) William Spencer ed., *Global Studies: The Middle East* (Connecticut: McGraw Hill, 1998), 192.

또 1982년 정부는 외설에 대항하는 정책을 발표했는데, 그 방침의 하나로 여성 모델을 광고에서 25퍼센트 이상 할당되지 못하게 했다. 매스미디어들을 통해 정숙함과 외설에 관한 논의가 일어났고, 여성은 일반적으로 부패와 부도덕 그리고 음란과 연결되어 언급되었다. 만약 여성이 거리에서 욕을 당하거나 죽게 되면 그것은 여성이 말이나 행동으로 공격을 불러일으켰기 때문이며 여성이 현장에 있었던 것이 잘못이라고 여겼다.

텔레비전 프로그램은 여성을 부정의 원인자로 묘사했다. 예를 들면, 가난한 남자가 여성 때문에 뇌물을 수수할 수밖에 없는 상황, 여자의 옷과 보석에 대한 끝없는 욕구를 충족시켜 주기 위해 밀수를 하는 이야기들이 그것이다. 일하는 여성은 도덕성이 부족하고 가정이나 사회에 성실하지 못한 것으로 표현되었다. 관 주도의 운동은 정부가 주관하는 매스미디어를 통해 전개되었다. 사회의 급속한 퇴폐현상이 규제될 수 있는 길은 오직 현장에서 여성들이 사라지는 것이라고 보는 것이다. 결국 여성의 가치는 성적 존재로서 재생산 차원에서 평가된다.

이런 양상은 이슬람 사회에서 상대적으로 더 심각한 것은 사실이지만, 사실 어느 사회에서나 나타나는 현실이다. 일반적으로 노동의 구분은 성(gender)이 분리된 사회적 책임과 권리의 양식과 결부되어 있다. 문화적으로 한정된 성의 구분은 사회구조 안에서 남성과 여성의 정치·경제적 그리고 공간적 위치를 결정한다. 이런 기능들을 견고하게 하는 종교이념들은 또한 기존의 성 역할을 재평가하고 재정의하도록 성의 정체성들을 촉구한다.[39] 그 예가 최근 이슬람 내의 원리주의자들에 의한 엄격한 성역할의 재건인 것이다.

---

39) Shahin Gerami, "Women and Fundamentalism : Islam and Christianity" (New York: Garland Pub., 1996). 3.

한 인격체로서 자기정체성을 갖지 못하고 있는 여성의 현실은 여성의 역할을 묘사하고 있는 민속 이야기, 전설, 노래뿐 아니라 미디어로 인하여 강화되고 있다. 여기서 묘사되고 있는 여성은 자식을 위해 희생하는 자기를 부인하는 어머니 상(像)이다. 영화나 이야기에서 현숙한 부인의 이미지도 가족에 의해 부과되는 온갖 고된 일도 불평 없이 감내하는 자기희생적인 여성으로서 존경으로 보상을 받게 한다. 그러나 독립적인 여성은 언제나 부정적인 인상을 독자나 관객에게 심어 준다. 사회의 모든 악은 여성들이 전통을 깨뜨리는 데서 연유한다고 보며, 특히 결혼한 여성의 사회적 활동은 가정 파괴를 초래하는 원인으로 본다.[40]

여성이 경제적으로 비생산적 존재라는 이미지는 대부분의 정책 결정자들, 정치가들, 그리고 지식인들에 의해 생산되는데, 이런 이미지는 여성이 정책 결정과 개발정책에 참여할 수 없다는 것을 정당화해 준다. 남성들에 의해 생산된 이미지는 여성에게 자신의 문제를 비롯한 어떤 문제에 대해서도 주체적인 결정을 하지 못하게 하며 '정숙함'의 유지를 강요받는다. 여성을 경제적으로 비생산적인 존재로 간주하고 단지 생물학적인 재생산에 그 역할을 제한하는 것은 결국 여성의 주체성과 사회에서 그들의 지위를 탈취하는 것이다. 그리고 그것은 바로 이슬람주의자들에 의한 선택적인 이슬람 지식이 권력화되는 과정인 것이다. 그래서 알랭 투랜(Alain Touraine)이 말한 사회중심부에 놓여 있는 '문화 운동'을 수행하는 주체로서의 여성은 파키스탄에서 허용되지 않는다.

여성의 '정숙'은 여성을 위한 것이라기보다는 남성을 위한 유용성이 되고, 여성에 대한 남성의 지배력 강화로 환원되는 것이다. 권력은 표준화라

40) 매체들은 언어와 기호를 한 방향으로 통제하면서 '정숙함'이라는 여성에 대한 특정 이미지를 특정 각도로 만들어 가고(canalize) 있다. 거시적으로는 '이슬람'의 이름으로 국민을 권력에 따르게 하고 있는 것이다.

는 메커니즘을 통해 작동된다. 정상적인 것과 비정상적인 것, 허용된 것과 금지된 것, 중심과 주변을 분리시킨다.[41]

이슬람 사회에서 여성이 사회활동을 하는 것은 비정상적인 것이고, 여성이 베일을 착용하지 않고 다니는 것은 금지된 것이며, 여성은 남성에 대하여 주변으로 분리된다.

4. 여성의 권리 운동

파키스탄 민족주의 운동에 동원되었던 여성들은 대부분 무슬림 연맹(Muslim League) 당원들의 가족으로서 여성 활동의 선구자였다. 그러나 1948년 무슬림 연맹과 상관없이 여성의 첫 단체로 '여성 자원 봉사(Wo-men's Voluntary Service : WVS)'가 조직되었고, 1949년에는 '전 파키스탄 여성 연합회(All Pakistian Women's Association : APWA)'가 창설되었다. APWA는 1961년에 가족법위원회에게 가족법령의 초안을 작성하도록 함으로써 결혼에 관한 여성의 권리 보호에 한걸음 더 나아갔다. 그것은 경제·사회·정치적으로 여성이 자유로워야 할 필요성을 주장함으로써 파키스탄의 여성 지위를 증진시키는 데 중요한 역할을 했다. APWA는 사회 봉사 활동의 공헌과 정부의 지원에도 불구하고 종교인들의 인정을 받지 못하였다. 극우 보수 종교인들에 의해 APWA 단원들은 베일을 착용하지 않았다는 이유로 '창녀'로 취급되었고, APWA는 여성의 방종을 부추기는 활동을 한다며 비난받았다.

독립 초기에 여성의 권리를 구체적으로 다루기 위해 형성된 기구는 '여성권리 연합전선(The United Front for Women's Rights)'이었다. 1955년에 여성 정치가들이 세운 이 '연합전선'은 법적 분야에서 개혁을 촉구하는 데 중점

41) 알랭 투랜, 정수복, 이기현 역, 『현대성과 비판』 (서울: 문예출판사, 1996), 213.

을 두었다. 그러나 연합전선은 1961년에 선포된 가족법령과 아유브 칸의 통치 하에서 정치활동에 대한 규제로 활동하지 못하다가 1973년 헌법 개정 이후 사라졌다. 여성들의 사회·정치적 권리 획득을 위한 노력들은 지속되었지만, 최소한의 권리를 위한 어떤 운동도 반대 세력의 위협으로 간주되어 왔다. 그리고 결국 합법적 혹은 공적 차원에서 종교인(*maulvi*)들과 대립된 상황으로 변했다. 이런 상황 속에서 여성의 정당한 지위를 위해 노력해 온 이들은 도시의 교육받은 중산층 극소수의 여성들이었다. 그리고 그들은 거의 정치가 출신이었다.

파키스탄의 최초 입법부에는 두 명의 대표가 있었는데, 이들은 여성의 경제권 보장을 위해 투쟁했다. 그 결과 1948년에 샤리아의 무슬림 개인법(The Muslim Personal Law of Shariat)은 그 효력을 발생하게 되었는데, 그것은 여성의 자산 상속의 권리를 인정하는 것이었다. 1954년에는 '여성 권리 헌장(the Charater for Women's Right)'의 초안이 논의되었는데, 이것은 샤리아의 무슬림 개인 법 아래에서 여성의 권리 보장, 지위 평등, 기회 균등, 그리고 동일한 노동에 대한 동일한 대가 등의 내용을 담고 있었다. 그 헌장은 무슬림 정치가들의 지원을 받았고 만장일치로 통과된 바 있다. 1961년 만들어진 가족법령의 주된 목적은 일부다처제(polygamy)를 방지하고, 이혼 시 당사자들을 위한 절차를 규정함으로써 이혼 자체를 규제하려는 것이었다. 법령은 한 명 이상의 부인을 갖고자 하는 사람은 첫 번째 부인의 동의를 반드시 얻어야 하고, 두 번 결혼하는 이유와 함께 그의 요청서를 '중재위원회'에 제출해야 한다는 것을 명시했다. 이혼에 있어서 법령은 남자가 '딸라끄(이혼한다)'라고 세 번 말함으로써 이혼이 성립되는 이혼 선포의 나쁜 관습을 제거했다.

아유브 칸의 통치 기간(1958-1969) 동안 여성에게 가장 중요한 사건은 무슬림 가족법령 외에 파키스탄 초대 대통령의 여동생인 파티마 지나(Mohatarma Fatima Jinnah)가 1965년 연합 야당(the Combined Opposition Parties)의 추대로 대통령 선거에 출마했다는 것이다. 연합 야당에는 마우두디가 이끄는 JI를 비롯하여 우익 종교정당들의 대표들도 있었다. 여성을 공직에서 추방하려고 노력했던 그들은 '예외적인 상황'에서 여성은 정부수반이 될 수도 있다고 말함으로써 이전의 입장을 변명하였다. 그러나 아유브 칸은 '이슬람 국가에서 여성이 국가의 원수가 될 수 있는가'라는 논의를 일으켜 몇몇의 종교학자들(*ulema*)에게 종교칙령(*fatwas*)을 발표하게 하고 그 여성 후보에 대항했다. 파티마 대통령 후보 추대는 정치 권력을 장악하기 위해서는 가장 엄격한 종교단체조차도 기꺼이 타협할 의도가 있다는 것을 보여 준다.

알리 부토 시대에 가장 많은 여성기구들이 생겨났다. '여성 권리 연합 전선'은 헌법위원회가 새 헌법을 초안하기 위해 형성되었을 때 활기를 띠었다가 1973년 헌법이 이루어진 다음 시들어버렸다. '여성 전선'과 'Au-rat, Shirkat Gah'는 여성주의 시각을 가진 조직이다. 1977년 국가의 정치적 분위기가 바뀌자 좌파 성향의 '여성 전선'은 결국 사라졌다. 현재에도 활발히 활동하고 있는 'Shirkat Gah'[42]는 1970년대에 생겨난 가장 중요한 여성 기구라고 할 수 있다. 그것은 1981년 지아 시대에 'Women's Action Forum'의 형성에 중요한 역할을 했기 때문이다. 1981년에 지아의 이슬람화 정책의 첫 단계로써 발표된 후두드 법령(*Hudood* Ordinance)이 실제로 실행되었는데, 당시에 법령의 조항에 따라 한 쌍의 남녀를 돌에 쳐서 죽이라는 선고가 있었다. 그리고 그 사건은 여성 운동의 촉진제가 되었다. Shirkat Gah의 주도로 모든 여성들과 모든 여성단체들이 모였고 그 결과로 '여성 행동 포럼(Khawateen Mahaz-e-Amal: Women's Action Forum)'이 형성되었다. WAF라

42) 이 기구는 라호르에 'Human Resource Center'를 갖고 있고, 여성에 대한 문제의식을 제공하며 아주 활발한 활동을 하고 있다. 필자가 2001년 2월에 방문했을 때에도 많은 남성들이 함께 일하고 있었다.

는 이름은 그들의 권리를 보존하기 위해 행동하려는 여성들이 느낀 긴급성을 반영한다.

1985년 12월에 계엄령이 중지되고 정당들의 활동이 재개되면서, 국회의원과 지방의회원 선거가 이루어졌다. 1988년 지아의 시대가 종식되고 정치적 분위기도 바뀌어 베나지르 부토가 집권할 정도로 여성의 정치적 위상도 높아갔다.[43]

그러나 남성주의자들의 의식은 변하지 않았다. 선거에서 부토가 승리하여 파키스탄 총리로 임명되자 정치권에서 여성을 배척하려는 사람들은 이는 신성모독이며 퇴폐라고 떠들었다. 이슬람민주연합(Islamic Demo-cratic Alliance)당과 그의 지도자 나와즈 샤리프(Nawaz Sharif), 그리고 무슬림 연맹(Muslim League)의 소속원이며 지아울 하크 정부의 장관이었던 칸 주네조(Khan Junejo)는 부토가 임명되지 못하도록 애썼다. 그들의 주장은 여성이 무슬림 국가에서 국가최고직을 맡을 수 없다는 것이었다.[44]

1985년에 통과된 제8차 헌법수정안은 군부가 발표한 법규와 법률들을 법적으로 유효하다고 인정하여 면책함으로써 후두드 법령과 증거법이 어떤 법정에서도 도전받지 못하게 했다. 여성단체들은 9차 헌법 수정과 샤리아 법안(*Shariat Bill*)[45]을 대비해 준비했다. 제9차 헌법 수정안이나 샤리아 법안은 둘 다 여성에게 해로운 것이었다. 이전의 법들(조혼 금지 조항, 무슬림의 결혼 취소 조항, 가족법)에 있던 헌법적 보호가 제9차 헌법 수정안에 의해 제

43) 유엔에 따르면 2002년 국회의원 선거에서 하원 342석 중 여성이 72석으로 21.1%를 점유했다. 반면 한국은 2000년 4월 선거에서 273석 중 16석으로 여성의 국회의석 점유율은 5.9%에 불과했다.

44) Fatima Mernissi, *Women's Rebellion and Islamic Memory* (London: Zed Books, 1996), 79.

45) 샤리아 법안은 꾸란과 순나가 법의 주요 원천이 되도록 하기 위해서 수니파의 주류인 하나피(*Hanafis*)파의 최고권과 법정에 임명되어야 할 특정한 '인정된 울라마'에게 주도권을 부여하는 것으로 되었다. 샤리아 법안은 1986년 상원에서 통과되었다.

거될 수 있기 때문이었다. 정부의 법적·정치적 모든 조치들은 여성에게 부정적 의미를 함축했다. 위에서 논의된 법규들은 실제로 여성 활동에 법적 제재를 제공하고 여성의 사회적 차별과 억압을 공식화하는 것이었다. 법은 사회에 영향을 주고 태도를 형성한다. 파키스탄에서 반민주주의자, 남성우월주의자는 이슬람의 이름으로 공표되고 있는 법으로 활기를 띠었다. 이에 여성들의 저항은 우선 이슬람을 빙자하여 여성 권리에 반대되는 것들에 초점을 맞추었다. 인권 논쟁이 유엔 헌장 원칙에 근거한 것처럼 여성단체들도 이슬람 구조 안에서 여성들이 저항할 때 그 정당성을 인정받을 수 있다고 보았던 것이다.

IV. 결론

파키스탄 여성들의 모습을 하나로 설명하기는 곤란하다. 어떤 지역에서는 여성들의 생활양식이 몇 세기 동안 굳어진 대로 남아 있는가 하면 또 어떤 지역은 근대문화의 영향으로 급격히 바뀌기도 했다. 지역적 차이에 따라 파키스탄 여성들은 부족적·봉건적 혹은 도시적 환경에 처해 있다. 따라서 파키스탄 여성을 단순하게 어떤 하나의 이미지로 나타낼 수는 없다. 여성의 삶은 사회제도, 지역 그리고 자신이 속한 계층의 영향을 받아 차이를 낳게 된다. 인구가 적은 발루치스탄과 NWFP 지역에서 여성의 생활은 엄격한 부족 신앙의 규범과 행동양식의 지배를 받는다. 이런 규범에서 조금이라도 일탈되면 무서운 결과가 초래된다. 여성이 변화시킬 수 있는 가능성은 거의 없다. 이런 현실을 양산한 것은 파키스탄 부족 사회에 이슬람 근본주의자에 의해 뿌리내린 이슬람 규범에 근거한다.

반면에 도시화가 높은 지역의 여성들은 사회의 폭넓은 변화를 가져올 잠재력을 가지고 있으며, 완전히 남성 지배적이었던 영역에 들어갔으며, 자신들의 권리를 얻어냈고, 각기 분야에서 능력을 과시함으로써 일반적인 여성에 대한 고정 관념을 변경시키는 데 큰 역할을 하기도 했다. 그들의 역할은 집 밖에서의 여성 활동이 존중될 수 있도록 사회인식을 가져왔다는 데 중요한 의미가 있다. 그러나 이런 여성들은 예외적인 경우이고 아주 소수이다. 대부분의 파키스탄 여성들은 시골이나 산업 대도시에서 아무런 보상이나 인정을 받지 못한 채 묵묵히 일한다. 따라서 여성들은 집안일과 일터의 이중적인 짐을 담당하고, 시골 지역이든 도시 지역이든 간에 똑같은 가부장제 아래에서 살아가고 있다.

인구의 거의 절반인 파키스탄 여성들은 위에서 언급된 것 외에도 많은 심각한 문제에 직면하고 있다. 사회에 깊이 뿌리내린 여성 격리의 푸르다 제도는 여성의 교육 기회를 저해하고 자연적으로 높은 문맹률[46]을 초래한다. 그로 인하여 자연히 그들의 사회적 지위는 낮을 뿐 아니라 출산 과다와 운동 부족으로 인한 건강 문제가 심각해졌다. 이런 여성 문제들의 근원은 복합적인 요인들을 갖고 있다. ① 수세기 동안 전개되어 온 가부장적 사회, ② 이슬람을 실천한다는 명목 아래 여성들의 격리와 활동 제한, ③ 이와 같은 상황 속에서의 공공정책 실패이다.[47]

그러나 앞의 두 가지를 극복하지 못하면 파키스탄의 공공정책은 계속해서 실패할 것이다. 무슬림이 교육을 받아야 한다고 강력하게 호소한 이

---

46) *World Development Report* (1994)에 의하면 이웃나라인 인도에 비교해 보아도 훨씬 교육 수준이 낮다. 여성 문자 해독률(1990) : 파키스탄 21%, 인도 34%, 초등학교 등록(1991) : 파키스탄 31%, 인도 84%, 중등학교 등록(1991) : 파키스탄 13%, 인도 32%.

47) Eshya Mujahid-Mukhtar, "Indicatiors on the Status of Women," *Government of Pakistan Ministry of Women Development Social Welfare and Special Education* (1998), 3-4.

슬람 지도자들조차도 푸르다로부터 여성의 해방은 강조하지 않았다. 오히려 여성이 남자에게 복종하는 것이 옳은 것이고, 여성 교육 주창자를 변절자로 낙인찍는 정통 무슬림을 옹호했다. 파키스탄 건국의 아버지 알리 지나는 어떤 국가든 여성의 협력 없이는 발전할 수 없다고 믿었으며,[48] 그의 민족주의 운동은 무슬림 여성과 남성들 사이에 강한 정치의식을 유발시켰다는 것을 현대 파키스탄인들은 상기해야 한다.

1985년 무슬림 여성 사회국의 조사에 의하면, '무슬림 여성 문제가 이슬람 법 때문인가, 아니면 무슬림 여성의 격하의 원인이 다른 어떤 것에 있다고 생각하는가?'라는 질문을 받은 여성들은 문제가 이슬람 법에 있다고 보지 않았다. 문제는 잘못된 사회적 관습, 이슬람에서 부여한 여성 권리의 무시, 도덕적 타락, 이슬람 법 실천의 부재로 인한 것이라고 답했다.[49]

그러나 이와는 다른 시각들도 있다. 파키스탄 법정은 여성의 권리에 무관심하며 여성에 대한 차별까지 이루어지고 있다는 주장도 있다. 이런 주장에 의하면 초대 대통령 지나가 종교는 국가의 일이 아니라고 공언했음에도 불구하고, 국가의 헌법에 종교적인 것들이 명시되면서 모든 권한이 이슬람적 구조 안에서 행사되었다는 것이다. 이렇게 될 때 파키스탄 여성의 사회적 지위는 이슬람이 여성에게 부여한 권리만을 갖게 되고 법적인 여성의 지위는 제한된다는 것이다.[50] 인권 보고서들은 여성에 대한 범죄에 대한 처벌

48) 2000년 11월 21일에 cairo에서 열린 아랍 여성 첫 번째 회담에서도, "아랍 여성들의 적극적이고 효과적인 참여 없이는 아랍 세계의 발전은 있을 수 없다."는 이집트 대통령의 부인 수난 무바라크(Sunanne Mubarak)의 연설이 있었다. Shirkat Gah, "Newsheet," xii, no.4 (2000.12).

49) Safia Iqbal, *Women and Islam* (Lahore: Islamic Publication, 1989), 6.

50) Nausheen Ahmad, "The Superior Judiciary : Implementation of Law and Impact on Woman" "Shaping Women's Lives" (Lahore: Shirkat Gah Women's Resource Centre, 1998), 3-25.

법에서도 마찬가지로 차별이 드러나는 사례들을 보여 주고 있다.[51] 이처럼 여성의 권리를 다루는 시각에 따라 문제의 근원은 달라진다.

파키스탄에서 신정국가와 세속국가에 대한 논의 그리고 이슬람 역할에 대한 논의는 주로 정치 엘리트들에게 한정되어 온 문제이다. 그러나 여성 권리와 이슬람에 관한 문제는 정기적으로 표면화되어 왔다. 여성들의 정치적 각성과 동원은 파키스탄 내에서 커다란 정치 운동의 한 부분으로 일어난 것이다. 권리를 위한 여성들의 투쟁은 남성들의 승인이라는 조건이 있기는 하지만 여성 자신들의 노력으로 권리를 얻어내는 데 기여했다. 실제적으로 여성들이 자신의 권리를 지켜야겠다고 적극적으로 의식하게 된 것은 1979년 지아울 하크에 의해 이슬람화가 진행되면서 일어난 것이다.

이런 이슬람화 운동은 파키스탄 여성의 역할과 지위를 후퇴시켰지만, 그 역할과 지위의 변화는 여성들의 권리를 위한 가시적 투쟁을 통해서 그리고 동시에 사회의 기초적인 하부구조의 변혁과 변화로 일어나고 있다.

---

51) *Human Rights Monitor 2000* (National Commission for Justice&Peace).

[참고문헌]

Moghissi, Haideh. *Feminism and Islamic Fundamentalism: The Limits of Postmodern Analysis.* London&New York: Zed Books, 1999.

Merniss, Fatima. *Women's Rebellion and Islamic Memory.* London: Zed Books, 1996.

Raza, Rafi. ed. *Pakistan in Perspective 1947-1997.* Oxford, 1997.

Faruki, Kemal A ed. by John L.esposito."Pakistan: Islamic Government and Society" *Islam in Asia: Religion, Politics, and Society.* Oxford: Oxford Univ., 1987.

Khalid Rahman, Muhibul Haq Sahibzada, Mushfiq Ahmed eds. *Jama'at-e-Islami and National and International Politics*, 1. Lahore: Book Traders, 1999.

Mumtaz, Khawar and Shaheed, Farida. "Women of Pakistan: Two Steps Forward, One Step Back?." Lohore: Vanguard Books, 1987.

Maududi, S.Abula'la. *Purdah and the Status of Woman in Islam.* Lahore: Islamic Publications, 199 3 (13th Edition).

Pastner, Carrol McC ed. by Lois Beck and Mkki Keddie. "The Status of Women and Proper ty on a Baluchistan Oasis in Pakistan," *Women in the Muslim World Massachusets.* Harverd univ. pr., 1978.

Love, Fran and Eckheart, Jeleta ed. "Ministry to Muslim Women: Longing to Call Them Sister." Pasadena: William Carry Library, 2000.

Gerami, Shahin. "Women and Fundamentalism: Islam and Christianity." New York: Garland Pub., 1996.

Mujahid-Mukhtar, Eshya. "Indicatiors on the Status of Women" *Government of Pakistan Ministry of Women Development Social Welfare and Special Education.* 1998.

Iqbal, Safia. "Women and Islam." Lahore: Islamic Publication, 1989.

Ahmad, Nausheen. "The Superior Judiciary: Implementation of Law and Impact on Woman" "Shaping Women's Lives" Lahore: Shirkat Gah Women's Resource Centre, 1998.

Shirkat Gah, "Newsheet." xii, no.4, 2000.12.

Human Rights Monitor 2000. Lahore: National Commission for Justice&Peace, 2001. "The Frontier Post" 2001.1.6.

http://www.amnesty.org/ailib/aipub/1999/SA/33301899.htm.

"Crystals" *JI Women Wing Newsletter, 1.*

World Development Report. 1994.

Hong, Qu. 'The Significance of Islamic Studies' "The Middle East War and Peace." 한국 중동학회 제10차 국제학술대회(10/26/2001).

이희수. '마우두디 사상과 20세기 파키스탄의 이슬람화 운동' 『한국 이슬람학회 논총』 제5집. 한국 이슬람학회, 1995.

마단 사럽 외 지음, 임헌규 역. 『데리다와 푸코, 그리고 포스트모더니즘』. 서울: 인간사랑, 1999.

드레피스 라비노우 지음, 서우석 역. 『미셸 푸코: 구조주의와 해석학을 넘어서』. 서울: 나남, 1989.

클리프드 기어츠 지음, 문옥표 역. 『문화의 해석』. 서울: 까치글방, 1998.

알랭 투랜 지음, 정수복 · 이기현 역. 『현대성과 비판』. 서울: 문예출판사, 1996.

에드워드 사이드 지음, 박홍규 역. 『오리엔탈리즘』. 서울: 교보문고, 1998.

WAHHABISM : ITS IMPOSITION AND PERFORMANCE IN THE CURRENT STATUS OF WOMEM IN SAUDI ARABIA[1]

Jung Nyun Kim Cho

I. INTRODUCTION

The persistence of gender inequality in every aspect of the society has been the most fervent debate issue not only among Islamic countries but also worldwide. The issues of women's right and responsibilities have been evenly controversial among both conservatives and liberalists in Saudi Arabia. However, a majority of Saudi nationals would

1) 이 글은 2011년 횃불트리니티 신학대학원대학교의 선교학 과정 박사학위 논문 "A Missiological Study of The Current Status of Saudi Muslim Women with Reference to Wahhabism" 중 일부를 발췌하여 재요약 및 재편집하였음을 밝힙니다.

not consider the inequalities between men and women as discrimination but as balanced. Even though no written legal provisions or official decrees clearly authorize male guardianship and sex segregation, the practices are manifested in every part of the society. The government has accomplished little to abolish these discriminatory practices and actually played an important part enforcing them. However, before the government establish and reforms any laws and policies in this area, the government should help the whole society realize the present situation of gender inequality which is essentially universal throughout the nation.

The United Nations Convention on the Elimination of all Forms of Discrimination against Women (CEDAW) in 2001 recommended Saudi Arabia to take concrete action to end discrimination against women. According to article 2 from CEDAW, "States Parties condemn discrimination against women in all its forms, agree to pursue by all appropriate means and without delay a policy of eliminating discrimination against women." Saudi government agreed to the provisions of the Convention and vowed to prevent any discriminatory actions against women, whether by an individual or organization. Yet, the government has not taken any solid action to abrogate these practices while only taking an indifferent stance ever since. By doing so, the government decided to ignore international law as well as the Islamic legal tradition that asserts equality between men and women in some way.

The reasons for the dereliction of the government's duty about ensuring the full development and advancement for women's right in Saudi Arabia would be surmised into several related topics. Previous to the advent of Islam in Arabian Peninsula, numerous tribes and kingdoms had been inhabited. Among those tribes, the Bedouins[2] represent a major tribe, spreading from the Atlantic Ocean to the Persian Gulf and becoming the forefather of al-Saud clan who had formed the modern day of Saudi Arabia. Since the Kingdom of Saudi Arabia was established by al-Saud, it is important to review some of the cultural and traditional view of Bedouins that have contributed to Saudi Women's position in their society. Pre-Islamic worldview, especially that of the Bedouins, would be helpful to understand the present day women's right issues in Saudi Arabia.

In addition to this, women's status in Saudi Arabia is closely related to the teaching of the religion Islam without a doubt. Gender inequality is intrinsically associated with the country's supported interpretation of Islam, which is from a literal reading of the *Quran* and *Hadith*. State-funded ulama, or religious scholars, are generally conservative in consideration of judicial precedent, meaning their official stance refuses to change, particularly when it comes to women's behavior in issuing religious opinions. What the *Quran* and *Hadith*, especially the teaching of Muhammad himself originally, talks about woman's matters has to be studied for thorough understanding of recent practices in the country.

2) Bedouins traditionally live a nomadic lifestyle and the word 'bedouin' comes from the Arab word 'Bedou' that means "desert dweller." Estimates say nomadic Bedouins constitute about one-tenth of the population of the Middle East.

In terms of interpretations of the *Quran*, there are some controversial views on women; therefore it is paramount to contemplate the Quranic texts verse by verse.

Lastly, since the rise of modern day Saudi Arabia is firmly connected with Muhammad ibn Abd al Wahhab whose ideas form the foundation of Wahhabi movement, it is more than necessary to observe what Wahhabism contributed to gender inequality in the country. Basically Wahhabism is a puritanical movement of Sunni Islam which does not support both Shiite and local practices of visiting shrines and revering the imams after their death. They seek to purify Islam of any innovations or practice that is in discord with the teaching of Muhammad. This ultra conservative theory has influenced women's status which is still significantly lower than that of men in almost every aspect of the society. Therefore, in this thesis, how this ultra conservative doctrine has been rooted and fortified the major role in sexual discrimination in the history of Saudi Arabia will be discussed, together with its inevitable influences in women's everyday activities in present time.

II. THE IMPOSITION OF WAHHABISM

However, in Saudi Arabia, rigid application of Sharia, particularly to women's issue, only began in 1979 when the Grand Mosque in Mecca was attacked by religiously oriented critics of the monarchy. Furthermore, the Islamic Republic of Iran was established shortly after, causing the ruling class of Saudi Arabia to panic. Eventually, in attempt to further their grip on power, the ruling class followed an ultraconservative movement called Islamism in the kingdom. In other words, the ruling class started enforcing strict laws of oppression in the name of religion, including women's rights issues. These events, the revolt of Juhaymal, the founding of Iran, and the Islamism movement, were the most crucial occurrences in the modern history of Saudi Arabia and became the pivot chord for degradation of women's status in the Kingdom.

1. The Siege of Mecca and Juhayman al-Utaybi's Riot

Since the foundation of the third Saudi State in 1902, there had been quite few revolts to the al-Saud ruling party. The first riot was "Ikhwan[3] revolt" of the late 1920s. The Ikhwan, who had been critical of Abd al-Aziz Ibn Saud, because of his openness towards modern technology and interaction with Western culture, was infuriated by the abandonment of *jihad* for reasons of real politic.[4] However, after several clashes, the Bedouin fighting forces, the Ikhwan, were defeated at the battle of Sbilain in 1929.

After the discovery of immense oil field in the 1930s, Saudi Ara-

---

3) The Ikhwan were Bedouins from major Najdi Tribes such as 'Utayba and Mutayr who had been religiously indoctrinated and trained as military force for use in the territorial expansion of the Saudi state.

4) Thomas Hegghammer and Stephane Lacroix, "Rejectionist Islamism in Saudi Arabia: The Story of Juhayman Al-'Utaybi Revisited," *International Journal of Middle East Studies* 39, no. 01 (Spring 2007).

bia became inconceivably rich and was thrust into the global limelight. During the 1960s and the 1970s, Saudi Arabia faced the explosive development due to petro dollars and started to enjoy liberal milieu and exposure to the world. The Kingdom strove to strike a balance between conservative traditions and the process of modernization.

Juhayman al-Utaybi was born in the early of mid-1930s in a small village in the western part of the Nejd. He joined the National Guard in 1955 and served for nearly twenty years, and then moved to Medina where he joined Islamism. In 1964, the pan-Islamist King Faisal succeeded to throne and increased the influence of the religious establishment and Islamic organizations in Saudi Arabia. At this time, two different divisions of Islamism were established in the Kingdom. One was political and high-class, known as the "Islamic Awakening" which represented the major group of the Saudi Islamist movement the other was rather pietistic and low-class, known as "rejectionist" or "neo-salafi." From this time to the 1990s, these two groups of Islamists coexisted in the Kingdom. Juhayman participated in the latter one, the rejectionist sect, and emerged in the 1970s as the leader ready to criticize the ulama, the educated class of Muslim legal scholars, which drew the reverence of young members of the sect.

In December 1977, the authorities received reports of Juhayman sect's radical critique towards Saudi regime[5] and decided to arrest him

5) In the most political of his letters, entitled "The State, Allegiance and Obedience"(*al-imara wa-l-bay'a wa-l-ta'a*), Juhayman accused the Saudi regime of "making religion a means to guarantee their worldly interests,putting an end to jihad, paying allegiance

along with his colleagues. Juhayman fled to the desert and stayed there for almost two years until the seizure of the Great Mosque in Mecca. This uprising was well illustrated in *International Journal of Middle East Studies* under the title of "Rejectionist Islamism in Saudi Arabia: The Story of Juhayman al 'Utaybi Revisited" which reads;

> On 20 November 1979, the first day of the fifteenth century of the Islamic calendar, a group of approximately 300 rebels led by Juhayman al-'Utaybi stormed and seized control of the great mosque in Mecca, the holiest place in Islam. Their aim was to have al-Qahtani consecrated as the mahdi (Islamic equivalent of the Messiah) between the black stone corner of the *Ka'aba (al-rukn al-aswad)* and Ibrahim's station of prayer(*al-maqam*), as tradition requires. The militants barricaded themselves in the compound, taking thousands of worshippers hostage, while awaiting the approach of a hostile army from the north, as promised by the eschatological tradition. The situation developed into a two-week siege which left a hitherto unknown number of people dead and exposed serious gaps in the Saudi crisis response capability. The timing of the attack was most likely determined by Juhayman's belief in the Sunni tradition of the "renewer of the century" (*mujaddid al-qarn*), according to which a great scholar will appear at the beginning of each *Hijri* century. Juhayman may have attempted to blend the "renewer" tradition with the Sunni *mahdist* tradition and thus concluded that the dawn of the new century was a propitious moment to consecrate *al-Qahtani* as the *mahdi*··On 4 December 1979, Saudi authorities regained control of the sanctuary with the assistance of three French special forces officers led by Captain Paul Barril. The rebels were tried and sentenced with lightning speed. At dawn on 9 January 1980, 63 people were executed in

to the Christians (America) and bringing over Muslims evil and corruption". He added that in any case, the Al Saud's non-Qurayshi origin (i.e. not descendants from the Prophet Muhammad's tribe) excluded them from the right to Islamic leadership.

> eight different cities around the Kingdom. The list of convicts, which had been published two days earlier in the Saudi press, included 41 Saudis, 10 Egyptians, 6 South Yemenis, 3 Kuwaitis, as well as a North Yemeni, an Iraqi and a Sudanese.[6]

This riot ended in total failure, and Juhayman's organization was completely disassembled in Saudi Arabia. Nevertheless, the Mecca uprising greatly agitated the regime because the regimen ever expected its adversaries to come from the religious circle. Saudi authorities decided to fortify the religious power and its control over the society so that Saudi regime may prevent such turmoil from happening again.

Juhayman's revolt had been the subject of a significant numbers of interpretations. First one came from the Saudi officals, saying that this riot had been the outcome of foreign ideological influences, mainly from Egypt[7] and Syria. However, the most influential foreign ideology on Juhayman sector did not emanate from Egyptian extremists group but from al-Albani's Ahl al-Hadith school which are apolitical, non-vio-

---

6) Hegghammer and Lacroix (2007), 115.

7) When Nasser started imprisoning members of Muslim Brothers, many of them fled to Saudi Arabia and King Faisal was happy to accept opponents of Nasser's regime. He also ensured they were given top jobs to spread pan-Islam. One of the most notable Egyptians to move to Saudi Arabia was Muhammad Qutb, brother of Syed Qutb. Muhammad Qutb was employed as a lecturer at Jeddah University and would later go on to become one of Osama bin Laden's teachers. Juhayman also met members of Muslim Brothers during his studies at Medina University. They spoke about Nasser having abandoned the path of God by not strictly ruling by their version of Islam. Hence this had made him an apostate who deserved death. Juhayman was directly inspired by these issues.

lent school.[8] Therefore, it is fair to assume that these foreign influences were not the primary reason for this revolt which showed clear characteristic of political radicalization.

Secondly, the western academic literature viewed this riot as a modern replay of the 1920s Ikhwan revolt. It is apparent that the memoir of the brave Ikhwan surely influenced Juhayman in one way or another however, the motivation for restoring the first Ikhwan only seems to be a minor reason. Another common interpretation suggests that Juhayman and his colleagues were apocalyptics who had their beliefs in the mahdi, a prophesied redeemer. It is apparent that Juhayman's belief in the mahdi was pure and genuine, indicating that this factor could have been a major driving force behind the revolt. However, Nasir al-Huzaymi, one of the adherents to Juhayman, argued that not all of his colleagues believed the messianic aspect of his theory. These men decided to remain in the sect because they were convinced by other factors, such as the need for moral and religious purification. Consequently, one can assume that Juhayman's sect represent not only a messianic aspect but also a political aspect. This is further corroborated by the fact that the movement quickly gathered such strength at this particular point in time.

Last interpretation, advocated by the leftist at the time of revolt, characterized this revolt as a "people's rebellion," whereby Saudi's enslaved working class stood up to Saudi's rich elites. After the riot, the Arab So-

8) Hegghammer and Lacroix (2007), 115.

cialist Labour Party in the Arabian Peninsula declared its support for the revolt. Other leftist parties also took part with Juhayman's revolt, with the purpose of establishing republic and democratic society and government. This antisocial flow was caught by Saudi authorities, which had been a total threat from the poor and the disenfranchised.

However, this Juhayman's riot of attacking Grand Mosque in Mecca cannot be regarded simply as a rebellion stemming from disenchantment because of the diverse social, religious and ideological circumstances at the time in Saudi Arabia. Juhayman was deeply influenced by the group known as al-Jama'a al-Sallafiyya al-Muhtasiba (JSM).[9] Juhayman's riot exposed radical offensive which had been generated from a larger and more moderated organization, JSM, after the process of political and internal debate.

Juhayman al-Utaybi and his colleagues' revolt had been identified as a short-lived event however, there are many signs which could be traced in certain Islamist circle until today. They were identified as "rejectionist Islamism," meanwhile the rest of the Islamist may be identified

9) It was formed by a small group of religious students who for some time had been proselytising in the city's poorer neighbourhoods. Having been influenced by al-Albani, they were driven by a general conviction that the mainstream schools and tendencies in the Muslim world at the time – including the official *Wahhabism* of the Saudi religious establishment – needed to be purified of innovations and misperceptions. The emergence of the JSM seems to be linked to three important societal changes in Saudi Arabiain the 1960s and 1970s. First was the slow but steady push toward increased social conservatism from a religious establishment which sensed that it was losing its grip on an increasingly liberal society. Second was the arrival of new ideological currents that provide alternatives to the established political and religious order. Third were the socio-economic tensions resulting from Saudi Arabia's rapid modernisation process.

as "reformist Islamism." Its ideology had been characterized by a withdrawal from society which clearly showed its adherents were mostly the marginalized who avoided state education and employment altogether. It had an impact on a radical Islamist faction of extreme social conservatism, strongly emphasizing ritual matters, and showing skepticism towards the state and institutions. This event brought important social changes in Saudi Arabia as the revolt openly questioned the state's legitimacy, criticizing its policies through rather aggressive ways to change the every aspect of the society which resulted in rigid and conservative application in women's issues in the Kingdom.

2. Establishment of Islamic Republic of Iran and Its Influences

The year 1979 marked one of the most important years in the modern history of Middle East because of the Iranian Revolution. Sometimes called the Islamic Revolution, it was a revolution led by an Islamic republic under Ayatollah Ruhollah Khomeini that dethroned the Iran's monarch, the Pahlavi dynasty. This revolution gave rise to political Islam which provoked social mobilization as well as radicalization of the marginalized people. It also demonstrated the political capacity of Islam and the instability of the nearby region. Pre-existing regional political situation had been strained to the breaking point due to the extreme level of dissatisfaction, tyranny, widening gap between the social classes, and the failure of economic system. The revolution actually did not target any new formation of Islamic paradigm, however, it ignited dissatisfied Arab people who were desperate for a change. After the revolution, political Islam gradually emerged and intensified, then started to influence other Islamic countries. Afshin Shahi explained the influence on his editorial as follows:

> The activist movements either with a political or with a religious agenda now were convinced that with Islam they have the winning card, it can be employed as a potent political mechanism to, politicize, mobilise, radicalise the masses in order to confront the authoritarian states across the Middle East. The voice of the Iranian revolution was heard across the world from an early stage and particularly alarmed the countries with the substantial Muslim minorities. The political foundations of the neighbouring countries were shaken especially of those who had significant Shiite population, namely, Saudi, Kuwait, Bahrain and Iraq.[10]

Its impact on the Middle Eastern countries, especially on Saudi Arabia had been enormous. Particularly three aspects of Iranian revolution troubled the government of Saudi Arabia: the resurgence of Shiites minority, the replacement of monarchy by an Islamic Republic, and growth of opposing sentiment of Westernization. As a natural consequence, Juhaymal al-Utaybi's Riot and the seizure of the Grand Mosque in Mecca had happened shortly after the Revolution, and a Shiite minority's followed. Shiite's demonstration spread rapidly and occupied stra-

10) Afshin Shahi, "Thirty Years On: The Iranian Revolution and Its Impact on the Region" http://www.e-ir.info/?p=611 (accessed Mar. 30 2010).

tegically important oil fields and turned from *Ashura's*[11] procession into a pro-Khomeini demonstration. These two events directly convinced Saudi government to recognize the urgent necessity to silence the opposition, the Shiite minorities. Saudi government noticed that religion had a special unifying power even in the country where all the political systems were oppressed by dictatorship.

The Iranian revolution overthrew monarchy and the replaced it with an Islamic republic, and these facts alerted the Saudi government which was also a monarchy made up of mostly Sunni but including a notable size of Shiites. Sunni dominated countries did not welcome the emergence of Shiite, nor supported them to prosper. This view was clearly illustrated in an interview with King Abdullah of Jordan with *The London Times* in January 26, 1982, where he even compared the Shiite fundamentalism to Zionism.[12]

Saudi Arabia also agreed with King Abdullah's point of view and started to modify its political system. This governmental process was harmonized with Islamism, especially the conservative sector, and reinforced the political system including existing (operative) law. Saudi government noticed the political capacity of Islam, and political Islam and Islamism quickly became the answers for Saudi Arabia to navigate through the situation. Islamic fundamentalism was likely the best solution for complicated situation in Saudi Arabia, and the government

11) *Ashura* is the most secret event of Shiite calendar which celebrates the martyrdom of Imam Hussein, a defining figure in the Shiite faith.

12) Shahi, "Thirty Years On."

began to supervise and oppress every part of the society, particularly women's issues.

The Iranian Revolution made Saudi Arabia retrograde in terms of human rights. Despite the economic growth and rapid development of techniques in short span of time, beheading practices and comparatively low status of women are still normal in the twenty-first century. The Saudi government still refuses to pay attention to human rights and democracy. However, lack of democratic structure in the politics and failure to amend various social problems are causing disputing voices to speak up. It is interesting to note that these voices are raised not only by individuals and human right organizations all around the world but also by some intellectuals inside Saudi Arabia.

After Iranian Revolution, Saudi Arabia concentrated on lifting three aspects of Iranian revolution which were mentioned previously. They solved the problems by reinforcing the social system as well as the political system. However, such attempt ended up fortifying barbaric social practices and sexual discrimination in Saudi Arabia.

3. Islamism in the Kingdom of Saudi Arabia

The events in 1980s gave rise to the ultraconservative and political movement of Islamism in most of the Arab world. The Islamism urged the government to institutionalize Islamic laws and social regulations. Even though Saudi Arabia was already established under the ideology of *Wahhabism* with the *Quran* and the Sharia as its constitution, the country could not be exempted from this ultraconservative trend.

In the 1970s, the country had been developed in many different fields, experiencing liberal practices and openness to the world. However, after the failure of the Grand Mosque siege in Mecca, the ultraconservative movement had arose from the marginal and had become the center of the society to push into conservative direction, providing polarity between the Westernized and the rest of the society. The movement was known as "Islamism," characterized by its conservative revival. Its impact could be clearly noticed in almost every part of the society from individual to the government level. The revival particularly influenced government policies, relationship with foreigners, growth of religious programs through media and mosque sermons.

The most apparent changes in individual lives happened especially in women's behaviors. Women usually wore the traditional Saudi Islamic *abaya*[13] but did not covered their faces formerly. After the revival, some women began to cover their faces with nontransparent cloth while some wore the *abaya* when they traveled abroad to identify themselves as sincere Muslims. Another change could be traced in the ritual ceremonies for example, the *mawlid* rituals[14] was revived which was

---

13) Saudi Islamic *hijab,* literally a curtain or a veil, a black cloak, black face veil, and hair covering and sometimes with long black gloves to hide the hands.

14) A gathering for communal prayer on the occasion of Muhammad's birthday, or to celebrate the birth, mourn a death, bless a new house, or seek God's favor in fulfillment of some wish, such as cure of an illness or the birth of a child.

banned by King Abdul Aziz al-Saud when he conquered the Hijaz. The mawlid rituals had been performed by women from time to time before the ban; however, when the ritual was revived, women had been completely forbidden from performing the ritual ceremony.

The Saudi government also increased the number and the force of the *mutawwiin*[15] mainly to control behaviors that defied the conservative ideology of Islamism. For example, in November 1990, a group of women protested to obtain their right to drive. This demonstration was blocked by *mutawwiin* who suggested all women protestor be punished. Saudi government heeded to the *mutawwiin's* advice and punished them by flogging publicly, confiscating their passport, and firing them from their work places. Furthermore, women's driving became officially illegal which had only been unofficially discouraged prior to the protest. While this issue will be discussed further in the later part of this chapter, it is adequate enough to show that the movement of Islamism ultimately became an ignition point especially to degrade women's status in the society.

Family matters were also institutionalized and interpreted through the conservative religious approach. For example, women only used to need to be accompanied by a male guardian, *mahram*, when traveling

---

15) Religious police, organized under the authority of the king in conjunction with the *ulama*. They were charged with ensuring compliance with the puritanical precepts of *Wahhabism*. Primarily, they enforced public observance of such religious requirements as the five daily prayers, fasting during *Ramadan*, the modesty of women's dress, and the proscriptions against the use of alcohol.

foreign countries, but from the late 1970s, as a new policy, submission of a written permission letter from a *mahram* became a requirement for a woman to travel overseas. One of the prominent outcomes of this rule was that it limited women's wish to study abroad and made them give up their basic right to further their education abroad. The nationwide reinforcement of the *mutawwiin* brought rigid atmosphere in individual life not only for women but also for men. Formerly, *mutawwiin's* responsibility only included passively watching and guiding the attendance of men in the mosque at prayer time however, because of the influence of Islamism movement, their duty have been expanded to include observing public abstinence during *Ramadan*, watching shops to close at prayer time, and forcing women to wear modest clothing. Foreign women were also required to wear *abaya* while men and women who were not a family member might be arrested for being in the same car by *mutawwiin*.

The conservative character of Islamism also influenced the life of foreign inhabitants especially their religious activities. Previously other religious services were not encouraged but were not prohibited. For instance, in the 1920s, when the *Salafi* revival broke up, Christian doctors were allowed to hold a service in the country. Up to 1980s, Christian services were not prohibited they were actually permitted in private level as long as they did not stimulate the local Saudi people. However, following the end of the Persian Gulf War, reinforced *mutawwiin* began to search other religious services and arrest them.

Another significant change toward conservatism occurred among religious scholars who submitted a petition to the king to establish a consultative council. They asked for more participation in decision making and amendment of all laws, including administrative and commercial regulations to concord with the *sharia*. Their first concern revolved around the possibility of losing Muslim identity because of the military dependence on the West and overwhelming Westernization. They believed that secular education, devastation of extended family, employment of women, and the media imbalance may accelerate the destruction of the important value system of family and society. Therefore to solve these problems, they recognized the religion Islam as the source of strength for the society.

In addition, the nation itself needed legal authenticity to maintain itself as an "Islamic country." The government concentrated on religious education and tried to instill Islamic culture in every part of the society. They applied the religion Islam as the foundation of the society, employing it as the primary social adhesive among people.

The reason for the emergence of Islamism in Saudi Arabia could be summarized as follows it was the reaction against to Western and modern ways, especially due to rapid urbanization and politicization of marginal people such as lower-class and bazaar-class men and women. There were roughly two faces of Islamism in Saudi: a militant one, marked by extremity and violence, bent on toppling the monarch and a moderate one, characterized as progressive and self-reflective, focused on transforming the society. However, both parties' trend had been greatly negative for women's rights.

Furthermore, before the Islamist movement in Islamic countries, Muslim women's organizations were established together with men's groups around the late 1920s. The participants were mostly educated, upper and middle class women who partly patterned after Western women. However, Islamism started to limit women's freedom of movement, greatly hindering on their ability to convene as a group, leading to the downfall of many women's organizations.

Islamism's influence on women's issues in Saudi Arabia has been exceedingly negative. Women's issues had been quite acceptable before the introduction of the movement, but after Islamism movement, the status of women has suffered a backslash in Saudi Arabia that the country remains the only nation in Middle East that has not adopted women's universal suffrage. Saudi Arabia employed Islamism movement to solve some critical and complicated problems. However, when it comes to gender equality, manifold elements have to be considered to reach a reasonable solution.

Ⅲ. THE PRACTICAL INFLUENCES OF WAHHABISM ON WOMEN'S STATUS IN PRESENT DAYS

Certain argument of the persistence of women's separation in Saudi society is due to the shortness of its exposure to the West. *Wahhabi ulama* insisted on returning to the teachings of the Prophet and represented Islamic chauvinism which prevented flows from the West and keeps their own belief. The 1920s marked the beginning of modern Arabia, and the King Abd al-Aziz was about to open to the potential advantages of Western technology. During the *Wahhabi* revival in the 1920s, the government had prepared to enforce compliance with Islamic laws and reinterpretation of Islamic value for the country. However, the *Wahhabi ulama* refused the reinterpretation of the *Quran* and apparently settled by the early jurists. Even orthodox Muslim scholars confess that Ibn Abd al-Wahhab and his followers were rough and uneducated Bedouins who has emphasized exceedingly on minor point of practices, such as the forbidden of wearing silk and gold for dress, the use of rosary in prayer, or even louder laughter and weeping at funerals.

Under the *Wahhabis*, the ban was expanded to trivial matters and forcibly criticized the participation of women in the birthday celebration in particular. Prayers at saints' tombs were also prohibited along with the vowing rituals. In fact, Ibn Abd al-Wahhab prohibited both men and women to attend any of the rituals, but the restrictions on men and women are not equal. Eleanor Abdella Doumate stated in her book *Getting God's Ear*, "First, men still had the mosque, where they were daily invited to perform correct worship together. Second, women were considered uniquely susceptible to particular type of polytheistic rituals because of perceived weaknesses in their nature that needed to be controlled. Mourning, for example, was generally proscribed, but only women's mourning practices were specifically forbidden."[16]

Maggie Michel stated in the Washington Post article, "The question of women's rights in Saudi Arabia is a touchy one. In a country where no social or political force is strong enough to affect change in women's rights, it is up to the king to do it. Even then, the king must find consensus before he takes a step in that direction."[17] From this article, it is obvious that even Saudi king himself does not have full authority over women's issues but should consult with the *Wahhabi ulama* first. Saudi rule is legitimated by its willingness to implement Islamic law and rule in affiliation with the ulama who determines what Islamic law is.[18] Supreme Council of Senior *Ulama* who adheres in one form or another to the *Wahhabi* principles[19] still exercises higher authority over public policy than anyone else in the state, and shows particularly conservative viewpoints especially on women's issues.

However, it is interesting to acknowledge that during the early twentieth century, when al-Saud family was advocating *Wahhabism* and adopting it as a tool of uniting his new state, *Wahhabi ulama* never actually issued any *fatwas* concerning women driving or being in the workplace or traveling without guardian, because these issues about

---

16) Doumato, Eleanor Abdella. *Getting God's Ear* (New York: Columbia University Press, 2000), 122

17) Maggie Michael,"Saudi Monarch Grants Kingdom's Women Right to Vote, but Driving Ban Remains in Force," *The Washington Post* 2011.

18) Doumato (2000), 231.

19) Abou El Fadl, Khaled. *Speaking in God's Name: Islamic Law, Authority and Women* (Oxford: Oneworld, 2001), 173.

women were not contested matter of the time.[20] The most contested issue at that time was to establish correct ritual practice, to represent obligatory prayer in the mosque only for men and to eliminate intercessory rituals among all the inhabitants in every part of the Peninsula where *Wahhabi* dominance was not authenticated. Then incorrect practice was identified as something exercised not only by the groups the *Wahhabi* abhorred such as Shiite, or mystics, but also as something done by women, or as something associated with women, or as something to be condemned only if done by women.

Wahhabis considered that women were associated with spirit, and marked for seeking intercession through offerings at shrines, or caves. Likewise, *Wahhabis* apprehended that women were emotionally weak, and blaspheme God by using spiritual power which belongs to God alone through practicing witchcraft, telling the future, or acting like a polytheist. Restrictions and constraints women faced were actually originated from the principle of the Hanbali school who believed that women's whole body is sexually provocative and private; therefore, women are not allowed to be seen by unrelated men. This principle of the *Hanbali* school was adopted by *Wahhabis*, paving the way for the rigid view of women.

The hegemony of *Wahhabi ulama* who are official interpreters of religion for the country, still influence the way society classifies people based on sex differences. The perception of women is not merely from

---

20) Doumato (2000), 222.

the texts of sacred book but from more distant past, *Wahhabi* Islam. Doumato stated in her book, "At the same time, women's modesty was defined according to the principle of the *Hanbali* school, reiterated by Ibn Abd al-Wahhab himself; all of a women's body is *awrah*, meaning her body is entirely sexually provocative and private and therefore it is not permitted for women to be seen by unrelated men."[21] Hamad al-Baadi stated the modesty and separation of women in his Ph. D. dissertation,

> Women's mobility outside their home was reduced to the absolute minimum. Modesty of attire was forced on all women. We have no reliable data on whether pre-*Wahhabi* Arabian sedentary women veiled their faces or not···*Wahhabism* however, considered the facial veil (*ghita*) to be a require part of the Islamic *hijab* and in the towns and villages where *Wahhabism* ruled, the veil became complete; a woman above ten or eleven years of age would not venture outside her home unless fully covered from the top of the head to her heels with and *'abat,* a black cloak worn over her regular clothes···There were not many occasions to wear the *abat,* anyway, as the *Wahhabis* preferred that women never venture into the public sphere except under utmost necessity.[22]

Legal opinions on women were issued by the most influential *shaikhs* simply rephrasing the status of women described in Ibn Abd al-Wahhab's *Kitab at-Tawhid* and his commentaries. According to Shaikh ibn Baz, Grand Mufti of Saudi Arabia for the past twenty-five years said

---

21) Ibid.

22) Hamad Al-Baadi, "Social Change, Education, and the Roles of Women in Arabia" (Standford University, 1982).

that women "became a trial for others" because of "their little patience" and also because "they are a temptation or trial for the living because the woman is *awrah* and by her going out and being visited by men she is not related to she becomes a trial and may lead to a great sin."[23]

In Saudi Arabia, women's legal opinions are issued by the Permanent Council for Scientific Research and Legal Opinion(CLRO), the governmental bureau in Saudi Arabia authorized with issuing Islamic legal opinions. The legal responses issued by CLRO usually serve as the foundation for official state law. The responses of the legal settlement about women are issued by jurists, and some translated legal opinions by jurists are as follows;

· **On Women Driving** : It is impermissible for women to drive an automobile, for that would entail unveiling her face or a part of it. Additionally, if her automobile were to break down on the road, if she were in an accident, or if she were issued a traffic violation, she would be forced to co-mingle with men. Furthermore, driving would enable a woman to travel far from her home and away from the supervision of the legal guardian. Women are weak and prone to succumb to their emotions and to immoral inclinations. If they are allowed to drive, then they will be freed from appropriate over sight, supervision, and from the authority of the men of their households. Also, to receive driving privileges, they would have to apply for a license and get their picture taken. Photographing women, even in this situation, is prohibited because it entails fitnah and great perils.

23) al-Musnad, Muhammad bin Abdul-Aziz, *Islamic Fatawa Regarding Women*, Translated by Jamaal al-Din M. Zarabozo (Riyadh: Darussalam, 1996), 28, 45.

· **On the Legality of Women Wearing Brassieres** : Some women have grown accustomed to lifting their breasts or supporting them with a piece of cloth, using them as a way of appearing younger of life virgins or something like that. If it is done for that purpose, then it [i.e.,wearing brassieres] constitutes unlawful deception. But if it is done in order to avoid a particular injury or ward off pain or anything of a similar nature, then it is permissible in proportion to the need [for wearing the brassiere], and God knows best.[24]

· **On the Dangers of Women in the Workplaces of Men** : When a women leaves her home, which her dominion and place of vivacious liberty in this temporal life, she opposes that which her inherent disposition inclines toward as well as the natural proclivity that God created within her. In an Islamic society, the call for women to join men in their workplaces is a grave matter, and intermingling with men is among its greatest pitfalls. Loose interaction across gender lines is one of the major causes of fornication, which disintegrates society and destroys its moral values and all sense of propriety.[25]

These legal opinions by ulama were issued and expected to be adopted in daily practices; however, the implication of these *fatwas* seems quite far from even the reality of women in Saudi Arabia. Interpretation of women's matters by the Supreme Council of Senior *Ulama* who are still influential experts of public policy shows particularly conservative viewpoints due to the relation with *Wahhabi* principles.

Despite of this rigid theology of *Wahhabi* influences on women's issues, certain areas of the society show some confidential advancement.

---

24) This *fatwa* was issued by Ibn Jibrin in *Fatawa al-Lajnah*, 205
25) Abou El Fadl (2001), 289.

According to *the Global Gender Gap Report 2010,*

> Among 134 countries, Oman(122), Syria(124), Egypt(125), Morocco(127), Saudi Arabia (129) and Yemen (134) occupy the bottom half of the region's rankings. Saudi Arabia's performance over the last five years puts it among the highest climbers of the 114 countries that have been included in the Report since 2006. Between 2009 and 2010, the labour force participation rate of women has climbed from 20% to 22%, the perception of the wage gap for similar work has improved, literacy rates have improved and women's enrolment in tertiary education has increased from 35% to 37%. Saudi Arabia remains the lowest-ranking country in the region on political empowerment, with the lowest possible score of zero.[26]

Due to an active progressive movement, however, which is pushing to improve women's bargaining power in Islamic family law courts and to create parity with men in terms of civil rights, including the right to vote, drive, work, and obtain better access to health care and educational opportunities,[27] women's right in education and employment show advanced results. Yet, as reported in *Global Gender Gap,* women's political participation still ranks bottom.

Recently Saudi Arabia's King Abdullah, known as a reformer by the standard of the ultra conservative nation, announced that women will have the right to vote and run in local election due in 2015:

---

26) Ricardo Hausmann, Laura D. Tyson, and Saadi Zahidi, *The Global Gender Gap Report* (Geneva: World Economic Forum, 2010), 27.

27) Eleanor Abdella Doumato, "Saudi Arabia," in *Women's Rights in the Middle East and North Africa: Progress Amid Resistance*, ed. Sanja Kelly and Julia Breslin (New York: Freedom House, 2010), 425.

In itself, Sunday's decision to give the women the right to vote and run in municipal elections may not be enough to satisfy the growing ambition of the kingdom's women who, after years of lavish state spending on education and vocational training, significantly improved their standing but could not secure the same place in society as that of their male compatriot. "We didn't ask for politics, we asked for our basic rights. We demanded that we be treated as equal citizens and lift the male guardianship over us," said Saudi activist Maha al-Qahtani, an Education Ministry employee who defied the ban on women driving earlier this year. "We have many problems that need to be addressed immediately."[28]

Moreover, Saudi king Abdullah also said in his five-minute speech that women will be allowed to be appointed to the Shura Council selected by the king that is currently all-male. "Because we refuse to marginalize women in society in all roles that comply with *Sharia* (Islamic 1aw), we have decided, after deliberation with our senior *ulama* (clerics) and others··· to involve women in the Shura Council as members, starting from the next term···Women will be able to run as candidates in the municipal election and will even have a right to vote."[29]

It is a giant step forward in ultraconservative kingdom, yet the Saudi government has a long history of breaking promises to women. Nadya Khalif, Middle East women's right researcher in Human Rights Watch, stated, "When Saudi Arabia held its first municipal elections in 2005, women were excluded from voting and running as candidates. The

28) Michael (2011).

29) Asma Alsharif, "Saudi King Gives Women Right to Vote," *Reuter* 2011.

government promised that women would be able to participate in the next elections, which were scheduled for 2009. The government reneged on this promise and again excluded women from the elections, which, after a two-year postponement, are to take place next week. A woman from Jeddah who attempted to register to vote was arrested for her trouble."[30]

For this reason, many women are still doubtful that King Abdullah's decision will contribute to real change for Saudi women. However, the signs look positive. King Abdullah is a reluctant reformer in ultraconservative kingdom and may want to follow his brother, King Faisal, who introduced mandatory schooling for girls in the 1960s. Moreover, this eighty-seven year old king who is not in the best health may think his legacy during his reign as the provider of "basic rights and freedoms that have long been enjoyed by other women around the world."[31] He has encouraged education and employment for women and allowed himself to take picture with thirty-five women participants in the seventh National Dialogue Forum in Najran, in 2010. Surprisingly, this photograph was published on the front page of local newspaper *Okaz*, for the first of its kind. The reason for the surprise was that there is a *fatwa* on the prohibition of photographs, and the king himself went against

30) Nadya Khalife, "Getting the Vote Could Herald Real Change for Saudi Women", The Gardian http://www.hrw.org/news/2011/09/29/getting-vote-could-herald-real-change-saudi-women? tr =y&auid=9599589(accessed Sep. 30 2011).

31) Khalife, "Getting the Vote."

this prohibition.[32] There have been several signs which could be viewed as the clear indication that the king is trying to take initiative to annihilate some of the discriminations on Saudi women in daily lives. Even though women will have to wait four more years to exercise their right to vote, it seems to be a promising step forward which might be the beginning of the "Arab spring" for Saudi Muslim women.

IV. CONCLUSION

Indeed, all forms of specific gender discriminations in contemporary Saudi society, such as the strict segregation in public, women's intellectual and emotional inadequacy, their dependency on men, originated from the *Wahhabi* teaching. The devaluation of women in Saudi society is deeply related to the *Wahhabi* principles, and these attitudes about women have permeated throughout daily practices and have been consciously infused through the bureau or the Saudi state. However, it is also certain that Saudi government faces new phase of understanding women which might come from the phenomena of post-*Wahhabism*.

Even though *Wahhabi* Islam has been the absolute and decisive ideology from the beginning, when Abd al-Aziz was advertising and using it to control his newly conquered land, there is also a growing ap-

32) The *fatwa* says: Authentic tradition from the Prophet have established the prohibition of depicting any being that possesses a soul, whether human or not.

petite of Saudi women who desire to improve their status as the same in society with their male partners. In Saudi Arabia, *Wahhabi* that has dominated and shaped government social policies including women's issues for two and half centuries is perhaps ready to yield its way to this compelling and forceful stream.

[References Cited]

Abou El Fadl, Khaled. *Speaking in God's Name: Islamic Law, Authority and Women.* Oxford: Oneworld, 2001.

Al-Musnad, Muhammad bin Abdul-Aziz. *Islamic Fatawa Regarding Women.* Translated by Jamaal al-Din M. Zarabozo. Riyadh: Darussalam, 1996.

Doumato, Eleanor Abdella. *Getting God's Ear.* New York: Columbia University Press, 2000.

Doumato, Eleanor Abdella. "Saudi Arabia." In *Women's Rights in the Middle East and North Africa: Progress Amid Resistance.* edited by Sanja Kelly and Julia Breslin. New York: Freedom House, 2010.

Hausmann, Ricardo, Laura D. Tyson, and Saadi Zahidi. *The Global Gender Gap Report.* Geneva: World Economic Forum, 2010.

Hegghammer, Thomas, and Stephane Lacroix. "Rejectionist Islamism in Saudi Arabia: The Story of Juhayman Al-'Utaybi Revisited." *International Journal of Middle East Studies* 39, no. 01 (Spring 2007): 103-122.

Human Rights Watch. *Perpetual Minors: Human Right Abuses Stemming from MaleGuardinship and Sex Segregation in Saudi Arabia.* New York: Human Rights Watch, 2008.

Kelly, Sanja, and Julia Breslin, eds. *Women's Rights in the Middle East and North Africa.* New York: Freedom House, 2010.

Khalife, Nadya, "Getting the Vote Could Herald Real Change for Saudi Women," The Guardian http://www.hrw.org/news/2011/09/29/getting-vote-could-herald-real-change-saudi-women?tr=y&auid=9599589 (accessed Sep. 30 2011).

Lloyd-Roberts, Sue. "The Saudi Women Taking Small Steps for Change." In BBC News night, 00:14:27. United Kingdom: BBC, 2011.

Rasooldeen, Md, "Shoura Passes Amendment to Allow Women's Franchise," Arab News http://www.arabnews.com/saudiarabia/article462204.ec (accessed Jun. 28 2012).

"Saudi Women to Be Allowed to Argue Cases in Court," BBC News http://news.bbc.co.uk /2/hi/8526862.stm(accessed Mar. 20 2012).

Shahi, Afshin, "Thirty Years On: The Iranian Revolution and Its Impact on the Region" http://www.e-ir.info/?p=611(accessed Mar. 30 2012).

Shears, Richard, "Outrage as Muslim Cleric Likens Women to 'Uncovered Meat,'" Associated Newspapers Ltd http://www.dailymail.co.uk/news/article-412697/Outrage-Muslim-cleric-likens-women-uncovered-meat.html.

UNESCO. *Education for All by 2015. Will We Make It?.* Cambridge: UNESCO, 2008.

United Nations. *The Millennium Development Goals Report.* New York: United Nations, 2008.

United Nations. *Convention on the Elimination of All Forms of Discrimination against Women.* New York: United Nations, April 2008.

United Nations. *Convention on the Elimination of All Forms of Discrimination against Women.* New York: United Nations, March 2007.

7부 민속 이슬람

(다와의 방법론적 접근으로서)

수피즘을 통한 이슬람 확장과 민속 이슬람

권지윤

I. 서론

필립 젠킨스(Philp Jekins)는 그의 책 *God's Continent* 에서 영국 런던 시위대의 한 여성이 "*Islam-Our Religion Today, Your Religion Tomorrow*"라는 피켓을 들고 시위대를 이끄는 모습을 묘사하면서, 이슬람이 빠른 속도로 유럽 사회에 확산되고 뿌리내리고 있다는 사실을 상기시켰다.[1]

이슬람의 빠른 성장과 확장 현상은 유럽에서만 발견되는 것은 아니다. 이슬람은 전 세계를 향하여 끊임없이 퍼져나가고, 자신들의 공동체를 견고하게 유지시키고 있다. 이제 우리는 무에진(*Mu'a<u>dd</u>in*)의 아잔(*azān*) 소리를 중동이나 아시아의 전통적인 이슬람 국가뿐만 아니라 세계 어느 곳에서도

1) Philip Jekins, *God's Continent* (N.Y.: Oxford University Press,2007), 1.

들을 수 있게 되었다. 이러한 현상이 우리에게 보여 주는 것은 이슬람은 다양성과 그 다양성을 이슬람 안으로 통합하는 역동성을 지니고 있다는 사실이다. 이 사실은 이슬람이 선교하는 종교로써 이슬람만이 가지는 독특성을 증명하는 것이다.

이슬람은 선교하는 종교다. 이슬람은 1,400여 년의 역사를 지나오면서, 끊임없이 그들의 종교가 새로운 역사와 환경에서 성장할 수 있도록 선교하는 활동을 멈추지 않았다. 이슬람은 이슬람 국가로 여겨지는 중동과 중앙아시아, 남부아시아에 국한되어 있지 않고, 유럽과 아시아, 아프리카 그리고 북아메리카까지 널리 확장되어 있다.[2] 현재 세계 인구의 약 25% 정도로 추산되는 무슬림 인구비율은 끊임없는 이슬람의 선교적 열정을 잘 보여 주는 예이다. 이슬람이라는 종교의 다양하고 역동적인 선교적 에토스를 설명할 수 있는 이슬람 신학적 표현을 무슬림들은 "이슬람 다와"라고 말한다. 왜냐하면 다와는 내부적으로 무슬림이 진정한 무슬림 될 수 있도록 정체성을 확립하고, 외부적으로는 이슬람을 전 세계에 전파하여 세계의 이슬람화를 추구하기 때문이다. 오랜 역사의 흐름 속에서 이슬람 다와는 그 의미가 퇴색되거나 사라지지 않고, 다양하고 역동적인 패러다임을 가지고 이슬람을 전 세계에 전파해 왔다.

다와의 다양하고 역동적인 패러다임을 가장 잘 보여 주는 예가 이슬람의 수피즘이다. 이슬람의 수피즘은 무슬림이 정치적, 군사적 힘을 가지고 비이슬람 국가로 팽창정책을 활발히 진행했던 시기부터, 이슬람의 팽창이 더 이상 세계 무대에서 지속될 수 없게 된 이후에도 멈추지 않고 역동적으로 이슬람을 비무슬림 지역에 전파하였다. 더 나아가 수피들은 이슬람을 전파

---

2) 김아영, "이슬람의 이해," 『횃불트리니티 한국이슬람 연구소 "이스마엘 우리의 형제" 100호 기념 강좌』 (2009), 4.

하는 가운데 자신들의 신학적 성향에 따라 진지한 무슬림이 되기 위해 끊임없이 자신을 이슬람이라는 종교에 헌신했다고 볼 수 있다. 따라서 수피즘은 다와의 가장 역동적인 표현방법이다.

이와 더불어 다와의 가장 역동적인 표현방법으로서 수피즘은 대중들 깊숙이 이슬람이 뿌리내리게 하는 역할을 하면서 이슬람 선교의 다양성을 잘 표현하였다. 수피즘은 대중들의 영적 갈망을 채워 주고, 그들 삶의 문제로까지 이슬람의 영역을 확대시켜, 다와를 효과적으로 실천하였다.

수피즘은 여기서 멈추지 않고, 수피즘의 독특한 신학적 성향은 비이슬람 국가의 토속 문화, 더 구체적으로 표현하면 거주민의 다양한 문화와 만나 이슬람적이지 않은 그들의 삶과 문화 자체를 이슬람 안으로 흡수할 수 있는 촉매제 역할을 하였다. 즉 다양한 거주민의 문화와 종교, 역사, 관습 등을 융화시켜 이슬람이라는 틀 속에서 재해석하는 역할을 하였다. 다른 말로 설명하자면, 이슬람적이지 않은 다양한 무슬림 공동체들을 이 카테고리 안에서 설명할 수 있는 새로운 이슬람 신앙의 표현을 만들어내는 역할을 하였다. 이러한 이슬람 신앙의 새로운 표현을 "민속 이슬람"이라 한다.

본고에서는 이슬람 선교가 다양성과 역동성이라는 패러다임으로 진행되었다는 전제를 바탕으로 이슬람 다와의 틀 안에서 수피즘의 역할과 특성을 재해석하고, 수피즘을 통한 이슬람 확장의 실질적인 현상으로 민속 이슬람을 새롭게 이해하고자 한다.

II. 이슬람 확장(다와)의 방법론적 접근으로서 수피즘의 이해 : 수피즘의 역사

1. 수피즘의 역사

1) 수피즘의 기원

이슬람, 아니, 더 정확한 표현으로는 이슬람을 그 체제로 표상하는 국가공동체는 이슬람의 예언자 무함마드 사후(632 CE), 그의 후계자들에 의해 급격한 팽창을 가진다. 이슬람은 무함마드 시대에 이미 하나의 종교적 공동체에서 정치적, 사회적 공동체로서 성장하였으며, 아랍권역을 이슬람화시키고자 하는 노력이 없었다고 말할 수는 없다. 무함마드 사후 제2대 칼리파[3] 오마르('Umar b. al-Khatab)가 집권하면서 이슬람은 이라크, 페르시아, 시리아, 팔레스타인, 이집트를 정복하는 등 정치적 정복전쟁에 몰입하게 된다.[4] 이러한 흐름은 우마이야조 시대(650-750 CE) 압둘 말리크(Abd al-Malik) 의 아들이자 후계자인 칼리파 알 왈리드 빈 압둘 말리크(al Walid b.'Abd al-Malik)[5] 에 의해 이어져 중앙아시아에서 북아프리카 서쪽 끝의 모로코에 이르기까지 광대한 대제국의 터전을 일궈낸다. 동으로는 인도와 중국 변경 지역까지, 서로는 대서양 연안과 스페인에까지 이른 이슬람 팽창은 9세기 초까지 거대한 대장정을 이루었다.[6] 이러한 대장정의 기간 동안 아랍 무슬림군이 승리하여 이슬람을 전파한 광활한 영토들에서는 '이슬람화'가 진행되었다.

이슬람화 과정과 이슬람 팽창 운동의 총체적 표현을 이슬람 신학적으

3) 손주영,『교리, 사상, 역사, 이슬람』(서울: 일조각, 2005), 77.
4) 손주영 (2005), Ibid.
5) 알 왈리드 빈 압둘 말리크(al Walid b.'Abd al-Malik)는 703-715 AD까지 통치하였다.
6) 버나드 루이스, 김호동 역,『이슬람 1400년』(서울: 까치,2010), 24.

로 다와(*Da'wah*)라고 설명할 수 있다. 이슬람 다와는 외부적으로 비이슬람 지역을 온전한 이슬람 지역으로 만들고, 내부적으로 무슬림 공동체, 또는 무슬림들이 진정한 무슬림이 되도록 하는 역할을 하기 때문에 초기 이슬람의 팽창 과정은 이슬람 다와 실천의 한 방법으로 해석할 수 있다. 이러한 팽창, 즉 신학적 표현으로 이슬람 다와의 실천은 크게 두 가지 방법론적 특징을 가진다. 그 첫 번째 방법론은 지하드를 통한 다와의 실천이고, 두 번째 방법론은 이슬람 수피 운동을 통한 다와의 실천이다. 지하드와 수피 운동은 그 양태와 방법론에 있어 상이함을 가지고 있지만 현실적으로 드러나는 목적에 있어 다와의 범주, 즉 '세계의 이슬람 팽창', '세계의 이슬람화'에 주요한 두 지류로 해석할 수 있다. 이 부분은 다와의 방법론으로 수피의 역할에서 더 자세히 다루어질 것이다.

이슬람 팽창 역사의 주요한 지류이며 현 시대에 이슬람화, 즉 다와를 실천하는 데 있어 큰 영향력을 보여 주고 있는 것이 이슬람 수피즘이라고 말할 수 있다. 결과적으로 이슬람 수피즘은 아이러니하게도 수피 운동가들이 정복전쟁을 통한 이슬람 팽창에 회의를 느끼고 반사회적 성향을 강하게 띄고 있었음에도 불구하고 비이슬람 지역을 전쟁이나 충돌 또는 비무슬림과의 가시화된 갈등 없이 이슬람화하여 이슬람 팽창에 가장 효과적으로 기여한 방법론이라고 표현할 수 있다.[7]

비이슬람 지역의 이슬람화에 가장 효과적인 방법이라고 표현할 수 있는 수피즘이 형성된 역사적인 시기는 이슬람의 팽창이 가장 급격하게 진행되었던 우마이야조 왕조 시대이다. 이 시기에 경건한 신자들은 세속적인 정복활동에 열중하고 있었던 당시의 정복자들이 표상하는 이슬람에 회의

7) L, Poston, *Islamic Da`wah in the West: Muslim Missionary Activity and the Dynamics of Conversion to Islam* (NewYork: Oxford University Press, 1992), 17.

를 느끼게 되고, 이러한 이슬람화를 경계하고, 무함마드 시대의 경건한 신앙 운동을 회상하며, 이를 실천하고자 했다. 이러한 움직임으로 인하여 수피즘은 무슬림 내부에서 자생적인 욕구에 의해 정복전쟁으로 인한 무슬림의 세속화와 형식주의로부터 벗어나 교리적이기보다 철학적이고 체험적인 신앙의 체계를 가지려는 시도로부터 출발하였다고 볼 수 있다. 다시 말해서 8세기경 이슬람 정복전쟁의 승리가 최고조에 이르렀던 시기에 아랍어 수프(*Suf* : 양모)에 그 어원을 두고 있는 수피즘은 신비주의 경향의 초기 무슬림 고행자들이 이슬람의 세속화에 반대하여 반사회적인 성향을 띠고 거칠게 짠 양털옷을 입고 금욕생활을 하면서 신비체험의 길을 걸은 데서 수피야(*Sufiyyah*)라고 불리웠으며, 이들을 통칭 수피(*Sufi*)라고 부르게 된 데서 기인한다.[8]

2. 정통 이슬람의 한계를 넘어선 수피즘

10세기에 이를 때까지 무슬림들은 규범적인 종교생활에 만족하였다. 신의 뜻에 복종하기 위해 신을 믿고, 또 신의 명령과 가르침으로써 이슬람 '신앙과 실천'의 길을 충실히 따랐다. 다시 말해서, 이러한 신앙과 실천의 길은 이슬람 법학자들이 정교하게 만든 샤리아(이슬람 법)를 따르는 길이었다. 그러나 예배와 교리와 의무의 실천만을 강조하는 모스크 중심의 생활이 자꾸 울라마들에 의해 형식화되고 고착화되어 가고, 이슬람 제국이 부와 세력을 가진 거대한 대제국으로 번영의 정점에 도달하게 되었을 때 신앙심 깊

8) 파즐루 라흐만(Fazualr Rahman)을 비롯한 몇몇 이슬람 학자들은 수피즘이 예언자 무함마드에게 그 기원을 두고 있는데, 무함마드가 그의 생애 동안 행했던 전례를 따라 종교적 의무 이상을 행하면서 그것에 영적인 의미를 부여한 것이 수피즘이라는 단어로 표현되었을 것이라고 주장하고 있다. 손주영 (2005), 376.

은 무슬림들이 신앙의 형식만을 강조하는 전통적 성격의 이슬람에 회의를 느끼게 되어 새로운(신비주의적인) 방법으로 이슬람 신앙을 표현하기 시작하였는데, 이를 수피즘이라고 한다.[9] 즉 전통적인 성격을 가지고 이슬람의 정통성을 주장하고 있는 자들을 이슬람 법학자들이라고 보았을 때 수피즘은 이러한 이슬람 법학자들의 신앙의 표현과는 다른 방법으로 이슬람을 표현하였다. 정통 이슬람의 신앙적 한계를 신비주의라는 방법으로 넘어서서 이슬람을 표현한 것이다. 즉 수피들은 정통 이슬람 법학자들과 명확히 구분되는 이슬람 신학에 대한 새로운 해석과 이에 따른 실천으로써 신앙을 발전시켰다고 볼 수 있다. 수피즘이 정부의 확장정책에 반대하여 독립적인 길을 택하였던 영적 운동이라는 역사적 사실을 상기한다면, 이슬람 초기부터 영적 권위와 현세적 권력은 이미 분리되어 있었다고 말할 수 있다. 이와 관련하여 마틴 링(Martin Lings)은 수피즘이 곧 이슬람이며, 이슬람의 참 영성은 선택받은 수피들을 통해 이어져 왔다고 주장한다. 그는 첫 무슬림 공동체를 다스렸던 네 명의 칼리프들 역시 모두 높은 영성을 지닌 수피들이었으며, 이 공동체는 결코 이슬람 신비주의에 닫혀 있는 공동체가 아니었다고 설명하면서, 정통 칼리프들의 시기에는 영적 권위와 현세적 권력이 칼리프 한 사람에게 함께 존재했으나 그 이후부터 이 두 영역이 수피들과 이슬람 법학자들에게로 나누어지게 되었다고 설명한다.[10]

초기 수피즘을 살펴보면 이슬람 법학자들이 수피즘의 이단성을 문제점으로 제기하고, 수피 할라즈(Hallaj)[11]를 처형하기도 하는 등 이슬람 정통 법

9) Ibid., 378-379.

10) 이현경, "이슬람의 사랑 개념 : 수피즘을 중심으로" 「이화여자대학교 대학원 석사학위논문」(2002), 6.

11) 신양섭, "이슬람의 수피즘", 『중동연구』 제17권 (1998), 326-330. Husayn ibn Mansur, Abu'l-Mughith, 922 사망.

학자들과 수피들 사이에 많은 갈등이 있었던 것을 엿볼 수 있다. 수피 할라즈는 후에 사랑의 순교자로 유명해졌는데, "나는 알라다."라는 발언을 통해 인간과 알라의 하나 됨을 표현하였다.[12] 할라즈 이후 수피들은 수피즘이 이슬람의 이단이 아니라 정통 이슬람의 하나의 지류라는 주장을 인정받기 위해 이슬람 내에서 확고한 위치를 차지하려는 노력을 하였다. 특별히 가잘리(Ghazali)는 이슬람 법의 외형적인(exoteric) 모습에 신비적인(esoteric) 영적 의미를 부여함으로써 이슬람 법과 수피즘을 하나로 통합시켰다.[13] 그 한 예로, 그에게 있어서 율법에서 의무로 제시되고 있는 기도 전에 행하는 세정 의식은 물로 몸을 씻는 행위의 외적 의미와 함께 알라에게만 집중함으로써 마음을 정화시키는 영적 의미를 가지는 것이라 주장하였다.[14] 다시 말해서 이러한 가잘리의 주장은 수피즘에서 제시하는 영적 측면은 이슬람이 외형적으로 제시하고 있는 종교적 의무와 결코 분리할 수 없는 한 종교의 두 측면으로 이해하여야 한다는 것이다.[15] 이러한 수피즘의 영적인 특성으로 인해 마틴 링은 이슬람을 인간의 몸에 비유한다면 수피즘은 그 심장과 같다고 표현하기도 하였다.

수피즘의 영적인 특성은 교리주의와 율법주의에 매여 있는 이슬람 법학자들로 대표되는 정통 이슬람이 줄 수 없는 영적 갈급함을 대중들에게 채워 주었다. 수피즘을 통해 무슬림 대중들이 접하게 된 이슬람의 알라는 사랑의 알라, 인류를 위해 예언자 무함마드를 보내신 자신의 피조물을 사랑하는 존재로서의 알라였다.[16] 수피즘의 영적인 영역으로써 신비주의가 보여

12) Ibid.
13) 이현경 (2002), 11.
14) Ibid.
15) Ibid.
16) 이현경 (2002), 14.

주는 사랑의 개념은 법률적인, 율법주의적인 정통 이슬람에 회의를 느끼고 지쳐 있던 무슬림 대중들의 영적 갈망에 대한 대답이 되었다. 이러한 이유로 13세기 이후 이미 정치력과 군사력을 앞세워 진행되었던 이슬람의 정복 전쟁으로 인한 확장, 비이슬람 지역의 이슬람화는 그 세기가 약화되어 이러한 팽창정책을 통한 이슬람 다와의 실천이 어렵게 되었음에도 불구하고, 13세기 이후 수피즘의 절정을 이루면서 무슬림 내부뿐만 아니라 비이슬람 지역에서도 이슬람화를 진행시키는 결과를 가져왔다. 게다가 현대에는 수피즘의 영적 영역의 신비성과 경건성을 바탕으로 한 이슬람 다와의 새로운 접근법이 발전하기도 하였다. 정통의 한계를 넘어선 수피즘의 영향력은 무슬림 내부에서뿐만 아니라 외부에서도 지속적으로 표현되었다.

III. 다와의 실천으로서 수피즘의 역할

이슬람의 다와는 포괄적인 의미로 이슬람의 세계화, 또는 이슬람 선교를 꾸란에 기초하여 이슬람 신학적으로 표현한 말이라고 할 수 있다. 이러한 다와는 무함마드 시대부터 현대에 이르기까지 이슬람의 역사를 통해 신학적으로 방법론적으로 변해 왔다. 마치 이슬람이 사라지지 않고 계속적으로 발전되어 현대에 이르게 된 것 같다.

다와의 중요한 방법론 중 후대에까지 넓게 그 영향력을 보여 준 것이 이슬람 수피즘이다. 이슬람의 수피즘은 전쟁이나 무력을 동반하지 않고 가장 효과적인 방법으로 비이슬람 지역에 이슬람을 확장시켰다. 더욱더 놀라운 사실은 이슬람 수피즘은 무슬림 정부의 정치적 군사적 보호나 협조 없이 자발적으로 생성된 수피 개개인에 의해 비이슬람 지역에 이슬람을 전파하였으며, 현재까지도 이슬람 선교, 즉 다와의 현대적 방법론에 영향력을 행사하고 있으며, 비이슬람권에서 비무슬림들이 이슬람으로 회심하는 데 현재까지 그 영향력을 보여 주고 있다는 사실이다. 우리가 알다시피 이슬람은 초기부터 거의 10세기에 이르기까지 수많은 정복전쟁으로 비이슬람 지역에 이슬람적 환경을 만들어 비무슬림들이 무슬림이 되도록 정책적인 패러다임을 가지고 있었다. 그러나 13세기 이후 몽골, 또는 서구 열강의 침입으로 이러한 패러다임이 더 이상 그 효과를 발휘하지 못한 시기 이후에도 이슬람 수피즘은 더욱 활성화되었고, 수피즘을 통한 이슬람 확장은 지속적으로 진행되었다고 볼 수 있다. 수피즘은 비무슬림 대중 한 사람 한 사람에게 이슬람의 가르침을 전파하고, 그들 삶속에서 이슬람을 실천하게 하는 결코 간과할 수 없는 이슬람 다와 활동이다.

그렇다면 여기서 다와의 방법론적 표현으로 수피즘에 대해 두 가지 중요한 질문을 할 수 있다. 과연 수피들은 누구인가? 무엇 때문에 비무슬림들이 이슬람 수피즘에 매력을 느껴 무슬림이 되려고 하였는가? 다시 말해서 이슬람 확장과 관련하여 이슬람 선교 신학의 총체적인 표현이 이슬람 다와라고 할 때 이슬람 다와 활동에 있어 수피즘이 어떤 역할을 했는지 질문하지 않을 수 없다. 이러한 질문에 답하기 위해 필자는 이슬람 다와의 특성을 살펴보고 이를 통해 수피즘이 갖는 다와의 의미론적 특성을 설명하려 한다.

1. 특별한 이들(The Band of People)

꾸란의 다와를 해석할 때 우리가 주목해야 할 사실 중에 한 가지는 다와는 행하는 주체를 명시하고 있다는 점이다. '다와'라는 단어는 꾸란에서 여러 번 반복해서 사용되는 것을 발견할 수 있다. 특히 사람을 향한 알라의 부르심, 알라를 향한 신앙인들, 즉 무슬림들의 간구 혹은 기도를 표현할 때 상호적인 의미로 쓰였다. 특별히 수라 3:104을 중심으로 다와는 그 내용상 두 가지의 중요한 의미를 가진다.

> "There may spring from you, a nation (*Ummah*) who invite for goodness, and enjoin right conduct and forbid indecency."[17]
> "They are successful. Let there arise out of you, a band of people (*Ummah*) inviting to all that is good enjoining what is right and forbidding what is wrong. They are the ones to attain felicity."[18]
> "그러므로 너희는 한 공동체가 되어 선을 촉구하고 계율을 지키며 악을 배제하라 실로 그들이 번성하는 자들이라."[19]

첫 번째로 이 구절이 의미하는 다와의 목적은 선으로의 초대이다. 이 꾸란의 구절 중 "inviting to all that is good"의 주체가 되는 이들을 데이비드 커(David A. Kerr)는 다음과 같이 두 가지로 해석하면서 다와의 중요한 의미를 해석하였다. 즉 '선으로의 초대'에서 초대의 주체가 되어 이 행위에 책임을 지는 이들은 무슬림 공동체 전체(Whole Community)를 의미하기도 하며, 또는 제한적인 의미로 무슬림 중 한 그룹, 즉 무슬림 공동체 안에서 움마를 대표하는 특별한 이들(The Band of People)을 의미하기도 한다. 좀더 구체적으로 살펴보면 다와는 '선으로의 초대'를 위해 무슬림들이 옳은 행동을 추구하고, 악한 행동을 금지하려는 노력을 말하는데 이러한 행위의 책임과 의무를 무슬림 공동체 전체의 유익을 위해 특정한 개인이나 그룹의 헌신을

17) Marmaduke Pickthall, *The meaing of the Glorious Koran* (1993), 78.
18) Yusuf Ali, *The Meaning of the Holy Quran* (1983), 154.
19) 『꾸란』 3:104.

의미하기도 한다는 것이다.[20]

데이비드 커의 다와의 주체에 대한 해석은 수피즘을 다와의 방법으로 설명할 수 있는 토대가 된다. 수피들은 이슬람의 세속화를 염려하여 세상에서 얻을 수 있는 모든 것을 포기하고 꾸란과 하디스 연구에 집중했던 자들이라고 현대의 이슬람 주석가들은 표현하고 있다.[21] 수피들의 헌신된 삶은 오랜 시간의 기도와 철저한 종교적 의무의 실천을 통해서 표현되어진다. 수피들은 일반적으로 라마단의 마지막 날에만 하는 특별한 헌신적 행위를 일상생활에서 실천하는 자들이었다.[22] 니콜슨(Nicholson)에 의하면 수피들은 자신들의 '철저한 헌신과 금욕생활, 영원한 실재에 대한 믿음'으로 인해 알라의 특별한 선택을 받은 자들이라고 믿고 있었다고 한다.[23]

수피들은 이슬람의 가르침을 실천하고, 알라의 대한 믿음을 실천하기 위해 자신들의 신앙의 신념대로 철저한 종교적 의무를 실천하였으며, 일상생활에서도 헌신적 행위를 했던 자들이다. 철저한 헌신과 금욕생활을 통한 수피들의 행위는 알라에 대한 깊은 사랑의 표현으로, 의도하지 않았어도 이슬람을 일상생활에서 전파하여, 즉 '선으로의 초대', 다시 말해서 '이슬람으로의 초대'를 위한 활동을 하였다고 해석할 수 있다. 더 나아가 수피들은 스스로를 이러한 행위의 책임과 의무를 가지고 있다고 생각하고 평생의 삶을 헌신하고자 하는 이들로서, 무슬림 공동체, 전체의 유익을 위해 헌신하는 알라로부터 부름을 받은 사람들, 즉 데이비커가 해석한 꾸란의 다와의 주체 중 특별한 이들(The Band of People)로 해석될 수 있는 것이다. 따라서

---

20) David A. Kerr, "Islamic Da'wah and Christian Mission: Toward a Comparative Analysis," *International Review of Mission*, 89, no.353 (April, 2000), 151.

21) 이현경(2002), 16.

22) Ibid.

23) Ibid.

이러한 해석은 수피들이 의도하지 않았어도 이슬람 다와 활동의 주체로서 다와를 실천한 사람들이기 때문에 수피즘을 다와의 방법론으로 해석할 수 있는 근거를 제공하는 것이다.

2. 수피즘의 특성 : 수피즘을 통한 이슬람 확장 요인

수피즘이 비무슬림 대중 한 사람 한 사람에게 이슬람의 가르침을 전파하고, 그들 삶속에서 이슬람을 실천하게 하는 결코 간과할 수 없는 이슬람 다와 활동이라고 표현할 때 우리는 다음과 같이 두 가지 질문을 했다. 그렇다면 과연 수피들은 누구인가? 무엇 때문에 비무슬림들이 이슬람 수피즘에 의해 무슬림이 되려고 하였는가? 다시 말해서 이슬람 확장과 관련하여 이슬람 선교 신학의 총체적인 표현을 이슬람 다와라고 할 때 이슬람 다와 활동에 있어 수피즘은 어떤 역할을 하였는지에 관한 질문이었다.

이제 두 번째 질문 이슬람 수피즘의 어떤 특성이 비무슬림을 무슬림이 될 수 있는 가능성을 열어두는가에 대하여 살펴보고자 한다. 수피즘은 전통 이슬람의 한계를 넘어서서 무슬림 대중들에게 전통 이슬람이 표현해 줄 수 없는 대중들의 영적 갈급함을 채워 주고, 이를 넘어서서 이슬람 정부의 정치적, 행정적 보호 없이 이슬람의 팽창정책으로 인한 비무슬림 지역의 이슬람화가 효과를 거두지 못하는 시기에도 지속적으로 이슬람을 전파해 왔다고 볼 수 있다. 중앙아시아, 아프리카의 많은 지역 또는 현대 유럽의 많은 지역에서 이슬람화가 효과적으로 이루어진 것은 수피들의 노력이었다고도 볼 수 있다. 그렇다면 수피즘의 어떠한 특성이 이 모든 활동을 가능하게 하였다고 말할 수 있는가?

우리는 이 질문에 답하기 위해 수피즘이 가지는 여러 가지 특성 중 전통 이슬람과 비교하여 다음과 같은 세 가지 중요한 요인을 찾아낼 수 있을 것이다. 즉 수피즘의 대표적 모토로 떠올려지는 '경건성', '대중성', 그리고 '신비주의'이다. 수피즘은 이슬람이라는 종교를 경건성, 대중성, 그리고 신비주의를 통해 표현하였다. 이 세 가지 수피즘의 특성은 수피즘을 통한 이슬람 다와 활동, 즉 이슬람 선교활동에 있어 의도하지 않았어도 수피즘이 중요한 역할을 했다고 말할 수 있는 근거를 제공한다.

1) 경건성 : 금욕주의

수피즘의 경건성은 수피즘이 가지는 특성 중에 가장 기초적인 것으로서 수피 활동의 시작이라고 볼 수 있다. 수피즘이 가지는 경건성은 수피즘의 금욕주의적인 수행에서 그 뿌리를 찾을 수 있다. 수피즘은 금욕주의, 즉 경건한 삶의 실천을 통해서 신비주의와 영적 수행의 이론으로 발전되어 왔다. 수피즘의 금욕주의는 욕망과 욕구를 억제하여 영혼을 정화시키고, 깨끗해진 마음으로 알라에게 다가가 직접적인 신비 체험과 영지(靈知)를 가능하게 하려는 일차적 원리가 된다.[24] 금욕주의를 통한 수피들의 경건한 삶의 실천은 알라를 위해 익숙해져 있던 즐거움으로부터 자신의 영혼을 떼어놓음으로써 수행자가 스스로 극기하는 훈련능력을 개발하는 자아수련의 상태에 놓이게 된다. 이러한 상태에 놓인 수피는 세속적 자아를 버림으로써 우주적 자아를 발견하게 되는 삶을 선택하게 되는 것으로 해석한다.[25] 즉 이러한 훈련과정을 통해서 이슬람의 정신을 삶속에서 표현하는 것인데, 세속적인 모든 것으로부터 벗어나 알라의 뜻에 복종하기 위해 자기 자신을 헌신

---

24) 김관영, "이슬람 신비주의 사상에 관한 연구-수피즘의 본질을 중심으로," 한국 동서철학회 논문집 『동서철학 연구』 제20호 (2000), 277.

25) 손주영 (2005), 396.

하고자 하는 무슬림들의 이슬람적 경건성 표현의 한 면이라고 볼 수 있다.

이러한 이유로 금욕주의는 초기 무슬림들과 수피들에게서 찾아볼 수 있는 중요한 이슬람 사상의 일면으로써, 특별히 이러한 정신은 이슬람의 정치적 팽창과 움마 공동체의 국가적 발전과 더불어 진행된 이슬람의 세속화로 인해 전통 이슬람에서 발견할 수 없는 수피들의 고유한 영역이 되었다. 따라서 이러한 양상은 수피즘이 이슬람 초기부터 이슬람이라는 커다란 지붕 아래 있었다는 주장을 뒷받침해 주기도 한다. 무슬림 주석가들은 초기 이슬람 시대에 무슬림들은 자신들의 신앙을 지키기 위해 그 당시 사람들의 가치관으로 쉽게 받아들일 수 없는 높은 수준의 도덕성을 요구하였고, 이와 더불어 경건하고 금욕주의적 삶을 실천하기 위해 노력하였다고 주장한다.[26] 이러한 이유로 수피들은 다신 사상에 젖어 있고 복수극이 난무하는 당시 사회의 지배적인 세력이었던 꾸라이쉬 부족과 마찰을 겪기도 하였다. 특별히 무함마드 전기에서는 무함마드를 비롯한 초기 무슬림들은 예배와 기도생활 단식을 철저히 행하였고, 그 당시 사회에서 누릴 수 있는 유익을 포기하고 자신들의 신앙을 지키기 위해 금욕주의적이고 경건주의적인 삶을 택했다고 설명하고 있다. 특히 수피즘의 기원과 관련하여 파즐러 라흐만과 같은 학자는 무함마드가 그의 생애 동안 행했던 전례를 따라 종교적 의무 이상을 행하면서 그것에 영적인 의미를 부여한 것이 수피즘이라는 단어로 표현되었다고 주장하기도 한다.[27] 헤지라 전 무함마드와 무슬림 공동체가 새로운 터전을 얻으면서, 정치사회적 공동체로 성립되기 전 시대에 무함마드와 그들 무슬림 공동체의 삶은 영적, 도덕적 공동체로서 그들에게 반대하는 자들에 대해 경건한 삶을 통해 투쟁하고 그들의 신앙을 지키기 위

26) Kenneth Cragg, *The Call of the Minaret* (N.Y.:Oxford University Press, 2000), 61-70.
27) 이현경 (2002), 5

해 노력하였다고 전해진다. 더 나아가 수피즘이 이슬람의 확장과 맞물려 이슬람의 세속화가 본격적으로 진행될 때 이에 대한 회의와 반발로 자생적으로 활성화되었다는 점도 수피즘의 경건주의적 특성을 엿볼 수 있게 해준다.

수피즘의 경건주의는 이슬람 팽창이 가져오는 이슬람의 세속화와는 다른 방향으로 이슬람을 표현하고 있는 것이다. 즉 이슬람이라는 종교가 가지는 정치적, 군사적 특성이 아닌 종교 그 자체의 영성과 그에 대한 실천이 가져오는 신앙의 표현으로써, 수피들의 도덕적 삶의 모습은 대중들에게 이슬람의 영성을 보여 주었고, 비무슬림들에게 이슬람이라는 정치적으로 세력화 된 종교가 가져다 주는 두려움보다는 경건한 삶으로부터 얻어지는 종교적 신비성을 보여 주었기에 이슬람으로의 회심이 가능하지 않았을까 하는 추측을 가능하게 한다. 이러한 수피의 활동은 이슬람 다와 활동 안에서 수피즘의 중요성을 설명하는 수피즘의 특성 중 하나이다.

2) 대중성 : 성자(*Wali*) 사상

수피즘은 정치적 행정적, 군사적 보호나 협조 없이 단지 한 사람 한 사람의 수피들에 의해서 대중 속으로 파고들어가, 한 사람 한 사람을 무슬림으로 변화시키므로 비무슬림 지역을 이슬람화 하였다. 즉 대중의 변화를 통해 이슬람적 환경을 조성하므로 다와 활동을 전개한 것이다. 따라서 수피즘이 가지는 가장 중요한 특성 중 하나는 대중성이다. 대중성은 수피즘만이 가지는 고유한 영역 '성자' 개념에서 그 예를 찾아볼 수 있다. 성자 개념은 수피즘이 무슬림 대중 속으로 빠르게 침투할 수 있었던 주요 통로가 되었기 때문이다. 성자는 알라와 인간을 중재할 수 있는 역할을 하므로 수피즘은 무슬림 대중들뿐만 아니라 비무슬림 대중들에게도 정통 이슬람이 줄 수 없는 대중들의 삶의 욕구에서 나오는 종교적 갈급함을 채워 주는 역할을 하게 되었다. 이슬람 세계의 거의 모든 지역이 수호성인을 모시고 있으며, 곳곳에 성자의 무덤을 중심으로 사당이 세워져 있고, 그곳을 방문하는 무슬림들의 발길이 끊이지 않고 있다는 사실은 수피즘의 고유한 영역으로서 성자 개념이 갖는 대중성을 잘 보여 준다.

수피들이 이해하는 성자는 수피의 길을 통해 높은 영적 경지에 이르러 알라와 만나는 개인적인 경험을 하고 알라로부터 오는 지식을 받는 자들을 일컫는다. 따라서 성자는 예언자를 계승하는 자로서, 알라의 특별한 은혜를 입고 수피들이 갈망하는 최고의 경지에 이른 자들을 일컫는다. 다시 말해서 전통적으로 성자는 알라의 대리자로 간주되었으며, 알라에게 완전히 속한 자를 의미하는 것이다.[28] 성자들은 모든 사람이 경험할 수 없는 최고의 경지를 경험한 자로서 알라와 대중들 사이에 중재자(intermediary)의 역할을 하게 된다. 따라서 중재자로서 성자는 알라로부터 도움을 받아 대중들에게 도움을 주는 자임을 의미한다. 성자들은 도움을 필요로 하는 자들에게 언제나 문을 열어 놓고 있는 자들로서 가난한 자들에게 음식을 주고, 절망한 자들에게 위로를 베풀며, 알라의 능력과 메시지를 전달하는 자들의 역할을 한다. 따라서 성자의 역할은 대중들의 삶과 밀접히 관련되어 있다. 즉 대중들은 성자를 통해서 일상생활 속에서 이슬람이라는 종교를 만나는 것이다. 따라서 수피즘의 성자 개념은 대중들 속에서 이슬람 다와 활동을 가능하게 하는 수피즘의 주요한 특징이 되는 것이다.

3) 신비성 : 수피즘의 사랑 개념

꾸란에서 알라는 인간을 위해 사도들과 예언자들을 보내 주고, 인간을 바른 길로 인도하기 위해 무함마드를 통해 이슬람을 계시한 분으로서 알라

28) Ibid. 30-32.

의 자비와 사랑을 표현하고 있다. 특히 꾸란은 30:30과 꾸란 57:9는 알라의 이러한 속성을 잘 표현해 주고 있다.

> "그러므로 그대의 얼굴을 확고히 하고 진실 되게 믿음으로 향하라 창조된 인간의 본성에 근본을 두고 이 종교를 두셨노라 하나님의 창조성은 변경되지 아니하매 그것이 진리의 종교라 그러나 많은 사람들이 알지 못하더라(꾸란 30:30)."[29]
> "알라께서 그분의 종에게 말씀(가이던스)을 보내사 암흑으로부터 광명으로 너희를 구제하고자 함이니 실로 알라는 인자하시고 자비로우시니라(꾸란 57:9)."

데이비드 생크(David Shenk)는 꾸란의 이 구절과 관련하여 알라는 모든 인간을 선하게 창조하였는데, 이러한 인간의 내재적이고 본질적인 선함은 이슬람을 인간의 삶속에서 실천할 때만이 유지가 가능한 것으로 설명하고 있다. 다른 말로 하면 알라는 인간을 선한 길로 인도하기 위해 선지자들에게 이슬람을 계시하였는데, 이는 인류가 바른 길로 가기를 원하는 인류를 향한 알라의 사랑을 표현한 것이며, 이에 대한 인간의 반응으로 인간의 삶 속에서 이슬람의 가르침을 실천하는 것이 알라에 대한 인간의 사랑이라는 해석이다.[30] 알라의 인류를 향한 사랑과 자비의 표현으로써 이슬람을 받아들이는 것은 수피즘과 정통 이슬람 모두 신학적으로 동의하고 있는 부분이다. 하지만 알라의 사랑의 표현이라고 해석되는 이슬람 계시에 대한 인간의 반응, 즉 인간과 알라가 맺는 관계성에 대한 해석은 수피들과 정통 이슬람 법학자들 사이에서 상당한 견해 차이를 보이고 있다.

정통 이슬람에서 알라의 사랑에 대한 인간의 반응, 즉 알라와 인간의 관

29) 본문 안의 모든 꾸란 구절은 최영길, 『성 꾸란 의미의 한국어 번역』 (송산출판사, 1988)에서 발취하였음을 밝힙니다.

30) David W. Shenk, *Journeys of the Muslim Nation and the Christian Church exploring the mission of two communities* (Ontario: Herald Press, 2003), 58-69.

계성은 알라의 계시에 대한 복종으로 해석된다. 이러한 복종은 철저한 이슬람의 신앙적 의무를 실천하는 것으로 표현되어진다. 좀더 구체적으로 설명하면, 알라의 명령에 대한 온전한 복종이 알라와 인간의 관계성에서 알라에 대한 사랑을 표현하는 것인데, 온전한 복종은 이슬람 율법을 온전히 지키는 것을 의미하며, 이러한 복종을 통해서 이슬람이 제시하는 종교적 평안과 구원에 이르게 된다. 꾸란의 다음 구절은 이를 잘 설명해 준다.

> "그분께 복종하면, 그분의 인도함을 받게 될 것이다(꾸란 24:53)."
> "모든 인간에게는 그의 행위에 결과에 따라 등급이 있나니 알라는 그들의 행위에 따라 그들에게 보상하시매 그들은 공평한 대우를 받으리라(꾸란 46:18)."

따라서 이슬람 율법의 철저한 실천을 통해서 인간은 알라의 사랑에 대해 반응하는 것이다. 다시 말해서 철저한 행위 없이 인간이 알라에 대한 사랑을 표현할 수 있는 길은 없는 것이다. 이러한 관점에서 본다면 인간이 사랑하는 알라는 철저한 율법의 행위를 실천할 때만 알아갈 수 있는 것이다. 즉 알라는 인간을 옳은 길로 인도하기 원하여 가이던스, 이슬람을 계시해 주는 사랑의 알라이지만, 인간들 가운데 임재하여 전적인 은혜로 인간의 모든 것을 책임지는 알라는 아닌 것이다. 인간의 철저한 노력에 의해서 만날 수 있는 알라는 인간이 직접적인 관계를 맺을 수 없는, 인간이 근접할 수 없는 초월적인 속성을 지닌 것이다. 따라서 인간을 향한 계시와 그에 대한 인간의 반응으로 철저한 행위를 통한 복종으로써 이루어지는 사랑의 관계, 즉 인간이 알라와 맺는 관계성에 있어 알라의 사랑은 인간과 상호적으로 이루어질 수 있는 것은 아니다.[31]

---

31) Annemarie Shimmel, *Mystical Dimensions of Islam* (Chapel Hill: The University of North Carolina,1975), 53.

수피즘에서도 인간의 알라를 향한 사랑, 즉 알라의 사랑에 대한 인간의 반응은 복종으로부터 시작한다. 그러나 수피즘은 정통 이슬람과 달리 인간의 알라에 대한 사랑의 표현으로써 복종은 알라에 대한 절대적 신뢰를 바탕으로 하는 수피의 무조건적인 사랑에 대한 표현으로 해석된다. 수피들은 외형적인 복종을 통한 내부인의 변화를 궁극적으로 추구한다. 내부인의 변화라는 것은 알라에 대한 사랑의 표현으로써 복종을 통하여, 알라 안에서 자기 자신을 온전히 잊고 알라를 경험하게 되는 것을 말한다. 즉 인간이 알라의 사랑에 대해 반응하는 과정에서 행하는 복종은 인간이 알라의 대한 사랑을 표현하는 것인데, 이러한 과정의 결과는 행위 이상의 결과를 가져와 인간이 알라를 경험하고, 알라와 하나 된 상태에서 알라의 뜻이 곧 복종하는 자의 뜻이 되는 상태를 말한다.[32]

이러한 상태를 수피들은 *fana*와 *baqa*를 통해서 설명한다. *fana*는 자아가 완전히 사라지고, 순수한 상태의 절대적 실재(알라)만이 남아 있어서 주체(알라)와 대상(수피)이 따로 있지 않은 상태이다. *fana*는 분명히 인간이 경험하는 것이지만, 사실 이것을 경험하는 것은 인간이라기보다는 형이상학적인 실재(알라) 자신이라고 보아야 할 것이다. *fana*의 단계를 지나 수피는 *baqa*의 단계에 이르게 되는데, 이는 알라 안에서 '존속' 또는 '머무름'이라고 표현된다. 이 단계에서 수피는 무(無)의 상태에 절대적 실재(알라)와 같이 변화되어 부활하며, 알라 안에서 영생하는 삶을 누리게 된다. 이 단계의 수피는 알라를 통하여 행동하게 된다고 해석한다.[33]

이러한 과정을 통하여 수피들에게 알라는 정통 이슬람의 해석과는 달리 이슬람을 계시한 초월적인 존재이기는 하지만 인간이 알라와 하나 됨을

32) 이현경 (2002), 77.
33) Shimmel (1975), 55, 142-144.

이를 수 있는 경험이 가능한 존재로서 인간과 사랑을 받고 주는 존재로 해석된다. 유명한 수피 시인 루미(Rumi)는 "나는 알라께서 우리를 갈망하고 있다는 것을 결코 알지 못하고 있었다."고 고백한다. 가잘리 역시 알라를 사랑하는 자를 알라도 사랑하고, 알라를 갈망하는 자를 그분도 갈망하고, 알라를 바라보는 자를 그분도 역시 보고 있다고 말한다.[34] 결국 수피즘의 알라는 초월적이지만 인간을 사랑하고 인간의 사랑을 받는 알라를 추구한다. 수피들의 목표는 인간과 알라 사이에 존재하는 베일을 벗기고 사랑의 단계에 도달하여 알라와 자신이 온전히 하나 됨을 이루는 것이다.

인간과 알라가 맺는 관계성에 있어 하나 됨이 가능한 이유는 수피즘의 알라는 초월적이면서 내재적인 속성을 지녔기 때문이다. 특별히 꾸란은 50:16과 2:115은 수피들의 이러한 해석의 근거를 제공하고 있다.

> "우리(알라)는 그(인간)의 생명의 혈관보다 그에게 더 가까이 있느니라(꾸란 50:16)."
> "동쪽과 서쪽이 알라에게 있나니, 너희가 어느 방향에 있던 간에 알라의 앞에 있다(꾸란 2:115)."

수피들이 *baqa*의 단계에 이르렀을 때 알라로부터 오는 지식 *ma'rifa*을 경험하고 이러한 경험을 바탕으로 알라와 상호간 사랑의 관계를 가지게 되어 궁극적으로 모든 만물 속에 내재되어 있는 알라를 보게 된다. 좀더 구체적으로 설명하면 최고의 경지에 다다른 수피는 이 세상 모든 만물의 본질이 알라이며, 실상은 알라 이외에 아무것도 아닌 것을 알게 되고, 만물이 모두 다른 모습을 가지고 있는 것처럼 보이는 것은 베일에 가려져 있기 때문에 베일을 걷어내고 마음의 눈을 통해 보면 그 하나 된 본질, 즉 알라를

---

34) 이현경 (2002), 80.

볼 수 있다고 설명한다.[35]

수피즘의 인간의 알라를 향한 사랑의 실천으로부터 얻어지는 알라와 인간의 관계성에 대한 해석은 정통 이슬람에서 주장하고 있는 인간과 철저히 구분되는 알라, 즉 위협받을 수 없는 알라의 초월성을 넘어서서 모든 만물의 선한 본질로써 존재하는 알라, 즉 모든 인간의 본질 속에 내재하는 알라의 사랑을 설명하려 하였다. 정통 이슬람 법학자들로부터 받아들여지지 않는 이러한 수피즘의 사랑 개념은 결국 이슬람에서 수피즘만이 가지고 있는 신비성으로 무슬림 대중들에게 이해되었고, 아시아와 아프리카 등지로 이슬람이 전파되는 과정에서 토속적인 민속 종교 이해와 연결되어 민속 이슬람적 성격을 강하게 띠게 되었다. 다시 말해서 수피즘의 신비성은 이슬람을 전파하는 이슬람 다와 활동에 있어 비무슬림 지역의 민속 종교와 이슬람이 만나는 접촉점 역할을 하므로 민속 이슬람으로 발전하게 되었으며, 의도하지 않았어도 비이슬람 지역의 이슬람적 환경을 조성하고 이슬람이라는 종교를 선교하는 데 기여를 하였다고 볼 수 있다. 이 부분에 대한 이해는 후반부에서 좀더 자세히 다루어질 것이다.

Ⅳ. **다와의 실천으로서 수피즘의 양태 : 민속 이슬람**

이슬람 확장의 역사에서 이슬람을 북아프리카, 동남아시아, 그리고 중앙아시아에 급속도로 퍼지게 한 것은 수피들이었다. 수피들의 이슬람 전파는 비이슬람 지역의 이슬람화라는 측면에서 볼 때 이슬람 다와 활동의 예가 된다는 사실을 우리는 앞서 살펴보았다. 수피즘을 통해 북아프리카, 동

35) Ibid., 81-88.

남아시아, 그리고 중앙아시아로 팽창된 이슬람은 각 지역의 토속적 신앙, 문화와 접하면서, 정통 이슬람과는 다른 형태의 이슬람으로 발전하게 되었는데, 이를 민속 이슬람이라고 한다. 즉 수피즘이 비이슬람 지역으로 확장되는 과정, 다시 말해서 수피즘을 통한 이슬람 다와 활동은 각 지역에서 이슬람적 신학에 대한 수피적 해석을 바탕으로 민속신앙, 지역문화와 접하면서, 정통 이슬람과는 다른 이슬람의 새로운 양태를 만들어 내는 촉매제 역할을 한 것이다. 즉 민속 이슬람은 이 지역의 대중들이 무슬림이 되면서 이슬람과 자신들의 삶의 접촉점을 만들어 이슬람을 그들의 종교로 받아들이게 되면서 발전된 양상으로써, 민속 이슬람의 생성에 이슬람 신학적인 지지대 역할을 한 것이 수피즘이라고 할 수 있다. 결국 민속 이슬람은 수피를 통한 이슬람 다와 활동의 실질적인 현상 중 하나로써 이슬람의 새로운 양태가 된다.

1. 민속 이슬람의 영역

인도아(亞) 대륙의 무슬림 중 70%가 민속 이슬람을 따르고 있다. 파키스탄에서 무함마드와 그의 추종자들의 유물 27점이 전시되었는데 무함마드의 신발, 속옷, 띠, 지팡이, 그리고 파띠마(무함마드의 딸)가 기도할 때 쓰는 돗자리가 숭배되었다고 하는 것은 이슬람 안에서 민속 이슬람이 얼마나 역동적으로 발전하고 있는지 보여 주는 예이다.[36]

민속 이슬람은 정령 숭배, 신비주의, 이슬람의 독특한 지역별 표현을 융합한 개념으로써 정통 이슬람과 다른 이슬람적 양태를 말한다.[37] 이러한 이

36) 공일주, "민속 이슬람과 선교신학적 패러다임," 『이슬람의 이상과 현실 : 이슬람 연구 2』 이슬람연구소 엮음 (서울: 예영커뮤니케이션, 1996), 102.
37) 키스 스와들리, 정옥배 역, 『인카운터 이슬람』 (서울: 예수전도단, 2008), 224.

유로 민속 이슬람에서는 정통 이슬람과 달리, 우주적 기원, 인간의 운명, 사물의 본성 등과 같은 우주론적이며 초월적 세계의 실체, 예를 들어 알라, 천사, 사탄, 운명 등과 같은 것을 다루기보다는 약초, 주의, 속담, 민간전승, 그리고 상식과 민간의학으로 해결될 수 없는 일상생활의 인간 문제들에 관심을 갖는다. 따라서 궁극적인 삶의 의미를 묻기보다는 일상생활에서 죽음과 삶에 관련된 현실적인 물음의 해답을 찾는다. 개인과 공동체의 건강과 불행의 위협을 예방하고 극복하는 방법을 구하거나 삶의 성공과 실패에 대한 관심 때문에 잘못된 조상과의 관계를 회복하기 위한 방법을 찾는다.[38] 민속 이슬람의 이러한 특징 때문에 민속 이슬람의 영역은 진(*Jinn*), 성인, 성스런 동물, 사당, 흉안, 예감(징조), 점, 부적, 마술 등이 포함된다.[39] 이러한 민속 이슬람의 여러 가지 특징 중 대표적인 성인 숭배와 사당 문화는 민속 이슬람 내에서 수피즘이 어떠한 역할을 하고 있는지를 보여 주는 예이다.

2. 민속 이슬람의 성자 숭배

민속 이슬람의 종교생활은 성스런 힘을 인격화하고 영적이며, 내적인 경험을 강조한다. 그래서 알라와 신자 간의 중개자를 찾고, 실제로 일어나는 일을 상징적으로 해석한다. 수피즘의 성자 개념은 민속 이슬람의 이러한 종교적 특성과 결합하여 성자 숭배 사상을 만들어내었는데, 앞서 언급하였듯이 수피즘의 성자 개념은 대중들 속으로 이슬람을 전파하는 활동, 즉 이슬람 다와에 상당한 기여를 하였으며, 그 결과 나타나는 현상을 민속 이슬람

38) Paul Hiebert, "Power Encounter and Folk Islam," ed. by J. Dudley Woodberry, *Muslims and Christian on the Emmaus Road* (Monrovia, CA:MARC,1989), 45-61.

39) 공일주, "민속 이슬람과 선교신학적 패러다임", 『이슬람의 이상과 현실 : 이슬람 연구 2』이슬람연구소 엮음 (서울: 예영커뮤니케이션, 1996), 101.

의 성자 숭배라 할 수 있다.

수피즘의 성자는 아랍어로 왈리(*Wali*)라는 단어로 표현된다. 이 단어를 해석하면 보호자, 축복을 주는 자, 혹은 친구라는 뜻을 담고 있다. 이 단어를 표현한 꾸란 10:62과 56:11, 12를 살펴보면 "실로 하나님의 왈리들은 두려움도, 슬픔도 없느니라(꾸란 10:62)." "가까이 있는 자들은 축복의 천국에 기거하도다(꾸란 56:11, 12)."라고 하여, 알라에게는 그와 특별히 가깝고 그의 왕국 통치자로 임명된 왈리, 즉 성자가 있다는 것을 표현하고 있다. 알라의 속성을 가장 잘 아는 사람으로 규정되는 성자는 축복의 선물과 기적을 가져올 수 있는 카라마트(Karamat)를 지니고 있다고 무슬림 대중들에게 이해되고 있다.[40] 무슬림 대중들이 성자를 필요로 하는 이유는 카라마트를 행하는 성자의 능력 때문이다. 좀더 구체적으로 살펴보면 특별히 카라마트를 행하는 성자의 능력을 아랍어로는 바라카(*baraka*)라고 표현한다. 꾸란에서 이 단어는 '알라로부터 받은 축복, 자애로움, 초능력'이라는 뜻으로도 해석된다. 이와 관련해서 무슬림들은 무함마드가 바라카를 가장 많이 소유한 사람이고 무함마드 이외에 바라카를 소유하고 있는 사람이나 물건이 있다고 믿는데, 수피의 성자들이 바로 그러한 존재들이다.[41] 민속 이슬람에서 무슬림 대중들은 우주론적이고, 초월적인 실체에 대한 관심보다는 그들의 일상생활에 많은 관심을 두고 있는 것이 특징이다. 따라서 무슬림 대중들은 성자들이 가지고 있는 바라카를 나누어 받기 위해, 또는 자신들의 당면한 삶의 문제들을 바라카의 능력으로 해결받기 위해 성자들을 숭배한다.[42]

40) 조희선, "통합과 융화의 이슬람 문화 : 토속 관행과 이슬람 관행," 『민속 이슬람 : 이슬람 연구5』, 이슬람 연구소 엮음 (서울: 예영커뮤니케이션, 2004), 81.

41) Nicholsen은 '수피는 자신을 벗어나 황홀경의 경지에 도달했을 때 성자가 된다. 그리고 기적을 행하는 능력을 통해 자신이 성자임을 입증했을 때 성자로 숭배된다.'라고 했다. 이현경 (2002), 43.

42) Ibid., 40-44.

무슬림 대중들에게 알라는 가까이 할 수 없는 초월적인 존재이지만, 수피의 성자들은 알라와 자신들을 중재해 줄 수 있는 대중들의 삶속에 함께하면서 알라와 특별한 관계를 가진 자들로 이해되고 있다. 따라서 무슬림 대중들은 살아 있는 성자들의 기적적인 능력을 믿고, 그들의 기도와 만짐으로부터 자신들의 문제를 해결 받고 축복을 나누어 가질 수 있다고 생각한다.[43] 수피들에게 성자는 자신을 벗어나 황홀경의 경지에 도달했을 때 성자가 되지만, 무슬림 대중들에게 성자는 기적을 행하는 능력을 통해 황홀경에 도달한 수피가 성자임을 입증했을 때 성자로 숭배되는데, 이는 무슬림 대중들에게 수피즘의 성자는 그 성자들이 알라로부터 오는 지식을 가지고 있는 자라는 사실보다 그들이 알라에게 선택받은 자들로서 눈에 보이는 축복을 가져다 주고 기적을 행할 수 있다는 사실, 즉 자신들의 삶에 유익을 줄 수 있다는 사실에 더 관심을 가지고 있는 것이다. 결과적으로 수피즘의 성자 개념이 무슬림 대중들의 일상적인 삶속에서 성자 숭배라는 전통 이슬람적이지 않은 새로운 민속 이슬람적 현상을 만들어내었고, 성자 숭배 개념을 통해서 대중 속으로 이슬람은 빠르고 깊게 전파되어 정착되었다고 볼 수 있다.

3. 민속 이슬람의 사당 문화

민속 이슬람의 성자 숭배 개념 이상으로 이슬람 사회에서 민속 이슬람의 특징을 가장 잘 표현할 수 있는 곳은 수피의 사당이다. 많은 무슬림 국가에 세워져 있는 사당들은 성자들에 대한 존경심에서 세워진 것으로, *darih*, *mazar*, *zawiya* 또는 *maqam* 등의 다양한 아랍어 명칭으로 표현한다. 이

43) 공일주 (1996), 108.

들 사당에는 반드시 성자의 무덤이 존재하며, 많은 무슬림들이 이곳을 방문하는 것이 사실이다.[44] 대개 잘 알려진 성자는 그 무덤 위에 쿱바(*qubbah*)로 불리는 것이 세워져 있다. 그것은 보통 4각으로 된 흰 건물로, 편자 모양의 문과 8각형 돔을 지니고 있다. 돔 대신에 네 방향의 측면에서 볼 때 3각형 모양을 지닌 뾰족한 지붕을 이루기도 한다. 그리고 원형의 돌멩이나 돌무덤만으로 표시된 성자의 무덤도 있고, 아무런 표시도 없이 나무나 작은 숲, 돌멩이, 바위, 동물, 자체가 성스런 장소로 간주되기도 한다.[45] 성자의 무덤을 방문하는 것을 아랍어로 *ziyara*라는 명칭을 사용한다. 전통에 의하면, *ziyara*는 원래 이슬람 신학의 핵심 사상 중 하나인 죽음과 내세를 상기한다는 의미라고 한다. 그러나 무슬림 대중들에게 성자의 무덤을 방문하는 행위는 단순한 상기 이상의 의미를 준다. 무슬림 대중들이 성자의 무덤을 방문하는 이유는 죽은 성자로부터 축복을 축적하고, 자신들의 삶에 당면한 문제, 즉 질병, 부부관계, 자녀의 문제 등을 해결하기 위해서이다. 이들은 무덤을 방문하여 자신들의 소망이 이루어지면 죽은 성자에게 보답을 하겠다고 약속한다. 또한 무덤을 방문한 무슬림들은 무덤에 직접적인 신체 접촉을 하므로 더 확실하게 성자의 축복을 받을 수 있다고 믿는다. 민속 이슬람의 이러한 성향은 수피즘을 통한 이슬람 대중화를 잘 보여 주는 현상이라고 볼 수 있다.

사실 이러한 문화는 정통 이슬람적 관점에서 보면 이슬람이라는 커다란 테두리 안에 있지만 결코 이슬람적이지 않다. 죽은 성자의 무덤을 찾아가 그들을 숭배하고, 그들에게 신적 존재가 베풀 수 있는 축복을 받고 일상사의 문제들을 해결받는다는 것은, 확대하여 해석하면 의도하지 않았어

44) 이현경 (2002), 40.
45) 조희선 (2004),"통합과 융화의 이슬람 문화 : 토속 관행과 이슬람 관행," 98.

도 죽은 성자를 신적인 존재로 무슬림 대중들이 이해하고 있다는 것을 의미하는데, 이것은 결코 이슬람적이지 않다는 평가를 할 수 있다. 사실 무슬림들은 샤하다(*Shahadah*)를 외치면서, 알라에 대한 그들의 신앙을 고백할 때 반드시 무함마드라는 한 사람이 이슬람에서 존중받을 수 있는 절대적인 당위성을 표현하게 된다. 즉 알라가 무함마드를 통해서 알라의 계시, 이슬람의 가르침을 전달했다는 점에서 무함마드는 이슬람 안에서 특별성과 보편성 지닌 인물임을 표현하게 되는 것이다. 여기서 중요한 것은 무함마드가 알라의 계시를 받은 특별한 사람이라는 것이다. 따라서 무슬림들에게 무함마드는 일반 대중들이 접촉할 수 없는 신적인 존재감을 가질 수 있는 인물이 되는 것이다.

그러나 무함마드가 갖는 이러한 특별성에 대한 이해가 있음에도 불구하고 무슬림들은 무함마드를 신적인 존재로 승화시키지는 않는다. 정통 이슬람에서 무함마드는 기독교의 예수 그리스도처럼 신성을 지닌 존재이기보다는 단지 알라의 계시를 인류에게 전달하는 전달자로서 심오한 의미를 지니고 있다.[46] 엄밀하게 말해서 무함마드의 모든 행위는 알라의 충실한 전달자로서 이해되고 있는 것이지, 그 이상 신적인 존재로 이해되지 않는 것이 정통 이슬람의 신학적 표현이다. 하지만 이슬람의 오랜 역사 속에 무함마드의 모든 행위와 말은 무슬림들에게 의도적으로 신성을 부여하지 않았어도 무함마드가 갖는 특별성으로 인해 알라와 같은 의미는 아니지만 아주 미묘하게 신적인 존재감을 가지는 것처럼 이해되고 있는 것도 부인할 수 없는 사실이다. 이론적으로 무함마드는 신성을 지니고 있지 않지만 아마도 무슬림들의 삶속에서 심정적으로 무함마드를 이해한다면 신적인 존재로 추앙받고 있다고 조심스럽게 말할 수 있다. 이러한 관점에서 본다면, 수피즘의 성

46) Kenneth Cragg (2000), 61-70.

자 개념, 특별히 죽은 성인의 무덤을 찾아가서 신적인 존재감을 느끼고 마치 신이 할 수 있는 일을 죽은 성인에게 기대하는 민속 이슬람의 현상은 이슬람적이지 않지만 이슬람이 아니라고 말할 수는 없을 것이다. 이러한 이유로 수피의 사당에 반드시 존재하는 성자의 무덤은 의도하지 않았어도 죽은 성자를 통하여 세상의 고통과 세상의 여러 가지 문제 그리고 위기에서 도피처를 찾을 수 있다고 무슬림 대중들에게 인식되는 것이다.[47] 즉 신의 영역으로 인식되는 축복을 죽은 성자가 생전에 신과의 긴밀한 관계성을 통해 수피의 최고의 경지에 이르러 성인이라 추앙받음을 통해서 성자는 더이상 평범한 사람이라기보다는 무함마드처럼 특별성을 가진 인물로 평가되면서 무슬림 대중들에게 심정적으로 신적인 존재감을 주는 것이다. 이러한 신적인 존재감은 무슬림 대중들의 심정적인 위안을 줄 수 있는 기제가 되어 이슬람이 대중들의 삶 속으로 깊이 뿌리내리게 하는 역할을 하는 것이다. 따라서 수피의 사당 문화는 대중들이 이슬람 안으로 깊이 뿌리내리게 하는 역할을 하므로 이슬람 다와 활동에 기여한다. 더 나아가 이러한 현상은 북아프리카나 아시아의 여러 지역의 토속 문화적 성향을 이슬람 안으로 포용할 수 있는 접촉점 역할을 하므로 이슬람이 비이슬람 지역에 깊게 뿌리내리게 하는 결과를 가져왔다.

V. 결론

세계의 주요 종교 중 가장 빨리 성장, 확산되는 종교는 기독교와 이슬

47) 이러한 성자의 무덤의 숭배사상은 북아프리카로 수피즘을 통해 이슬람이 전파되면서 얻어진 현상이라는 주장도 있다. 공일주 (1996), 107.

람이다. 이는 기독교와 이슬람이 끊임없이 선교하는 종교이기 때문이다. 더 나아가 자연증가율까지 포함하면 이슬람은 기독교보다 더 빠른 성장과 확산을 보이고 있다. 무슬림 인구가 비율적으로 볼 때 세계 인구의 약 25% 정도로 추정된다는 통계학적 사실은 이슬람의 빠른 성장과 확산의 실질적인 예가 된다. 이와 더불어 전체 세계 인구의 약 4분의 1이 무슬림이라는 통계학적 수치는 이슬람이라는 종교의 열정적인 선교적 에토스를 증명하는 것이다.

이슬람의 선교적 에토스를 이슬람 신학적으로 가장 잘 표현한 말을 우리는 이슬람 다와라고 한다. 이슬람 다와, 즉 이슬람 선교활동은 1,400여 년의 이슬람 역사 안에서 내외적으로 그 의미가 퇴색되거나 사라지지 않고 이슬람이라는 종교 안으로 다양한 문화와 민족을 흡수하고 통합하는 과정을 거쳐 현재의 이슬람을 만들어냈다. 이러한 이유로 우리가 현재 만나는 무슬림들은 이슬람이라는 커다란 지붕 아래 있지만 한 가지 패턴으로 설명하기 힘들 만큼 다양성을 지니고 있다. 더 나아가 그들이 각각의 나라에서 표현하는 신앙의 모습에 있어서도 상당히 다양한 면모를 엿볼 수 있다. 즉 라마단 달에 대부분의 무슬림들이 금식을 하면서 무슬림으로서 이슬람이라는 종교 아래 일체감과 통일성을 가지고 있지만 그들의 삶의 자리에서 무슬림으로서 정체성을 가지고 살아가는 모습은 한마디로 '이것이 무슬림이다.'라고 단정짓기 어렵다. 예를 들어 검은 차도르를 걸치고 있는 여성의 모습을 생각할 때 우리는 그들이 무슬림 여성이라고 표현하지만, 그들이 검은 차도르를 입고 생활하는 모습은 참으로 다양하다. 아프리카 대륙에서도 한 지역은 검은 차도르를 입고 즐겁게 춤을 추는 여성들을 목격할 수 있지만 인접한 다른 지역은 검은 차도르를 입은 여성이 혼자 자유롭게 바깥 출입조차 할 수 없는 모습을 목격하기도 한다.

현재 우리가 만나고 있는 이슬람은 '이것이 이슬람이다.'라고 한 가지 패턴으로 규정지을 수 없지만 '이것은 이슬람이 아니다.'라고 규정짓기도 힘들다. 그러나 주목할 만한 사실은 이슬람은 그들 종교 안에 다양성을 이슬람 신앙이라는 한 가지 사실로 통합하고 융합하면서 현재의 성장을 멈추지 않고 있다는 사실이다. 이것은 이슬람 선교가 다양성과 역동성을 모두 지니고 성장해 왔기 때문이다. 이슬람 다와는 이슬람 선교의 다양하고 역동적인 패러다임의 총체적 의미이다.

이슬람 다와는 여러 가지 방법론을 가지는데, 그 방법론 중 가장 효과적으로 이슬람을 전파한 방법론을 수피즘이라고 할 수 있다. 수피즘은 이슬람의 정치적, 군사적 팽창이 더 이상 진행될 수 없는 위기에 처했을 때조차 전쟁이나 불가피한 무력 없이 이슬람을 효과적으로 비무슬림 지역 특별히 대중 속 깊이 뿌리내리게 하였다. 이것은 수피즘만이 가지는 독특함 때문인데, 그 독특함을 우리는 신비성, 경건성, 대중성이라는 단어로 표현할 수 있다. 수피즘의 이러한 세 가지 독특한 신학적 성향은 정통 이슬람이 무슬림 대중에게 줄 수 없는 것이었다.

수피즘의 독특한 신학적 성향은 이슬람의 오랜 역사 속에서 무슬림 대중들에게, 더 나아가 이슬람에 매력을 느끼는 비무슬림들을 향해 역동적으로 이슬람의 가르침을 전달하는 매개체 역할을 하였다. 더 나아가 이러한 수피즘의 독특한 신학적 성향은 전혀 이슬람적이지 않은 비무슬림 세계의 민속적, 문화적 다양한 삶의 양태들을 이슬람 안으로 포용하여 융합하고 이슬람 신학 안에서 재해석해서 이슬람 신앙 표현의 새로운 양상, 즉 민속 이슬람을 만들어내는 데 촉매제 역할을 하였다. 즉 수피즘은 이슬람 선교에 있어서 수피즘만의 독특한 신학적 성향으로 인하여 역동적으로 선교 활동을 했으며, 더 나아가 다양한 타문화의 비무슬림들을 무슬림으로 동화시켰다. 결과적으로 수피즘 안에서 이슬람 다와는 역동적으로 실현되었고, 다양하게 표현되었다고 볼 수 있다. 다른 말로 설명하자면, 이슬람 선교를 지칭하는 다와라는 큰 틀 안에서 수피즘은 그 다양성과 역동성으로 민속 이슬람이 이슬람의 중요한 지류가 될 수 있는 교두보 역할을 하였으며, 그 결과 이슬람적이라고 말할 수 없는 다양함이 이슬람 신앙 안에서 융합과 통합을 이루어 역동성을 띠고 이슬람을 성장시키는 중요한 역할을 하게 된 것이다. 따라서 수피즘을 통한 이슬람 다와 활동은 결과적으로 민속 이슬람이라는 새로운 방법의 이슬람 신앙 표현을 이슬람 안에 뿌리내릴 수 있게 하였다.

현재 민속 이슬람이라는 카테고리는 이슬람을 이해하는 중요한 키워드가 되었다. 따라서 수피즘과 민속 이슬람에 대한 이해는 우리가 쉽게 접할 수 있는 무슬림 대중들의 삶의 표현이며, 더 나아가 이러한 삶의 표현에 대한 이해는 기독교 선교자가 무슬림들의 삶에 깊이 뿌린 내린 이슬람을 만나고, 실제적으로 무슬림 삶속으로 다가갈 수 있는 기회를 제공할 것이다. 다른 말로 하면, 수피즘을 통한 다와 활동과 민속 이슬람에 대한 연구는 기독교 선교자들에게 무슬림 대중들의 삶의 욕구와 영적 갈급함에서 읽어지는 이슬람에 대한 실질적인 이해를 도울 것이다. 이와 더불어 기독교 선교자들이 무슬림 대중들을 만날 때 기독교 선교자로서 무슬림들에게 어떻게 기독교의 진리와 사랑을 전할 수 있는가 하는 방법론적인 폭을 넓혀 주기 때문에 의미 있는 일이다.

[참고문헌]

김관영. "이슬람 신비주의 사상에 관한 연구-수피즘의 본질을 중심으로", 한국 동서 철학회 논문집 『동서철학연구』 제20호. 2000.

김아영. "이슬람의 이해". 『횃불트리니티 한국이슬람 연구소 "이스마엘 우리의 형제" 100호 기념 강좌』, 2009.

공일주, 이슬람연구소 엮음. "민속 이슬람과 선교신학적 패러다임". 『이슬람의 이상과 현실 : 이슬람 연구 2』. 서울: 예영커뮤니케이션, 1996.

이현경. "이슬람의 사랑 개념: 수피즘을 중심으로." 이화여자대학교대학원 석사학위논문, 2002.

버나드 루이스, 김호동 역. 『이슬람 1400년』. 서울: 까치, 2010.

손주영. 『교리, 사상, 역사, 이슬람』. 서울: 일조각, 2005.

신양섭. "이슬람의 수피즘." 『중동연구』 제17권. 1998.

조희선, 이슬람연구소 엮음. "통합과 융화의 이슬람 문화 : 토속 관행과 이슬람 관행." 『민속 이슬람 : 이슬람 연구 5』. 서울: 예영커뮤니케이션, 2004.

키스 스와들리, 정옥배 역. 『인카운터 이슬람』. 서울: 예수전도단, 2008.

Kerr, David A. "Islamic Da'wah and Christian Mission: Toward a Comparative Analysis," *International Review of Mission* 89, no.353. April, 2000.

Shimmel, Annemarie. *Mystical Dimensions of Islam.* Chapel Hill: The University of North Carolina, 1975.

Shenk, W. David. *Journeys of the Muslim Nation and the Christian Church exploring the mission of two communities.* Ontario: Herald Press, 2003.

Cragg, Kenneth. *The Call of the Minaret.* NY: Oxford University Press, 2000.

Poston, L. *Islamic Da`wah in the West: Muslim Missionary Activity and the Dynamics of Conversion to Islam.* NY: Oxford University Press, 1992.

Marmaduke, Pickthall. *The meaing of the Glorious Koran.* 1993.

Hiebert, Paul. "Power Encounter and Folk Islam." ed. by J. Dudley Woodberry. *Muslims and Christian on the Emmaus Road.* Monrovia, CA: MARC, 1989.

Jekins, Philip. *God's Continent.* NY: Oxford University Press, 2007.

Yusuf Ali. *The Meaning of the Holy Quran.* 1983.

말레이 이슬람의 민속 이슬람적 특징에 대한 소고

김아영

I. 서론

기독교 문화인류학자인 폴 히버트(Paul Hiebert)는 14세기 가까운 오랜 세월 동안의 부단한 노력에도 불구하고 이슬람권이 여전히 기독교 복음을 가장 수용하지 못하는 권역으로 남아 있는 이유를 다음과 같이 분석하였다. 첫 번째로는 이슬람 교리의 단순성(creedal simplicity) 때문이며, 두 번째로는 이슬람과 기독교 사이에 있었던 역사적 충돌 때문이며, 세 번째로는 그동안의 기독교 선교가 무슬림 대중들의 절실한 필요(felt need)를 충분히 다루어 주지 못했기 때문이다.[1] 다시 말해 그동안의 기독교 선교는 대중들이 직면하고 있는 실제적 문제보다는 기독교 이슬람 간의 신학적 차이와 영혼구원을 포함한 내세의 문제에 사역의 초점을 두어 왔기 때문에 무슬림 대중들의 관심을 불러일으키기에 역부족이었다는 말이다.

1) Paul Hiebert, "Power Encounter and Folk Islam," ed. by J. Dudley Woodberry, *Mus lims and Christian on the Emmaus Road* (Monrovia, CA:MARC,1989), 45.

이와는 대조적으로 아시아와 아프리카의 대부분의 무슬림 대중들은 정통 이슬람의 가르침과 함께 그 지역의 토착 신앙과 이슬람이 습합된 민속 이슬람적인 의례와 믿음들을 무슬림 조상으로부터 물려받아 지켜가고 있다. 무슬림들이 창조 이전에 알라와 함께 경전의 모체로 존재해 왔다고 믿는 꾸란도 그 내용에 대한 학습보다는 꾸란 자체를 숭배하는 차원에까지 이르고 있다. 따라서 이슬람이라는 종교와 무슬림들의 종교적 심성과 세계관을 이해하기 위해서는 이들을 강력하게 사로잡고 있는 이슬람의 또 다른 얼굴인 민속 이슬람에 대한 이해가 선행되어야 한다.

이러한 인식을 가지고 본 논문에서는 전 세계 무슬림 인구분포도에서 가장 조밀한 인구분포를 보이고 있는 말레이 무슬림[2] 들의 이슬람 신앙 속에 나타난 민속 이슬람적 요소에 대한 이해를 통하여 이들에게 다가가기 위한 효과적이고 적절한 선교 방법론을 모색하고자 한다.

II. 민속 종교의 특징

대체로 경전이 없는 민속 종교는 내적 통일성을 갖추지 않고 지역별로 다양한 모습을 지닌다. 따라서 민속 종교는 자기 정체성을 확실히 보여 주는 경계선이 불분명하며 때로는 상호 모순의 양상을 지닌 다른 신앙 내용과 실천방식들까지도 수용한다. 대부분의 민속 종교지도자들이 반드시 종교교육기관의 전문적 훈련을 통하여 지도자로 세워지는 것은 아니다. 그럼에도 불구하고 이들은 대중들로부터 지도자로서의 자질과 능력을 인정받기도 한다. 대중들은 정기적인 예전에 큰 비중을 두기보다는 자신들의 행·

2) 말레이 무슬림(Malay Muslim)들에 대한 정의는 III. 이하에서 자세히 설명하도록 한다.

불행과 관련된 의식에만 큰 관심을 두며 공식 종교에서 사용하는 성현들을 주술적인 동기로 사용하기도 한다.

히버트는 구체적으로 공식 종교와 민속 종교의 차이를 다음과 같이 설명한다.

> 첫째, 전자는 궁극적 실재에 관심을 가지고 사물을 우주적 관점에서 바라보지만 후자는 당면한 실제에 관심을 갖기 때문에 개인적인 관점에서 사물을 바라본다.
>
> 둘째, 전자는 모두에게 적용될 수 있는 보편적 원리를 강조하나 후자는 국지적 특성을 지닌다.
>
> 셋째, 전자는 공식적 합리성과 논리적 일관성을 갖춘 교리성이 보이지만 후자는 문제해결을 위한 능력에 초점을 둔 실용성이 완연하다.
>
> 넷째, 전자는 추종자들의 전적인 충성을 요구하지만 후자는 다른 설명체계, 가치체계에 대해서도 수용적인 태도를 취한다.[3]

이런 차이로 인해 공식 종교와 민속 종교 사이에는 다소 불편한 긴장이 상존한다. 교리적 정통성을 주장하는 공식 종교지도자들은 대중들의 신앙을 주술적, 미신적인 성격을 가졌다고 폄하하곤 한다. 더 나아가 정통 교리의 순수성을 어지럽히는 혼합주의적 신앙이라고 정죄하기도 한다. 그러나 대중들은 그런 공식 종교지도자들을 가리켜 이 세상 현실을 모른 채 내세의 이야기만 외치는 철학적 이론가요, 대중들의 삶의 현장에서 들려오는 탄식소리에 귀를 기울일 줄 모르는 탁상공론가라고 불평할 수도 있는 것이다.

---

3) Paul Hiebert, "Popular Religions" in James M. Phillips and Robert T. Coote, eds. *Toward the 21st Century in Christian Mission* (Grand Rapids, Mich.:Eerdmans, 1993), 257.

1. 공식 이슬람과 민속 이슬람

앞서 언급한 대로 엄격해 보이기만 하는 이슬람 내에도 이러한 민속 신앙적인 요소가 그 출발에서부터 포함되고 있어서[4] 공식적인 이슬람을 orthodox Islam, formal Islam, 혹은 High Islam으로, 그리고 대중적인 이슬람을 popular Islam, folk Islam, 혹은 low Islam으로 분류한다.

히버트는 공식 이슬람과 민속 이슬람을 다음과 같이 구체적으로 비교한다.

먼저 공식 이슬람은 보다 조직적이다. 각 지역의 모스크와 학교, 정부기관, 지역의 이슬람 축제, 혹은 출생, 결혼, 죽음에 관련된 의례에 이르기까지 "소(小)전통(little tradition)"에서부터 좀더 광범위하게는 메카와 카이로 같은 세계적인 신앙의 중심지, 고등 신학교육기관, 선교부, 수도원 제도 등에 이르는 "대(大)전통(great tradition)"[5]에 이르기까지 공식 이슬람은 다양한 제도와 조직들로 이루어져 있다.

반면에 민속 이슬람은 보다 임시적(*ad hoc*)이라고 할 수 있어서 전통은 아버지에게서 아들로, 어머니에게서 딸들에게로, 혹은 스승으로부터 제자에게 구두로 전승되어진다. 공식적인 기관이나 제도 등은 별로 존재하지 않으며 수많은 사당과 성스러운 장소, 부적과 민간요법, 의례 등이 보편화되어 있다. 이러한 상황에서는 샤만(*shaman*)[6] 들이 지도력을 발휘하여 종교적

4) 민속 이슬람적인 믿음과 관행들에 대해 비판적인 무슬림들은 그것을 비이슬람적인 요소라고 이단시하지만 무함마드의 전기 등과 같은 기록들을 보면 무함마드 생존 시부터 이러한 민속 이슬람적인 주술들이 무함마드의 부인들을 비롯한 초기의 무슬림들에 의해 행해지고 있었다는 기록을 찾아볼 수 있다.

5) 소전통과 대전통의 구별은 로버트 레드필드(Robert Redfield)에 의해 제안된 것으로 문화인류학에서는 널리 받아들여지고 있는 개념이다.: Hiebert(1989), 60.

6) 말레이시아에서는 이러한 샤만을 "보모(*bomoh*)"라고 부르는데 보모들이 주술을 행하는 과정 속에서 종종 강간, 살인 등과 같은 문제가 발생하여 실형을 선고받는 일이 있기도 하다

광신 상태에서 영적인 문제와 치유, 예언 등을 행한다.

공식 이슬람과 민속 이슬람은 인간과 관련된 문제에 있어서도 각기 다른 영역에 관심을 갖는다. 공식 이슬람은 인간의 궁극적 관심들에 집중하여 만물의 기원과 지속에 대한 문제, 우주의 의미와 운명에 대한 문제, 무슬림됨의 의미에 대한 문제 등에 집중한다. 따라서 공식 이슬람은 우주적이고 타계적인 실제, 즉 알라, 천사들, 사탄, 운명 등과 같은 존재들에 관심을 갖는다. 반면에 민속 이슬람은 민간요법이나 약초, 상식 등으로 해결할 수 없는 인간의 일상적인 문제들에 주로 관심을 갖는다. 따라서 민속 이슬람의 영역은 정령(*jinn*)이나 성인들, 성스런 동물들이나 사당, 흉안(evil eye), 징조, 예언, 그리고 주술과 마술의 세계에 빠져 있다. 민속 이슬람에서 가장 중요시하는 질문은 "도대체 지금 여기에서 무슨 일이 일어나고 있는 것인가? 내 삶과 내 가족의 삶이 어떠한 의미를 갖고 있는가?"와 같은 일상적인 삶과 죽음의 의미에 대한 것이다. 이러한 세계관 속에서는 출생과 통과의례, 결혼과 장례 같은 의식들이 인생의 단계와 전환을 의미하는 중요한 의미를 갖게 되며 천국과 성인들, 영들에 대한 믿음이 이러한 것과 관련된 의문들을 해결하는 데 도움을 준다.

이들에게 가장 큰 관심사는 개인과 집단의 행복과 관련된 것이다. 인생에는 항상 위험이 도사리고 있어서 질병과 불임, 사고와 익사, 화재, 가뭄, 지진 등과 같은 모든 종류의 재난을 설명하기 위해 흉안과 저주, 영들과 초자연적인 존재들에 대해 이야기하게 되는 것이다. 이러한 불행을 막기 위해서 사람들은 부적을 사용하고 예언, 마술과 점성술, 악령 사냥과 퇴마제, 의례와 기타 많은 주술들을 행하게 되고, 이들을 다루기 위해서 왈리(*wali*, 무슬림 성인)와 샤만, 치료사와 마술사, 퇴마사 등을 찾게 된다.

공식 이슬람과 민속 이슬람의 가장 큰 차이는 그들의 주된 관심사에 있다. 공식 이슬람은 실재의 궁극적 본성에 대한 진리, 천국에 이르는 진리 등에 관심을 가지며, 따라서 계시와 통찰, 이성적 사유에 근거한다. 반면에 민속 이슬람은 일상사의 문제를 해결하는 것에 주된 관심이 있어서 기본적으로 실용주의적이다. 문제를 해결할 수만 있다면 어떠한 방법을 사용해도 무방하며 충돌을 일으키는 방법이라고 할지라도 문제를 해결할 수만 있다면 동시에 복수의 방법들을 사용하기도 한다. 병든 아들을 둔 아버지가 종교지도자인 물라(*mullah*)를 찾아가 알라에게 기도드려 달라고 청원하는 동시에 아들의 손목에 부적을 매어 주고 현대 의학이 제공하는 약을 함께 먹이는 것이 좋은 예가 된다.

이상과 같은 차이점들을 살펴보면 공식 이슬람의 지도자들이 궁극적인 진리에 대한 추구보다는 일상의 문제들을 해결하기 위해 즉흥적이고 실용적인 처방들을 제시하는 민속 이슬람의 지도자들과 충돌을 일으키는 것이 당연하게 여겨진다.

III. 동남아시아의 이슬람과 Malayness

동남아시아의 말레이반도와 서쪽으로는 태국의 남부, 동쪽으로는 필리핀 서남부에 이르는 인도네시아 열도(Indonesian Archipelago)는 세계에서 가장 높은 이슬람 인구밀도를 자랑하는 지역이다. 중국 중부의 무슬림 휘족(Hui people)과 캄보디아와 베트남의 참족(Cham people)도 이 지역군으로 분류될 수 있다.

Table 1 Muslim Population in Southeast Asia

Country	Total Population (millions)	Percent Muslims	Muslim Population (millions)
Brunei	0.4	67.2	0.3
Cambodia	13.4	〉0.1	0.1
China	1298	1.4	18.2
Indonesia	238.5	88	210
Malaysia	23.5	52.9	12.4
Singapore	4.4	14	0.6
Philippines	86.2	5	4.3
Thailand	64.9	3.8	2.5
Vietnam	82.7	〉0.01	0.1

Source : Central Intelligence Agency, The World Fact BooK, 2004. Washington, DC: Centra Intelligence Agency, 2004. Intelink URL: http://www.cia.gov/references csfo/cfactbook/index.html.
Percentages cross-referenced with Richard V. Weekes, The Muslim Peoples: An Ethnographic Survey (Westport, CT: Greenwood Press, 1984)

인도네시아는 비록 12%의 비무슬림 인구를 포함하고 있으나 세계에서 가장 많은 무슬림 인구수를 기록하고 있다. 말레이시아는 말레이 무슬림들이 가까스로 다수 인구수를 기록하고 있으나 무슬림 말레이인들에 의해 정치가 지배되는 이슬람 국가이다. 태국과 필리핀에서는 4-5% 정도의 소수의 무슬림 인구를 기록함에도 불구하고 각각의 국가에서 무시할 수 없는 정치적 영향력을 발휘하고 있다. 약 920만 명의 인구수를 가지고 있는 중국의 회족들도 숫자적으로 무시할 수 없기는 하나 14억에 가까운 중국 전체 인구수에 비추어볼 때는 1% 미만의 인구수이다. 브루나이 왕국도 비록 소수이기는 하나 이 거대한 무슬림 밀집 지역의 일원이며, 1970년대 중반만 하더라도 30만 명의 무슬림 인구를 자랑했던 캄보디아의 참족들은 1975년과 1979년 사이에 크메르 루즈(Khmer Rouge)에 의해 저질러졌던 대학살의 여

파로 10만여 명 정도로 무슬림 인구수가 감소하였다.[7]

일반적으로 동남아시아에서 "무슬림"은 곧 말레이인을 의미한다. 말레이족은 5,000년의 역사를 가진 독특한 인종[8]으로 그 후예들은 마다가스카르에서부터 뉴질랜드와 포모사에 이르는 광범위한 지역에 분포하고 있다.[9] 말레이족은 그들만의 언어와 문화를 발전시켜 왔으며 오늘날 이슬람 세계에서 가장 많은 무슬림 인구수를 가지고 있어서 세계 인구의 20%를 차지하는 무슬림 인구의 20%가 말레이 무슬림들이다.

동남아시아 지역에서의 이슬람화는 곧 말레이화의 과정으로 간주되는데 이슬람이 도입되던 초기에 이 지역의 무역을 관할하고 있던 술탄국들의 공식 언어로 말레이어가 사용되었기 때문이다.[10] 이러한 과정은 한때 이 지역을 지배했던 네덜란드의 식민지 정부에 의해 강화되었다. 오늘날 인도네시아에서 사용되고 있는 바하사 인도네시아(Bahasa Indonesia)는 말레이시아어인 바하사 말레이(Bahas Malay)의 변형에 불과한 것이다. 이와 마찬가지로 태국의 무슬림 소수 지역인 파타니(Pattani), 송클라(Songkhla), 싸툰(Satun), 얄라(Yala), 나라티왓(Narathiwat)과 필리핀 서남부의 무슬림 밀집 지역의 사람들은 자신들을 태국인이나 필리핀인으로 생각하지 않고 말레이인으로 간주한다. 캄보디아와 베트남의 무슬림인 참족들도 자신들의 기원을 말레이인에서 찾는다. 오직 중국화된 휘족들만이 명백한 말레이족 기원에도 불구하고 그와 같은 정체성 의식이 희박할 뿐이다. 따라서 동남아

7) Zachary Abuza, *Militant Islam in Southeast Asia: Crucible of Terror* (Boulder, CO: Lynn Reinner Publishers, 2003), 81.

8) Funston "Malaysia," *In The Politics of Islamic Reassertion*, ed. by Ayob Mohammed. (New York: St. Martin's Press, 1981), 165.

9) Robert McAmis, *Day Malay Muslim* (Grand Rapids: Wn. Eerdamans Publishing Company, 2002), 4.

10) Max L. Gross, *A Muslim Archipelago: Islam and Politics in Southeast Asia* (Washington DC: National Defense Intelligence College, 2007), 2.

시아에서 무슬림이라는 의미는 곧 말레이라는 인종적인 정체성을 의미하는 것이다.

이슬람교는 대략 13세기 이후부터 말레이반도 주변 지역의 주요 종교였다. 비말레이계 무슬림들도 상당수 있기는 하나 이슬람은 기본적으로 말레이족의 종교로 간주된다. 그런데 이슬람이 말레이시아에 전파된 경로나 역사에 대해서는 정확한 역사적 기록이 많치 않아 아직도 연구의 과정 중에 있는 주제이다. 학자들은 이슬람의 전래에 대한 역사적이고 고고학적인 자료가 적은 이유로 그 종교가 시골(*kampung*, villages)과 왕실에 제한적으로 전파되었기 때문이었던 것으로 추측한다. 서구인들이 말레이반도에 상륙했을 때 이슬람은 아직 확고한 위치에 있지 않았고, 게다가 서구인들이 이슬람이라고 하는 주제에 큰 관심을 갖지 않았기 때문에 이슬람이 말레이시아에 유입된 경로와 초기 정착 과정에 대한 연구 성과가 적은 것으로 평가된다.[11]

파티미(S. Q. Fatimi)에 의하면 아랍 상인들이 최초로 동남아시아와 접촉하게 된 것은 674 CE이며, 878 CE에는 말레이반도의 해안 도시들에서 확고한 위치를 갖게 된다.[12] 중국의 자료에 의하면 우마야 왕조의 창시자인 무아위야(Mu'Āwiyah)와 무슬림 해군이 674 CE에 말레이 해협을 침략하였으나 실패로 끝이 난다. 또 다른 자료에 의하면 1291년이나 1292년에 북수마트라에 위치한 펄락이라는 항구 도시가 이슬람으로 개종하였다.[13] 이렇듯 단편적으로 남아 있는 역사적 증거들에 기초해 동남아시아에서의 이슬람의 수용에 대해 대체로 두 가지 이론이 제기되고 있다.[14]

11) 김아영 "말레이시아 이슬람의 특성과 그것이 기독교-이슬람 관계에 미치는 영향에 대한 연구", *Muslim-Christian Encounter,* 3, no.1 (서울: 횃불트리니티 한국이슬람연구소, 2010),115.

12) S. Q. Fatimi, *Islam Comes to Malaysia* (Singapore, 1963).

13) McAmis (2002), 12-13.

14) 아이라 라피두스, 『이슬람의 세계사 1』 (서울: 이산, 2008), 663-664.

첫 번째 이론은 무슬림 상인들의 역할을 강조한 이론으로, 무슬림 상인들이 각 지방의 지배층과 혼인을 하였고, 해안 지역의 통치자들에게 중요한 교역에 필요한 전문적인 지식과 경험을 제공하였다. 최초의 개종자들이었던 각 지역의 통치자들은 개종을 통하여 무슬림들과의 교역을 시작함과 동시에 힌두 무역상들에 맞서는 동맹관계를 얻고자 했다는 것이 하나의 가설이다.

두 번째 이론은 구자라트, 벵골, 아라비아 출신의 수피 전도사들을 통한 전래라는 이론으로, 수피들은 교사, 무역상, 또는 외교관의 신분으로 술탄들의 궁정이나 상인들의 거주 지역, 혹은 시골로 파고들었고 이 지역의 토착 신앙과 큰 충돌 없이 이슬람 신앙을 전할 수 있었다는 것이다.

아랍의 상인들이 처음 동남아시아에 도착했을 때 이 지역은 토착 생산물에 대한 교역을 관할하고 있던 지역의 작은 왕들에 의해 다스려지고 있었고, 이러한 작은 왕국이 이웃 왕국으로 지배 영역을 넓혀 제국을 이루기도 하였다. 이러한 정치적 지배력의 확대와 교역을 위한 유대를 통하여 공통의 문화적 유산을 소유하게 되었고 말레이어가 공용어로 사용하게 된 것이다. 이러한 지역의 지배자들은 세계 도처(아라비아, 인도, 중국 등)에서 와서 항구 도시에 살아가고 있던 사람들의 종교에 대해 비교적 관대하였다.[15]

새로운 엘리트 세력이 나타나 이슬람 정권을 수립한 중동과 달리 말레이시아를 비롯한 동남아시아에서는 기존의 지배 계층이 이슬람으로 개종함으로써 권력 기반을 강화시켰다. 지배 계층의 변화가 없었기 때문에 이 지역의 이슬람 문화에는 개종 이전의 종교적이고 문화적인 전통이 강하게 남아 있게 된 것이다.[16]

---

15) Albert Sundaraj Walters, *We Believe in One God?: Reflections on the Trinity in the Malaysian Context* (Delhi: Indian Society for promoting Christian Knowledge, 2002), 21.
16) 아이라 라피두스, 『이슬람의 세계사』(서울: 이산, 2008), 631.

15세기는 말라카에서 이슬람의 전성기여서 이 시기에 이 지역은 동남아시아의 메카로 불리웠다. 이 지역은 이슬람 문학과 신비주의, 이슬람 법학을 광범위하게 연구하는 이슬람 문화의 중심지가 되었고, 이 영향으로 말레이 군도의 대부분의 지역이 이슬람화 되었다.

이슬람화와 교역을 주도하게 되면서 말레이어는 이 지역을 통합시키는 중요한 역할을 하게 된다. 말레이 군도의 이슬람 문학과 철학에 말레이어가 사용되기 시작하면서 이제까지 말레이-인도네시아 문헌에서 주도권을 잡고 있던 자바어가 말레이어로 대체되기 시작하였다.[17]

이러한 과정을 통하여 이슬람교와 말레이어는 말레이족과 동일시되었고 이것이 1957년 말라야 연방 헌법에 그대로 반영되게 된 것이다. 헌법 160조 2항에 보면 "그 또는 그녀가 이슬람교 신도이며 말레이어를 사용하며 말레이 관습을 지키며 말라야 연방이나 메르데카데이(독립기념일) 이전에 싱가포르에서 태어났거나 부모 중 한 명이 말라야 연방에서 태어났으면 말레이족으로 간주한다."고 되어 있다.

말라카는 지리적으로 전략상 중요한 위치에 있었고, 점차 동남아시아의 교역 중심지로 부상하였다. 말라카의 부상과 함께 말라카를 거점으로 이슬람도 왕실 간의 결혼과 내혼, 수피들의 활동, 정치적 정복과 교역 등을 통하여 동남아시아로 광범위하게 전파되었다. 이 기간 동안 중요한 이슬람법이 확립되기도 하였다.

1511년 포루투갈의 점령 후에도 말라야의 이슬람화는 계속되었다. 가능한한 모든 긍정적인 포교 방법들이 동원되었는데 교역이라든가 외교력, 혹은 질병의 치유 등이 그 대표적인 방법이었다. 특별히 순례 수피승들은 시골에서부터 궁정에 이르기까지 이슬람을 전파하는 데 중요한 역할을 하

---

17) Walters (2002), 22.

였다. 특히 수피적인 관행들이 이슬람이 전파되는 각 지역에 이미 존재하고 있던 민속 신앙적인 관행들과 접목되면서 토착민들이 토착 신앙의 연장 선상에서 이슬람을 거부감 없이 받아들이는 데 결정적인 역할을 하였다.[18]

1. 말레이 이슬람에 미친 인도 이슬람의 영향

말레이반도에서 이슬람은 비교적 오랜 역사를 가지고 있으며 사회의 다양한 측면에 이슬람의 영향이 미쳐 있다.

9세기 이후부터 말레이반도 주변 지역에 무슬림 상인들의 출입이 시작되었고, 15세기에 이르러는 이 지역의 토착민들에게 본격적으로 이슬람이 전파되기 시작했다. 말레이반도에 최초로 이슬람을 전파한 사람들은 인도에서 온 무슬림들이라고 여겨진다. 인도 무슬림들의 영향은 금식을 의미하는 푸아사(*puasa*), 지옥을 의미하는 네라카(*neraka*), 천국을 의미하는 슈르가(*syurga*)와 같이 이슬람의 종교적 단어들이 아랍어에 근거하지 않고 산스크리트어에 어원을 두고 있다는 점에서 쉽게 발견할 수 있다.[19]

스탠리 카나우(Stanley Karnow)에 의하면 구자라트(Gujarat)와 벵갈(Bengal)에서 온 인도의 무슬림 상인들은 이 지역에 브라만교와 불교적 요소, 그리고 토착 민속 신앙적 요소가 혼합된 형태의 이슬람을 전파하였는데 이것은 아랍의 무슬림들이 보았다면 이슬람으로 간주하기 어려운 형태의 종교적 경향을 띠고 있었다.[20] 인도에서 온 무슬림 상인들은 그들 전에 이곳

18) Fatimi (1963), 23.

19) Mohd Taib Osman, "Islamization of the Malays: a transformation of culture in readings on Islam in Southeast Asia." In Ahmad Ibrahim, Sharon Siddique and Yasmin Hussain eds. *Readings on Islam in Southeast Asia* (Singapore: Institute of Southeast Asian Studies, 1985), 39.

20) Stanley, Karnow, "South-East Asia." in *Life Magazine* (Amsterdam: Time-Life International, 1964), 12.

에 도래한 힌두교도와 불교도들, 그리고 그들 후에 온 유럽인들과 마찬가지로 이 지역의 생산물들을 차지하기 위해 토착민들과 밀착할 필요성을 느꼈고, 그래서 말라카 지역의 말라야 타운에 확고한 근거지를 마련하게 된다.[21]

무슬림 역사가인 마흐무드(S. F. Mahmud)도 이 지역에서의 이슬람 전파에 인도 무슬림들의 역할이 지대했음을 강조한다.

"수마트르 해안 지역 사람들이 이슬람으로 개종하는 데 가장 큰 역할을 한 것은 구자라트와 벵갈 출신의 무슬림이다. 이들이 문을 연 동남아시아 지역에 이슬람은 빠른 속도로 확산되어 갔다."[22]

그에 의하면 이 지역에서의 모든 해외 무역이 약 600여 년 동안 무슬림 상인들의 수중에 있었기 때문에 인도 무슬림의 역할이 지대했다. 아라비아와 페르시아, 인도에서 온 무슬림 상인들이 유럽의 생산품들과 이 지역의 산물인 실크과 향신료를 바꾸는 무역이 이루어졌다. 이러한 이유로 말라야 반도에 14세기에 최초의 무슬림들이 출현했고 말라카는 가장 먼저 이슬람으로 개종한 지역이 되었다. 그리고 이 말라카는 그후 동남아시아 열도에 이슬람을 전파하는 중심지로 자리매김하게 된다.[23]

해안 지역에 거주하고 있던 말레이인들은 주로 해양업에 종사하고 있었고 이들이 제일 처음 이슬람으로 개종하는 그룹이 되는 것이다. 그러나 내지에 거주하고 있던 부족들은 애니미즘적인 성향이 강해서 이슬람의 전파에 대해 저항적이었다. 따라서 이슬람이 내지에 뿌리내리는 것은 17세기에 이르러서야 가능했다.[24]

---

21) Ibid., 32.

22) Sayyid Fayyaz Mahmud, *A Short History of Islam* (London: Oxford University Press, 1960), 281.

23) Ibid.

24) McAmis (2002), 16.

말레이시아의 이슬람 학자인 모드 타이브 오스만(Mohd Taib Osman)에 의하면 인도 무슬림들과 함께 이슬람 전파 초기에 페르시아와 아랍에서 온 무슬림들의 영향이 컸다고 한다. 아랍 무슬림들이 말레이인들에게 정통 이슬람의 가르침을 전해 주었다면 페르시아에서 온 무슬림들은 범신론적인 신비주의에 영향을 미쳤다.[25]

IV. 말레이 이슬람에 있어서 아닷(*adat*, 관습법)의 역할

이슬람의 전파 이후 사회적, 법적, 관념체계로서의 이슬람은 토속 문화인 소위 아닷(*adat*, 관습법, 전통)와 급속도로 융화되어 갔다. 아닷은 아랍어로 전체 무슬림 세계에서 통용되는 개념이기도 하다. 이것은 "적법하거나 적절한, 혹은 필수적인 것으로 간주되는 개념과 원칙, 그리고 행동강령의 총체를 일컫는 것"이다.[26] 따라서 아닷은 무슬림 세계에서 그 개념과 이해에서 고도로 다양화된 형태로 나타난다. 예를 들면, 성(gender)과 관련되어서 아랍 무슬림들과 말레이 무슬림들은 상당히 다른 가치체계를 가지고 있는 것으로 나타난다. 실제로 다른 이슬람 지역에 비해 동남아시아 무슬림 사회에서는 성 차별이나 남성 우위가 그다지 강조되지는 않고 있다.[27]

그런데 동일한 말레이 사회 속에서도 아닷은 다양한 형태를 띤다. 예를 들면, 말레이 사회 내에서는 쌍계 혈족체계(bilateral kinship system)가 존재하

25) Mohd Taib Osman (1985), ibid.

26) Karim Wazir Jahan, *Women and Culture: Between Malay Adat and Islam* (Boulder: Westview Press, 1992), 14.

27) Clifford Geerts, *Islam Observed* (New Haven: Yale University Press, 1968) 참고. Sylvia Frisk, *Submitting to God: Women and Islam in Urban Malysia* (Seattle: University of Washington Press, 2009), 37에서 재인용.

고 있다. 이것은 쌍계적 혈통 구성형태(adat temenggong)로 모계 혈족 체계(adat perpatih)가 지배적이었던 말레이반도에서 두드러진 현상이다. 시간이 흐르면서 모계 혈족체계가 약화되기는 하였으나[28] 이슬람과 함께 도래한 부계 혈족체계도 말레이 사회의 모계 혈족체계를 완전히 대체하지는 못했다. 따라서 말레이 혈족체계와 가족, 공동체 관계에 있어서는 여전히 모계 혈족체계의 특성들이 잔존하고 있는 것이다.[29]

말레이시아의 사회인류학자인 와지르 자한 카림은 말레이 여성과 남성 간의 비교적 동등한 관계가 유지되고 있는 것의 근거는 말레이 아닷에 나타나는 쌍계적인 규범에서 찾아볼 수 있으며 이것이 이슬람적 관념체계와 법체계 내에서도 공존해 오고 있다고 한다. 남녀 간의 위계질서에 대한 이슬람의 강조가 말레이 아닷의 쌍계적 규범의 영향으로 약화되었다는 것이다.[30] 토지와 재산 분배 과정에 있어서도 이슬람 법과 말레이 아닷이 선택적으로 적용되고 있어서 말레이 여성들은 때로는 유산 상속에 있어서 남성과 동등한 기회를 갖기도 한다는 것이다.

와지르는 또한 식민시대 이전의 말레이 사회에서는 이슬람 법과 말레이 아닷이 성에 관련된 것 이외에도 많은 영역에서 상호보완적인 역할을 하였다고 강조한다. 이슬람은 공식적인 정치적 이념으로서 채택되어진 반면에 말레이 아닷은 민중들의 일상적인 삶을 지도하는 역할을 담당했다는 것이다.[31]

이에 더하여 말레이 지역에 이슬람이 전파되던 시기에 이슬람은 기존의 신념과 가치들과의 혼합주의에 대해서도 비교적 관대한 편이었다는 것이

28) 이와 관련되어서는 Peletz Michael G. (1992) 참고.
29) Wazir (1992), Ibid.
30) Ibid. 5.
31) Ibid.

지배적인 견해이다.[32] 따라서 예를 들면, 이슬람의 유일신관이 이 지역의 토착 신앙에 나타난 애니미즘적인 규범들과 이를 다루는 종교적 관행들을 완전히 대체하지는 못했다는 것이다.[33] 대신에 이러한 애니미즘적인 요소들은 민속 이슬람적 개념으로 자연스럽게 재해석되어졌다.

그런데 이러한 말레이 아닷과 이슬람의 상호보완적인 관계는 역사적, 정치적 변화로 도전을 맞게 된다. 예를 들면 아랍에서 기원한 와하비 개혁 운동의 영향으로 18세기에 인도네시아-말레이 지역에서 이슬람 종교와 토착적인 민속신앙의 혼합주의는 강력한 공격을 받게 된다.[34] 와하비주의자들은 엄격한 유일신 신앙의 회복과 전 이슬람 시대의 종교적 관행과 신념으로부터의 완전한 정화를 강조하였다. 이로 인해 말레이시아의 이슬람 역시 상당한 영향을 받은 것으로 평가된다.[35]

말라야 반도의 말레이인들은 본래 15세기에 이슬람을 받아들인 사람들의 후예들이다. 이슬람이 도래하기 전 수마트라와 자바 섬에 불교와 힌두교가 휩쓸고 지나갈 무렵 말라야 반도는 여전히 원시적인 종교를 숭배하고 있었다. 이러한 이유로 오늘날에도 이 지역의 이슬람에는 정령 숭배와 주술에 의존하는 경향이 뚜렷하다. 신경제개발정책 이후 정부의 적극적인 지원으로 마을마다 학교가 세워지고 그 영향으로 문맹이 많이 극복된 오늘에도 말레이인들은 여전히 이슬람에서 유래하지 않은 초자연적인 의례와 주술에 의존하고 있는 것이다.[36] 말라야 반도의 말레이인들이 무슬림인 것은 분명하나 이곳에서 행해지는 이슬람의 관행은 근동 지방의 그것과는 상당한 거리가 있다는 것도 분명한 사실이다.

---

32) Frisk (2009), 38.
33) Mohd Taib Osman (1989), 113.
34) Mohd Taid Osman (1985) 참고.
35) Frisk (2009), 39.
36) McAmis (2002), 50.

말레이시아의 평범한 무슬림들은 알라를 매우 능력 있는 통치자나 왕으로 생각한다. 그러나 동시에 너무 위대하므로 자신들이 다가가기에는 너무 먼 존재라고 생각한다. 그런 신은 시골 사람들의 일 따위에는 크게 상관하지 않는다는 것이다. 오히려 그들의 삶은 마치 경찰과도 비교될 수 있는 정령들에 대한 믿음에 더 크게 상관이 된다고 믿는다. 그들은 부정한 존재일 수도 있고, 때로 실수도 할 수 있지만 그들이야말로 무슬림 개개인의 일상사에 가장 깊은 관련이 있는 존재들이라고 믿는 것이다. 따라서 말레이시아 무슬림들은 되도록 정령들의 기분을 상하지 않게 하려고 노력하며 다양한 방식들을 통하여 그들을 기쁘게 하고자 하는 것이다.[37]

조지 맥스웰(In Malay Forests William George Maxwell)은 『말레이 정글 속에서(*In Malay Forests*)』라는 저서에서 말레이인들의 종교활동에 대해 다음과 같이 서술하고 있다.

> "반도의 말레이인들은…의심할 것도 없이 선지자 무함마드를 따르는 사람들로…여러 면에 있어서 정통적인 신앙생활을 하고 있다.…그러나 동시에 그들의 종교에 필수적인 요소라고 생각하는 것들에 깊이 밀착되어 있다. 그것은 "관습법(*Hukom Adat*)"이라고 불리우는 것으로 이것은 한편으로는 힌두교적 요소를 갖고 있으며 또 한편으로는 이것과 충돌을 일으키는 선지자의 법(*Hukom Shara*)의 요소를 포함하고 있다. 그리고 그 둘은 언제나 절충이 가능한 것이다. 말레이반도의 일부 지역에서는 전 이슬람 시대의 관습법에 기인한 이자법, 토지임대법, 그리고 상속법 등이 이슬람 법을 능가하여 통용되고 있기도 하다. 그래서 때로는 말레이반도의 무슬림들을 전 이슬람 시대의 관습법에 종속되어 있다고 하여 '나쁜 이슬람교도'라고 부르기도 하는 것이다."[38]

비록 이러한 관행들이 아랍 세계에서 실천되고 있는 정통 이슬람의 관

---

37) Ibid.
38) McAmis (2002), 51.

행들과는 상당한 차이를 보인다 하더라도 아직도 여전히 말레이 무슬림들의 종교적 삶의 가장 중요한 요소를 차지하고 있는 것이다.

1. 말레이 이슬람에서 행해지는 민속 이슬람적 관행들

무슬림 세계의 전 분야에서 소위 "공식 이슬람"과 "민속 이슬람"적 요소들이 공존하고 있는데 이것은 말레이 이슬람에서도 마찬가지이다. 어떤 경우에는 이 두 가지 요소가 적절히 섞여 있어서 구별하기 매우 어려울 때도 있으나 다음과 같은 관행들은 말레이인들 사이에서 민속 이슬람적인 관행들로 확실히 구별되는 것들이다.

말레이인들 사이에서 가족집단은 중요하게 생각되어지는데 이들은 처음 자신들에게 아닷(관습)을 물려 준 조상들로 인해 연계되어지기 때문이라는 것이다. 또한 말레이 종교체계는 일원론적으로 보여지는데 물질 세계와 영적인 세계가 구별되는 것이 아니라 하나라고 보기 때문이다. 따라서 신개념도 상당히 포괄적이다. 신은 피조 세계와 동떨어져 있는 인격적인 존재가 아니라 다양한 모습으로 나타나는 모든 초자연적인 힘들의 집합체라는 것이다.

이것과 연관하여 크로프(Van der Kroef)는 동남아시아 지역의 토착적인 종교관을 다음과 같이 서술하였다:

"이러한 토착적인 종교 체계의 우주론의 기본은 신과 인간, 초자연과 자연적인 질서가 계속적으로 상호작용을 하는 일원적인 집합체라고 하는 것이다."[39]

많은 말레이 무슬림들은 종교적 가르침에 대해 피상적으로만 알고 있을

39) Van der Kroef (1960), 267.

뿐이다. 대부분의 말레이 무슬림들은 알라는 언제나 용서하는 분으로 은혜와 자비, 자선으로 가득한 존재라고 믿는다. 그리고 천사와 악마, 정령(*jinn*)들에 대한 믿음은 그들이 전 이슬람 시대의 종교적 관행들을 그대로 유지할 수 있는 빌미를 주었다. 모든 무슬림들의 무기 속에는 선한 영과 악한 영이 공존한다는 믿음이 있다. 일반적인 무슬림들은 꾸란이 알라의 계시라는 사실을 알고 이를 숭배하지만 그 내용에 대해서는 잘 알지 못하는 것이다.[40]

또한 말레이 무슬림들은 무함마드를 깊이 숭배하고 있어서 그의 탄생일은 가장 큰 경축일로 지키고 있다. 이 시기에 만들어진 묵주를 목에 걸면 특별한 능력을 갖게 된다고 믿기도 한다. 또한 교육받지 못한 무슬림들은 비록 그 뜻을 알아듣지는 못해도 아랍어로 된 꾸란을 암송하면 알라로부터 큰 축복을 받아 영혼이 구원을 받는다는 믿음도 있다.[41]

오랜 세월 동안 민속 이슬람이라는 이름 하에 이상한 관습과 신념들이 지켜져 왔다. 남성들에게는 불신자들이 입는 것과 같은 꽉 끼는 바지보다는 헐렁한 것이 더 무슬림적인 것으로 간주되었다. 거주자들이 잦은 병치레를 하는 집은 악한 영들에 사로잡힌 것으로 간주되기도 하고, 새 집을 지을 때는 특별한 의례 등을 통하여 악령들을 물리칠 수 있는 것으로 여겨진다. 살해당한 남성의 가장 가까운 혈육이 피의 보복을 하는 것은 동남아시아 지역의 무슬림들에게는 보편적인 것으로 여겨지는데 대체로 이러한 보복은 물질적인 변상으로 대체된다.[42]

일몰 시의 살랏(예배)은 나머지 네 번의 예배보다 더 중요한 것으로 간주

40) McAmis (2002), 68.

41) Kenneth W. Morgan, ed. *Islam: The Straight Path* (New York: The Ronald Press Company, 1953), 404.

42) 실제로 시골에서 교통사고를 낸 선교사가 가족들로부터 적절한 보상을 하지 않으면 동일한 신체적 손실을 입히겠다는 위협을 당하기도 한 사례가 보고되기도 한다.

되며 라마단 때의 예배는 다른 때의 것보다 더 경건하게 지켜진다.

또한 해마다 상당수의 동남아 무슬림들이 메카로의 순례인 하지를 행하는데 대부분의 사람들이 이 여행 경비를 마련하기 위해 수년씩 저축을 하고 인도네시아에서는 해마다 정부가 만 명의 순례객들의 경비를 지원하기도 한다. 이러한 순례를 마친 사람들을 하지스(*hadjis*)라고 부르는데 말레이 무슬림들 사이에서 이들의 영향력은 상당하다. 순례를 마치고 돌아오는 길에 이들은 그들이 메카에서 보고 들은 것을 전할 선교사요, 이슬람 개혁자로 돌아오는 것이다. 이들을 통하여 이 지역에서 광범위하게 행해지는 비이슬람적인 관행들이 제거되기도 한다.

다음의 열 가지 사항은 진정한 믿음에 필수적인 것들로 간주된다.

> 알라에 대한 사랑, 천사에 대한 사랑, 꾸란에 대한 사랑, 선지자들에 대한 사랑, 무슬림 선생들에 대한 사랑, 알라의 모든 적들에 대한 증오(알라는 모든 믿지 않는 자들을 사랑하지 않는다는 전제와 함께), 알라의 진노에 대한 두려움, 알라의 자비에 대한 믿음, 메카라는 이름에 대한 존경과 경외감(메카는 거룩한 곳이므로), 알라에 반대되는 것들을 물리치려는 마음 등

다음의 다섯 가지는 알라를 아주 기쁘게 하는 행위들로 간주된다.

> 모스크에 가서 아랍어로 기도하는 것, 알라의 명령을 가르치는 것, 새로운 무슬림들을 만들기 위해 노력하는 것, 덕을 증가시키는 것, 겸손을 증가시키는 것.

다음의 열 가지 사항들은 무슬림들 사이에서 알라를 기쁘게 하지 못하는 행위들로 간주된다.

> 부모의 이름을 부르지 않고 기도하는 것, 기도하지 않고 무덤을 밟는것, 해외여행으로 모스크 예배에 참석하지 못하는 것, 그들의 출신 지역을 알지 못하

는 친구들과 여행하는 것, 계약을 지키지 않는 것, 꾸란을 100절 이상 읽지 않는것, 무슬림 선생 앞에서 이야기하는 것, 예배를 목적으로 하지 않고 모스크를 방문하는 것, 음식이 풍부하면서도 친구에게 나누어 주지 않는 것, 무슬림 선생이나 지도자를 조롱하는 것 등.

또한 다음의 열 가지 사항은 진정한 믿음을 파괴하는 것으로 간주된다.

신을 하나 이상으로 믿는 것, 악을 사랑하는 것, 동료 무슬림들에게 잘못하는 것, 동료 무슬림들과 다투는 것, 진정한 믿음을 지키기 위한 열 가지 사항들을 중요시하지 않는 것, 신앙을 잃는 것을 두려워하지 않는 것, 불신자들의 옷차림을 따라 하는 것, 알라의 자비를 믿지 않는 것, 유럽인들이 만든 바지를 입는 것, 기도할 때 메카를 향하지 않는 것 등.

마지막으로 다음의 여덟 가지는 임종 시에 반드시 하지 말아야 할 행위들이다.

동료 무슬림들의 신앙을 파괴하는 것, 아랍어로 기도하지 않는 것, 영원한 형벌을 믿지 않는 것, 이 땅에서의 부에 연연하는 것, 증오, 자만, 거짓말, 선생을 비방하는 것 등.

시드자밧(Sidjabat Walter Bonar)에 의하면 이 지역의 무슬림들은 일상생활에서 유일신 알라와 모든 종류의 초자연적인 힘들과 영향들을 함께 숭배하고 있다. 그러나 부인할 수 없는 그들의 종교적 전제들이 정통적인 것에 근거하든 혹은 혼합주의적인 세계관에 근거하든 상관없이 알라에 대한 믿음은 절대적이라는 것이다.[43]

---

43) Sidjabat Walter Bonar, *Religious Tolerance and the Christian Faith: A Study Concerning the Concept of Divine Omnipotence in the Indonesian Constitution in the Light of Islam and Christianity* (Djakarta: Badan Penerbit Kristen, 1965), 54 in McAmis (2002), 70.

V. 말레이 이슬람에 미친 수피즘의 영향

1. 수피즘

예배와 신앙의 실천만을 강조하는 모스크 중심의 생활이 울라마들에 의해 형식화되고 고착화되어 가자, 무슬림 사회 내부에서는 자발적으로 영적인 삶을 갈망하는 신도들이 생겨나게 되었다.

꾸란에 계시된 신은 초월적이고 무한하며 유아독존의 모습이고 이와는 대조적으로 인간은 "신께서 의도하시는 것을 제외하면 아무것도 할 수 없는 무력한 신의 종"이라는 숙명론적인 신앙관을 낳게 하였다. 심판의 날과 지옥불에 대한 공포로 신에 대한 경외심만 강조되고 사랑을 통해 자신을 내보이시고 드러내시는 자애로운 신의 모습의 부재하였다. 이러한 신학자들과 법학자들의 가르침과 철학자들의 주장에 만족하지 못하는 무슬림들이 생겨났다. 이렇듯 이슬람의 신비주의는 이슬람의 생명력, 자발성, 역동성을 약화시킨 형식주의 경향에 반대하여 쇄신과 갱생의 개혁의지로 자생적으로 추구된 것이다.

신비주의자들이 기존의 샤리아에 만족하지 않고 나름대로의 신비체험의 길을 통해 알라에게 다가가려는 이 길을 타리까(*tariqa*)라고 부른다. 이 길은 방법, 체계 심지어는 신조의 뜻을 내포하지만 단순한 길 이상을 의미하여 같은 길을 걷고 있는 수피 동지나 집단의 형제애와 그들 간의 질서체계를 의미하기도 한다. 그래서 수피종단을 따리까(*복수는 turuq*)라는 이름으로 부른다.

샤리아와 따리까가 둘 다 길을 의미하지만 샤리아가 예배 행위 같은 종교의식과 공동체 생활의 규범, 규칙을 담고 있는 신성한 법체계로써 무슬림이면 누구나 지켜야 하는 "외형적인 길"을 의미한다면, 타리까는 무슬림 신앙 내부에 존재하는 "내적인 길"을 의미한다. 수피들은 이 둘이 상호보완적이라고 주장하나 엄밀한 의미에서 샤리아가 우선한다.

수피들의 궁극적 목표는 알라와의 합일에 있으며 이 길은 멀고 험난하다. 여러 영적 상승 단계와 다양한 영적 심리상태를 체득하며 목적지를 향해 나아가는데 이 과정 속에서 거치는 각 단계를 마깜(*maqam*)이라고 부른다. 마깜은 영적 성취의 상승 단계를 의미하며 이 마깜의 수는 가변적이고 다양하여 학자, 혹은 종단에 따라 다르다. 공통되는 것은 대개 회개와 참회, 단념과 포기, 금욕, 인내, 신탁, 영지, 사랑, 만족, 자기 소멸 같은 것들이다. 대개는 7-8개 또는 10-20개의 마깜들로 이루어지며 대개 마지막은 영지 마깜에 이르고 자기 소멸을 거쳐 알라와의 합일(*fana*)이라는 최종 단계에 이른다. 타위드(*tawhid*) 속에 몰입되어 자신을 전혀 의식하지 못하는 황홀경과 몰아의 상태 속에 놓이게 되는 것이다. 이러한 상승 단계 중 신의 은총으로 느끼게 되는 영적 심리상태를 할(*hal*)이라고 한다.

수피들의 수행 방법 중 대표적인 것이 디크르(*dhikr*)이다. 이는 염송, 염신을 의미하는데 알라를 기억하면서 알라의 이름이나 샤하다(*shahada*, 이슬람의 신앙고백)의 전반부를 반복하여 암송하는 것이다. 이것은 일종의 반복적인 기도로서 수피주의자들에게 이것은 예배의 중심수단이 되며 이러한 디크르를 반복함으로써 일종의 최면에 이르게 된다. 디크르는 자발적으로 실행하는 일반적 디크르와 특별한 종단에서 무아경의 기술로서 전수하는 특별 디크르로 나뉜다.

두 번째 수행방법은 싸마(*sama*)로 음악과 춤동작을 통한 방법이다. 수니(*sunni*)와 보수 수피에서는 음악과 춤을 금하나 다른 수피들은 싸마, 즉 음악과 춤동작을 통해 종교적 감정의 분출과 영성 체험을 권장하기도 한다. 수피의 가장 발달한 춤사위는 잘랄 알 딘 알 루미(*Jalāl ad-Dīn ar-Rūmī Mawlānā*)가 세운 마울라비야 종단의 것으로 오늘까지도 가장 유명하다.

2. 말레이 이슬람에 미친 수피즘의 영향

동남아시아에 이슬람이 전파되는 데 중요한 또 다른 요소는 바로 수피즘으로 알려진 이슬람 신비주의 운동이다. 이슬람 역사 속에서 수피즘은 줄곧 법학자들의 비판과 경멸의 대상이 되어 왔지만 동시에 아프리카와 동남아시아에 이슬람이 전파되는 가장 큰 역할을 한 것이 수피 선교사들이었다. 그래서 루이 매시뇽(Louis Massignon)은 "수피즘 덕분에 이슬람이 세계적이고 보편적인 종교가 되었다."고 말하기도 하였다.[44]

말레이족에 대한 이슬람의 전파는 무슬림 압바스 왕조의 패망 이후에 이루어졌다. 이슬람은 어떠한 외부적인 권력의 도움 없이 오로지 자신들이 해석한 이슬람을 이 종족 가운데 전파하고자 한 수피 신비주의자들에 의해 이 지역에 전파된 것이다.

아디슨(James Thayer Addison)은 이 지역에 전파된 수피즘이 인도 무슬림들의 가장 큰 특징 중의 하나였다고 분석하였다.

"수피즘, 혹은 신비주의는 특별히 범신론적인 신비주의로써 인도네시아의 영적이고 감정적인 영역에 뿌리내리고 있는데 이는 오래된 힌두교와 불교의 영향 때문이다. 게다가 인도네시아에서 이슬람은 인도인들에 의해 전래되었다."[45]

예를 들면 이들은 힌두교의 오래된 서사시인 라마야나(Ramayana)를 재해

44) Ahmad Muhammad Saleem, "Islam in Southeast Asia : A Study of the Emergence and Growth in Malaysia and Indonesia," *Islamic Studies* 19, no.2 (Summer): (1980), 135-138.
45) Morgan (1953), 395 in McAmis (2002), 63.

석하여 이슬람적인 내용들로 채우기도 하였다. 이러한 문화 동화의 과정을 통하여 동남아시아 일대의 많은 말레이족들이 이슬람으로 개종하게 된다:

"13세기의 후반기에 전 세계에 걸쳐 수피들의 이슬람 전파 운동이 급격히 확산되었고 이것이 말레이시아에 이슬람이 전파되게 된 중요한 요소였던 것이다."[46]

알 아타도 "(말레이) 사람들 사이에 이슬람을 전파하고 이 종교가 실제로 뿌리내릴 수 있도록 한 사람들은 수피들이라는 것을 확신한다."[47] 고 주장하였다.

이슬람과 신비주의를 연계시킴으로써 이슬람으로 개종한 이들은 이슬람의 가르침과 가치들을 수용함과 동시에 힌두교와 불교적 요소가 가미된 전통적인 애니미즘적 관행들을 여전히 유지할 수 있었다. 그 결과 이 지역의 이슬람은 전 이슬람 시대의 종교적 실천들이 혼합된 혼합적이고 관용적인 관점이 포함된 독특한 이슬람 신앙을 갖게 되었다.

영국의 문화인류학자인 기어츠(Clifford Geertz)는 1960년 자바를 방문하여 행한 참여 관찰을 통하여 이러한 혼합주의의 사례들을 발견할 수 있었다. 자바인들이 드리는 전통적인 기도는 부엌에 있는 가족들의 수호천사, 모든 손님들의 조상신, 들판과 강과 근처 화산의 정령들과 같은 그 지역의 수호신들에게 제사를 드리는 것에서 시작되었다. 그러나 그러한 기도는 "알라 외에 다른 신은 없으며 무함마드는 알라의 사도이다."를 무슬림들의 전통적인 샤하다를 고백하는 것으로 극적으로 마무리되었다.[48]

---

46) Fatimi (1963), 23.

47) Syed Naguib Al-Attas, *Some Aspects of Sufism as Understood and Practised among the Malays*. Ed. by Shirle Gordon (Singapore: Malaysian Sociological Research Institute Ltd.,1963), 21.

48) Geertz (1960), 40-41.

수피 교리는 16세기와 17세기에 걸쳐 수마트라 북부에서 전파되었고 일부 수피 교사들은 지대한 영향을 미치기도 하였으며 이 지역에 수피 종단을 세운 수도승과 교사들은 추종자들에게 신적인 추앙과 숭배를 받기도 하였다. 이 시기에 대표적인 수피 철학자이며 수피즘을 정통 이슬람의 길로 돌이킨 알 가잘리(al-Ghazali)의 저서들이 말레이어를 통해 알려지기 시작했다.

수마트라의 일부 수피 교사들은 의례와 법을 초월하여 알라와 연합하여 살아가는 무슬림들에게 이슬람 전통과 법이 더 이상 필요하지 않다고까지 가르쳤다. 그들은 알라와의 일치가 창조주와 피조물과의 구별을 뛰어넘게 했다고 믿었던 것이다. 이러한 수피 교사들은 무슬림들의 사회적이고 도덕적인 삶에 지대한 영향을 미쳐서 정통적이고 이단적인 이슬람 신비주의가 인도네시아의 무슬림들의 삶에 강력한 영향을 남기게 된다. 정통적인 수피즘이 이 지역에 알려지게 된 이후에도 이단적이고 범신론적인 수피즘은 여전히 남아 있게 된다.

윈슈테트(Winstedt, R. C.)는 인도네시아 이슬람에 미친 인도 수피즘의 영향을 다음과 같이 분석하였다:

> "초기 인도의 (수피)교사들과 같이 말레이 무슬림들은 비록 그들이 정통적인 샤피학파에 속한 수니 무슬리들이라 하여도 살아 있거나 죽은 성인들을 숭배하는 범신론을 받아들였는데 이것은 아랍에서는 소수의 무슬림들 사이에서 찾아볼 수 있는 것으로 인도의 시장과 모스크에서 행해지던 숭배였다. 성인 숭배는 조상들과 통치자들, 교사들의 무덤에 제사를 드리는 관행으로 이어졌다. 힌두의 범신들은 이슬람의 관점에서 보면 실제적으로 불신자들로 분류될 수 있으나 이슬람의 영이 되어 연인들과 전사들을 위한 부적이나 기도문에서 오래도록 사라지지 않았다."[49]

49) R. C. Winstedt, "Indian Influence in the Malay World," *Journal of the Royal Asiatic Society* (London, 1944), 191.

또한 유명한 수피 성인들의 무덤을 찾는 말레이 무슬림들을 쉽게 발견할 수 있는데 이들은 그들의 기도가 이루어지기를 바라면서 무덤에 헌물을 바친다. 그리고 무덤 근처의 나무에는 그 성인의 영에게 기도의 내용을 상기시키기 위해 천조각을 매어 두기도 한다. 꾸란의 구절 역시 마술적인 능력을 발휘할 수 있다고 믿어져서 환자들이 종이에 쓴 꾸란의 구절들을 삼키기도 한다.

인도네시아에 미친 수피즘의 영향은 후에 아라비아와 이집트에서 온 정통 이슬람과의 접촉을 통해 다소 감소되기도 하였으나 정통 이슬람의 교사들조차도 무슬림 대중들의 마음을 잡기 위해서 신비주의적인 요소들을 활용하기도 하였다.[50] 수피들의 의례 중의 하나인 디크르(*dhikr*, 암송)는 말레이 무슬림들 사이에서 대중화되었다. 수피즘은 비록 그러한 신념과 관행이 수피즘에서 기인한다는 사실이 인지되지 않은 채 지금도 계속해서 동남아 열도의 무슬림들의 생활의 모든 면에 영향을 미치고 있다.[51]

VI. 결론 : 민속 이슬람에 대한 선교적 접근

이제까지 살펴본 대로 오늘날 말레이 이슬람에서 보여지는 혼합주의적 모습은 이슬람이 이 지역에 전래되던 때부터 이루어진 이슬람 신비주의와 토착 전통인 아닷을 혼합시켜 토착 말레이인들이 이슬람에 쉽게 다가가게 하기 위한 수피 선교사들의 전략의 산물로 볼 수 있다. 또한 이러한 민속 이슬람은 초경험계의 존재나 힘을 동원하여 현세적 복을 구하는 데 궁극적

50) McAmis (2002), 64.
51) Ibid.

관심을 두고 있음을 알게 되었다.

민속 종교인들은 초경험계에 대한 두려움을 갖고 있으며, 본능적으로 자신을 보호하려는 안전장치를 강구한다. 이런 민속 종교인들을 쉽게 판단하고 정죄해서는 안 된다. 사역자에게는 도리어 그들의 고통을 이해하고 해결해 주려는 긍휼의 마음이 우선되어야 한다. 특히 악령이나 주술의 공격이 있다고 확신하는 사람들에게 잘못된 미신에서 벗어나라고 다그칠 것이 아니라 초경험계까지도 주관하시는 능력의 하나님을 소개하며 그들의 회복을 돕기 위해 구체적인 사역을 전개할 수 있어야 한다.

이러한 상황 속에서 관심을 갖게 되는 개념이 소위 "능력 대결(power encounter)"인데 히버트는 민속 이슬람과 관련되어 두 가지 다른 차원의 능력 대결에 대해 언급한다. 첫째는 우리가 흔히 알고 있는 것으로 사람들 앞에서 공공연하게 행해지는 초자연적 능력의 대결로서의 그것이고, 두 번째의 것은 기독교인이 되고자 하는 무슬림들의 마음속에서 일어나는 대결이다.

첫 번째의 가장 대표적인 예는 바알 종교에 대항했던 엘리야를 들 수 있으며 이러한 능력의 과시는 사람들에게 복음의 우월함을 나타내어 개종에 이르게 한다. 그런데 대부분의 경우에 이것은 더 큰 반대에 직면하게 하며 그것은 다시 더 큰 박해로 이어져 죽음에까지 이르게 하기도 한다. 엘리야의 경우를 보아도 바알의 선지자들을 죽이고 하나님의 능력을 나타낸 후 목숨을 부지하기 위해 광야로 도망쳐 심한 절망을 체험하게 된다. 그리고 그 사건 후에도 이스라엘에서 신앙의 부흥 흔적을 찾아볼 수 없었다. 이사벨은 새로운 바알 제사장들을 임명하고 하나님의 백성들에 대한 박해를 계속해 간다.

두 번째의 능력 대결은 새로운 개종자들이 그들의 과거의 신들을 파괴하고자 할 때 발생한다. 여기서 대결은 선교사와 선교지 사람들 사이에서 일어나는 것이 아니라 개종하고자 하는 사람들과 그렇지 않은 사람들 사이에서 발생하며 동시에 그리스도에 대한 믿음과 과거의 신들과 주술적 처방들에 대한 두려움 사이에서 갈등하는 개인들 사이에서 일어난다.

종교적 경험은 하나의 관점에서만 분석할 수 없고, 인간의 질병도 한 분야의 설명체계로 다 분석해 낼 수 없다. 통전적 접근을 통해 더 온전한 분석과 진단을 내려야 한다. 가령, 민속 종교인이 악령의 공격을 받아 쓰러졌다고 판단될 때, 정확한 진단을 위해 심리상담가나 의사 등 다양한 분야의 전문가들과 동역하는 것이 필요하다. 참으로 성경에서 말하는 귀신의 공격을 받은 것인지, 단순한 정신질환인지, 혹은 빈혈과 같은 생체적 증세인지, 아니면 몇 가지의 원인이 함께 작용한 것인지 전문가들의 진단을 참조해야 한다.

또한 전인적 회복을 위해서도 통전적 사역 방법을 써야 한다. 즉 기도, 상담, 의학적 수단을 함께 사용함으로써 축소주의에 빠지지 않아야 한다는 것이다.

더들리 우드베리(Dudley Woodberry)는 누가복음 10장에 기록된 예수의 사역을 근거로 하여 이러한 민속 종교인들을 다룰 때에는 사역자들이 팀, 또는 파트너십을 이루는 것이 바람직함을 제안한다.[52] 민속 종교인들을 사로잡고 있는 세계가 강력해서 분별함과 지원이 필요하기 때문이라는 것이다. 또한 회복의 역사가 일어났을 때, 사역자 개인이 아니라 하나님께 영광을 돌리기 위한 최소한의 안전장치이다. 초자연적인 방법으로 민속 종교인이 회복되었을 때 흔히 사역자 개인이 신격화될 수 있기 때문이기도 하다. 비비안 스테이시(Vivienne Stacey)도 파키스탄에서의 사역의 경험을 예로 들

52) J. Dudley Woodberry, "Power and Blessing: Keys for Relevance to a Religion asLived," in. *Paradigm Shifts in Christian Witness*, Charles Van Engen, Darrell Whiteman, J.Dudley Woodberry eds (New York: Orbis, 2008), 100.

어 가르침과 영적 분별, 그리고 상담의 은사를 가지고 있는 사역자들의 파트너십이 이러한 사역에서는 가장 효과적임을 강조하였다.[53]

민속 종교의 배경을 가진 사람들은 개종하면 궁극적 충성의 대상이 바뀌었다고 고백한다. 하지만 실존적 삶에 있어서는 과거의 세계관에서 자유롭지 못하다. 다시 말하여 과거의 세계관 속에서 기독교를 해석할 수 있다는 말이다. 특별히 이슬람의 경우 기독론을 제외하고는 중심적 교리와 경전에 등장하는 예언자들 등과 같이 공통의 요소들을 가지고 있어 개종을 하였다고는 하나 많은 경우 과거 신앙의 관습과 지식의 세계 속에서 자유하지 못한 경우를 많이 발견하게 된다. 가령 민속 종교는 신비스런 물건이나 자연, 인간의 몸짓이나 소리 등에 초자연력이 내재해 있다고 믿는 경향이 있다. 개종 이후 사역자들이 사용하는 상징들은 한편으로 민속 종교인의 마음을 열어 놓는 도구가 될 수 있지만, 반대로 주술적 도구로 오해될 수도 있다. 개종자들은 성경 자체나 십자가, 찬송가나 기도, 안수 행위, 성찬식에서 사용하는 포도주, 세례식의 물, 심지어 예배당 건물 등에 소위 기독교적 초 자연력이 내재해 있다고 해석할 수 있다는 것이다. 무슬림 개종자들 그 중에서도 기독교 목회자로 사역하고 있는 이들을 만나보면 대부분의 경우 이러한 경향을 보이고 있어 민속 이슬람과 기독교 신앙의 경계선에 서 있는 모습을 종종 보게 된다. 이 때문에 상징물이나 상징적 행위가 사용될 때 반드시 납득할 만한 바른 설명이 병행되어야 한다.

대부분의 평범한 무슬림들에게 있어서 민속 이슬람의 세계는 그들 일상의 가장 중요한 부분이다. 따라서 우리가 그들에게 진정으로 복음을 증거하기를 원한다면 우리는 그들이 가지고 있는 문제들과 질문들에 대한 성서

53) Vivienne, Stacey. "The Practice of Exorcism and Healing." In *Muslims and Christians on the Emmaus Road: Crucial Issues in Witness among Muslims*. ed. by Dudley Woodberry, 291-303 (California, Monrovia: MARC, 1989), 296-297.

적 응답을 준비해야만 할 것이다. 히버트는 이러한 질문들을 무시하는 것은 무슬림 전도의 가장 효과적인 문들을 닫아버리는 것이라고 단언한다.[54]

민속 종교적인 요소는 비단 이슬람에만 국한된 것이 아니라 말레이인들, 혹은 동남아시아인들의 종교적 영성 속에 깊이 뿌리 박혀 있는 요소이기도 하여서 이 지역의 힌두교, 개신교, 카톨릭, 종족 종교 등의 구별 없이 강력하게 대중들의 영적인 세계와 일상사를 지배하고 있는 요소이다. 이슬람에 대한 단편적이고 고정된 지식을 가지고서는 도저히 이해하기 어려운 세계인 것이다. 말레이인들의 언어와 문화에 대한 진지한 연구와 민속 이슬람에 대한 깊이 있는 이해를 통해 14세기 동안 서구 선교사들이 간과했던 이 지역 사람들의 felt need와 spiritual need에 대한 이해를 통해 실제적이고 효과적인 선교 사역이 이루어지기를 소망해 본다.

---

54) Hiebert (1989), 53-54.

[참고문헌]

김아영. "말레이시아 이슬람의 특성과 그것이 기독교-이슬람 관계에 미치는 영향에 대한 연구", *Muslim-Christian Encounter* 3, no.1, 서울: 횃불트리니티 한국이슬람연구소, 2010.

아이라 라피두스, 신연성 역. 『이슬람의 세계사 1, 2』 서울: 이산, 2008.

Abuza, Zachary. *Militant Islam in Southeast Asia: Crucible of Terror.* Boulder, CO: Lynn Reinner Publishers, 2003.

Ahmad, Muhammad Saleem. "Islam in Southeast Asia: A Study of the Emergence and Growth in Malaysia and Indonesia," *Islamic Studies* 19, no.2 (Summer): 134-141.

Al-Attas, Syed Naguib. *Some Aspects of Sufism as Understood and Practised among the Malays.* Ed. by Shirle Gordon. Singapore: Malaysian Sociological Research Institute Ltd., 1963.

Fatimi, S. Q. *Islam Comes to Malaysia.* ed. by Shirle Gordon. Singapore: Malaysian Sociological Research Institute, Ltd., 1963.

Frisk, Sylvia. *Submitting to God: Women and Islam in Urban Malysia.* Seattle: University of Washington Press, 2009.

Funston, "Malaysia." *In The Politics of Islamic Reassertion.* ed. by Ayob Mohammed. New York: St. Martin's Press, 1981.

Geerts, Clifford. *The Religion of Java.* Chicago: University of Chicago Press, 1960.

______. *Islam Observed.* New Haven: Yale University Press,1968.

Gross, Max L. A. *Muslim Archipelago: Islam and Politics in Southeast Asia.* Washington DC: National Defense Intelligence College, 2007.

Hiebert, Paul. "Power Encounter and Folk Islam," J. Duudley Woodberry ed. *Muslims and Christians on the Emmaus Road.* Monrovia, CA: World Vision Resources, 1989.

______ ."Popular Religions" in James M. Phillips and Robert T. Coote, eds. *Toward the 21st Century in Christian Mission.* Grand Rapids, Mich.: Eerdmans, 1993.

Karnow, Stanley. "South-East Asia." in *Life Magazine.* Amsterdam: Time-Life International, 1964.

Morgan, Kenneth W. ed. *Islam: The Straight Path.* New York: The Ronald Press Company, 1953.

Osman, Mohd Taib. "Islamization of the Malays: a transformation of culture in readings on Islam in Southeast Asia." In Ahmad Ibrahim, Sharon Siddique and Yasmin Hussain eds. Readings on Islam in Southeast Asia. Singapore: Institute of Southeast Asian Studies, 1985.

______. *Malay Folk Beliefs: An Integration of Disparate Elements.* Kuala Lumpur: Dewan Bahasa dan Pustaka, 1989.

Peletz, Michael G. *A Share of the Harvest: Kinship, Property and Social History among the Malays of Rembau.* Berkeley: University of California Press, 1992.

Sayyid Fayyaz, Mahmud. *A Short History of Islam.* London: Oxford University Press, 1960.

Stacey, Vivienne. "The Practice of Exorcism and Healing." In *Muslims and Christians on the Emmaus Road: Crucial Issues in Witness among Muslims*. ed. by Dudley Woodberry, 291-303. California, Monrovia: MARC, 1989.

Walters, Albert Sundaraj. *We Believe in One God?: Reflections on the Trinity in the Malaysian Context*. Delhi: Indian Society for promoting Christian Knowledge, 2002.

Walter Bonar, Sidjabat. *Religious Tolerance and the Christian Faith: A Study Concerning the Concept of Divine Omnipotence in the Indonesian Constitution in the Light of Islam and Christianity*. Djakarta: Badan Penerbit Kristen, 1965.

Wazir Jahan Karim. *Women and Culture: Between Malay Adat and Islam*. Boulder: Westview Press, 1992.

Winstedt, R. C. "Indian Influence in the Malay World," *Journal of the Royal Asiatic Society*, London, 1944.

Woodberry, J. Dudley. "Power and Blessing: Keys for Relevance to a Religion as Lived," in *Paradigm Shifts in Christian Witness*. Charles Van Engen, Darrell Whiteman, J. Dudley Woodberry eds. New York: Orbis, 2008.

JINN PEOSESSION AND *UGANGA*(HEALING) AMONG THE SWAHILH : A PHENOMENOLOGICAL EXPLORATION OF SWAHILI EXPERIENCES OF *JINN*

Caleb Chul-soo Kim

I. INTRODUCTION

Non-Muslims often categorize a great number of Islamic religious practices and cultural customs as "folk Islam" in contrast to "official Islam," which appears to them to be orthodox, not syncretistic. However, they are usually surprised to discover that Muslim canonical traditions actually permit or even encourage many of the so-called folk beliefs and practices. Rather than interpret them through the canonical traditions, non-Muslims tend to interpret many Islamic practices in terms of their home cultural perspectives, which give them incorrect or inaccurate understandings of Islamic religiosity or the Muslim worldview.[1]

The *Quran* and the *Hadith* literature provide official grounds for different sorts of *jinn* beliefs and practices throughout the Muslim world, but non-Muslims—particularly Christians—usually find the beliefs and practices difficult to grasp. Although the cultural costume differs from society to society, most Muslims carry a strong sense of close relationship to species of *jinn* in their ordinary life, thus they conduct various rituals to deal with them. The case that I present in this paper may seem more traditional (African) than Islamic; however, it will help the reader see how official Islamic teachings on *jinn* can lead a Muslim community to an extreme case of *jinn* practice. This study is thus an attempt to explore the phenomenon of *jinn* possession that is easily observed in the therapeutic ritualistic context among Swahili Muslims on the Tanzanian coast, including the island of Zanzibar. Hopefully the presented perspective of the insider's experiences and explanations[2] will sensitize readers to the significance of *jinn* beliefs and practices in the lives of Muslims and their spiritual felt-needs.

1) Many of the so-called folk Islamic beliefs and practices are in fact part of Islamic othodoxy. The technical term "folk Islam" (or "popular Islam" in similar cases) should be understood as an expedient term that outsiders use to distinguish between what could be classified as folk religious beliefs and practices and what could be classified as official ones. For detailed discussions on folk religions, see Paul Hiebert, Daniel Shaw, and Tite Tiénou's *Understanding Folk Religion* (Grand Rapids, MI: Baker Books, 1999).

2) This study is primarily descriptive based on my fieldwork in Dar es Salaam and Zanzibar, Tanzania, in 1997-1998 and also in 2010.

II. THE SWAHILI EXPERIENCE OF *JINN* POSSESSION IN HEALING RITUAL

Swahili Muslims seek help for healing from various practitioners,[3] who diagnose many pathological symptoms (*maradhi* in the Swahili language) as the result of an attack by *jinn*. What anthropologists or psychologists often refer to as spirit possession is quite common among both Swahili practitioners and their clients (or patients).[4] Swahili people do not consider spirit possession (or *jinn* possession in the Swahili context) abnormal, because it occurs frequently and they use it in many cultural activities, particularly healing rites. They even take possession for granted as a usual part of their culture,[5] and thus they do not consider it to be a behavior as culturally

---

3) A Swahili can be defined as a person who was born and grew up in one of the subcultures of Swahili-traditional Muslim settlements of the East African coast or one who is Swahilized to the extent that his/her lifestyle conforms to that Swahili cultural zone. See Kim's *Islam among the Swahili in East Africa* (Nairobi: Acton Publishers, 2004), 39-44 and James de Vere Allen's Swahili Origins: *Swahili Culture and Shungwaya Phenomenon* (London: James Currey, 1993), 259, for more detailed definitions of the Swahili.

4) A number of anthropologists view spirit possession as a culturally patterned behavior. According to Bourguignon, the altered state of consciousness (spirit possession) is in "institutionalized, culturally patterned forms" in ninety percent of the sample of four- hundred eighty-eight societies that was "drawn from a worldwide universe of adequately described cultures." See her *Religion, Altered States of Consciousness*, and Social Change(Columbus, OH: Ohio State University, 1973), 9-11. In the context of ritualistic spirit possession, spirit possession is more than an individual, psychopathological problem; rather, it is a phenomenon culturally induced, patterned, and oriented. Michael Lambek views spirit possession to be a sort of potential propensity biologically inherent in human nature. Its behaviors vary "cross-culturally yet are standardized within cultures." See his work *Human Spirits: A Cultural Account of Trance in Mayotte* (New York: Cambridge University Press, 1981), 5.

5) It should be noted here that the idea of "normality" of spirit possession is based on the *emic* perception, not from the outsider's analytical perspective. In other words, the "nor-

deviant as would be conversion to other religions (especially to Christianity). The Swahili perceive it to be something that can happen to any member in their society, just like any other physical problem can. Even mental problems that result from spirit possession (or spirit attack) are not viewed as shameful as they would be in other societies, such as Europe and North America. Furthermore, *jinn* possession is desired to effect cures in healing rituals. In the therapeutic context, therefore, *jinn* possession is apprehended to be an expression "of the culturally constituted reality" rather than a distortion of it(Walker 1972:128). Such a practice of spirit possession for cure generally allows Swahili Muslims to assume a permissive, even affirmative, attitude toward therapeutic *jinn* possession despite its well-known painful experiences. Consequently, the healing ritual of *jinn* possession is not considered clandestine, and the ritual place is usually unconcealed.

However, many analytical studies on spirit possession have attempted to interpret its phenomenon mostly from psychiatric perspectives or similar viewpoints, only to leave an impression that a sympathetic understanding has been absent. Particularly, Western traditions (both secular and Christian) tend to overlook the paramount issues embedded within the insider's experiences, knowledge, and emotions. These might have

---

mal behavior" is what the majority of the members of a given society have accepted as part of their culture, so it is usually expected to occur. Therefore, the "abnormal behavior" can be defined as culturally unacceptable within the given society. It is interesting to note that Islamic psychiatrists, such as Fakhr El-Islam, M. Z. Azhar and S. L. Varma, M. H. Mubbashar, Jawahil Al-Abdul-Jabbar and Ihsan Al-Issa, and Al-Issa, take seriously into account *emic* cultural understandings in their diagnosing of mental problems in the Muslim societies. See Ihsan Al-Issa (editor)'s *Al-Junūn: Mental Illness in the Islamic World* (Madison, CO: International Universities Press, 2000).

been too elusive for the outsider's ethnocentric mind to grasp.[6] Budden points out, as borrowing Csordas' statement, that "there has been a tendency, especially in the Western paradigm of ethnopsychiatry, to over-medicalize it [possession] (2003:41)." However, it is "the depth of experiences that one can have with respect to beliefs in the sacred (Budden 2003:40, emphasis mine)," such as spirit possession, that the outsider needs to pay profound attention to. A sympathetic understanding and appreciation of the insider's raw experiences would enable even a professional ethnographer to reconstruct and translate the insider's reality (*emic* view) in a way that is the closest to the actual world in which the insiders live.

In the Swahili context, the ritualistic *jinn* possession-both the practitioner's voluntary possession and the client's passive, ritualistic possession-serves as a therapeutic vehicle that has been culturally shaped and employed to cure routine problems-physical, mental, and relational. For example, Salim Nzagu, a Swahili informant during my fieldwork of 1997-9, indicated that the trance state of possession (anthropologically labeled as the "altered state of consciousness") is a cultural vehicle for healing (*uganga* in Swahili), which I will explore later.[7] This possession state is hardly

6) It is generally observed that traditional scholarly approaches to the phenomenon of spirit possession are based primarily upon the western positivistic tradition in which only "scientifically" proven facts are reckoned as true knowledge or reality, thus giving little credit to local experiences for academic analysis. Even secular anthropologists such as Fiona Bowie express a similar concern; see her work *The Anthropology of Religion* (Malden, MA: Blackwell Publishing, 2000), 199.

7) The trance induced by Nzagu's voluntary possession seems to be a type of "trance possession" according to Bourguignon's labels. See her works: "Forward," in Felicitas Good man, Jeannette Henney, and Esther Pressel, *Trance, Healing and Hallucination* (New

viewed as a pathological result. Nzagu, the practitioner, lends his body to the spirit (voluntary possession), so that the Muslim jinni called *ruhani* can do the things that Nzagu desires to happen for his client. The mutually beneficial results for the practitioner and client indicate that the spirit/*jinn* possession induced through the possession ritual is a cultural form that has been socio-culturally structured and accepted and thus has been practiced as a culturally normal behavior.

It should be noted, however, that the ritualistic *jinn* possession in the séance context is generally differentiated from other types of spirit possession that occur outside the ritual context (or outside the context of kilinge, the Swahili shamanic-ritual place). The latter is usually regarded as an illness that calls for a possession ritual to cease pathological symptoms, as it was in the following example from my fieldwork. The shamans of a woman who suffered from a mental problem for a long period of time explained to me that her mental problem was a result of an attack by spirits (about ninety-three *jinn* according to them) and was a sickness, the kind of sickness that could be removed only through the "ceremony of reconciliation (Saunders 1977:184)." So she was brought to the Swahili shamans and put under their care. They treated her with a

York: John Wiley and Sons, 1974), ix. Cf. See also her other works as well: "Dreams and Altered States of Consciousness in Anthropological research," in Francis L. K. Hsu, ed., *Psychological Anthropology* (Morristown, NJ: Schenkman Publishing Company, 1972), 403-434; *Possession* (San Francisco, CA: Chandler and Sharp Publishers, 1976), 42-49. The Swahili ***emic*** term for the trance state of spirit possession is *hali ya usingisi* (sleepy state), while anthropologists label it as the altered states of consciousness. See Kim (2004), 107.

spiritual cure (*uganga*) that controlled and tranquilized the mind (*akili*) of the *jinn* possessing her. This possession ritual, in which the experts of *jinn* (*waganga*) called out the possessing jinn to human attention through the possessed woman's embodiment, was considered the only way to make the therapy effective.

Importantly, most of the possessed are not psychotic, though admittedly some are. The possessed live an entirely normal life only excepting the ritual sessions. Their cultural behaviors are as normal and as usual as other healthy people and do not seem to be bothersome to the people around them. Both mentally healthy and psychotic people experience almost the same thing when they enter the state of possession. In other words, spirit possession is not only experienced by people with some degree of dissociation disorder but also by mentally healthy people in the Swahili society. The manner of the spirit possession is also almost the same among both mentally healthy and unhealthy people. I regard this as another piece of evidence that spirit possession is an experience of the other world, that is, the supernatural realm, rather than an experience of a dissociated self.

To sum up, I want to emphasize the significance of the insider's ontological experience, particularly by explaining the phenomenon of *jinn* possession among Swahili Muslims. My term "ontological experience" points to the reality that the members of a given society live in; it is the realm of the real that all members share as their experiential truth. Spirits are always real to the Swahili; they are not just a delusion or hallucinated experience as a result of psychopathological problems. To the Swahili, the *jinn* are a kind of personal entity or species that can be experienced daily by social members in their cultural ways. Their experience of spirits is thus authentic. The embodiment of spirits or spirit possession actually occurs in their bodily sensors,[8] and there is little evidence that can dismiss their experiences.[9] In order for any outsider to understand the deep level of the insider people's inner experiences, the outsider must heed their experiences and explanations. Only then can the outsider, whether a missionary or community development worker, appropriately grasp and reconstruct the psychological and spiritual world in which the people actually live and encounter evil powers.

III. THE CENTRALITY OF THE HEALING(*UGANGA*) MOTIF IN *JINN* POSSESSION RITUAL

Many anthropologists widely accept that the ritualistic spirit possession serves as a "coping strategy (Bourguignon 2004:571)" by which

8) Ashwin Budden brings up the embodiment theory as an alternative approach to spirit possession, which helps to infer what actually occurs inside the human mind during the state of spirit possession. See his work "Pathologizing Possession: An Essay on Mind, Self, and Experience in Dissociation," *Anthropology of Consciousness*, 14 no. 2 (2003).

9) As a foreigner and western anthropologist, Kjersti Larsen underwent the state of possession by the local sprits known as Kibuki spirits in the Swahili town where she conducted her fieldwork. See her dissertation "Where Humans and Spirits Meet: Incorporating Difference and Experiencing Otherness in Zanzibar Town" (The University of Oslo, 1995), 14-16. Her own experience of the possession state shows that possession experience is not limited to the local people but is also open to outsiders.

the possessed can express their "unconscious, forbidden thoughts and feelings, particularly in situations of social subordination (Bourguignon 2004:558)". Partially in agreement with this view, I have, however, arrived at a careful conclusion, based upon my vigilant observations and interviews among the Swahili, that the *jinn* possession recurring in the Swahili séance is to be understood as a cultural method for healing perse. Particularly in the Swahili context, the weight of their wish to be freed or healed from the problems they have been suffering-problems not only physio-psychotic but also relational-is much heavier than their inner desire to express unconscious thoughts and feelings or to become temporarily powerful through the possession trance, as Lewis and others contend.[10] The primary motivation is a fervent desire for as much release from the *maradhi* or symptoms that afflict them as possible. Thus, I put more stress on the pragmatic and realistic dimension of the need

10) I. M. Lewis interprets the Somali *sar* ritual from a socio-political perspective. He views the *sar* possession cult as being marginal or peripheral to the Somali society. In his view, the *sar* cult "offered a means of escape and cure in the associated cathartic rituals." See *Ecstatic Religion: A Study of Shamanism and Spirit Possession* (London: Routledge, 1989), 91. It provides an "oblique strategy of attack" against the people with power to afflict (Ibid., 105). So the cult members constitute a secret guild where they are endowed with a culturally authorized time and space to express their protest and resistance against social injustice or unjust treatment from the powerful people. However, a number of anthropologists have refuted his view, especially his idea of the peripheral nature of the possession cult. See Janice Boddy, *Wombs and Alien Spirits: Women, Men, and Zar Cult in Northern Sudan* (Madison: WI: The University of Wisconsin Press, 1989); Marja-Liisa Swants, *Ritual and Symbol in Transitional Zaramo Society* (Motala, Sweden: Motala Grafiska, 1986); Kjersti Larsen (1995); Linda Giles, "Spirit Possession on the Swahili Coast: Peripheral Cults or Primary Texts?" (Ph.D. dissertation, The University of Texas, 1989). Especially, Giles affirms, "Swahili possession cults are not only central to Swahili coastal society but are, in fact, one of its most illuminating expressions" (Ibid., 1)

for healing felt among those involved in *jinn*-possession rituals than on their psychological need for release from socio-political predicament. This is evident when we observe many "privileged" people, such as men and the rich, involved in *jinn*-possession rituals. *Jinn* are real and threatening to all members of Swahili societies, not only to those "un-privileged" or "downtrodden," as Lewis contends (1989:105), but also to those in socially high positions with power to afflict others.

Jinn are perceived to be actively involved in almost all aspects of Swahili life, particularly in the negative affairs of life. Most Swahili Muslims are keenly aware of the possible presence of *jinn* and their potential danger. Even people in a higher position often strive to domesticate *jinn* by employing an *mganga* (a Swahili traditional practitioner) so as to protect their properties and wealth. In general, the Swahili are always inclined to employ *uganga* or a traditional healing method in order to maintain their life in peace with these invisible and prospectively dangerous neighbors. Thus, the ritual of *jinn* possession has been culturally developed and structured for the purpose of dealing with the hostile, supernatural environments around the Swahili; it is to keep the individuals, as well as the whole society, at peace with *jinn*. In this sense, the Swahili idiom of spirit possession reflects the most characteristically predominant theme of the "survival of the fittest" on the earth. *Jinn* are a group of nonhuman beings that need rigorous attention for the sake of a peaceful relationship-a relationship that preserves life-both individually and collectively. To retain a good relationship with them is what the

Swahili refer to as *uganga* or healing.

The meaning of *uganga* in the Swahili context (or even in various East African contexts) thus should be understood based on the Swahili's ontological experience. The Swahili word *uganga* has been translated as "healing" or "therapy," but none of the English translations equates to the original Swahili word. English words for *uganga* only lend an image of medical treatment and physical or psychological cure, where as *uganga* deals with human predicaments more comprehensively than just addressing medical problems. So the Swahili word *uganga* should be understood to mean more than a pathological solution. While it is very difficult to find an exact translation for *uganga*, I keep using the English word "healing" in this paper as I assign the relational dimension to it. In the Swahili idea of *uganga*, even physio-psychological problems are interpreted as a relational breakdown between Self and Other(including the spirit world). The notion of relationship thus must not be underestimated in the discourse of healing among the Swahili, which is frequently solicited through the ritual of spirit possession. It is in this context that spirit possession needs to be addressed afresh.

IV. *KUPUNGA* AS A CENTRAL ELEMENT IN *UGANGA*

One of the traditional Swahili healing rituals is called *ngoma ya kupunga majini* (*or mashetani*) in the Swahili language, literally rendered as "dance/ritual for reducing *jinn* (or satans)." Among many different types of rituals that are intended to heal problems caused by different *jinn*, this *ngoma* ritual seems to reflect the Swahili Muslim worldview more comprehensively than the other types. For this reason, we will take a closer look at the ritual and analyze its characteristics to help us grasp the Swahili view of healing.

1. Swahili Concept of *Kupunga* in the Ritual Context

The ritual of *jinn* possession called *ngoma ya kupunga majini* is usually roughly divided into two parts. The first is called *zinguo*, in which ostensibly Islamic rituals are performed, such as the recitation of the *Quran* and Muslim prayers (called *kisomo cha korani*). *Zinguo* is usually followed immediately by the second part, known as *ngoma ya kupunga majini* (or *masheitani*),[11] after which the whole ritual is named. This part includes a number of ceremonial songs and dances and is quite traditionally African. The *ngoma* is actually characteristic of the whole process of the healing ritual. *Ngoma* refers to African traditional music consisting of drum and dance.[12] Both *zinguo* and *ngoma* rituals aim at

11) It should also be noted that there are many different types of *ngomas* on the coastal regions and Zanzibar Island. In Zanzibar Island alone, several types of *ngoma* have been discovered, such as *ngoma ya ruhani, ngoma ya rubamba, ngoma ya kibuki, ngoma ya habeshia, ngoma ya kizungu, ngoma ya nyangi*, and so forth. For the detailed descriptions of those rituals, see Giles (1989) and Larsen (1995).

12) It is important to notice that the *ngoma* represents African orientation in contrast to Islamic inclination. The Swahili Muslims who are more African-traditional tend to use drums, while those who identify themselves with more "orthodoxy" of Islam tend not

making what is called *kupunga* to occur. From attentive observations, I have come to conclude that the Swahili cultural idea of *kupunga* is central to understanding the technique of *uganga* in the Swahili context.

Before describing the part of *kupunga* in the ritual, it is important to know how the Swahili people understand the word *kupunga* in the ritual context. The Swahili word (the infinitive form of the root verb *punga*) originally means "to reduce." J.W.T. Allen views that the object of the verb in this context is the possessed patient rather than the possessing spirit(*jinni*). Commenting on the famous Swahili scholar Bakari's work on the Swahili traditions, he states, "The patient is reduced, not to his or her original condition, which can never be restored, but to a satisfactory condition in which he or she can resume everyday life."[13]

Allen's view has at least two serious defects. The first problem is that Allen seems to overlook the roles that *jinn* spirits play in the Swahili's daily life. This deficiency is probably due to the influence of the western positivistic paradigm on his interpretation of the phenomenon of spirit possession. Despite the clear usage of the verbal word, he has arbitrarily seen the human condition as its grammatical object, thus focusing on the symptoms of the possessed. To him, spirit possession is a psychotic symptom rather than a result of the human encounter with

---

to use drums but to utilize Islamic forms such as *Sufi dhikri* or *kisomo* cha *korani*, even though they sing and dance during their rituals. In our context, the term *ngoma* is used to refer to any type of ceremony or ritual performed with music.

13) Mtoro bin Mwinyi Bakari, *The Customs of the Swahili People*, translated by J. W. T. Allen (Los Angeles: University of California Press, 1981), 283. Allen agrees that there is no exact equivalent English word for *kupunga*.

another species, that is, the spirits. The other problem is closely related to the first; Allen does not take the insider's view. The Swahili explanations of their experiences do not deserve a good place in his interpretation. I thus view his interpretation to be not quite fair in presenting the Swahili ontological experiences. Rather, Swahili Muslims view that the action of *kupunga* is intended "to make the spirit cool down and leave the patients."[14] This naturally matches the grammatical usage of the verb *kupunga* its object is clearly *majini* or *mashetani*, referring to the *jinn* spirits.[15] Then, the idiom *kupunga majini* or *mashetani* can be rendered to mean "making *jinn* spirits leave the patient (or the possessed) safely by reducing their power through satisfying them."

1) *Kupung* as Adocism, not Exorcism

The ritual of *kupunga majini* is not an exorcist activity. "Exorcism" refers to a religious practice to drive out evil spirits by ritual prayers, incantation, and so forth. It usually implicates the enmity between the exorcising and the exorcised. However, such enmity is hardly detected in the context of *ngoma ya kupunga majini*.[16] Allen also correctly points out that many Western scholars mistakenly use words such as "entering" a person or "being driven out" of a person to describe the spirit

14) Kim (2004), 187.

15) The verb *kupunga* also means "to wave" and "to decrease."

16) I believe that Marja-Liisa Swantz is mistaken when she describes the *Zaramo* ritual of *jinn* possession as exorcism. See her work (1970).

during ritual possession.[17] Even some practices that appear to be a kind of exorcism need very attentive observation to avoid confusing them with a Western notion of exorcism. For example, devout Islamic sheikhs command *jinn* to leave the possessed, which is more often observed in *kisomo cha koraani* (recitation of the *Quran*) than in *ngoma* or African-traditional rituals. One of my research informants in Zanzibar who claims to practice healing (*uganga*) in the Islamic orthodox way told me that sheiks heal people afflicted with *jinn* attack by "punishing *jinn* with the recitation of the *Quran*" in order to make the *jinn* leave.[18] However, it was difficult to notice any strong animosity against the spirits as can be found in Christian exorcism; rather, they were perceived to be, in a sense, supernatural rascals that live with humans as a social nuisance-like disruptive gangsters in their society.

Thus, in order to heal the *jinn* possessed, Swahili Muslim healers perform what Luc de Heusch calls "adorcism."[19] In my book, I have explained the phenomenon of adorcism by using de Heusch's definition of it as follows:

---

17) Bakari (1981), 282-283.

18) This information was obtained from my fieldwork in Zanzibar in June 2010.

19) Luc de Heusch, *Why Marry Her?: Society and Symbolic Structures* (Janet Lloyd, trans. Cambridge, UK: Cambridge University Press, 1981), 156. Similar to Heusch, the French psychopathologist and psychiatrist Jean-Michel Oughourlian defines "adorcism" as the "voluntary, desired, and curative possessions" (*The Puppet of Desire: The Psychology of Hysteria, Possession, and Hypnosis* [Eugene Webb, trans. Stanford, CA: Stanford University Press, 1991], 97). However, Oughourlian admits of no existence of spirits; thus, spirit possession is merely a psychopathological symptom like others, such as hypnosis and hysteria. In his view, the devil is "nothing other than rivalrous desire and perverse imitation: envy, jealousy, pride, and so on" (Ibid., 24).

According to de Heusch, adorcism refers to the phenomenon of the voluntary possession of spirit for the purpose of therapy as well as of "the return of the soul"taking place in shamanism (1981:154). In adorcism, it is desirable that spirits possess either the sick person or the healer(shaman), whereas exorcism seeks to expel unwanted spirits from the sick person by using spiritual force or threat against spirits. Adorcism is thus a "desired" spirit possession for healing. However, I must qualify the adjective "desired" with an adverb "reluctantly" because in order to receive cure, the possessed feel obligated to enter the trance state of possession that brings little pleasure to the patient.[20]

Put differently, the Swahili rituals for healing the *jinn*-possessed, both the Quranic recitation (*kisomo cha koraani*) method and the African-traditional *ngoma* method, are primarily for spirits rather than for people, and they are definitely not against the spirits. Thus, the rituals should be understood as adorcisms. In other words, their primary goal is to tame and domesticate the spirits for the purpose of healing.[21] Although the Swahili admit that spirits are a great nuisance and are even a threat to their peaceful life, they can hardly envisage that they could ever eradicate the spirits from society. Rather, their task is to maintain peace with the spirits all the time, and this is the core concept of *uganga* in the context of spirit possession ritual.

Appreciating the importance of the healing (*uganga*) motif in the spirit possession ritual among Swahili Muslims, we see that the psychoanalytic or psychopathological view of spirit possession as dissociation-as under-

20) Kim (2004), 220.

21) Cf. Lewis (1989), 26.

stood in the Western traditions-hardly matches with the Swahili idea of spirit possession. "[N]o matter how bizarre and irrational it appears from the Western point of view,"[22] the culturally developed bodily behavior and affective mind (emotion) in the therapeutic ritual of *jinn* possession should not be considered only pathological or psychotic in a medical sense. Rather, such a phenomenon deserves multidisciplinary examinations, without underestimating the insider's experiences and cultural logic. Our understanding of spirit possession among Swahili Muslims must integrate their cultural, religious, and even theological assumptions. Among the possible causes for such a cultural pattern as spirit possession is an Islamic idea about the spirit world-particularly the folk understanding of the *jinn* world-that is based upon the canonical accounts of *jinn* in Islam. In the next section, I will briefly explore this religious element in terms of its relationship with the occurrence of spirit possession.

V. ISLAMIC PRECONDITIONING OF *JINN* POSSESSION

We must consider ritualistic spirit possession among the Swahili in light of the Islamic context. In doing so, we can recognize that the séance itself is more than a therapeutic ritual; it comprises many socio-religious elements that would satisfy the religiously oriented minds of Swahili Muslims. The Swahili séance is saliently characteristic of what

22) I quote Hollan's words as quoted in Ashwin Budden's article: "Pathologizing Possession: An Essay on Mind, Self, and Experience in Dissociation," in *Anthropology of Consciousness*, 14, no. 2 (2003), 34.

I have called the "Domain of Total Synthesis."[23] This domain represents the integration of Islamic elements and traditional assumptions; it can be called the real face of Swahili Islam, where African traditions, Arabo-Persian cultural elements, and Islamic ideology blend together to create a peculiar type of local Islam for the Swahili. I would assert that one of the most typical examples of this domain is the ritual of *jinn* possession, the *ngoma ya kupunga majini/masheitani*. This ceremony is always syncretistic in that it embraces both Islamic official or "orthodox" elements and African consciousness of the spirit world altogether. Non-Swahili outsiders might well wonder how these elements can be compatible, yet they incorporate harmoniously into one whole cultural system that looks seamless: the *jinn*-possession ritual always begins with *adhan* (Muslim call for prayers) and is followed by Quranic recitation before going into the actual performance of spirit possession(the *ngoma* part).

At this point, it is important to note that the possession by spirits is an accepted fact even among "orthodox" Muslims. Abu Ameenah Bilal Philips, as a leading Sunni scholar, clarifies that *jinn* possession is an orthodox view. He states:

> "According to the Islamic conception of the world of created spiritual beings, the conclusion drawn from the evidence presented in the previous chapters was that the only possible source which could be involved in the spirit-possession of humans would be the *jinn*. This is the view held by then majority of Sunnee scholars, past and present."[24]

23) Kim (2004). 67.

24) Philips, Abu Ameenah Bilal, *The Exorcist Tradition in Islam* (Sharjah, UAE: Dar Al Fatah, 1997), 7

In his work, Philips also refutes the view that spirit possession is impossible, a view held by some Muslim scholars—mostly those of "the deviant Mu'tazille philosophical school of thought."[25] Myriad accounts of *jinn* and *shaitan* (a devil) exist in Islamic Scripture and traditions (both the *Quran* and *Hadith*).[26]

Therefore, although the rigid orthodoxy of Islam, like Christianity, claims that spirit possession is a religiously abnormal and deviant behavior, its canonical teachings provide vast leeway for the ordinary Muslim mind to believe in the possibility of spirit possession. For this reason, the Swahili find little conflict between the Islamic components (*zinguo* and *kisomo cha korani*) and the African traditional part (*ngoma*) of the ritual of *jinn* possession. Through such a religious preconditioning at the unconscious level, many Swahili Muslims anticipate what they doctrinally believe (usually with fear); namely, that *jinn* possession could happen to them.

The following example will help us see this point more clearly. Common belief holds that children, particularly girls, may be caught by spirits when they reach about age sixteen or after they experience puberty. Thus many Swahili girls generally fear attending the ritual of *jinn* possession in Zanzibar.[27] Due to irresistible curiosity, however, some of them attended the ritual, where one of them was eventually possessed by a spirit invoked by the ritual leader (*mganga*). As a Muslim girl, she had known about the *jinn* and believed with fear that they could pos-

25) Ibid., 83.

26) See the fifth chapter of Kim's work (2004).

27) It appears that girls are more psychologically susceptible to spirits than boys in the Swahili society.

sess her. After that incident, the Swahili girl continued to experience her spirit even without a ritual or without calling it out; the spirit's manifestation was beyond her control. For this reason she had to ask a ritual leader or healer (*mganga* that conducts *uganga*) to perform *kupunga majini/masheitani* for her, pacifying the spirit.[28]

As seen here, it seems that the Islamic teachings on the existence of *jinn* and their activities, which are unquestionable among Muslims, have already through enculturation conditioned the Muslim's psychological receptivity to spiritual forces. In this religious milieu, they do not view their experience of spirit possession as abnormal, but as a nuisance to their ordinary life.

VI. CONCLUSION

In this short essay, I have attempted to unearth one extremely important dimension of the ritualistic *jinn* possession among Swahili Muslims; that is, the paramount motif of *uganga* in the ritual of spirit possession. The Swahili concept of *uganga* cannot be depreciated in understanding the Swahili mind and heart. Unfortunately, the conventional Western concept of healing tends to denote solely the medical dimension without giving adequate attention to relational issues that the possession ritual implies. Instead, the reader should keep in mind

28) See Larsen's dissertation (1995) for more cases like this.

that "healing" in the Swahili therapeutic context insinuates the relational dimension, particularly between the human and *jinn* worlds. This essay also addresses two important religio-cultural presuppositions: one is the Islamic preconditioning of *jinn* possession as a socio-religious psychological foundation for Muslim life, as briefly discussed above, and the other is the causality issue. The latter is so important as well for better understanding the Swahili view of *uganga* that it deserves at least one separate chapter. However, due to limited space in this paper, I will only mention its significance in the following few words as a recommendation for further studies.

Close observations and ethnographic interviews indicate that Swahili Muslims are also Africans who share a common African view of causality with their fellow Africans. Looking deeply into the system of their causal ontology, we can see that it is primarily interpersonal, which reflects the African cultural assumption that personal agents bring or cause life problems, such as sickness and death.[29] It is because of this causal ontology that the *uganga* usually begins with divination or a search for the causes of problems. In most cases of non-shamanic spirit possession (or cases of non-ritualistic possession by spirit attack), the Swahili *uganga* generally sees two kinds of *jinn* in focus: the *jinn* that attack

29) See Steve Rasmussen's doctoral dissertation and his recent article for detailed discussions on the issues of causal ontology with special reference with the Sukuma society in Northwestern Tanzania. Especially see his article "A Case Study of Christian Response to Sickness, Death, and Witchcraft in Northwestern Tanzania," in Caleb Kim, ed., African Missiology: *Contributions of Contemporary Thought* (Nairobi: Uzima Publishing House, 2009), 105-108.

people because of the people's unwitting offense against the spirits and the *jinn* that have been sent by people due to their envy or wrath against their enemies. The first presents a mix of two causal ontologies; namely, interpersonal and moral causalities, while the latter is solely a type of interpersonal causal ontology.

As briefly introduced above, both *uganga* and causality are closely interrelated in the Swahili therapeutic context. So it is also critical to discuss the Swahili causal ontology in dealing with the phenomenology of the Swahili *uganga*. I believe that such a phenomenological study as this is fundamental for any further applied efforts, such as community development, missionary ministry, and the like. Without knowing the insider's cultural logic about the matter of cause and effect, the outsider's effort for any development in the insider's land will not produce desirable fruit. To know the Swahili's beliefs about causality and their cultural concept of "healing" is an extremely important starting point for any healthy ministry among the Swahili, who are both Muslims and Africans.

[References Cited]

Al-Abdul-Jabbar, Jawahir, and Ihsan Al-Issa. "Psychotherapy in Islamic Society," in Ihsan Al-Issa, ed., *Al-Junūn: Mental Illness in the Islamic World.* Madison, CO: International Universities Press. 2000, 277-293.

Al-Issa, Ihsan. "Mental Illness in Medieval Islamic Society," in Ihsan Al-Issa, ed., *.Al-Junūn: Mental Illness in the Islamic World.* Madison, CO: International Universities Press. 2000a, 43-70.

______. "Does the Muslim Religion Make a Difference in Psychopathology?" in Ihsan Al-Issa, ed., *.Al-Junūn: Mental Illness in the Islamic World.* Madison, CO: International Universities Press. 2000b, 315-353.

Allen, James de Vere. Swahili Origins: *Swahili Culture and Shungwaya Phenomenon.* London: James Currey, 1993.

Al-Subaie, Abdullah, and Abdulrazzak Alhamad. "Psychiatry in Saudi Arabia," in Ihsan Al-Issa, ed., *Al-Junūn: Mental Illness in the Islamic World.* Madison, CO: International Universities Press, 2000, 205-233.

Azhar, M. Z. and S. L. Varma. "Mental Illness and Its Treatment in Malaysia," in Ihsan Al-Issa, ed., *Al-Junūn: Mental Illness in the Islamic World.* Madison, CO: International Universities Press, 2000, 163-186.

Bakari, Mtoro bin Mwinyi. *The Customs of the Swahili People.* J.W.T.Allen, trans. and ed., Los Angeles, California: University of California Press, 1981.

Boddy, Janice Patricia. *Wombs and Alien Spirits: Women, Men, and Zar Cult in Northern Sudan.* Madison: WI: The University of Wisconsin Press, 1989.

Bourguignon, Erika. "Dreams and Altered States of Consciousness in Anthropological Research," in Francis L. K. Hsu, ed., *Psychological Anthropology.* Morristown, NJ: Schenkman Publishing Company, 1972, 403-434.

______. "Forward," in Felicitas Goodman, Jeannette Henney, and Esther Pressel, *Trance, Healing and Hallucination.* New York: John Wiley and Sons, 1974, v-xvi.

______. Possession. San Francisco, CA: Chandler and Sharp Publishers, 1976.

______. "Suffering and Healing, Subordination and Power: Women and Possession Trance." *Ethos*, 32 no. 4 (2004), 557-574.

Bourguignon, Erika, ed. *Religion, Altered States of Consciousness, and Social Change.* Columbus, OH: Ohio State University, 1973.

Bowie, Fiona. *The Anthropology of Religion.* Malden, MA: Blackwell Publishing, 2000.

Budden, Ashwin. "Pathologizing Possession: An Essay on Mind, Self, and Experience in Dissociation," *Anthropology of Consciousness,* 14 no. 2 (2003), 27-59.

De Heusch, Luc. *Why Marry Her?: Society and Symbolic Structures.* Janet Lloyd, trans. Cambridge, UK: Cambridge University Press, 1981.

El-Islam, M. Fakhr. "Mental Illness in Kuwait and Qatar," in Ihsan Al-Issa, ed., *Al-Junūn: Mental Illness in the Islamic World.* Madison, CO: International Universities Press. 2000, 121-137.

Giles, Linda Lavina. "Spirit Possession on the Swahili Coast: Peripheral Cults or Primary Texts?" Ph.D. Dissertation, The University of Texas, 1989.

Hiebert, Paul, Daniel Shaw, and Tite Tiénou. *Understanding Folk Religion: A Christian Response to Popular Beliefs and Practices.* Grand Rapids, MI: Baker Books, 1999.

Kim, Caleb Chul-Soo. *Islam among the Swahili in East Africa.* Nairobi, Kenya: Acton Publishers, 2004.

Lambek, Michael. *Human Spirits: A Cultural Account of Trance in Mayotte.* New York: Cambridge University Press, 1981.

Larsen, Kjersti. "Where Humans and Spirits Meet: Incorporating Difference and Experiencing Otherness in Zanzibar Town." Dissertation of Doctor Politicarum, The University of Oslo, 1995.

Lewis, Ioan M. *Ecstatic Religion: A Study of Shamanism and Spirit Possession.* London: Routledge, 1989.

_____. *Religion in Context: Cults and Charisma.* New York: Cambridge University Press, 1996 (1st edition: Cambridge University Press, 1986).

Mubbashar, M. H. "Mental Illness in Pakistan," in Ihsan Al-Issa, ed., *Al-Junūn: Mental Illness in the Islamic World.* Madison, CO: International Universities Press, 2000, 187-203.

Oughourlian, Jean-Michel. *The Puppet of Desire: The Psychology of Hysteria, Possession, and Hypnosis.* Eugene Webb, trans. Stanford, CA: Stanford University Press, 1991.

Philips, Abu Ameenah Bilal. *The Exorcist Tradition in Islam.* Sharjah, UAE: Dar Al Fatah, 1997.

Rasmussen, Steve. "Illness and Death Experiences in Northwestern Tanzania: An Investigation of Discourses, Practices, Beliefs, and Social Outcomes, Especially Related to Witchcraft, Used in a Critical Contextualization and Education Process with Pente-co-stal Ministers," Ph.D. dissertation, Trinity International University, 2009.

_____. "A Case Study of Christian Response to Sickness, Death, and Witchcraft in Northwestern Tanzania," in Caleb C. Kim, ed., *African Missiology: Contributions of Contemporary Thought.* Nairobi: Uzima Publishing House, 2009, 104-130.

Saunders, Lucie Wood. "Variants in Zar Experience in an Egyptian Village," in Vincent Crapanzano and Vivian Garrison, eds. *Case Studies in Spirit Possession.* New York: John Wiley and Sons, 1977, 177-191.

Swantz, Marja-Liisa. *Ritual and Symbol in Transitional Zaramo Society.* Motala, Sweden: VMotala Grafiska, 1986 (First published in 1970).

Walker, Sheila S. *Ceremonial Spirit Possession in Africa and Afro-America: Forms, Meanings and Functional Significance for Individuals and Social Groups.* Leiden, Netherlands: E. J. Brill, 1972.

통합과 융화의 이슬람 문화

: 토속 관행과 이슬람 관행[1]

조희선

I. 서론

어느 종교라도 한 지역에 정착하면 그 지역의 토속 관행에 영향을 받아 통합과 융화의 과정을 거치게 된다. 유럽에 기독교가 전파되면서 유럽의 토속 문화와 기독교가 통합, 융화되어 오늘날의 기독교 유럽 문화가 형성되었듯이, 그리고 우리나라에 불교와 유교가 들어와 우리 고유의 토속 관행과 혼합되어 인도와 중국과는 사뭇 다른 우리 고유의 문화가 형성되었듯이, 이슬람 문화 역시 아라비아 반도를 비롯한 이슬람이 전파된 지역의 토속 관행과 어우러져 오늘에 이르고 있다.

이슬람 문화의 가장 커다란 특징은 어느 종교에서도 찾아볼 수 없는 통

1) 이 논문은 1998년 교육부 학술진흥재단, 해외지역연구 중점연구소 지원비에 의한 것이다.

합과 융화의 의미를 내포하고 있는 점이다. 이슬람은 다양한 문화와 종교, 역사, 관습 등을 통합, 융화시켜 이슬람이라는 틀 속에서 재해석하였다. 이러한 통합과 융화를 통해 이슬람은 이전부터 내려온 역사와 전통과 종교의 계승자임을 자처하게 되었다. 타문화에 대한 이슬람의 포용과 관용은 기본적으로 타문화를 열등한 것으로 간주하고 자신의 문화를 모든 문화의 귀결점으로 인식하는 우월성에서 비롯되었다. 그 결과 이슬람 문화는 유대교와 크리스트교, 사비교도 등과 같이 성전을 지니고 있는 종교의 의식이나 교리뿐만 아니라 이슬람 이전 시대 아라비아 반도의 다양한 우상숭배의 관행이나 의식까지도 이슬람 속에 융화시켰다.

본고에서는 이슬람 이전 아라비아 반도의 토속 관행이 어떻게 이슬람에 수용·정착되었으며, 이슬람 이후 8세기부터 이슬람 세계에 확산되기 시작한 수피주의의 영향이 어떻게 이슬람 속에 반영되었는지를 연구하기로 한다. 또한 후에 이슬람이 전파된 마그립 지역 베르베르인들의 관행이 어떻게 이슬람 속에 융화·흡수되었는가에 대해서도 연구하기로 한다.

아라비아 반도에서 태동한 이슬람은 바로 아라비아 반도의 토속 관행과 일차적으로 통합·융화한 후 마그립 지역으로 전파되어 마그립 지역의 베르베르 관행과 다시 한 번 이차적인 통합과 융화의 과정을 거쳤기 때문에, 각 지역의 문화적 특색은 상당 부분 공유하는 지점과 그렇지 않은 지점이 혼재한다고 할 수 있다. 그 결과 어디까지가 아라비아 반도를 중심으로 한 동부 아랍 세계의 관행이고 또 어느 것이 마그립 지역의 관행인가를 분류하기가 매우 어렵다. 다만 아라비아 반도의 관행은 많은 부분 공식 이슬람이라는 제도권의 관행으로 굳어진 반면, 마그립 지역 베르베르인들의 관행은 동부 이슬람 세계와 상호작용을 하였음에도 불구하고 민속 이슬람의 영역으로 남아 있는 점이 그 특색이라 할 수 있다.

II. 아라비아의 토속 관행과 이슬람의 관행

본 장에서는 이슬람이 태동한 아라비아 반도의 신성한 장소 메카와 카바에 관련된 의식을 비롯하여 후에 이슬람의 주요 규범으로 규정된 순례, 단식, 예배의 관행이 어떤 과정을 거쳐 이슬람의 관행으로 변형, 정착되었는가를 연구할 것이다.

1. 신성한 메카와 카바

메카의 카바가 위치한 하람 성원에 대한 역사적인 자료는 매우 빈약하다. 그것에 대한 얼마 되지 않는 자료조차 대부분 이야기 형태를 띠거나, 예언자 무함마드가 속했던 쿠라이쉬 가문에 우호적인 것들이다. 역사가들은 자힐리야[2] 아랍인들이 하나님의 집 카바 주위에 자신들의 우상을 갖다 놓고 그곳을 정기적으로 순례하였다고 전한다. 그들은 어려움이 닥치면 그곳에 피난처를 구하기도 하는 등 그곳을 의지하였다. 또한 카바를 위해 봉사하는 것을 대단한 영광으로 여겼으며, 카바의 이름으로 맹세를 하는가 하면, 그곳에 제물을 바치고, 거기에서 부족 간에 동맹을 맺기도 하였다(al-Makki, 1991:119). 아랍 역사가들의 기본적인 생각은 아라비아 반도의 아랍인들이 원래는 아브라함과 이스마일의 하나님을 믿었으나 타락하여 우상을 섬기게 되었다는 것이다. 그리고 메카의 카바는 사람들이 타락하여 그곳에 우상이 자리잡기 전까지 신성한 하나님의 집터였다는 것이다.

아랍인들의 전설에 의하면 카바의 돌[3]은 메카와 헤르몬 산(레바논)과 올

2) 이슬람 이전의 시대를 지칭하는 용어이다.
3) 직육면체 바윗돌. 이슬람의 키블라, 즉 기도 방향이다.

리브 산이 내려다보이는 산에서 채취되었다. 벽이 어느 정도 높이에 이르자 아브라함은 한 돌멩이에 자신의 발자국을 남겼다. 이것이 바로 오늘날 아브라함의 자리, 소위 마캄(*Maqam*) 아브라함이라고 불리는 곳이다. 아브라함은 다시 마캄에 올라가 온 인류에게 순례를 의무적으로 행하도록 공표하였다. 그 건물의 동쪽 부분을 형성하고 있는 신성한 '검은 돌'은 천사에 의해 아브라함에게 내려졌다. 그것은 본래 흰색이었으나 우상 숭배 시대의 죄와 더러움으로 인해 검은 색으로 변했다는 것이 전설의 내용이다(Grunebaum, 1992:18-19).

꾸란에도 무슬림의 조상이라고 간주되는 아브라함과 이스마일이 카바의 기초를 세웠다고 언급되었다. "아브라함과 이스마일이 그 집(카바)의 주춧돌을 세우며, 주여 저희들로부터 우리의 기도를 받아 주소서 주여 당신이야말로 들으시고 아시는 분이옵니다(Q 2:126-127)." 그리고 꾸란은 카바를 신성시하고 그곳의 순례를 종교적 의무로 명하였다. "그곳에는 예증으로써 아브라함의 발자국이 있나니 그곳에 들어간 자는 누구든 안전할 것이며 능력이 있는 백성에게는 순례를 행할 것을 의무로 하셨나니 이를 거부한 자에게 하나님께서는 만물의 절대자임을 보여 주실 것이니라(Q 3:97)." "기억할지니 나는 카바를 인류의 안식처 및 성역으로 만들었으니 기도를 드리기 위해 아브라함이 멈춘 그곳을 경배의 장소로 할지어다 또한 카바 신전 돌기를 행하고 엎드려 경배하는 자들을 위해 나의 집을 정화할 것을 아브라함과 이스마일에게 명령하였느니라(Q 2:125)."

메카의 카바는 이슬람의 기도 방향, 즉 키블라(*qiblah*)이다. 키블라는 인간으로 하여금 신을 경외하고 내세의 행복을 추구하게 하는 중심점이 되었을 뿐만 아니라 한 사회를 통합하는 중요한 요소가 되었다. 유일신관을 계승한 초기 이슬람은 유대교와 기독교의 정통성을 인정하고 높이 평가하였다. 따라서 포교 초기 무슬림은 우상 숭배자들의 손에 있던 메카 대신 예루살렘을 키블라로 간주하였다.

그러나 후에 계시에 의해 키블라를 예루살렘에서 메카로 변경하였다. 키블라를 변경하라는 계시는 메디나 이주 후에 내려졌다. 메디나로 이주한 후 16개월 동안 무슬림은 성지로 널리 인정되던 메카를 등에 둔 채 기도를 드려야 했다. 메디나에 도착하자마자 그들이 느낀 것은, 메카에서와는 달리 예루살렘 신전과 메카에 있는 신성한 하람을 향해 동시에 기도를 올릴 수 없다는 것이었다. 예루살렘과 메카의 방향이 서로 반대이므로 한 쪽을 향하면 다른 쪽으로는 등을 돌릴 수밖에 없는 것이다(Mullana, n.d.: 511-512).

그러나 이러한 종교적인 해석 외에도, 키블라를 예루살렘에서 메카로 돌린 것은 이슬람의 포교가 비아랍인보다는 아랍인을 우선적 목표로 삼았다는 사실을 시사한다. 또 한편으로 무슬림은 키블라 방향인 카바의 메카를 유대교나 크리스트교의 성지 예루살렘과 같이 만들고 싶었는지도 모른다. 무슬림은 물 위에 떠 있는 지형인 메카의 카바로부터 세상의 땅이 퍼져나갔다고 주장한다. 그리고 메카는 하늘과 가장 가까운 지역으로, 그곳에서 올리는 기도가 하나님께 가장 쉽게 전달된다고 믿는다. 또한 아담을 비롯한 많은 예언자가 묻힌 메카야말로 세상의 중심이며 세상의 끝을 맺기에 가장 이상적인 장소라고 무슬림은 믿고 있다(Grune-baum, 1992:20).

카바가 키블라로 정해진 시기에 관해 서구학자들은 메디나로 이주한 다음 예언자에게 일어난 여러 사건 때문에 순례 의식에도 변형이 있었던 것으로 본다. 그 주된 원인으로 623년 메카군과 무슬림군 사이에 일어났던 바드르 전투에서 무슬림군이 승리를 거둔 것을 들고 있다. 전쟁에서의 승리 이후 무함마드는 자신을 예언자로 인정하지 않는 유대교와의 결별을 예상하고 유서 깊은 메카의 역사성을 생각하게 된 것이다. 바드르 전투에서 눈

부신 승리를 거두자 그는 메카의 정복을 꿈꾸었다. 정복은 이슬람 공동체의 세속적인 이익뿐만 아니라 종교적인 관점에서도 중요했다. 메디나의 유대인 공동체에게서 지지를 기대했던 무함마드는 그들과 불화가 깊어지자 유대교와의 결별을 불가피한 것으로 인식하기 시작하였다. 바로 이 시기에 유대교와 이슬람교의 원형이라고 추정되는 아브라함 종교에 대한 이론이 처음으로 등장한다. 그 결과 카바는 점차적으로 경배의 중심지로 자리 잡게 되었다. 즉 유일신교의 시조 아브라함이 그의 아들 이스마일을 데리고 메카로 와서 카바를 건설하였고, 그곳은 점차 인류의 집합 장소가 되었다는 것이다. 이러한 이론이 등장한 이후, 즉 헤지라 2년 후에야 비로소 메카의 카바가 이슬람의 키블라로 정착되었다는 것이 일부 서구학자들의 주장이다(Mullana, n.d: 507-508). 한편 무슬림 학자 물라나(Mullana)는 알 부카리(*al-Bukhari*)의 하디스를 인용하여, 메카로의 키블라는 바드르 전투[4] 3개월 전인 헤지라 6개월 후에 이미 정해졌다고 했다. 그는 심지어 예언자가 메디나로 이주하기 이전에도 메카로의 키블라 이전을 염두에 두고 있었다고 주장했다(Mullana, n.d.: 509).

무슬림 학자들은 카바의 우상 숭배 시원을 자르함(*Jarham*) 부족의 분열에 두고 있다. 자르함 부족이 분열되자 각각의 부족들은 메카의 돌멩이를 하나씩 가져다 자신의 정착지에 두고 그 주위를 돌기 시작했다는 것이다. 한 하디스[5]는 암루 이븐 루하이('Amrubn Luayy : 250년경 사망)가 처음으로 아브라함의 종교를 변질시켰다고 전한다. 아브라함의 계명을 받은 종교는 메카의 카바에서 시작하여 야마마(*Yamamah*), 타이프(*Ta'if*), 야스립(*Yathrib*) 등 여러 도시의 우상 숭배자들을 거치면서 그 지역의 정치·경제적 상황에 따

4) 헤지라 2년 라마단 달(9월)에 일어났다.
5) 예언자 무함마드의 언행록이다.

라 통합과 분열을 계속하였다. 이슬람 도래 이전의 메카는 당시 예멘과 북쪽 지역을 이어 주는 무역의 요충지로 많은 상인들이 몰려드는 경제적 중심지였다. 또한 기독교인이 시작한 '코끼리 전투'[6] 에서 메카군이 승리하자 메카는 당시의 종교·정치적 중심지로서의 위치를 더욱 확고히 할 수 있었다(Nas̨r al-Din, 1994:226-228). 메디나로 이주한 예언자 무함마드가 메카를 정복하자 그는 메카에 있던 우상을 파괴하고 그곳의 신성한 역사성을 이슬람식으로 채색하였다. 아랍인들의 마음속에 자리잡고 있었던 신성한 장소 메카의 역사성에 대한 인식은 이슬람이 아라비아 반도에서 성공을 거둘 수 있었던 가장 중요한 요인이 되었다.

이렇듯 자힐리야 아랍인들이 신성시하여 순례하였던 메카의 카바는 오늘날 무슬림에게도 여전히 신성한 순례의 장소가 되었다. 신성한 도시 메카는 예언자 무함마드가 그의 민족에게 새롭게 제공한 공간이 아닌 오래전부터 지속된 신성한 장소에 이슬람식 의미를 덧붙인 결과라 할 수 있다.

메카 성전에 천을 씌우던 것 역시 오랜 관행이라 할 수 있다. 천을 덮는 행위는 그곳이 원래 천막이던 것에서 유래되었다는 설도 있다. 즉 카바가 건축되기 전에 그곳에 천막이 있었다는 것이다. 카바는 원래 4세기 말이나 5세기 초 예멘 왕 아스아드 아부 쿠릅 알 힘야리('As'ad 'AbuKurb al-Himyari)에 의해 처음으로 예멘의 실크 천으로 덮였다고 역사가들은 전한다. 예언자는 카바를 예멘 천으로 덮을 것을 요구하였으나 칼리파 오마르와 오스만이 콥트 천으로 바꾸었다고 전해진다. 메카에 천 덮는 의식은 무하람(*Muharram*) 달 10일인 아슈라(*Ashura*) 날에 거행되었다고 알려져 있다. 자힐리야인들에게 아슈라 날은 여러 면에서 성스러운 날로 간주되었다. 또한 원래 카바의 천은 오래된 천을 벗겨내지 않고 그 위에 새 천을 덮었으나, 이

6) 아라비아 남부의 기독교인들이 코끼리를 타고 메카 정복을 시도하였으나 실패했다.

슬람이 온 이후 오래된 천이 누적되어 카바를 내리누르자 벗겨내기 시작한 것으로 전해진다('Ali, V.6, 1970:441-444).

2. 순례

신에게 가까이하기 위해 정해진 시간에 신성한 장소를 방문하는 것은 고대 셈족 종교의 공통적인 특징이었다. 순례를 의미하는 아랍어의 '하지(*hajj*)'라는 말은 셈어에서 나온 것으로 셈족에 속하는 여러 민족의 저서에 언급되었다. 모세 오경에도 순례가 신성한 장소를 향하는 것이라 언급되어 있다. 고대 셈족의 신들에게는 거주하는 집이 있었는데 이는 '하나님의 집'이라 불렸다. 따라서 숭배자들은 그곳에 가서 복을 빌었으며, 그 집에 가까이 다가가기를 간절히 희망하였다. 그것은 정해진 시간의 정해진 날에 행해졌으며, 그날은 신성한 날로 불렸다. 이러한 신성한 날은 축제로 간주되어 종교 의식과 숭배, 모임, 놀이의 행사가 통합된 양상으로 나타났다('Ali, V.6, 1970:347-348).

순례가 이루어지는 달은 다른 달들과 구별하여 '두 알 힛자(*dhu al-hizzah*)', 즉 순례의 달이라 불렀다. 이러한 달의 명칭은 오늘날 무슬림력에도 존재하는 것으로, 아랍 자힐리야인들에게서 유래된 것이다. 여러 기록들은 메카로의 순례가 정해진 시간에 이루어졌다고 전한다. 꾸란에는 순례의 달이 정확하게 언급되어 있지 않고, 단지 사람들 사이에 '알려진 달'에 행하라고만 언급되어 있다. "대순례는 알려진 달에 행하되 순례를 행하는 자는 성욕과 간사하고 사악한 마음을 갖지 말 것이며…(Q 2:197)" 여기서 '알려진' 혹은 '명시된' 달이라는 것은 보통 샤왈(*shaww-al* : 10월), 두 알 키으다(*dhual-qi'dah* : 11월), 두 알 힛자(12월)의 첫 10일간을 의미한다고 주석가들은 해석한다('Ali, V.6, 1970:350).

서구 이슬람 학자들은 자힐리야인들이 두 알 힛자 달에 순례를 행하는 장소는 한 곳이 아닌 여러 곳이라고 지적하였다. 즉 자힐리야인들의 순례 장소는 메카 이외의 다른 장소도 있을 것이라는 이야기이다. 각각의 부족은 자신들이 신성시 여기는 장소를 순례하고 그곳에 우상을 갖다 놓았다는 것이다. 아랍 역사가들도 우상의 집이 여러 군데 존재하였다는 데 견해를 같이 한다. 신성한 메카 외에도 타이프(Taif)의 알라트(al-Lat)[7] 의 집, 아라파트 근처의 알 웃자(al-'Ujjah)[8] 의 집, 마나트(Manat)[9] 의 집 등이 당시에 알려졌던 유명한 순례지였다. 당시의 순례는 자힐리야인들에게 축제와 같은 것이었으며, 사람들은 능력과 위치에 맞게 가축을 잡았고, 먹고 남는 고기는 가난한 사람들에게 나누어 주었다('Ali, V.6, 1970:351). 그러나 몇몇 전언은 신의 집을 순례하지 않고 신성한 달을 지키지 않는 부족[10]이나 사람들도 있었다고 전한다('Ali, V.6, 1970:352).

새로운 종교 이슬람은 신의 집으로의 순례를 신자들의 종교적 의무로 정착시켰을 뿐만 아니라 자힐리야인들이 순례 시 행하던 의식의 일부를 이슬람의 순례 의식으로 받아들였다. 그럼으로써 기존에 부족마다 달리하던 순례 의식이 이슬람에 의해 통합되었다. 이슬람에서 규정된 순례 의식은 다음과 같다. 먼저 메카로 이르는 지정된 장소 '마와키트(*mawaqit*)'에서 '이흐람(*ihram*)'[11]을 입고, 메카에 있는 하람(*Haram*) 성원으로 가서 카바 신전을 일곱 차례 돈 후(*Tawwaf,* 타와프), 카바 신전에 있는 검은 돌에 입을 맞춘다. 아

---

7) 이슬람 이전에 아랍인들이 섬기던 신으로 '알라의 딸'이라 불린다.
8) 이슬람 이전에 아랍인들이 섬기던 신으로 '알라의 딸'이라 불린다.
9) 이슬람 이전에 아랍인들이 섬기던 신으로 '알라의 딸'이라 불린다.
10) 카스암(Khath 'am)과 따이(ṭayy), 쿠다(Quda) 부족 등이다.
11) 순례를 행하기 위하여 들어간 상태와 바느질하지 않은 순례 복장이다.

브라함 신전에서 기도를 드리고, 사파(*Safa*)와 마르와(*Marwah*) 동산 사이를 왕복하여 뛰고(*sayy*), 두 알 힛자 7일에 대설교 모임에 참석하며, 8일째는 미나(*Mina*) 계곡을 방문하여 그곳에서 머무르며 밤을 새운다. 9일째에도 계속하여 아라파트에 있는 조그마한 동산(*Jabal Rahman*, 자발 라흐만)에 올라 아담과 이브의 재회를 기념한 후, 10일째 되는 희생제(*'id al-'Adha*) 날에는 미나 계곡에서 양이나 소를 잡아 희생제를 지내면서 사탄에게 7개의 조약돌을 그 다음날까지 연이어 던진다. 여기까지의 예식을 마치면 성지순례는 끝난 것이나 다름없으나, 2-3일 정도 체류기간을 연장하면 더 큰 복이 된다고 전해진다(최영길, 1998:53).

위에 언급된 이슬람의 순례 의식은 자힐리야인들의 순례 관행에 근거한다. 자힐리야 시대 각 지역에는 정해진 마와키트가 있었고 메카 사람들은 집에서 이흐람 복장을 할 수 있었다. 알라의 집과 우상의 집을 타와프하는 것은 순례 의식의 기본 요소 가운데 하나였다. 쿠라이쉬 부족을 비롯한 각 부족은 자신이 섬기는 우상의 주위를 돌았다. 그들은 우상뿐만 아니라 안삽(*'ansab*)이라 불리는 세워 놓은 돌멩이 주위도 돌았다. 돌멩이의 숭배는 타와프 의식의 근간을 이루고 있다. 당시 타와프는 특별한 기간이나 장소에서만 행하는 것이 아니라 성전에 들어갈 때마다 행해졌으며, 그들은 성묘나 알라에게 바치는 제물 주위도 돌았다. 자힐리야인들 역시 메카를 일곱 번 돌았다. 모세 오경에도 언급되어 있듯이 일곱이라는 숫자는 유대인들에게도 신성한 숫자였다('Ali, V.6, 1970:353-356).

자힐리야인들은 순례를 할 때 옷을 벗고 하는 사람들(*hullah*)과 옷을 입고 하는 사람들(*al-hims*)이 있었으나, 이슬람은 옷을 벗고 순례하는 것을 금하였다. 자힐리야 시대에 옷을 벗고 타와프를 하던 관행이 있었다는 사실을 전해 주는 꾸란 구절이 있다. "그들이 부끄러운 일을 할 때면 변명하여 말하길 '우리 조상들이 그렇게 함을 보았습니다. 또한 하나님께서 우리에게 명하사 그렇게 하도록 하였습니다.'라고 하니 일러 가로되 그렇지 아니 함이라 하나님께서는 부끄러운 일을 명하지 아니 하셨노라 너희는 너희가 알지 못하는 것으로 하나님께 거짓하려 하느뇨(Q 7:28)."

순례 의식 가운데 또 다른 중요한 것은 탈비야 의식이다. 사람들은 검은 돌을 만지고 나서 사파와 마르와 사이를 뛰며 탈비야를 했다고 전해진다. 각 부족마다 혹은 섬기는 신에 따라 탈비야가 달랐다고 하며, 쿠라이쉬 사람들의 탈비야는 "하나님, 제가 여기 있나이다. 제가 여기 있나이다. 당신에게는 동반신이 없으며 동반신이 있다면 당신에게 속하나이다. 당신은 그와 그가 소유한 것을 소유하나이다."라고 역사서는 전한다('Ali, V.6, 1970:379). 그러나 쿠라이쉬 부족이 유일신관을 담고 있는 이러한 탈비야를 했다고 전해지는 것은, 이 부족에게 종교적 정통성을 부여하려는 무슬림 역사가들의 왜곡으로 추정된다.

어쨌든 이슬람은 자힐리야인들의 탈비야를 유일신 사상에 맞게 변형시켜 순례 의식으로 받아들였다. "오 주여, 제가 여기 있나이다. 당신에게는 동반신이 없나이다. 제가 여기 있나이다. 찬양과 은총이 당신에게 있나이다. 당신은 동반신이 없는 왕이시이다('Ali, V.6, 1970:379)."

이슬람에는 하람 사원과 연결되지 않는 또 다른 신성한 순례 지역으로 아라파와 미나, 무즈달리파(Muzdalifah), 사파, 마르와가 있다. 이러한 신성한 장소는 자힐리야인들의 순례지였으며 그들에게는 이러한 장소 외에도 여러 곳의 순례지가 있었다. 쿠라이쉬 부족을 비롯한 자힐리야인들은 사파와 마르와를 일곱 차례 돌았다. 사파에는 이사프(*'Isaf*)라는 우상이 있었고 마르와에는 나일라(*Nailah*)라는 우상이 있었던 데에서 이러한 의식이 생겨난 것으로 보인다. 이슬람에서 사파와 마르와 사이를 사이(*sayy*)[12] 하는 것은 자힐리야인들이 이 두 장소에 대해 가졌던 신성함을 그대로 용인한 것이라 할 수 있다. 이슬람은 두 우상을 파괴하고 그 주위를 도는 대신 두 지역 사이를 사이하는 것으로 이 관행을 유지시켰다. 메카에서 멀리 떨어져 있지 않은 아라파트 동산 역시 우상과 관련되어 자힐리야인들이 신성시하던 장소로 추정된다('Ali, V.6, 1970:379-383).

이파다(*'ifadah*), 즉 무즈달리파로 흩어지기는 아라파로부터 무즈달리파에서 이루어지는 의식이었다. 무즈달리파는 아라파와 미나의 중간 지점에 있는 장소이다. 무즈달리파 역시 우상과 관련이 있는 지역이었다.

자힐리야 순례객들은 두 알 힛자 달 10일 해가 뜰 무렵 조약돌을 던지고 희생제물을 잡기 위해 흩어졌다. 미나는 메카에서 멀지 않은 지역으로, 언어학자들은 '피로써 희망한다'라는 의미에서 이러한 이름이 붙여졌다고 주장한다. 전언에 따르면 이곳에 일곱 개의 우상이 세워졌다고 한다. 이곳에서 조약돌을 던지고 희생제물을 바치는 것도 이러한 우상과 연관이 있었다('Ali, V.6, 1970:384-385). 미나에서 조약돌 던지기는 이슬람 순례 의식의 일부가 되었다. 돌 던지기 의식은 아랍인들에게뿐만 아니라 여러 민족에게 알려진 순례 의식이었다. 미나와 관련된 의식 가운데 희생제물을 잡는 것은 원래 아브라함과 아들 이스마일과 더불어 일어났던 사건에 기인한다고 볼 수 있다. 자힐리야인들은 우상을 위해 잡은 희생제물을 서로 나누어 먹었으며, 나는 새나 땅의 짐승들을 위해서도 일부가 남겨졌다. 순례 의식은 희생제물을 바침으로써 그 절정에 이르고 두 알 힛자 10일째 되는 날에 사람들은 순례를 마친다('Ali, V.6, 1970:384-390).

움라(*'umrah*)는 이슬람의 소순례를 의미한다. 자힐리야인들도 라잡(*Ra-*

12) 사파와 마르와 두 동산 사이를 일곱 차례 걷다가 뛰다가 하는 것이다.

jab : 8월) 달에 소순례를 행했다. 이슬람에서의 소순례는 하람 사원을 돌고 사파와 마르와를 사이(*sayy*)하는 것으로, 개인적인 선택 사항이다. 그러나 자힐리야 시대의 소순례는 꾸란에 언급되어 있듯이 대순례와 똑같이 행해졌다. 라잡 달은 우상에게 희생동물을 바치는 달로 자힐리야인들은 소순례 때에도 희생제물을 바쳤다. 라잡 달뿐만 아니라 매달 소순례를 하는 부족도 있었다고 전해진다('Ali, V.6, 1970: 391).

타와프 때나 그밖의 경우에 무슬림들이 돌멩이나 우상에 입을 맞추는 것도 자힐리야인들의 종교적인 관행이었다. 그들은 이러한 입맞춤으로 우상과 가까이함으로써 축복을 얻을 수 있다고 믿었다. 또한 입을 맞추는 것 외에도 손으로 신성한 돌을 만지거나 그것도 어려울 경우 지팡이로 대신하기도 하고, 그것도 여의치 않을 경우에는 낙타를 타고 그렇게 할 수도 있었다. 그 밖에도 성전의 문을 가볍게 노크하거나 옷과 같은 물건으로 우상이나 바위, 신성한 장소를 스치게 하거나 우상에게 바친 희생제물의 피로 돌이나 우상에게 칠하는 관행도 있었다('Ali, V.6, 1970:393-394).

자힐리야인들은 남자들이 이흐람을 할 때 머리카락으로 된 목걸이를 두르면 어느 누구도 그에게 해를 가하지 않는다고 믿었다. 순례가 끝날 때에도 그들은 향내 나는 풀, 낙타의 털, 하람의 나무 껍질로 된 목걸이를 둘러 악영향으로부터의 해를 막았다. 이러한 관행은 오늘날 몇몇 순례객들이 순례를 마치고 난 후 남자들의 경우에는 메카인들이 쓰는 두건이나 이칼('*iqal*, 두건 위에 눌러 쓰는 검은 띠)을 쓰고 돌아오고, 여자들의 경우는 하얀 머리가리개 키마르(*khimar*)를 쓰고 돌아오는 관행과 유사하다고 할 수 있다('Ali, V.6, 1970:394).

자힐리야인들은 대순례나 소순례뿐만 아니라 언제든지 메카로 와서 우상 주위를 돌고, 검은 돌을 만지며, 그들의 토속 신과 가까이하였다. 이는 하람 사원에 있는 부족의 우두머리들이 어떠한 경우이든 사람들을 불러 모아 상업 활동을 활성화시키려는 유인책이라고 할 수 있다. 사람들은 이곳에서 필요한 음식이나 필수품을 사고팔았으며 메카인들은 그 혜택을 누릴 수 있었다('Ali, V.6, 1970:394-395).

순례에 대한 계시[13]가 예언자에게 내려진 것은 헤지라 3-4년 이후이다. 계시 이후에 이교도 관행이었던 순례 의식은 이슬람의 관행으로 선포되었다. 메카가 정복되었을 때, 예언자는 서둘러 개인순례를 행하지 않았다. 그 대신에 그는 장인인 아부 바크르('Abu Bakr : 634년 사망)를 보냈다. 그리고 예언자는 알리('Ali : 661년 사망)로 하여금 아라파트에 모여 있는 순례객들에게 계시된 다음 구절을 읽도록 하였다. "스스로 믿지 아니하는 불신자들에게는 하나님의 성원을 방문할 권한이 없나니 곧 그들의 일들이 헛되어 그들은 불지옥에서 영생하리라. 실로 하나님의 성원을 방문하는 자와 관리하는 자는 하나님과 내세를 믿고 예배를 드리며 자카트를 바치며 하나님 외에는 두려워하지 아니한 이들이거늘 그들은 인도받는 자 가운데 있게 되리라(Q 9:17-18)." 이때부터 비무슬림들에게는 순례 자체뿐만 아니라 순례의 계절이 아닌 경우에도 메카를 방문하는 것이 금지되었다. 이러한 예비적인 조치가 이루어진 후에야 예언자는 메카로 순례를 하였다. 고별순례라 불리는 예언자의 순례는 순례 의식에 대한 미래의 모델이 되었다(Grunebaum, 1992:17).

위에서 보듯이 자힐리야 토착 관행 가운데 순례는 이슬람 의식에 가장 많이 채택된 관행이라 할 수 있다. 순례의 관행을 이슬람이 그대로 존속시킨 것은 종교적 목적 외에 순례가 메카 사람들에게 경제적 이득을 가져다 준 데에도 기인한다. 메카인들을 회유하려던 예언자는 그들의 종교적 의례이면서 동시에 경제적 혜택을 가져다 주는 순례를 폐지할 경우의 결과를

13) 꾸란 3:90-92, 2:119.

이미 잘 간파하고 있었는지도 모른다.

3. 단식

단식을 의미하는 아랍어의 '사움(*saum*)'이란 단어는 모든 것을 절제한다는 의미이다. 꾸란의 메카 장이나 메디나 장에서 모두 단식에 대한 언급이 있는 것으로 미루어 그 형식은 다르더라도 단식이 아라비아 반도의 오랜 관행이라는 사실을 추정할 수 있다. 단식을 언급하는 꾸란의 구절은 음식이나 마실 것에 대한 단식뿐만이 아니라 계시의 초기에는 말하는 것의 금지까지 포함하고 있다. "먹고 마시어 마음을 평안케 하라 그리고 네가 사람을 만나거든 저는 하나님께 단식할 것을 맹세하였음에 오늘 누구와도 말을 하지 않을 것이라 말하여라(Q 19:26)."

단식은 유대인이나 기독교인들에게 오래 전부터 널리 알려져 있었으며, 이들과 접촉하였던 아랍인들 역시 단식을 했던 것으로 전해진다. 특히 유대인들이 많이 거주하였던 야스립(Yathrib)[14] 과 기독교인들이 거주하던 이라크와 샴 지역의 아랍 부족 사이에는 단식의 관행이 있었다. 또한 메카 사람들 가운데 하니프(*hanif*)[15] 들과 상인들은 유대교나 기독교인들의 단식을 모방하였다. 자힐리야인들은 침묵과 사색, 칩거 등을 동반하는 기독교 수도사들의 단식을 모방하였을 가능성도 있다('Ali, V.6, 1970:339).

메카의 쿠라이쉬 부족은 아슈라('ashurah : 속죄의 날)에 단식을 한 것으로 전해진다. 그들은 자신들이 범한 죄를 용서받기 위해 아슈라 날에 단식을 하였으며, 이날을 기념하여 명절로 삼는 한편, 카바를 천으로 덮는 행사

14) 오늘날의 메디나를 가리킨다.

15) 이슬람 이전 아라비아 반도의 유일신 사상이나 유일신을 믿던 사람들로 유대교와 기독교와는 다른 것으로 전해진다.

를 가졌다고 전해진다. 하디스 전언가였던 예언자의 부인 아이샤('A'ishah)도 쿠라이쉬 부족이 이 날에 단식하였다고 언급하였다(Mau-lana n.d.:507). 어떤 전언은, 예언자가 메디나에 와서 유대인들이 아슈라 날에 단식하는 것을 보고 사람들에게 물었다. 사람들은 그날이 바로 하나님이 파라오들을 물에 빠트리고 모세와 그와 함께 있던 사람을 구해 준 날이라고 알렸다. 그러자 예언자는 무슬림들이 그들보다 모세와 더 가깝다고 말하면서 아슈라 날의 단식을 명령하였다. 그후 라마단 달[16]의 단식을 의무화하는 계시가 내려오자 예언자는 아슈라 날의 단식에 대해서는 계속할 것을 명령하지도 그것을 금지하지도 않았다고 전한다('Ali, V.6, 1970:340). 그러나 꾸란 주석학자들과 하디스 학자들은 이슬람식 단식에 대한 계시가 있기 이전의 단식에 대해 견해를 달리한다. 어떤 학자들은 무슬림들이 50일 동안 단식하였다고[17] 주장하는가 하면, 또 다른 학자들은 라마단이 의무화되기 이전에 매달 3일간 단식하였다고 주장하였다. 확실한 것은 당시의 단식이 자발적인 것으로 의무사항은 아니었다는 것이다('Ali, V.6, 1970:341-342).

유대인의 속죄의 날의 단식을 모방하였던 초기 이슬람 단식의 관행은 후에 예언자와 유대인과의 관계가 악화되자 헤지라 2년 아슈라 축제를 폐지하는 계시가 내려지면서 주춤해졌다. 아슈라 날의 단식 대신 새로운 계시는 라마단 달의 단식을 명했다. 그러나 라마단 달의 단식이 계시된 4-5년 후까지도 무슬림들은 해질 무렵부터 이튿날 해질 무렵까지 지속되는 유대인들의 단식 관행을 따랐다. 그러나 단식 절차에 관한 새로운 계시가 내려오자 이슬람의 단식 관행은 독자적인 것이 되었다. "하얀 실과 검은 실이 구별되는 아침 새벽이 올 때까지 먹고 마실지어다 그런 다음 밤이 올 때까지

16) 이슬람의 단식의 달이다.
17) 새벽녘까지 먹고 마시고, 성행위를 하는 것은 허용된다.

단식을 지키고…(Q 2:187)" 하루종일 계속된 불명확했던 단식의 날 수는 라마단 한 달 동안인 29일로 확정되었다(Grune-baum, 1992:51-52).

라마단 축제는 기독교의 사순절과 유사하며 마니교의 관행과도 유사하다. 그러나 라마단 달이 신성한 달이라는 것은 이교도 아라비아에 널리 퍼져 있던 개념이었다. 특히 매우 더운 라마단 달은 이슬람 이전에 더욱 신성시되었다. 라마단(*Ramadan*)이라는 이름이 시사하듯 그것은 보통 한여름에 있었다. 한여름에 종교적인 의식이 거행되었으며, 그 중심은 바로 샤반(*Sha'ban*) 달, 즉 여덟 번째 달 15일에 해당된다. 이날은 바로 유럽인들의 신년 1일에 해당되는 특징이 있다. 이날과 라마단 달의 시작은 그 기능뿐만 아니라 날짜에서도 유대력의 새해 첫날 및 속죄의 날과 매우 유사하다. 이러한 유사성을 이해하기 위해서는 이교도 아랍인들이 태음·태양력을 사용하였다는 것을 기억해야 한다. 그들의 태음 달은 매 2, 3년마다 13번째 달, 즉 윤달을 추가하는 것으로 계절과의 관계를 유지하였다. 무하마드 시절에는 천문학적 지식의 결여로 순례의 시기를 결정하는 데 어려움이 있었다. 실제적으로 예언자 시절의 순례 시기는 가을에서 봄으로 넘어가는 시기였다. 예언자가 죽기 얼마 전, 총 354일 열두 달 음력으로 된 이슬람력이 도입되었다. 따라서 이슬람력의 33년은 태양력 32년에 해당된다고 할 수 있다. 그 결과 이슬람의 달은 33년을 주기로 계절이 이동하며, 그로 인해 한여름에 행해지던 이슬람 단식이나 순례와 같은 축제는 이슬람력이 제정됨에 따라 계절적으로도 변화하게 되었다(Grunebaum, 1992:52-53).

종교적인 면에서 라마단은 그 성격이 속죄 및 용서와 관련되어 있다는 점에서 유대인들의 속죄의 날과 유사점이 있다. 예언자의 하디스는 라마단 달에 천국의 문이 열리고 지옥의 문이 닫히며 악마들이 묶이게 된다고 전한다. 이것은 바로 라마단 달 동안 단식을 충실하게 수행할 경우 죄로부터 속죄를 얻을 수 있다는 의미가 된다. 죄를 용서받는 데 있어서 라마단 달의 날은 보통 날들에 비해 30배의 효력이 있다고 전해진다. 유대인의 전설에 따르면 세상이 새해 첫날 창조되었다고 한다. 그러나 이슬람력의 공식적인 시작이라 할 수 있는 무하람 달 첫날은 이슬람에서 어떠한 우주적 혹은 철학적 의미도 부여되어 있지 않다. 대신 샤반 달 15일 밤(*lailat al-bara'ah*)은 새해 축제의 특성을 유지한다. 이집트에서는 어떤 사람이 죽을 운명이면 그 사람의 이름이 새겨진 로터스 나뭇잎이 바로 이날 밤에 떨어진다고 믿고 있다. 그날 밤에 신자들은 정규 저녁예배 후에 특별예배를 드리며 꾸란 36장을 암송한다(Grunebaum, 1992:53-54).

이 달이 단식의 달로 정해진 이유는, 무슬림 학자들이 주장하는 바대로 꾸란이 라마단 달 능력의 밤(*lailat al-qadar*)에 처음으로 계시되었기 때문이기보다는 이슬람 이전에 이미 라마단 달이 신성한 달로 간주되었기 때문일 가능성이 크다. 꾸란의 첫 계시를 받은 것은 하룻밤에 불과한데 그 달 전체를 신성한 달로 정했다는 것은 이슬람 이전에 이미 그 달에 대해 가지고 있었던 아랍인들의 고정관념에서 비롯된 것이라 할 수 있다.

4. 예배

아랍문학사가 알 이스파하니(al-'Isfahani : 967년 사망)는 그의 『노래의 서』에서 쿠파 근처의 한나(Hanna) 수도원에 대해 언급했다. 그는 이 과정에서 그것이 오래된 수도원으로, 타누키(*Tanukhi*) 부족의 일파인 사티아(*Sati'*) 씨족이 세운 카임(*qa'im*)이라 불리는 뾰족탑과 마주하고 있다고 했다. 수도원의 카임은 무앗딘(*mu'adhdhin*)[18] 이 올라가 기도시간을 알리는 이슬람의 뾰

18) 기도를 알리는 사람이다.

족탑 미다나(*mi'dhanah*)와 같은 것이었다. 이것은 바로 예배로 초청하는 아잔(*'adhan*)[19] 이 아라비아 반도와 그 주변 지역의 오랜 관행임을 시사해 준다. 고대인들이 하늘을 향해 바벨탑을 세운 것처럼 하늘을 향해 올라가는 건축 양식은 바로 지고한 신께 향하고 싶은 인간의 본성에서 비롯된 것이라 할 수 있다. 절대적인 믿음이나 높은 곳으로 향하는 인간의 의지가 이슬람에서는 모스크 건축 양식의 뾰족탑으로 나타나게 되었다(Nasr al-Din, 1994:228-229).

예언자의 메디나 이주 후에 처음 시작된 아잔은 신자 가운데 한 명이 제안한 것을 예언자가 승인한 것으로 알려져 있다. 예언자가 메디나에 왔을 때 예배는 정해진 시간에 거행되었으며, 사람들은 아잔 없이 예언자 주위에 모였다. 그후 예언자는 유대인들이 기도 초대 때 사용하는 나팔과 같은 것을 사용하고자 하였으나 이를 포기하고 종을 만들도록 명령하였다. 이븐 히샴은 예언자 전기에서 처음에는 종을 쳤으나 후에 다수의 의견이 입으로 아잔만 하자는 방향으로 모아졌다고 언급하였다. 이븐 히샴은 "압둘라('Abdullah)라는 사람이 하루는 꿈을 꾸고 꿈에서 본 것을 예언자께 알렸다. 그의 꿈에서 두 벌의 초록색 옷을 걸치고 손에는 종을 든 한 남자가 그의 곁을 지나쳤다. 압둘라가 그에게 말했다. '이 종을 파시겠습니까?' 그러자 그가 말했다 '이걸로 무얼 하시려고요?' 그가 말했다. '그것으로 예배에 초대하려고 합니다.' 그러자 그가 말했다. '내가 당신에게 그보다 좋은 것을 소개하리라.' 그것이 무엇이냐고 물었다. 그가 대답했다. '당신은 하나님은 가장 위대하시다, 하나님은 가장 위대하시다라고 말하시오.' 압둘라가 예언자에게 이 꿈에 관한 이야기를 하자 예언자는 '그것은 진실한 꿈이다.'라고 말했다. 그리고 예언자는 가장 훌륭한 목소리를 가진 빌랄(Billa : 641년 사망)에게 아

19) 예배시간을 알리면서 예배를 드리러 오라는 무앗딘의 부름이다.

잔을 하도록 명령하였다(Nasr al-Din, 1994:229)."라고 전하였다.

이렇듯 여러 전언들은 이슬람의 뾰족탑과 아잔이 그 형태는 다를지라도 중동 지역에 널리 퍼져 있었던 관행임을 보여 주고 있다. 특히 뾰족탑은 앞서 언급하였듯이 아라비아 반도를 비롯한 중동 지역의 기독교 수도원에 존재하였던 것을 이슬람이 받아들였으며, 예배를 알리는 방법도 기독교의 종이 얼마 동안 사용되다가 그것이 예언자에 의해 목소리로 기도를 알리는 아잔으로 변형되었다는 것을 알 수 있다.

자힐리야 문헌에는 이슬람에서 이행되는 예배의 개념은 없다. 단지 유대인들과 기독교인들과 아랍인들이 그들의 교회에서 정해진 시간에 예배를 드렸다는 것이 전해질 따름이다. 어떤 문헌은 태양을 숭배하던 사람들이 손에 불 색깔의 보석이 있는 우상을 세웠다고 전한다. 그 우상의 이름으로 세워진 특별한 집이 있었으며, 여러 마을과 지역에 우상을 위한 집이 만들어졌으며, 많은 추종자들과 문지기들이 그 집에 와서 하루에 세 번씩 예배를 드렸다고 한다. 또한 불구자들이 이곳에 와서 우상을 위해 단식하며 예배를 드리고 자신의 소원을 빌었다고 전해진다. 그들은 태양이 떠오르면 모두가 그것을 향해 절을 하였으며 태양이 질 때 별들이 하늘의 중간에 와도 마찬가지로 예배를 드렸다. 따라서 사탄은 이 세 번의 시간에 사람들의 경배와 기도가 자신을 향하도록 태양을 동반하였고, 이러한 이유로 예언자가 이 시간에 기도하는 것은 금지시켰다고 전해온다.

알 야쿠비(al-Ya'qubi : 897년 사망)는 자힐리야 아랍인들이 성전을 순례하기 전에 각 부족의 우상이 있는 곳에서 예배를 드리고 탈비야를 했다고 언급하였다. 위의 두 전언은 자힐리야 아랍인들에게 예배의 관행이 존재하였다는 사실을 입증한다. 자힐리야 시인 알 아샤(al-'A'sha : 629년 사망)의 시에도 아침과 저녁에 예배드리는 관행이 있었다고 언급되어 있다. 또한 자힐리야

문헌에는 사람들이 죽은 자에 대해 예배를 드렸다는 사실도 언급되어 있다. 그들의 예배는 죽은 자를 침대로 옮겨 시신 가까이 서서 죽은 자의 훌륭한 성품을 언급하고 칭송하는 것이었다. 꾸란에도 사람들이 달과 태양에게 절을 했던 것이 언급되어 있다.

"하나님의 예증 가운데 밤과 낮이 있고 태양과 달이 있노라 그러므로 태양과 달을 숭배하지 말라 진실로 너희가 하나님을 경배한다면 그것들을 창조한 그분만을 경배하라(Q 41:37)." 또한 꾸란에는 사비교도들이 태양을 향해 큰 절(수주드, *sujud*)[20]을 한 것이 언급되어 있다. "저는 그녀와 그녀의 백성들(사비교도들)이 하나님 외의 태양에게 절하고(*sujud*) 있음을 알았습니다 사탄들은 그들의 행위를 그럴듯하게 보여 그들로 하여금 진리의 길을 벗어나게 했으니 그들은 인도되지 못하고 있습니다(Q 27:24, 'Ali, V.6, 1970:337-338)."

하나님에 대한 경외심을 나타내기 위한 가장 보편적인 수단인 예배와 기도는 특히 메카 지역의 아랍인들에게 통합적이며 집단적인 형태를 띠었다. 예배는 매주, 그리고 크고 작은 축제 때 거행되었으며, 집단 예배를 위한 장소는 성소로 간주되었다. 이곳은 모든 사람들이 믿음과 경외의 축제를 거행하기 위해 매년 모이는 중심지였다. 이러한 축제는 정신적인 통합과 사회적인 만남을 의미하는 것이었다. 메카에서의 집단 예배는 카바에서 이루어졌으며, 사람들은 원래 신발을 신고 예배를 드렸으나 예언자와 동시대를 살았던 쿠라이쉬 부족 지도자 알 왈리드 이븐 알 무기라(al-Walid b. al-Mughirah : 622년 사망)가 신발을 벗기 시작하면서 신발을 벗는 것이 관례화되었다. 월경 중의 여성들은 카바에 가까이 가지 못했으며 우상에게 축복을 빌 수도 없었다. 사우디아라비아의 알 파우(al-Faw)라는 마을에서 4세기 것으로 추정되는 동상이 발견되었는데, 이 동상은 오늘날의 루쿠(*ruku* :

20) 이마를 바닥에 닿을 정도로 굽혀 하는 절이다.

허리 굽힘) 자세에서 예배를 하는 여성의 모습과 너무도 흡사한 것으로 전해진다(Nasr al-Din, 1994:229-231).

5. 성인 숭배

이슬람에서 발견되는 성자 숭배 사상뿐만 아니라 예언자의 탄생일이나 사망일 및 그의 묘지에 관련된 의식은 정통 이슬람의 정신에서 이탈된 것이라 할 수 있다. 그러나 실제로 이러한 성자 숭배 사상은 무슬림 일반 대중은 물론 정통 이슬람을 추종하는 집단에서도 존재하는 것이 사실이다. 예언자 무함마드는 하나님의 사자이지만, 다른 인간과 마찬가지로 흙에서 만들어졌으며 역시 다른 인간과 마찬가지로 죽어야 했다. "무함마드는 한 선지자에 불과하며 이전 선지자들도 세상을 떠났도다 만일 그가 죽거나 혹은 살해당한다면 너희는 돌아설 것인가? 만약 어느 누가 돌아선다 하더라도 이는 조금도 하나님을 해하지 아니할 것이며 하나님은 감사하는 자들에게 보상을 주실 것이니라(Q 3:144)." 무함마드는 인간으로서 완전무결하지 않으며 죄로부터도 자유롭지 못하다. "내가 방황한다면 그것은 나 스스로가 방황함이요 내가 길을 인도받으매 그것은 나의 주님이 나에 대한 계시었거늘 실로 그분은 가까이에서 들으시는 분이시라(Q 34:50)." 그는 하나님의 대변인이며 설교자이나 기적을 행할 수 없으며(Q 5:109-110), 그의 기적은 계시 그 자체라고 이슬람에서는 간주하고 있다. 무함마드는 최후 심판의 날에 신자들을 위해 중재하지만 이것은 오직 하나님의 허락에 따라 이루어질 따름이다. 따라서 예언자를 둘러싼 어떠한 의식도 만들어져서는 안 된다는 것이 정통 이슬람의 원칙이다.

그러나 무슬림들은 예언자가 죽은 후 창조주와 인간 사이의 심연을 메워 줄 중개인을 찾기 시작하였다. 무함마드는 살아 생전에 공동체의 신앙을 하나님 한 분에게 집중하는 데 주력하였으나, 그 이후의 추종자들은 그들의 예언자가 인격화되기를 원했다. 기독교인들과의 접촉은 서로의 영웅에 대한 경쟁의식을 가져왔을 수도 있다. 이슬람의 중심인물이 초자연성이 없다는 사실을 설득하기 힘들었던 것이다. 특히 시아파는 알리[21]의 후손이 결함이 없는 신성을 가지고 있다고 여기며 그들이 이맘[22]의 자리를 계승해야 한다고 믿었다. 대부분의 수니파 무슬림들은 이러한 시아파 사상을 거부하였으나, 심정적으로는 시아파들이 그들의 이맘에 대해 부여하고 있는 특성을 예언자 무함마드에게 부여하고 싶었던 것이다. 특히 예언자 사후 200년 전후로 일어난 수피주의자들은 무함마드의 신성에 불을 붙이기 시작하였다.

그러나 연대기적으로 보아 성자 숭배 의식은 예언자 시대 이전에 이미 존재하였다고 볼 수 있다. 꾸란은 왈리(*wali*), 즉 자구적인 의미로 보호자, 축복을 주는 자, 혹은 친구라는 뜻을 담고 있는 이 용어를 사용한다. "실로 하나님의 왈리들은 두려움도 슬픔도 없느니라(Q 10:62)." 그리고 꾸란은 '하나님께 가까이 있는 자(*muqarrab*, 무카르랍)'로서의 경건한 자에 관해 이야기하고 있다. "가까이 있는 자들은 축복의 천국에 기거하도다(Q 56:11, 12)." '왈리'라는 단어는 하나님의 또 다른 이름이기도 하다. 이러한 꾸란 구절에 따르면 하나님에게는 그와 특별히 가깝고 그의 왕국 통치자로 임명된 왈리, 즉 성자가 있다는 것이다.

하나님과 하나님의 속성을 가장 잘 아는 사람으로 규정되는 성자는 축복의 선물과 기적을 가져올 수 있는 카라마트(*karamat* : 축복의 선물이나 기적)

21) 4대 칼리파로 시아파에서는 초대 이맘으로 간주된다.
22) 시아파의 칼리파, 즉 예언자의 후계자를 의미한다.

를 지니고 있다고 알려져 있다. 이러한 축복은 짧은 시간에 먼 거리를 횡단한다든가, 필요할 때에 옷이나 마실 것 혹은 먹을 것을 나오게 한다든가, 물 위나 공중을 걷는다든가, 무생물이나 동물과 이야기한다든가 등으로 나타나기도 한다. 어떤 성자들은 자기 스스로를 다른 형체로 변형시키거나 여러 언어로 이야기하거나 죽은 사람을 살릴 수도 있다. 또 다른 사람의 생각을 읽거나 죽은 자신을 무덤에서 일으켜 세울 수도 있다(Munawi, 1938:11-13).

어떤 성자들은 그 특성이 순전히 도덕적인 것에 기초하기도 한다. 한편 성자의 출신을 보면 신비주의자나 종단의 창립자가 있는가 하면, 부족의 선조나 부족장, 혹은 왕조의 왕자이거나 창시자도 있다. 또한 그들 가운데는 매우 비천한 출신의 성자들도 있으며, 반(半)정신이상자(*majdhub*)도 있다. 정신이상자들의 독특한 중얼거림은 영감을 받은 것으로 간주되기도 하였다. 또한 로마 카톨릭의 성인 숭배에서처럼 무슬림들은 성자를 도시와 마을의 수호자로 간주하였다(Grunebaum, 1992:71-72).

정통파 수니 이론은 예언자가 성자, 즉 왈리보다 앞선다는 생각을 지키는 데 관심을 기울였다. 실제로 신학자들은 성자 숭배 행위를 금지하지 않고 암암리에 수용함으로써 예언자의 의식과 관련된 것을 정당화시켰다. 메디나에 있는 예언자의 무덤은 메카의 수크 알 라일(Suq al-Lail)에 있는 그의 생가보다 더 많은 신도들을 불러들이고 있다. 오늘날까지 메디나에 있는 그의 무덤은 순례의 마지막 종착점으로 간주된다. 무함마드는 라비 알 아왈(*Rabi' al-Awwal*, 이슬람력 3월) 달 12일 월요일에 사망하였고, 알려지지 않은 그의 출생일은 자연적으로 사망일과 같게 되었다(Burckhardt, 1829:114-115). 그의 탄생일 마울리드(*Mawlid* : 탄생)는 누가 먼저 기념하기 시작했는가에 대해서는 알려져 있지 않으나 대부분의 무슬림들은 이 날을 기념하고 있다. 한때 이집트 정부는 예언자의 생일이나 알리('Ali), 파티마(Fatimah),[23] 심지어는 칼리파의 생일을 기념하는 행사를 금지하려고 하였으나 실패하였다.

이집트에 수피주의가 성장하자 마울리드 행사는 그곳에 뿌리를 내렸고 아주 짧은 기간에 무슬림 세계 전역에 확산되었다. 예언자 탄생일 행사는 분명 교의적인 이론이나 전통적인 관행에서 어긋나는 '비드아(*bid'ah* : 혁신이나 개혁)'였으나 예언자 숭배가 깊어지는 것을 막을 수가 없게 되자 이슬람의 합의(*'ijma*)는 이를 인정하기에 이르렀다. 이븐 타이미야('Ibn Taimiyah : 1328년 사망)는 한 축제에서 예언자의 탄생일 밤을 기념하는 축제를 질책하기도 하였다. 그러나 그는 메디나에 있는 예언자의 무덤을 방문하고는 다음과 같이 말했다. "무슬림이 메디나에 들어오면 그로 하여금 예언자의 모스크에 가서 예배하도록 하라. 왜냐하면 이 모스크에서 올린 한 번의 예배가 다른 곳에서 행한 1,000번의 예배보다 나으니…단지 메카의 하람 모스크를 위해 하나를 남겨 두라. 그리고 예언자에게 인사하도록 하라…(Rutter, 1928:196-197)." 결국 알 수유티(al-Suyuti : 1505년 사망)는 당시 사람들의 정서를 반영하려는 듯 마울리드가 분명한 '비드아'임에는 확실하나, 칭송받을 만한 비드아라고 주장하였다(Gru-nebaum, 1992:76-77).

토착 전통은 곧잘 성스런 나무나 돌을 꾸란에 등장하는 인물이나 예언자와 관련시킴으로써 이슬람과 조화를 이루게 되었다. 꾸란이나 하디스가 예언자나 사자들의 완성된 목록을 모두 제공하지 않은 것도 토착 전통이 이슬람적으로 해석되는 원인을 제공하였다. 과거의 숭배 장소가 이슬람에 불완전하게 통합된 결과, 그러한 장소는 또 다른 한편으로 기독교인들에 의해서도 숭배의 장소가 되고 있다. 그러나 무슬림들은 기독교 토착 성인을

23) 예언자의 딸이며 알리의 부인이다. 시아파에서는 알리를 그들의 초대 이맘으로 간주하듯 파티마를 무슬림 여성의 이상형으로 간주하고 있다.

숭상하는 데 아무런 양심의 가책을 받지 않는다. 예컨대 팔레스타인의 올리브 산 동굴은 무슬림들에 의해 수피 여류시인 라비아 알 아다위야(Rabi' al-'Adawiyah : 801년 죽음)의 상표로 추앙받으며, 기독교인들에 의해서는 펠라기아(Pelagia)가 그녀의 죄를 속죄한 장소로 신성화되어 있다. 한편 유대인들은 이 장소를 여성 예언자 쿨다(Khuldah)의 묘소라는 오랜 믿음을 그대로 유지하고 있다(Arabia of the Wahhabis, 1928:11-12).

성자는 남성일 수도 여성일 수도 있다. 카이로의 시트 나피사(Sitt Nafisah)나 사이다 자이납(Sayydah Zainab)과 같은 여성 성자들은 많은 사람들의 신앙생활에 커다란 영향력을 갖는다. 메카의 쉐이크 마흐무드(Mahmud)의 의식에서처럼 어떤 경우는 성자 의식에 여성들만 참석하기도 한다. 성자를 기념하는 날은 그의 생일이거나, 더 흔하게는 그의 사망일, 즉 그가 영생으로 다시 태어난 날이다. 또 어떤 경우에는 그 축제가 탄생일이나 사망일이 아니라 한 기간이 되기도 한다. 성자의 지위에 따라 이러한 기간은 하루가 되기도 하고 또는 3-4일이 되기도 한다. 예언자 무사(Musa)의 축제는 성 금요일 일주일 전에 시작되어 일주일 동안 지속된다(Grunebaum, 1992:80).

III. 베르베르의 관행과 이슬람의 관행

본 장에서는 주로 베르베르인들의 관행에서 비롯되어 오늘날 이슬람 민속 신앙의 일부를 형성하면서 무슬림들의 정서를 사로잡고 있는 진 사상, 흉안, 저주, 바라카, 아슈라와 무도회를 중심으로 연구할 것이다.

1. 진(*Jinn* : 정령)

모든 무슬림의 가장 대표적인 감정은 진에 대한 두려움이다. 모로코에서는 '즈눈(*jnun* : *jinn*의 모로코 방언 복수)'으로 불리는데, 모든 면에서 동부 아랍 세계의 진과 일치한다. 이슬람 세계의 서부와 동부에서 진의 개념이 유사한 것은 전적으로 이슬람의 영향에 의해서이다. 베르베르인들은 신성시하는 돌이나 바위나 동굴이나 산이나 샘을 가지고 있었다. 어떤 경우 이러한 자연물과 관련된 초자연적인 힘이나 영향이 이슬람의 성자 숭배 원리로 스며들었고, 또 다른 경우에는 이러한 자연물들이 진과 연관된 것으로 해석되었다.

초기 베르베르인에 대한 자료의 부족으로, 북아프리카 정령 가운데 어느 것이 토착적인 것이고 또 어느 것이 그렇지 않은지를 구별하기는 쉽지 않다. 그러나 동부 아랍 세계와 구별되는 베르베르 관행의 특징은 성자 의식뿐만 아니라 진의 의식에서도 가금류를 희생제물로 바친다는 점이다. 가금류를 희생제물로 바치는 관행은 카르타고인들의 종교의식에서는 일반적인 것이었다. 마술사가 진을 불러내 신비하게 정렬된 문자나 형태, 단어, 숫자로 그들의 명령을 이행할 수 있도록 하는 기술은 동부 아랍 세계에도 널리 퍼져 있으나, 마그립 지역의 마술사가 이 분야에 가장 노련하고 뛰어난 것으로 정평이 나 있다. 따라서 마그립 지역의 진 의식은 동부의 영향을 받았을 뿐만 아니라 동부에 영향을 주기도 했을 것으로 추정된다(Grunebaum, 1992:13-14).

베르베르인들이 생각하는 진의 거주지는 일반적으로 땅 밑으로 알려져 있으나, 사실 그들은 어느 장소에 얽매어 있지 않다. 그들은 특히 땅 표면 위에 나오길 좋아하며, 여러 가지 모습으로 자신을 보이기 위해 인간들과 접축한다. 많은 사람들이 실수로 여성 진(*jinniyah*)과 결혼하기도 한다. 결혼한 여성 진은 인간 남편에게 친절히 대하고 돈을 주기도 하지만, 얼마간의 시간이 지나면 그 남자를 죽이거나 아니면 미치게 만들기도 한다.

흔히 진은 염소나 당나귀, 낙타, 고양이, 개, 거북이, 개구리, 뱀 등의 동물로 보인다. 베르베르인들은 밤에 감히 고양이를 때리지 못하는데 그것이 진일 수도 있기 때문이다. 어두운 곳이나 시장에서, 특히 새벽녘에 진이 개의 모습으로 나타난다고 알려져 있다. 많은 경우 진은 보이지 않고 소리만 내기도 하며, 무시무시한 형태를 띠기도 한다. 기둥 형태로 모래나 먼지를 일으키는 회오리바람도 진에 의해 일어나는 것으로 전해진다. 떨어지는 별똥별은 천당의 문에서 천사들의 말을 엿듣는 진에게 천사들이 던지는 창이며, 그 창을 던짐으로써 천사들은 진들이 들었던 것을 지울 수 있다. 어두운 데 사람이 걸려 넘어지는 이유를 진을 밟았기 때문이라고 생각하기도 한다. 그리고 밤에 이빨을 가는 것도 진의 괴롭힘 때문이고, 많이 먹는데도 배가 부르지 않으면 그의 몸속에 음식을 같이 먹는 진이 있다고 생각한다. 이러한 악령의 존재를 확실하게 느끼게 하는 가장 일반적인 증거는 경련이나 간질이나 마비와 같은 갑작스런 병이나 류머티즘이나 신경통, 광기, 콜레라나 천연두 같은 전염병 등 신체에 이상이 생기는 것이다(Westermarck, 1973:5-6).

한편, 진의 출현을 야기하는 부적절한 행위가 있다. 어떤 사람이 '비스밀라(*bismillah*)'[24] 라는 말을 생략하고 식사를 할 경우 진이나 악령이 그와 함께 음식을 먹는다. 밤에 거울을 보면 진이 눈에 들어가 통증을 일으키고, 자주 화를 내거나 잘 놀라는 사람은 진에 의해 공격받기 쉽다. 그리고 잠자고 있는 사람을 갑자기 깨우는 것도 진의 공격에 노출될 수 있다.

24) '신의 이름으로'라는 뜻의 아랍어 표현이다.

진의 공격에 쉽게 노출될 수 있는 특정한 사람들도 있다. 갓 태어난 아기나 누워 있는 여자가 위험하며, 신부나 신랑도 마찬가지이다. 몇몇 여성 진은 아이들을 서로 바꾸기도 하며, 어떤 진은 신부를 훔쳐 가는 것으로 알려져 있다. 흑인이나 마술사, 살인자, 백정은 자주 진의 방문을 받는다. 또한 진이 들린 동물이나 나무, 장소도 있다. 많은 동굴이나 샘은 진의 출몰지로 알려져 있으며, 불이나 화덕도 진이 출몰하는 장소이다. 집에서 진이 출몰하는 장소는 문지방이다. 때문에 누구도 문지방에 앉아서는 안 된다. 만약 그럴 경우 문지방에 앉았던 사람이 병에 걸리거나 그 집에 사는 사람들에게 악을 불러올 수 있다. 모든 집과 장소에는 그것을 소유한 진이 있다. 그 진이 선하면 그 집의 사람들은 번성하게 되고, 악하면 불운을 당하거나 죽게 된다. 땅 표면 위에서 진은 '아스르(오후 3-4시경)' 예배 이후에 가장 많이 활동하며, 그 시간이 바로 진들의 아침으로 간주된다. 따라서 이 시간에 많은 행동이 조심스럽게 이루어지거나 금지된다(Wester-marck, 1973:7-8).

진은 어둠을 좋아하고 빛을 싫어하기 때문에 진을 막는 방법으로 촛불을 밝히기도 한다. 진은 또한 소금을 싫어하기 때문에 여러 경우에 소금이 진을 막기 위한 방법으로 사용된다. 진은 쇠나 철, 타르, 화약 냄새를 특히 싫어한다. 베르베르인들이 시골 결혼식에서 총을 쏘는 것은 화약 냄새를 싫어하는 진을 막기 위한 한 방편이라 할 수 있다. 총소리나 큰 음악 소리, 여성의 자그라다(*zaghradah*)[25] 도 진들이 싫어하는 것으로 알려져 있다. 명바니아, 루, 로즈메리, 헨나, 향수 역시 그 강한 냄새와 향으로 진들을 멀리하는 데 도움이 된다. 그러나 진을 막아낼 수 있는 가장 강력한 수단은 바로 꾸란의 신성한 단어나 구절을 암송하는 것이다. 진을 막아내는 또 다른 보편적인 방법은 가축을 희생시키는 것이다. 베르베르인들은 집을 짓거

25) 여자들이 기쁠 때 손을 입에 대고 목청을 돋우어 내는 소리이다.

나 새로운 텐트를 치거나 새로운 장소에 텐트를 옮길 때, 그리고 우물을 팔 때 가축을 희생시킨다(Crooke, 1896:23).

그러나 인간과 진의 관계가 그렇게 적대적인 것만은 아니다. 진과 관련된 의식이나 관행이 모두 그들을 몰아내거나 그들과 싸우려는 의도를 가진 것은 아니다. 많은 경우 인간은 진을 불러 특정한 목적을 위해 이용한다. 그러한 목적 가운데는 도둑을 찾아낸다든지, 미래에 대한 정보를 얻는다든지, 없어진 친구에 대한 소식을 얻는다든지, 숨겨진 보물을 찾는다든지, 마술을 행하는 데 도움을 얻는다든지 하는 것 등이 있다. 이러한 의식에서는 일반적으로 꾸란 구절이 사용된다.

마그립 지역을 비롯한 이슬람 국가에 퍼져 있는 이러한 진과 관련된 신앙이나 관행은 여러 층위로 나누어진다. 그 가운데 많은 부분은 그 지역의 토속 신앙이고, 또 다른 것은 새로운 종교 이슬람에 의해 소개되었거나, 후에 이슬람이 확산된 나라에 퍼져 있던 관행이다. 진에 대한 고대 아랍인들의 믿음은 이슬람에 의해 유지되었다. 진의 존재는 사실 이교도 신의 존재를 인정하고 그것을 악마로 분류한 예언자에 의해 확대되었다. 어떤 진들은 예언자에 의해 이슬람에 귀의하였으나 대부분의 다른 진들은 '알라'의 적으로 간주되었다. 알라의 적이 된 진들은 꾸란 구절이나 비스밀라를 두려워하게 되었다. 따라서 진에 대한 토착 신앙은 교묘하게 이슬람과 조화를 이루며 마그립 지역을 비롯한 전 이슬람 세계 아랍인들의 정서를 사로잡고 있다.

2. 흉안(evil eye)

진 외에도 흉안은 이슬람 세계에서 불운의 원인으로 자주 간주된다. 베르베르인들의 속담 가운데는 "흉안이 집을 비우고 무덤을 가득 채운다." "인류의 반이 흉안으로 죽었다.", "흉안이 무덤의 3분지 2를 소유한다."라는 것이 있다. 흉안을 지니고 있다고 소문난 사람이 참석한 결혼식이나 축제에서 어떤 사건이 일어나면 그 사람은 그 사건에 대한 피해를 보상해야 한다. 만약 그러한 사람이 가축을 쳐다본 후 그 가축이 죽으면 역시 피해 보상에 대한 책임이 있다(Westermarck 1, 1926:8).

흉안은 어떤 사람의 표정이 예사롭지 않음에 근거한다. 그것은 부러움의 행동이나 표현으로 나타난다. 보는 것과 더불어 말이 동반될 때에는 특히 위험하다고 간주된다. '흉안'뿐만 아니라 '흉구(흉한 입)'도 있다고 전해진다. 가장 나쁜 경우는 나쁜 마음씨와 농담하는 입을 가진 사람이다. 비록 악의나 부러움의 감정이 없는 것이라 할지라도 비유나 농담이나 칭찬 등의 말은 그것이 시선과 동반될 때 두려움의 대상이 된다. 따라서 시선과 칭찬의 말이 동반될 때에는 그 위험을 줄이기 위해 '트바라칼라(*tbark allaah* : 하나님께서 자비를)'라는 표현이 사용된다. 이는 마치 서양에서 어떤 사람의 건강이나 부를 칭찬할 때 나무를 만지는 관행과 비슷하다고 할 수 있다.

모든 사람이 흉안을 가지고 있는 것은 아니다. 깊은 눈을 가졌거나 눈썹이 콧마루 위에서 일치된 사람은 특히 위험하다. 여자의 눈, 특히 늙은 여자나 신부의 눈은 남자의 눈보다 더 큰 두려움을 불러일으킨다. 식사를 하는 도중에 쳐다보는 것은 더욱 위험하여, 흉안을 가진 사람이 있으면 그에게 함께 먹도록 청하거나 아니면 한 조각이라도 나누어 주어야 한다(Westermarck, 1973:25-26).

흉안을 막는 방법 가운데 가장 안전한 것은 노출을 피하는 것이다. 이슬람 세계에서 여자들이 베일을 착용하는 것을 흉안에 대한 두려움 때문이라고 해석하는 사람들도 있다. 신부는 얼굴뿐만 아니라 눈까지도 가린다.

모로코의 일부 지역에서는 신부를 상자나 새장에 넣어 신랑의 집으로 운송하기도 한다. 이는 흉안을 막기 위한 것이며 동시에 신부의 시선이 다른 사람들을 해치는 것을 막기 위함이다. 흉안에 대한 두려움으로 베르베르인들은 많은 경우 그들의 의중을 말하지 않는다. 그들의 속담에는 "닫힌 입에 파리가 들어가지 않는다."라는 것도 있다. 가끔은 흉안을 막기 위해 원하지 않는 일을 해야 하기도 한다. 예컨대 누군가가 어떤 사람의 총이나 말이 사고 싶다고 말하면, 그 총을 소유한 사람은 불상사가 일어나는 것을 방지하기 위해 그 총을 상대방에게 어쩔 수 없이 팔아야 한다.

흉안을 물리치는 방법으로 오른쪽 손바닥을 상대방에게 펼쳐 '당신 눈 위(속)에 다섯이' 혹은 '다섯과 열다섯' 혹은 '당신 눈 위에 다섯이 당신 심장에 여섯이'라고 말하는 것이 있다. 다섯이라는 숫자와 그와 관련된 일부 숫자는 흉안에 대한 부적이 되었다. 어떤 사람이 흉안을 미칠 것 같은 표현으로 아이의 건강이나 부를 언급하면, 그가 목요일[26]에 태어났다고 되받아쳐 흉안을 모면할 수도 있다. 그 결과 다섯 손가락을 형상화한 여러 모양의 부적이 존재하며 이러한 부적은 어느 집이나 상점에서도 흔하게 볼 수 있다.

이러한 형상은 보통 푸른 물질로 색칠되어 있으며, 다섯 끝을 가진 별 모양도 이와 유사한 목적의 부적으로 사용된다. 두 선이 교차되는 십자 모양 역시 흉안에 대한 부적으로 사용된다. 여성의 코 위, 혹은 남성의 얼굴 중 가장 중심이 되는 정수리에 십자가 모양의 문신을 새긴 것을 마그립 지역에서는 쉽게 찾아 볼 수 있다. 어떤 학자들은 십자가가 북부 아프리카 베르베르인들 사이에 남아 있는 기독교적 잔재라고 주장하나 고대 이집트의 유물 가운데 십자가 모양이 발견되는 것으로 보아 십자가는 기독교 이전에

26) 아랍어에서 목요일을 의미하는 '알 카미스(*al-Khamis*)'라는 단어는 '다섯'을 의미하는 어원에서 비롯되었다.

도 이미 존재했다고 보는 견해가 더욱 타당하다 할 수 있다.

위로 치켜세워진 손바닥 모양뿐만 아니라 눈 모양도 부적으로 사용되고 있다. 눈 모양의 부적은 이집트, 페니키아, 카르타고, 그리스, 로마인들이 흔하게 부적으로 사용하였다. 삼각형 역시 지중해 지역 사람들과 아라비아, 인도 사람들 사이에서 부적으로 사용되었다. 히자즈[27] 시골 지역에서 대문에 삼각형이 꾸란 구절과 더불어 새겨져 있는 것이 발견되기도 한다. 두 개의 삼각형이 겹쳐진 여섯 끝을 가진 별은 북부아프리카와 시리아, 팔레스타인 무슬림들에게 매우 대중적인 부적이다(Balden-sperger, 1893:217).

흉안에 대한 믿음은 이슬람 예술에 깊은 영향을 미쳤다. 흉안을 막기 위한 다섯 손가락이나 눈, 다섯 장의 장미 꽃잎, 다섯 끝을 가진 별 모양의 부적이 그림이나 조각, 문신, 카페트의 문양으로 나타났다. 흉안에 대한 예방의 목적으로 소개되었던 이러한 형상들은 후에 장식으로 사용되었으며, 점차적으로 헤아릴 수 없는 모양으로 변형되어 그 원형을 찾을 수 없게 되었다.

흉안에 대한 믿음 역시 꾸란은 사실로 인정하고 있다. "일러 가로되…창조된 사악한 것들의 재앙으로부터 보호를 구하며…시기하는 자의 재앙으로부터 보호를 구하노라(Q 113:1, 2, 5)." 하디스에 따르면, 예언자는 흉안의 나쁜 영향을 막기 위해 주문을 사용해야 하는가에 대한 질문을 받고 다음과 같이 대답하였다. "그렇다. 그 눈은 완벽한 영향력을 지니고 있다. 만약 인간의 운명을 극복하는 것이 한 가지 있다면 그것은 분명 흉안일 것이다."

예언자의 흉안에 대한 믿음은 셈계 사람들이 공통적으로 가지고 있던 고대 아랍인들의 신앙에서 비롯되었다고 할 수 있다. 그러나 흉안에 더욱 심취되어 있었던 유대인과 페니키아인, 카르타고인의 흉안과 관련된 믿음

27) 아라비아 반도의 서부 지역이다.

과 관행이 지중해 지역 무슬림들에게 깊은 영향을 미쳤을 가능성이 있다. 일반적으로 셈계와 아리안계, 지중해 사람들의 흉안에 대한 신앙과 믿음은 유사하여 상호간의 영향 정도를 밝혀내기가 쉽지 않다(Tompson, 1908:88).

3. 저주

흉안이나 흉구와 아주 밀접하게 연관되어 있는 것으로 저주를 들 수 있다. 저주는 피해를 의도하지 않는다는 점과 악의를 표현하는 방법에서 흉안이나 흉구와 다르다. 비록 행동으로 하는 저주가 있기는 하지만 저주의 일반적인 형태는 말로 이루어진다. 저주의 말은 불쾌하고 직선적이지, 익살스럽거나 은유적이거나 칭찬하는 말이 아니다. 저주의 실현은 저주 자체의 신비스런 힘을 통해 직접적으로 일어나기도 하고, 저주 속에 담겨 있는 신비스러운 힘의 도움으로 이루어지기도 한다. 전자의 경우는 저주 자체가 순수한 마술이라 할 수 있고 후자의 경우는 일종의 기도라고 할 수 있으나, 이 두 형태의 저주를 확연하게 구별할 수는 없다. 저주의 말에 들어 있는 초자연적 존재의 이름이 마술적인 효과를 가져다 줄 수도 있다.

베르베르인들은 그들이 미워하는 사람의 아버지나 어머니를 저주하기를 좋아한다. 심지어 그것이 당나귀라 할지라도 나귀의 어미를 저주한다. 할아버지나 조상은 베르베르인들의 저주의 주 대상이다. 그러한 저주 가운데 "너의 할아버지와 너의 할아버지의 할아버지와, 너의 할아버지를 저주하지 않는 너의 할아버지의 할아버지의 할아버지에게 저주가 있길…" 하는 말이 있다. 그러나 이것은 당사자가 저주에서 제외된다는 것을 의미하지 않는다. 선조들에 대한 저주는 후손 모두에 대한 저주로 이해된다. 또 그 반대로 어떤 개인에 대한 저주는 선조에 대한 저주까지 포함된다.

저주의 효과는 저주의 성격이나 그 표현 방법에 의해서뿐만 아니라 저주하는 사람이 누구냐에 따라 달라지기도 한다. 자식들에게 욕설을 퍼붓는 부모의 저주보다 강력한 것은 없다. 부모의 저주는 어떠한 성자의 저주보다 강력하다. 베르베르인들의 속담 중에는 "자신의 부모에 의해 깨어진 사람은 성자에 의해 회복될 수 없고, 성자에 의해 깨어진 사람은 부모에 의해 회복될 수 있다."는 것이 있다. 부모의 저주는 부모에 의한 축복으로 그 효력을 무효화시킬 수 있다. 부모의 축복은 그들의 저주보다 강력하기 때문이다. 이는 부모가 자식에 대한 강력한 권위를 가지고 있는 것으로 풀이할 수 있다. 또한 베르베르인들은 남편의 저주가 아버지의 저주만큼 효력이 있다고 믿는다. 베르베르인들의 속담에는 "남편에 의해 저주받은 여자는 아버지에 의해 저주받은 여자와 같다."는 말이 있다.

물론 성자나 예언자의 후손 샤리프(*sharif*)의 저주는 보통 사자(死者)의 것보다 훨씬 강력하다. 샤리프의 저주는 그 자신에 의해서도 되돌릴 수 없다고 전해진다. 그러나 성자의 저주는 부모에 의해 회복될 수 있다. 예언자의 여자 후손 샤리파(*sharifa*)에 의한 저주는 샤리프에 의한 것보다 더욱 강력한 것으로 알려져 있다. 이것은 여자의 저주가 남자의 것보다 강하다는 일반적인 믿음과 일치하는 것이다. 여자의 저주가 더욱 강하다는 믿음은 여자를 불결한 존재로 간주하는 생각과 관련되어 있다. 저주의 효과는 그것을 받는 사람의 죄에 의해 보다 영향을 받는다. 저주받을 만한 짓을 하지 않은 사람은 그 저주에 의해 피해를 받지 않으며, 오히려 그것을 내뱉은 사람에게로 떨어지게 된다(Layard, 1853:318).

이러한 절대적인 저주 외에도 조건적인 저주가 있다. 맹세는 조건적인 저주에 속하는 것으로 맹세를 한 사람의 말이 진실이 아닐 경우 해악이 자신에게 돌아온다. 오래 전부터 북부아프리카 원주민들 사이에서 행해졌던 맹세는 후에 이슬람에 귀의한 모든 사람들에 의해서 지속되었다. 일반적으로 사람들은 신성하거나 바라카를 지녔다고 생각되거나 어떤 이유에서든지 더 혹은 덜 위험하다고 생각되는 것을 두고 맹세한다. 베르베르인들이 맹세할 때 사용하는 말 몇 가지를 살펴보면, '위대한 신의 이름으로', '나누어 주시는 자의 이름으로' 등이 있다. 상대편이 유대인이나 기독교인일 경우 그들은 '무슬림을 무슬림으로, 유대인을 유대인으로, 기독교인을 기독교인으로 창조하신 신의 이름으로'라고 맹세한다. 그들은 왼손에 꾸란을 들고 오른손을 그 위에 얹어 꾸란으로 맹세하기도 한다. 맹세는 모스크에서 하며, 성자의 무덤에서도 자주 행해진다. 특히 맹세는 범죄의 혐의를 받고 있는 사람의 죄의 여부를 성립시키기 위한 법적인 절차로 사용되기도 한다 (Westermarck, 1973:63-67).

맹세 외에 저주하는 사람에게 향하는 것이 아닌 상대방에게 향하게 되는 또 다른 종류의 조건적인 저주가 있다. 이것은 이른바 '아르(*'ar*)'라 불리는 경우이다. 아르라는 용어는 문자적으로 '수치'를 의미한다. 그러나 모로코에서 그것은 어떤 사람이 상대방에게 "당신에게 아르가…."라고 말할 때 상대방이 그에게 요구받은 행위를 하지 않을 경우, 아르에 담겨 있는 조건적인 저주로 인하여 불행이 상대방에게 떨어지는 것을 의미한다. 만약 도망자가 어떤 사람의 집이나 텐트에 들어감으로써, 혹은 텐트 입구의 기둥을 잡음으로써 그에게 자신을 내어 맡기게 되었다고 하자. 그럴 경우 텐트 주인은 그를 도와야 할 의무가 있다. 다른 형태의 아르로는 다른 사람 집의 문이나 마을 모스크 문에 안장을 뒤집어 놓는 것이 있다. 딸 둘이 살해당한 여인이 머리를 짧게 자르고 얼굴과 몸과 옷에 소똥을 칠한 채 이 마을 저 마을을 돌아다니면 그녀의 호소는 거부될 수 없다. 조건적인 저주 효력은 맷돌, 옹기병, 안장, 안장 덮개, 오래된 텐트 천 조각, 검댕이, 소똥 등에 달려 있다. 이러한 물건 가운데 검은 색은 불길함의 상징이고, 맷돌은 파괴의 상징이며, 안장은 그것이 뒤집혀 있을 때 두려움을 불러일으키고, 여자들이 얼굴에 소똥을 칠하는 것은 친척이 죽었을 때 하는 행위에서 비롯된 것이다. 가장 극단적으로 상대방에게 아르를 던지는 방법은 그 사람의 집 문지방이나 텐트 입구에서 가축을 잡는 일이다. 만약 상대방이 피 위를 걷거나, 그것을 단 한 번 쳐다보기만 해도 그 사람은 아르를 던진 사람의 요구를 들어 주어야 한다(Westermarck, 1930:270).

피난자를 보호해야 하는 의무와 마찬가지로 손님 접대의 의무도 아르에 대한 믿음과 그것이 가진 강제성과 깊은 관련을 가진다. 이와 관련된 속담으로 "당신 집에 온 사람은 당신의 아르로 왔다."는 말이 있다. 이방인은 아무도 알지 못하는 마을에 도착하게 되면 자신을 마을 사람들의 아르로 놓는다. 그는 "우리는 신의 손님이고 당신들의 손님이다."라고 말한다. 그는 모스크로 직접 가서 접대를 받기도 하지만, 개인적인 접대도 쉽게 받을 수 있다. 주인은 손님이 기분 상해하지 않도록 최선을 다해 보살펴야 한다. 화가 난 손님은 주인에게 위험하기 때문이다. 꾸란이 손대를 의무화함으로써 손님접대는 이슬람의 종교적 의무가 되었다. 꾸란은 친절함이 '여행객(Q 4:40)'에게 보일 것이라고 언급하고 있다. 예언자의 하디스에도 손님접대에 대해 언급하고 있다. "하나님과 부활을 믿는 자는 모두 손님을 존중해야 한다. 손님에게 친절히 대하는 기간은 하루 낮과 하루 밤이다. 그를 즐겁게 해야 하는 기간은 3일이다. 만약 손님이 그것보다 더 머무르면 주인은 그에게서 더 많은 은혜를 입을 것이다. 그러나 손님이 주인에게 폐를 끼칠 정도로 오래 머물 권리는 없다(Lane, 1883:142)."

죽은 성자에게 아르를 놓는 방법은 여러 가지가 있다. 아르는 가끔 성자와 관련된 돌무덤에 돌멩이를 던지는 것으로 이루어지기도 한다. 만약 돌멩이를 던진 사람이 그 돌멩이에 입을 맞추게 되면 그 행위가 바로 성자에게는 아르로 간주된다. 아픈 사람이나 간청자들이 성자에게 아르가 되도록 던져 놓은 돌무덤을 보는 것을 어렵지 않다. 또한 모로코에서는 성자와 관련된 어떤 물건에 그에 대한 아르로써 천 조각이나 털 등을 묶어 놓는 것이 일반적이다. 병을 치료하기 위해, 아이의 복을 빌기 위해, 적절한 배우자를 얻기 위해, 적을 물리치기 위해, 성자로부터 복을 얻기 위해, 성자의 묘는 항상 붐빈다. 이는 성자의 묘를 방문함으로써 방문자들은 성자의 아르가 되는 것이다. 죄를 지은 사람도 성묘나 모스크에 피난하게 되면 누구라도 그를 강제로 끌어갈 수 없다. 거기서는 도망자가 하나님과 모스크의 주인이라 할 수 있는 대천사 가브리엘의 아르가 된다. 그러나 보통 성묘가 모스크보다 안전한 피난처로 간주된다(Balden-sperger, 1908:204).

4. 바라카(*barakah*)

'바라카(축복, 신성함)'란 개념은 이슬람 이전에 존재하였던 것으로, 그 형태는 다를지 모르나 모든 종교에 존재한다고 할 수 있다. 그러나 바라카는 알라로부터의 축복이라는 신조를 통해 이슬람과 더욱 밀접한 개념이 되었다. 바라카의 가장 높은 경지는 꾸란과 이슬람의 오주(다섯 실천사항)를 지키는 일이다. 어떤 사람도 예언자 무함마드보다 더 많은 바라카를 소유하지 못한다. 그의 바라카는 샤리프와 샤리파에게로 전수된다. 이들은 바로 예언자의 딸 파티마의 남자 후손 남녀를 의미한다. 이들 모두가 신성한 선조로부터의 유전인자로 바라카를 가지고 태어났지만, 그들 가운데 바라카를 지녀 성자로 간주되는 사람은 소수에 불과하다. 북부아프리카에는 샤리프로 분류된 사람들이 매우 많다. 그들 가운데 일부는 종교적 존귀함을 가진 아랍 정복 이주자들의 후손이나 그 가족들일 수도 있으나, 어떤 경우에는 베르베르 원주민이 예언자의 후손이라고 주장하기도 한다.

바라카를 채워 주기 위한 방법은 여러 가지가 있다. 성자가 뱉은 침으로 바라카가 전달되거나 성자가 먹다 남은 음식을 통해서도 전해진다. 바라카가 한 사람에서 다른 사람으로 옮겨가는 것은 바라카를 지닌 사람의 의지와 상관없이 이루어지기도 한다. 예컨대 샤리프의 옷이나 손을 만짐으로써 바라카가 옮겨질 수도 있다고 믿는다.

유전이나 전수가 아닌 다른 방법으로 바라카를 얻게 되는 경우도 있다. 베르베르인들에게는 해안선을 따라 영웅들의 성묘가 있는데, 오래 전에 기독교인들과의 싸움에서 전사하여 성자의 대열에 오른 사람들의 묘이다. 어떤 사람들은 범상한 경건함과 헌신, 끊이지 않는 기도, 단식, 혹은 가난한 자나 법학자를 위해 많은 음식을 제공함으로써 바라카를 지닌 성자가 되기도 한다. 또한 일반적인 방법으로 산속에 은둔하면서 성스러운 생활을 함으로써 바라카를 얻는 경우도 있다. 꾸준한 기도와 꾸란의 낭송은 법학자들에게 바라카를 주며, 학생들도 성서를 공부함으로써 바라카를 이끌어 낼 수 있다. 이것을 근거로 많은 의식에서 어린 학생이 중요한 역할을 감당한다. 바라카는 신부나 신랑에게서도 나온다고 여겨진다. 또한 미친 사람이 성자로 추앙되어 그에게 바라카가 있다고 믿기도 한다(al-Suhrawardy, 1910:55).

바라카와 관련이 있는 성자는 산 자나 죽은 자를 포함하고 있을 뿐만 아니라 결코 존재하지 않았던 적지 않은 개인들도 포함하고 있다. 모로코에는 고인이 된 성자와 관련된 많은 성스러운 장소들이 있는데 이러한 장소들은 성자가 죽은 후 묻힌 곳이거나, 살아 있을 동안에 앉았던 곳, 혹은 기도하던 장소 등이다. 많은 경우 이러한 이야기들은 가설에 근거하고 있으며, 어떤 경우에는 특정한 장소나 자연물과 관련된 성스러움을 설명하기 위해 인위적으로 성자가 만들어지기도 한다.

성인의 숭배는 앞서 언급하였듯이 이슬람의 교리와 배치된다고 할 수 있다. 그러나 이슬람이 북부아프리카로 확산되자 성인 숭배 사상은 베르베르인들의 토속 신앙과 어우러져 새로운 자양분을 얻게 되었다. 잘 알려진 성자는 그 무덤 위에 소위 '쿱바(*qubbah*)'로 불리는 것이 세워져 있다. 그것은 보통 4각으로 된 흰 건물로, 편자 모양의 문과 8각형 돔을 지니고 있다. 그러나 돔 대신에 네 방향의 측면에서 볼 때 3각형 모양을 지닌 뾰족한 지붕을 이루기도 한다. 경우에 따라 쿱바의 지붕은 평평한 것도 있으며, 네 벽으로 둘러싸여 있으나 지붕이 없는 경우도 있다. 그리고 단지 원형의 돌멩이나 돌무덤으로 표시된 성자 묘도 있으며, 아무런 표시 없이 나무나 작은 숲, 돌멩이, 바위, 동물, 산, 샘 자체가 성스런 장소로 간주되기도 한다 (Wester-marck, 1973:96-97).

바라카는 많은 동물에도 있다고 믿어진다. 가장 존귀한 동물은 말이다. 훌륭한 혈통을 지닌 말은 샤리프처럼 그 주인과 집에 축복을 가져다준다고 여겨진다. 말의 울음은 악령을 도망가게 하며 사십 악령의 머리를 부러뜨린다고 알려져 있다. 말은 또한 안장에 바라카를 주기도 한다. 모로코를 비롯한 북부아프리카와 마찬가지로 동부 아랍 세계에서도 말은 길조로 간주된다(Stuhlmann, 1912:97). 말 정도는 아니나 양도 바라카가 있다고 간주된다. 숫양은 여러 이교도 종교의식에서 희생제물로 알려져 있다. 희생제 의식에서 숫양이 갖는 우월성은 그 뿌리가 베르베르 관습에 기인한다고 할 수 있다(Stuhl-mann, 1912:100). 베르베르인들은 낙타가 의학적인 바라카를 가지고 있다고 믿는다. 아랍인의 침입 이전에 이미 베르베르인들에게도 낙타가 알려져 있었으나 그것이 커다란 중요성을 가지지는 못했다

(Stuhlmann, 1912:94). 이슬람에서 낙타 고기를 먹는 것은 일종의 신앙 고백으로 간주된다. 모로코에서 전해지는 예언자의 하디스 가운데 "나의 낙타를 먹지 않는 자는 나의 민족에게 속하지 않는다."라는 말이 있다. 한편, 소는 성스런 동물로 간주되지 않으나 암소는 우유나 버터 등의 바라카를 가진 물질을 생산해 낸다.

그 밖에 사냥개와 고양이, 새, 벌에게도 바라카가 있다고 알려져 있다. 특히 꿀벌은 많은 바라카를 지니고 있어 베르베르인들은 벌을 죽이는 것이 사람을 죽이는 것보다 나쁘다고 여긴다(Westermarck, 1973:105-106). 꾸란에도 꿀은 인간을 치유하는 약이 된다고 언급되어 있다(Q 16: 69). 밀이나 보리와 같은 알곡에도 바라카가 있다고 전해지며 열매를 열리게 하는 대추야자 나무도 신성한 것으로 간주된다. 동부와 마찬가지로 올리브 나무도 신성한 나무이다. 베르베르인들은 무화과나무에도 바라카가 있다고 믿는다. 석류는 모로코에서 '예언자의 눈물'로 불린다. 그 밖에도 월계수나 헨나 등의 식물과 달, 불에도 바라카가 있다고 베르베르인들은 믿는다(Westermarck, 1973:108-111).

숫자에도 바라카가 있는데, 하나님은 한 분이라는 것에서 유래하여 홀수가 짝수보다 바라카가 있는 것으로 알려져 있다. 그러나 홀수를 선호하는 것은 이슬람 훨씬 이전의 관행이다. 3과 7은 마술에서 가장 자주 사용되는 숫자이고, 5는 흉안에 대한 가장 효과적인 부적이다. 5라는 숫자는 이슬람에서도 아주 중요한 역할을 하였다. '이슬람의 5주', '비밀스런 지식의 다섯 가지 열쇠', '하루 다섯 번의 기도' 등이 그 예이다. 7이라는 숫자는 이슬람 신학에서 중요한 위치를 차지한다. 그 예로, 일곱 하늘(Q 23:17; 65:12; 78:12), 일곱 땅(Q 65:12), 일곱 바다(Q 31:26), 일곱 문을 가진 일곱 칸으로 나누어진 지옥(Hughes, 1896:171), 7일 등을 들 수 있다. 신성하고 신비로운 숫자로서의 일곱에 대한 믿음은 바빌로니아로부터 유래되었다는 것이 일반적인 정설이다.

여기까지 언급한 바라카는 하나님이 내려 주신 축복으로 간주되어 민속 이슬람과 관련을 가지게 되었다. 그러나 이것은 이슬람 훨씬 이전 고대 아랍인들과 베르베르인들 사이에 퍼져 있던 초자연적인 힘에 대한 신앙을 이슬람적으로 해석한 것에 불과하다고 할 수 있다.

5. 아슈라와 무도회

북서아프리카 의례 가운데는 이슬람적인 것도 아니고 아랍의 이교도적인 것도 아닌 관행이 이슬람교와 관련된 양대 축제에서 행해지고 있다. 그 가운데 하나가 그날의 이름을 따서 만든 '아슈라(*'Ashura*)'이다. 이날은 이슬람력 무하람 달의 10일을 의미한다. 모로코에서는 아슈라에 행한 행위가, 그것이 긍정적이든 부정적이든, 그 효력인 한 해 내내 지속된다고 믿는다. 따라서 여유가 되는 사람은 아슈라 날 아침에 새 옷과 새 신발을 신음으로써 한 해 동안 그러한 일이 반복되기를 기원한다. 시골에서는 여자들이 약간의 밀을 맷돌에 넣는데, 이는 그 해가 끝날 때까지 빵을 곡식을 갖게 될 것이라는 믿음에서 나온 것이다. 아슈라는 특히 어린아이들에게 더욱 즐거운 날이다. 이날 어린아이들에게 맛있는 음식과 더불어 장난감이 주어진다. 이것은 "아슈라 날에 가솔들에게 충분히 주는 사람에게 하나님은 그 나머지 한 해 동안 충분하게 주신다."라고 예언자가 말한 데서 기인했다고 전해진다(Lane 1896:435).

이러한 모든 관행들은 다른 지역에서 발견되는 것과 아주 유사한 전통적인 신년 행사이다. 이날의 가장 큰 관심거리는 불과 물의 의식이다. 페즈에서는 각 동네 어린아이들이 아슈라 전날 밤에 모닥불을 피우고 그 위를 뛰어넘는다. 한편 여자들은 집 지붕으로 올라가 그곳에서 종이나 짚 등을 태워 악령을 몰아낸다. 이러한 현상은 모로코의 평지에 사는 아랍 부족이나 남부의 베르베르인들 모두에게 매우 일반적이다. 똑같은 효과가 물 의식에도 있는 것으로 간주된다. 물 의식은 그 다음 날 아침에 보통 거행된다. 해가 떠오르기 전에 집이나 우물, 강, 바다에서 목욕을 하는 것은 널리 퍼져 있는 관행이다. 사람들은 서로서로, 혹은 동물에게, 혹은 집의 벽이나 바닥에 물을 뿌린다. 이러한 물은 반드시 같은 날 아침이나 그 전날 밤에 길어 온 것이어야 한다. 어린아이들이나 심지어 성장한 남녀들도 우물이나 시내에서 서로에게 물을 뿌리며 장난을 한다(Westermarck, 1973:146-147).

아슈라 날의 불과 물 의식은 동부 아랍 세계에서 존재하지 않는 것으로 알려져 있다. 이러한 물과 불의 의식은 이슬람이 전파되기 이전에 베르베르인들 사이에서 널리 유행되던 관행이다. 이러한 예방 의식이 아슈라 때에 행해지는 이유는 아슈라 동안에 한 행위가 한 해 내내 효력을 가진다는 것과, 무하람 달 초순 동안 진들이 가장 활발하게 활동한다는 믿음에서 비롯되었다. 이슬람에서 이 달은 서로 간의 전쟁이 금지된 신성한 달 가운데 하나이다(Q 9:36). 더군다나 예언자는 이 달의 10일에 단식을 하였으며 그의 교우들에게도 단식을 명령한 것으로 전해진다. 모로코에서는 많은 사람들이 9일이나 10일에 단식을 하며 일부 사람들은 이 달의 1일에 단식을 하기도 한다. 아슈라 날에 일하는 것은 금기이며, 어떤 지역에서는 아슈라 다음이나 그 전의 이틀 동안에도 노동이 금지되어 있다. 만약 이러한 금기가 지켜지지 않을 경우, 그날에 하는 일이 잘못되거나 그 일에는 바라카가 없다고 간주된다. 아슈라 날의 집 청소는 금지되며, 만약 이를 지키지 않을 경우 그 행위가 집에서 행운을 쓸어내는 것이라 믿는다. 아슈라 이브나 무하람 달 첫 열흘 동안 부부 행위가 금지되기도 한다. 이 기간 동안 생긴 아이는 귀머거리나 벙어리 혹은 자손을 가질 수 없다고 믿는다. 이란이나 인도의 시아파 무슬림들 사이에서 후세인(Husain)[28]의 순교를 기념하기 위해 무하람 달 초순이 애도 기간으로 지켜지듯이, 마그립 지역에서도 이 기간 동안 애도 행사가 열린다. 아슈라 날에 죽은 것으로 알려진 알리의 두 아들을 위한 애도 행사와, 이 날에 죽었다고 믿는 예언자를 위한 애도 행사가 후손 샤리프들에 의해 이루어진다.

주로 무하람 달에 이루어지는 모로코 축제의 주요 모습은 '브사트(bsat)'라 불리는 인형의 집이다. 이 집은 색색의 종이로 치장되어 있으며 성자의 묘와 같이 둥근 지붕으로 되어 있다. 인형의 집, 즉 브사트를 중심으로 한 행렬은 집집마다 돌아다니며 이 행렬의 방문을 받은 집주인은 그들에게 돈을 건넨다. 브사트는 시아 무슬림들의 무하람 의식과 관련되어 있는 것으로, 인형의 집은 후세인의 모스크를 나타낸다. 그러나 어떤 면에서 베르베르인들의 무도회는 시아파 의식과 근본적으로 다르다고 할 수 있다. 이 행사는 야단법석 들떠 있는 유쾌한 행사로 시아파의 무하람 의식에서 보이는 애도의 분위기가 전혀 없다. 가짜 성묘를 상징하는 브사트도 '즐거워하다'라는 의미의 '바사타(*basata*)'에서 유래된 단어이다(West-ermarck, 1973:152-154).

이러한 축제와 무도회는 무하람 달뿐만 아니라 이슬람력 12월 두 알 힛자 달의 초순 동안에도 이루어진다. 브사트 무도회와 대축제에서는 모든 집안의 가장이 낙타, 수소, 암소, 양, 염소 등의 동물을 희생하는 것이 의무이다. 부줄루드(*Bujlud*)라 불리는 남자가 희생된 염소나 양의 털을 뒤집어 쓰면 또 다른 남자나 소년은 여장으로 변장한다. 어떤 경우 이들은 부부가 되기도 하고, 또 다른 경우에는 그 여자가 제3의 남자의 부인이 되기도 한

28) 시아파의 초대 이맘 알리의 아들로, 수니 압바스조 칼리파에 의해 살해당하였다.

다. 다른 사람들은 유대인이나 기독교인, 혹은 동물의 복장을 한다. 음악가들이나 많은 사람들을 대동하고 그들은 집집마다 돌아다니며 춤추고 연기한다. 그들은 공통적으로 얼굴에 동물의 가면을 쓰고 희생된 동물의 가죽을 입는다. 부줄루드는 돌아다니며 가죽 채찍이나 막대기로 사람들과 텐트를 때린다. 이것은 사람들에게 축복을 주고 악한 기운을 쫓아내는 것이라고 여겨진다. 그러나 그는 비웃음거리가 되고, 조롱거리가 되며, 경우에 따라서는 신발로 맞기도 한다. 그는 악령을 몰아내는 긍정적인 역할과 더불어 희생양이 되는 것이다. 이러한 무도회의 특징은 전반적으로 매우 우스꽝스러운 모습을 띤다는 점이다. 이러한 우스꽝스러움은 사람들이 축제의 신성함을 벗어 던지려고 하는 의례적인 속화의 한 방법이라 할 수 있다 (Westermarck, 1973:157-160).

무하람 달이나 대축제일의 이러한 무도회 관행은 동부 아랍 세계에서는 찾아볼 수 없는 것으로 북부 아프리카 베르베르인들의 토속 관행이라 할 수 있다. 이슬람 이전에 존재하였던 이러한 이교도 관행은 이슬람의 희생제 의식과 교묘하게 조화되어 무슬림 베르베르인들의 축제에서 행해지고 있다.

IV. 결론

아라비아의 전통을 계승하여 유일신관을 바탕으로 발전되어 타지역으로 유입된 이슬람은 마치 유연한 액체와도 같이 이슬람이 닿은 지역의 풍습과 관행에 맞추어 변형, 발전되어 오늘에 이르고 있다. 이러한 이슬람 문화의 포용과 관용, 융화에서 비롯된 유연성이 이슬람 세계가 아라비아 반도 밖으로 널리 전파될 수 있는 가장 커다란 동인이 되었음은 의심할 나위가 없다. 이러한 이슬람의 유연성은 앞으로도 이슬람 세계가 더욱 확산되리라고 내다보는 미래학자들의 전망이 사실에서 그리 벗어나지 않을 것임을 예견하여 준다.

오늘날 무슬림들이 이슬람의 신성한 유일신 관행으로 지키고 있는 순례, 단식, 예배의 관행도 이슬람 이전의 아라비아 반도를 비롯한 중동 지역의 토속 관행이라는 사실을 본 연구를 통하여 밝힐 수 있었다. 그리고 마그립을 비롯한 아랍 대부분의 지역 무슬림들의 정서를 사로잡고 있는 진 사상, 흉안, 저주, 바라카 사상 등 정통 이슬람에서 인정되지 않는 토속 관행도 결국은 모두 이슬람의 경전 꾸란에 언급되어 있어 이슬람과 무관하지 않음을 알 수 있다. 이렇듯 이슬람적 관행은 그것이 어디까지 토속적인 것이고 또 어느 것이 순수 이슬람적인 것인지 구별하기 어려울 정도로 혼재되어 있다. 이것은 바로 통합과 융화, 관용과 포용의 특색을 지닌 이슬람 문화의 자화상이다.

[참고문헌]

'Ali, Jawwad. *al-Mufassal fi Tarikh al-'Arab qabla al-'Islàm,* 4. Beirut: Dàr al-'Ilm lil-Malayyin, 1970.

'Ali, Jawwad. *al-Mufassal fi Tarikh al-'Arab qabla al-'Islàm,*6. Beirut: Dàr al-'Ilm lil-Malayyin, 1970.

'Ali, Maulana Muhammad n.d. *The Religion of Islam.* Cairo: National Publication & Print ing House.

Baldensperger, J. *Peasant Folklore of Palestine.* London: Quarterly Statement, 1893.

Burckhardt, J.L. *Travels in Arabia.* London, 1829.

Crooke, W. *The Popular Religion and Fork-Lore of Northern India.* Westminster: A.Constable&Co, 1896.

Farihat, Hakamat. *'Abd al-Karim. al-Khatib, Ibrahim Yaisn Madkhal Ila Tarikh al-Hadarah al-'Arabiyah al-Islamiyah.* Amman:Dar al-Shuruq lil-Nashr wa al-Tawzi, 1989.

Hasan. Husain al-Hajj. *Hadarat al-'Arab fi 'Asr al-Jahili.* Beirut: al-Mu'assasah al-Jami'iyah lil-Dirasat wa al-Nashr wa al-Tawzi, 1989.

Lane, E.W. *An Account of the Manners and Customs of the Modern Egyptians.* Paisley& London: A. Gardner, 1896.

Lane, E.W. *Arabian Society in The Middle Age.* London: Chatto & Windus, 1883.

Layard, A.H. *Discoveries in the Ruins of Nineveh and Babylon.* London: J. Murray, 1853.

al-Makki, Sadiq. *Malamih al-Fikr al-Dini fi al-Shi'r al-Jahili.* Beirut: Dar al-Fikr al-Lub-nani, 1991.

Ma'ruf, Naji. *'Asalat al-Hadarah al-'Arabiyah.* Berut: Dàr al-Thaqafah, 1995.

Nasr al-Din, 'Adib. *al-Yanabi' fi al-Masihiyah wal-Islam.* Beirut: Dar al-Nidal, 1994.

Philby, Harrt St.John. *Arabia of the Wahhabis.* London: Constable&Co, 1928.

Rutter, E. *The Holy Cities of Arabia.* London&NY: G.P. Putnam's SonsVols, 1928.

Stuhlmann, F. *Ein kulturgeschichtlicher Ausflug in den Aures.* Humburg: L. Friederichsen&Co.

Al-Suhrawardy, Abdullah al-Mamun. *The Sayings of Muhammad.* London: J. Murra, 1910.

Thompson, R. Campbell. *Semitic Magic.* London: Luzac and Co, 1908.

Von Grunebaum, G.E. *Muhammadan Festivals.* London: Curzon Press, 1992.

Westermarck, Edward. *Pagan Survivals in Mohammedan Civilization.* Amsterdam: philo Press, 1973.

Zaituni, 'Abd al-Ghani. *al-Wathanuyah fi al-'Adab al-Jahili.* Damascus: Mashurat Wizarat al-Thaqafah, 1987.

공일주. 『아랍 문화의 이해』. 서울: 대한교과서주식회사, 1996.

니콜슨, R.A, 사회만 역. 『아랍 문학사』. 서울: 민음사, 1995.

최영길. 『성 꾸란』. 메디나: 파하드국왕꾸란출판청, 1998.

SIHIRI AMONG THE SWAHILI MUSLIMS IN ZANZIBAR

: AN ANTHROPOLOGICAL ANALYSIS OF THE BELIEF AND PRACTICE OF "WITCHCRAFT" IN ZANZIBAR IN LIGHT OF THE ISLAMIC VIEW OF *SIHR*

Caleb Chul-Soo Kim

I. INTRODUCTION

Non-Muslims tend to understand Muslim life and culture based on Islamic duties stipulated by the official Islamic *shariah*. They often fail to notice realities that most ordinary Muslims experience in daily life. Christians also often perceive Islam through the lens of its doctrinal differences from Christian beliefs rather than through lived experiences. A closer look at everyday Muslim life, however, will disclose a dualistic way of life.

Muslims often experience an internal tension between the obligation to seek "orthodox" Islamic ideals and the desire to satisfy their felt-needs in "popular" ways.[1] It is often observed that this tension results in the disintegration between Islamic religious ideology and cultural life. While many Muslim folks seek to comply with religious requirements by *shariah* and try their best to remain as sincere Muslims, they are simultaneously inclined to continue many cultural practices that do not seem compatible with the Islamic ideologies. Islamic mandates and pre-Islamic local customs coexist in most parts of the Muslim world, although the degree of allegiance to old cultural traditions differs from locality to locality.

Swahili Islam in Zanzibar is a good example of this syncretistic religio-cultural phenomenon. It is my conviction that Swahili Islam consists of cultural domains that are characterized by the synthesis of different

---

* Acknowledgement

I deeply appreciate all my informants in Zanzibar for kindly sharing their cultural knowledge with me. Special thanks must go to Mr. Ali Abdalah, who arranged most of my-inter views with a number of Zanzibari informants.

NB

(1) Arabic words are transliterated, and both Arabic and Swahili words are italicized in this paper.

(2) Some Arabic words that are commonly used among Muslims, such as *jinn*, *Iblīs*, *kāfir*, *du'a*, *dhikr*, *tawhd*, and the like, have not been defined in this paper. See Kim (2004: 74-102) especially for Muslim beliefs in *jinn* and devils.

1) Helpful materials on popular (or folk) Islam have been written by a few Christian writers, among whom are Bill Musk (1989), Phil Parshall (1983), David Maranz (1993) and Rick Love (2000).

religio-cultural elements. Among such domains, the "*Domain of Total Synthesis*" (Kim 2004:59-60) refers to a cultural area that demonstrates the complete mix of all the different elements. Swahili Islam is overall a result of historical religio-cultural amalgamation of African traditions and Islam thus, many customs in Swahili society mirror the characteristics of the total synthesis. This amalgamation must be due to the African hospitality that embraced and accommodated Islam into the existing African cultural heritages throughout history.

Among many Muslim cultural features in Zanzibar, the belief in *sihiri*, which is often ambiguously translated as "witchcraft," is quite prevalent and retentive. The belief in *sihiri* is, like the *jinn*-possession healing ritual (called *ngoma ya kupunga majini/mashetani*), a prominent religio-cultural representative of the Domain of Total Synthesis. Thus it would be almost impossible to grasp the Zanzibari worldview without apprehending the cultural mechanism of the belief in *sihiri*. Thus, this paper attempts to describe and examine some of the Swahili beliefs and practices of *sihiri* in light of Islamic teachings on *sihr* (the Arabic word from which the Swahili word *sihiri* stems) as well as by comparing it with its traditional African (especially Bantu) counterpart, *uchawi*.[2]

2) It should be noted that I use different terms for what may be called "witchcraft" contextually throughout this paper. This is because the term "witchcraft" is too broadly used in literature to deliver a clear picture of it in different contexts. Cf. Stephen Ellis and Gerrie Ter Haar (2004:149). Therefore, the word "witchcraft" will be avoided as much as possible. Instead, contextual words will be used: *sihr* in the official Islamic context, *sihiri* in the Swahili or Zanzibari context as derived from the Arabic *sihr*, and *uchawi* in the pre-Islamic or African-traditional context. Zanzibaris use both the words *sihiri* and *uchawi* inter changeably. However, it is intriguing to observe my Zanziba-

II. *SIHR* IN THE OFFICIAL ISLAMIC TRADITION

In the first half of this paper, I will describe the usage of the word *sihr* in the Islamic scriptural context as well as the standpoint of Islamic scholarship on *sihr*. Unquestionably this will provide the reader with a helpful understanding of the Islamic-religious background of the Zanzibari belief in *sihiri*. This exploration will also help to disclose the cognitive gap between the Islamic "orthodox" teaching of *sihr* and the traditional belief about *sihiri* in Zanzibar, which will be part of the discussions in the next half of the paper. This will also help the reader glimpse the extent to which the Zanzibari Muslims have blended or integrated Islamic teachings into pre-Islamic African traditions.

1. *Sihr* in the *Quran*

The Arabic root for the Swahili word *sihiri* is *SHR*. 'Abdul 'Omar's *Dictionary of the Holy Quran* lists a number of English translations for

ri informants prefer the former over the latter, especially when they consign more of an Islamic attribution to the notion of witchcraft; hence, the word *sihiri* would suggest a certain degree of its Islamic connotation. In contrast, *uchawi* seems to denote an evil practice that is entirely pagan and to carry a somewhat contemptible tone due to its pre-Islamic origin. NB: The Arabic *sihr* is also used in a folk Islamic context, as among the Arabic speakers in Egypt, just as *sihiri* is used in the Zanzibari context. Cf. Barbara Drieskens (2008:137-139). I believe that each word carries its own peculiar cultural schemata based on the cultural context in which it is used. Also see Ciekawy (1998:122-123) for different conceptualizations of local words for "witchcraft" in the Kenyan coastal context.

sihr (a verb-noun of *SHR*). Perhaps the most popular translation of this word is "witchcraft" or "sorcery." Among the various translations of this word listed in the dictionary are "eloquence," "seduction," "falsehood," "deception," "turning of a thing from its proper manner to another manner," "anything the source of which is not quite visible," "showing off falsehood in the form of truth," "crafty device," "mischief," "mesmerism," and "hypnotism" (2008:250-251). This list shows the extent to which the Arabic word is being used in the *Quran* and how it can be interpreted. These variations of the meaning also make evident that *sihr* in the *Quran* is used in a broader sense than the fuzzy English words "witchcraft" or "magic." The list provided by 'Abdul 'Omar's dictionary indicates that the word connotes any unorthodox practice or religiously deceptive exercise that is deviant from the orthopraxy stipulated by *shariah*.

The active perfect form of *SHR* appears two times in the *Quran*, meaning "cast a spell". Its verb-noun (*sihr*) is mostly translated as "sorcery" (about 28 times). Another verbal noun *sāhir* appears about 22 times meaning "sorcerer." The passive participle also appears 4 times, each time translated as "bewitched." In any of the cases the connotation is always negative in the *Quran*; all the forms are used to suggest an evil-intended, malicious action with the help of supernatural powers. An example of the evil nature of *sihr* can be well illustrated by the story of Moses' encounter with Pharaoh's magicians in Surat Al-'A'rāf (7) Aya 103-121, which recalls the story in Exodus 7.

Muslim commentators on this passage recognize the existence of magical power that the magicians or sorcerers used. However, some prominent scholars tend to interpret the accounts of the bewitchment of eyes symbolically rather than literally. In Surat Al-'A'rāf (7) Aya 116, Egyptian magicians "bewitched the eyes (*saharu a'yuna*) of the people" (or "put a spell upon people's eyes[3]) when they threw their stick. Abul Maududi interprets the word *talqafu* (it swallowed) in Aya 117 in a way that implies that Moses'staff undid the magic that the magicians had performed to make their staff appear like a serpent (1984:106).[4] In a similar tone, Ibn Kathir also believes that the magicians performed a magic that deceived the eyes of people; it was an "illusion" (2000a:136-137).

According to these commentators, the emphasis of the message in this Quranic text is to expose to light an evil power or satanic deception that dares to compete with *Allah's* power. The main theme here is the condemnation of the sin of *shirk*, which is an attempt to revolt against God's sovereignty and thus to defy the oneness of God (*tawhid*), the core value of Islam. The story of Moses' success in the power competition recorded in the aforementioned Quranic Surah (especially in verses 103-122) denounces the falsity of the religion of the Egyptian king, who was represented by his official magicians or sorcerers. Thus, *sihr* in this context refers to the deceptive power, whether being religious or supernatural, that challenges *Allah's* sovereignty and his prophets.

3) The translation in the parentheses is from *Quran* Majeed, software by Pakistan Data Management Services (www.pakdada.com), 2012.

4) See the same account in 20:69 and 26:45.

The word *sihr* was also used when pagans accused and criticized the prophet Muhammad. As shown in Surat Yūnus (10) Aya 2, disbelievers accused Muhammad of being a sorcerer (*sāhir* the verb-noun form).[5] This indicates that the whole society, including the Quranic narrator and non-Muslims (or pagans), had already recognized *sihr* to be an evil practice and *sāhir* (sorcerer) to be an evil practitioner. It is interesting to note that the Quranic narrator sets two opposite values in sharp contrast: Muhammad's prophethood and sorcery. It is quite clear that this was a rhetoric deliberately intended to put the strongest stress upon the authenticity of his prophethood. Conversely, the idea of sorcery was employed to point out the obvious fallacy and deception found among disbelievers or those who rejected Muhammad as a prophet sent by the true God. In this regard, the word sorcery (*sihr*) is regarded as something that devils (*shayahin*) teach, as indicated in Surat Al-Baqarah (2) Aya 102. Inferring from the context of the *Quran*, a lethal weapon that the devil uses is whispering lies into human thought so that people may disbelieve and disobey God (7:20, 200 20:120; 114:4-5 cf. Kim 2004:82-83). Thus, apostasy is always understood tobe an outcome of devils, and *sihr* is a manifest work of the devil. Sorcerers then are always liars with eloquent speeches and cunning wits, as indicated in a number of Quranic verses (cf. 7:109, 112;

5) In fact, there are a number of places in the *Quran* that record vehement accusations made by the prophet's opponents. His contemporaries accused him of being a liar, forger, fairy-teller, soothsayer, possessed poet, and mad (or *jinn*-possessed) man (6:33; 16:24; 21:5; 25:4-5; 37:36; 52:29; 69:42; 15:6; 23:70; 44:14, etc.).

10:79 26:34; 40:24).[6] People fear their magic practice (7:116), and a sorcerer (*sāhir*) is often considered possessed by *jinn* (51:39, 52).[7]

2. *Sihr* in the *Hadīth*

The *Hadīth* does not provide many examples of *sihr*, but there is one famous story of *sihr*, by which the prophet himself was once affected. The story seems worth quoting here for the purpose of analysis:

> Narrated Aisha: Magic was worked on the Prophet [literal translation – "the prophet was bewitched"] so that he began to fancy that he was doing a thing which he was not actually doing. One day he invoked (*Allah*) for a long period and then said, "I feel that *Allah* has inspired me as how to cure myself. Two persons came to me (in my dream) and sat, one by my head and the other by my feet. One of them asked the other, 'What is the ailment of this man?' The other replied, 'He has been bewitched,' the first asked, 'Who has bewitched him?' The other replied, 'Lubaid bin Al-A'sam.' The first

6) In these verses, the phrase "well-versed sorcerer" is an idiom that refers to an eloquently deceitful sorcerer. That the Pharaoh used the same word to accuse Moses shows the negative perception of the sorcerer in the time of Muhammad.

7) The *Quran* also recordsa couple more accounts that are conceptually related to the *sihr* belief and practice: the "evil eye" and "envy." These two concepts should be treated as closely related to the problem of *sihr* in the orthodox traditions of Islam because they provide reasons for the practicing of *sihr*. Regarding the evil eye, however, the *Quran* does not directly mention it. Ibn Kathir indicates in his commentary on Surat Yūsuf (12) Aya 67 that Jacob was worried about the evil eye of Egyptians against his sons (2000b:188). He also asserts that the clause "would make you slip with their eyes" in Surat Al-Qalam (68) Aya 51 means that unbelievers would "affect you [Muhammad] by looking at you with their eyes (that is, the evil eye)" (2000c:125). These eyes are full of jealousy and hatred, and their effects are real. It is only with *Allah's* protection that Muhammad could survive them (2000c:125).

> one asked, 'What material has he used?' The other replied, 'A comb, the hair gathered on it, and the outer skin of the pollen of the male date-palm.' The first asked, 'Where is that?' The other replied, 'It is in the well of Dharwan.'" So, the Prophet went out towards the well and then returned and said to me on his return, "Its date-palms (the date-palms near the well) are like the heads of the devils." I asked, "Did you take out those things with which the magic was worked?" He said, "No, for I have been cured by *Allah*, and I am afraid that this action may spread evil amongst the people." Later on the well was filled up with earth. (*Sahih Al-Bukharī* Vol. 4:490)

Al-Bukharī records another narration of the same story with a few more details on what happened to the prophet. He was bewitched (passive form *suhira*) "so that he used to think that he had sexual relations with his wives while he actually had not" (Vol. 7:660). The same *Hadīth* verse also comments, "Sufyan said: That is the hardest kind of magic as it has such an effect." Based on these two records of the *Hadīth*, we can feature a few important facts pertaining to the belief and practice of *sihr* in the time of Muhammad. First, the Prophet Muhammad himself recognized the existence of a certain form of witchcraft or sorcery, called *sihr* in Arabic. His experience of a psychological confusion was diagnosed as bewitchment when he met with two men (presumably angels) in his dream, and his problem was solved through *Allah's* intervention without recourse to any pagan healing method. This episode shows that the prophet actually hinted at the possibility that anyone could be bewitched witchcraft is real. At the same time he also set a model as to how Muslims should deal with witchcraft. They ought not to resort to any heathen method to deal with bewitchment but to observe *Allah's* commandments and guidance as taught in the *Quran* and *Hadīth*.

Another feature to note is a social dimension that inheres in the belief and practice of *sihr*. Apparently, there was someone (a person named Lubaid bin Al-A'sam) who intended to harm the prophet. The *Quran* records a number of accounts in which his contemporaries constantly accused him of being a liar, forger, fairy-teller, soothsayer, possessed poet, and mad (or *jinn*-possessed) man (6:33; 16:24; 21:5; 25:4-5; 37:36; 52:29; 69:42; 15:6; 23:70; 44:14, etc.). This *Hadīth* account of *sihr* must reflect such animosity against the prophet. *sihr*, then, was a malignant action taken to hurt adversaries out of spite, hatred, or jealousy.

Related to this, there was also a black magic or occult element in the *Hadīth sihr*. As noted in the quotation above, the prophet's enemy used certain materials, such as "a comb, the hair gathered on it, and the outer skin of the pollen of the male date-palm," to cast a magic spell in order to hurt the prophet. One of the methods that he employed to curse the prophet appears to be a sort of what anthropologists often call "contagious magic," in which anything that has once been a part of, or in contact with, the intended victim is used for bewitching (Hand 1997:183-184; Lehmann and Myers 1997:241 Hiebert, Shaw, and Tiēnou 1999:70). Although the story in the *Hadīth* does not report whose comb and hairs the perpetrator used, it is conjectured from the context that they must have belonged to the prophet. In any case the deed described in the text was obviously a certain type of black magic.

This report of the prophet's experience of *sihr* in the *Hadīth* deserves close attention, because it provides a theoretic foundation for the Islamic official stance with reference to how Muslim communities should deal with *sihr* or "witchcraft." As numerous anthropological works have already evidenced, witchcraft has been tenaciously practiced across societies with diverse styles and different methods throughout history. Today, even in the Islamic world various Muslim versions of it are observed despite the fact that Islam has ever since denounced and prohibited it. Then, an intriguing question can be raised: how has the Islamic world dealt with this ever resilient evil practice? At this point, it is necessary to briefly review how an "orthodox" Islamic teaching addresses and condemns the practice of *sihr* before looking into Swahili beliefs about *sihr* (called *sihiri* in Kiswahili) in Zanzibar. The next section presents an Islamic scholarly view on *sihr* based on teachings offered by a well-known Muslim scholar in this area.

3. An Islamic Scholarly View on *Sihr*

An Islamic position on "witchcraft" is found in the extensively instructive book *The Jinn and Human Sickness: Remedies in the Light of the Quraan and Sunnah*, written by a Muslim scholar Dr. Abu'l Mundhir Khaleel ibn Ibrahim Ameen (2005).[8] He argues that "witchcraft" (referring

8) This book was originally written in Arabic. Thankfully it was translated in English, and the English version has been consulted in my study.

to *sihr*) is real, as he defers to renowned scholars like Al-Qurtubi, ibn Katheer, and ibn Qudaamah (2005:183-184). According to them, witchcraft is responsible for human sickness, death, separation between spouses, and other miseries.

Ameen also affirms that all kinds of witchcraft practices actually have one common ground although many traditional Islamic scholars attempt to classify different kinds of witchcraft the commonality is that the person who performs witchcraft (whom Ameen calls a witch) "relies on the *jinn* and devils" (2005:184). In his Islamic view, the supernatural or extraordinary power to harm people comes from spiritual beings, which implies that the damaging power does not reside in the person. In short, the *sihr*, in a strict sense, is a work of evil *jinn*, and "witches" are their human agency.[9] The witch is a person of the embodiment of all kinds of evil, following the path of *Iblīs* and complying willfully with his instructions (2005:190-191); he or she is entirely a servant of the devil.

It is presumed that the original word for the English translation "witch" in Ameen's book was *sāhir*. If so, in light of the whole context of his book, it becomes obvious that the word includes all practitioners who perform either harming or healing by resorting to *jinn* power and using charms and amulets (cf. 2005:200-201). If strictly following this concept of witch as defined by Ameen and his sympathetic Islamic scholars, we have to admit that even Swahili *waganga* (traditional healers,

9) Ameen even condemns astrologers who attempt to read signs by studying stars. To him astrology is also a kind of witchcraft (2005:185), a corrupt belief that a *kāfir* would do (2005:189).

mganga in singular) should be lumped into his category of "witch." Ameen believes that "the most correct scholarly opinion" is that "witches are to be killed, and it is permissible to shed their blood without asking them to repent first" (2005:192; cf. 201).[10]

Being an orthodox Islamic scholar, Ameen prescribes the following instructions for faithful Muslims. In order to prevent and protect from any witchcraft, a Muslim must recite the *Quran*. Approaching any sorcerer to resolve problems is only to invite more *jinn* to worsen the existing situation (2005:197). A sincere Muslim should keep strengthening his or her faith by performing *dhikr* and *du'a*. Following the prophet Muhammad's teaching, Muslims may eat a special date called *'azwah* every morning, and this will protect them from being harmed by poison or witchcraft (2005:210-211). In the event that they are affected by witchcraft, Muslims should recite *ruqyah*,[11] such as the whole chapter of the first Sura (Surat Al-Fātiḥh), Ayat Al-Kursī (2:255 alias the "Throne Verse"), Surat Al-A'rāf (7:117-122), Surat Yūnus (10:81-82), Surat Tāhā (20:69), Surat 'Ikhlāh (112), and Surat Al-Falaq (113). Ameen also recommends the use of cupping therapy, following the prophet Muhammad who is believed to have used cupping on his head for a cure when he was bewitched (2005:224).

Ameen believes that the main cause of most of the physical and psychological illnesses is *sihr*, and this is always associated with *jinn*.

---

10) Even *Zar* (or *Sar*) cults are condemned from this Islamic viewpoint (Ameen 2005:195)

11) *Ruqyah* means incantations, "which are used to ward off evil or harm" (Glassé 1989 :339). For more details on the Muslim use of *ruqyah* in warding off evil and exorcizing, see the section on *da'wah* of Hughes' dictionary (1994:72-78).

He also asserts that dead souls have no influence at all over the living. Even regarding the famous story of the many mysterious deaths among those who participated in the excavation of the tomb of Tutankhamen in the early twentieth century, he argues that it was primarily *jinn* who had been assigned to keep the tomb and their witchcraft power that were responsible for the mysterious deaths (2005:249-250). This is a quite popular view among traditional Islamic teachers and scholars with regard to *sihr*.

The Islamic view of "witchcraft" and *jinn* as seen in Ameen's teaching is also held by devout Swahili Muslims in Zanzibar. However, as far as ordinary people are concerned, it is quite intriguing that copious non-Islamic elements coexist with the strict Islamic teaching in the Zanzibari society. Apparently most of the non-Islamic elements must have come from African (especially Bantu) traditions. And we may well assume that this is true even with other Muslim societies along the Swahili coast in East Africa. In the next sections, I will explore some of the non-orthodox aspects of the Zanzibari *sihr* (called *sihiri*) based on my hands-on fieldwork conducted recently in Zanzibar.[12]

12) Even after the completion of my doctorate in 2001, I have continued to revisit Zanzibar to collect more field data. The most recent visit was in August 2012.

III. *SIHIRI* AMONG THE ZANZIBARI SWAHILIS

As a religious localism, Swahili Islam exhibits a colorful amalgamation (*mchanganyiko*) of official Islamic features and pre-Islamic traditions (*mila*) plus Arabic-Muslim customs in various areas of ordinary Swahili life.[13] Certainly, not every cultural domain in Zanzibar shows an even proportion of these three major religio-cultural ingredients however, apparently almost all cultural beliefs and practices display a palpable synthetic nature.[14] Although all the three religio-cultural elements are not present as distinctly as in the *jinn*-possession healing ritual, the cultural domain of *sihiri* may well flaunt an almost seamlessly woven tapestry of a local Islam whose cultural paradigm is profoundly seated in a perpetual African-traditional worldview.

1. *Jinn* as the author of *Sihiri*: An Islamic Substratum

Most Zanzibari Muslims both fear and abhor *sihiri*. This attitude toward *sihiri* is not different from that of the first Muslims in the time of the prophet Muhammad. The same has been observed in Ameen's teachings as well. Zanzibaris also firmly believe that all practices and effects pertaining to *sihiri* have to do with malicious (or evil) *jinn* or

13) According to one of my key informants,Ali Abdalah,the mix of many different cultural elements is the most important feature that represents Zanzibari society.

14) For some examples, see Kim (2004:58-68).

mashetani (plural of *shetani* in Swahili). The main reason for this religious sentiment against *sihiri* is derived from the Muslim belief about the evil *jinn*, who represent disbelief (*kufr*) and apostasy *(irtidād)* in Islam, hence being the author of the evil practice of *sihiri*.

One of my key informants, Ali Abdalah, emphasizes that devils are behind all kinds of *sihiri*.[15] He points to the Quranic teaching, especially Surat Al-Baqarah (2) Aya 102, which states: "Sulaimān did not disbelieve, but the Shayātīn (devils) disbelieved, teaching men magic and such things that came down at Babylon to the two angels, Hārūt and Mārūt." Here the word "magic" is *sihr* in Arabic. Based on this verse, it is argued that all magic power comes from devils; even healing power (*uganga*) can be obtained through contacting *jinn*, though not desirable.[16] In short, *sihiri* is a wicked practice that is always associated with the malevolent power of evil *jinn*. According to Ali and other informants, people who deny the intrinsic connection of the *sihiri* practice with *jinn* simply do not understand this truth because of their lack of the Islamic faith.

Another informant, Muhammad Ali, who is currently an *mganga* (traditional healer) at age 49 from Pemba Island,[17] told me an interesting story that shows how *jinn* are involved in the practice of *sihiri*.[18] He

15) Ali is a geography teacher at Kiponda Secondary School in Stone Town.

16) Elsewhere, I discussed some significant aspects of *uganga* in terms of African-traditional worldview (Kim 2010).

17) Pemba Island is located about 50 km. to the north of Zanzibar Island. These two islands make up the main part of the state of Zanzibar in the United Republic of Tanzania.

18) The interview with him was carried out at Kiponda Secondary School in Stone Town, Zanzibar, during the morning of 22 August 2012.

once diagnosed his father with bewitchment by someone from another family of his grandfather (Muhammad's grandfather had two wives, and the first wife bore Muhammad's father). The other family hated his father out of jealousy (*uwivu*) and bewitched him by burying (*kuzika*) an amulet (*hirizi*) in front of his door.

Muhammad and Ali concurrently explain that the reason to bury an amulet is to attract *jinn*. Once catching the attention of a certain jinni, the sorcerer usually instructs the jinni to harm so-and-so. This is how Muhammad's father got sick. Muhammad was even able to see the pathogenic jinni.

Once Muhammad diagnosed the cause of his father's problem, he prescribed spiritual medicines (*dawa*), which were made out of some herbs. However, another powerful counteraction was yet to be performed to undo the effects of the bewitchment cast by his enemy. He first recited the *Quran* to his father, and then cut some leaves from a particular shrub and put them into the mouth of a chicken. The chicken was given to the father, and he was instructed to say the following words with a vengeful desire (*nia*) to counteract the effects of the bewitchment: "It is not the chicken that I cut, but the *sihiri* wherever it is; what happens to this chicken is what will happento the person who did the wicked *sihiri* to me."[19] So it is believed that doing such a ritual as counter-cursing will send back the negative effects that were originally

19) Muhammad's words are as follows: "*Mimi sikati kuku, nakata ule uchwi au sihiri po - pote ilipo, nayo yote atakayokuja kunifanyia mimi ubaya basi katika kama huyu kuku.*"

intended for the victim to the sorcerer who performed that *sihiri*.

Muhammad emphasizes that *jinn* are always involved throughout the course of practicing *sihiri*. In the case of his father, the amulet buried in front of his father's house lured a malicious jinni, and the jinni did a favor for the perpetrator. Then, the counter-witchcraft defeated and sent the jinni back to the sender, and at this overturn the jinni blamed the sender for his almost being "killed" by the counteraction. Muhammad says that the jinni could have killed the sender.[20] As illustrated in this story, all my informants affirm that all the effects of *sihiri* are the work of malevolent *jinn*. This is the view generally held not only by devout Muslims but also by ordinary folks as well as *waganga* (traditional healers) in Zanzibar.

2. *Sihiri* and the African-Traditional Concept of *Wachawi* ("Witches")

Although Zanzibaris generally maintain a basic Islamic postulate about *sihiri*, copious pre-Islamic African elements are still detected as one looks deeply into the Zanzibari belief in *sihiri*. So it is not surprising to see that most of the beliefs about *sihiri* among Zanzibaris are not much different from the beliefs about *uchawi* ("witchcraft") in other parts of East Africa.[21] The only difference seems to be the Islamic postulate

20) Muhammad also says that people often "own" or keep some *jinn* as their "pets" and use them to harm others. See also Kim (2004:110-111).

21) For more information on "witchcraft" in East Africa, see John Middleton (1992), Norman Miller (2012), and Michael Kirwen (2005:203-238). Cf. Evans-Prichard (1935; 1937).

that evil *jinn* are the authors of all kinds of *sihiri* activities. This Islamic position on *sihiri* could have been added to the traditional understandings of *uchawi* that already existed.

While holding the Islamic view of *sihiri*, Zanzibaris actually conceptualize it in a broader sense than the Islamic traditions usually teach. Much of the concept of *sihiri* still reflects the African-traditional notion of *uchawi*. Although Zanzibaris usually use both the words *uchawi* and *sihiri* interchangeably, there are slightly different linguistic nuances between the two, as I have indicated earlier (see note 2). The word *uchawi* seems to carry a more African-traditional tone than the word *sihiri*, the source of which is Islamic-Arabic. As derived from the Bantu lingual line, the word uchawi points to its African root,[22] and it also distinguishes an African cultural outlook from the Islamic religious outfit. In the following sections, I will discuss two important cultural assumptions, which I believe have stemmed from African traditions related to the belief in *uchawi*.

1) The Social Aspect of *Sihiri* and the Notion of "Limited Good"

One of the distinctive features of *sihiri* is found in its social dimension. Although *sihiri* is always associated with *jinn*, its main player is indisputably people themselves. Simply put, *sihiri* always occurs as a social issue. It is social members who practice it; they do it because of

22) There are also Swahili verbs for "bewitching," such as *-loga*, *-anga*, and *-pagaza*. These are used in different contexts, but they all refer to the action of *uchawi*.

their grievances with other members in society. *Jinn* are like brokers that go between people who lean on the *jinn's* power to achieve their malicious goals. Although jinn are perceived to be the source of spiritual power, it is actually people who buy and use the power against one another. As we have seen in the case of the Swahili healer above, the main reason for such clandestine, malicious *sihiri* activity pertains to social problems between families in a polygamous society. The second family of Muhammad's grandfather envied the first family, who had many children and cows, and eventually the envious family performed *sihiri* to harm Muhammad's father, who was part of the first family, because of their uncontrolled jealousy and hatred.

Such a story of bewitchment as told by Muhammad is actually very common in East Africa. One of the main reasons for bewitchment is the cultural belief that natural resources are limited. Anthropologists label such a cultural notion as "limited good" (Foster 1973:35-36 Bowie 2000:220; cf. Brain 1981:12). Members of a society assume that their good is severely limited and static; "one person's gain with respect to any good must be another's loss" (Foster 1973:35). This collective sentiment has been widespread, particularly among peasants in East Africa, and it often causes or aggravates social tension. Perceiving "their socioeconomic and natural environments to constitute a closed system" (Foster 1973:35), peasants hardly expect any of their family members, relatives, or neighbors to suddenly gain exceptional wealth or high social position.

In this social milieu, a certain type of social pressure is introduced to function as a cultural regulator that controls people to retain the existing egalitarian status quo.[23] So it is quite common to see various types of "witchcraft" operate as a social controller for this purpose in different sedentary societies. This is precisely what happens among peasant Muslims in Zanzibar. According to my informants, people are tempted to practice *sihiri* because they wish to thwart others' success (*kuzuia fanyiko ya wengine*) (Kim 2012:254). Members of society would not feel psychologically stable unless they see all members maintain, or stay as close as possible to, the average level in almost every aspect of their cultural life. Any level of life higher than the average lifestyle will alarm others and provoke jealousy.

2) Two Categories of *Wachawi* in Zanzibar

Another important characteristic of *sihiri* has to do with the African concept of a group of odd people classified as *wachawi* (usually translated as "witches", plural of *mchawi*). As in many East African societies (mostly peasantry), Zanzibaris also believe in the existence of *wachawi*. When ordinary Zanzibaris undergo severe life challenges either collectively as

23) Witchcraft is not a cultural phenomenon observed only in Africa; it is also found among villagers in the West. However, witchcraft is hardly practiced in societies that are not sedentary, where people believe the sources of good to be open or unlimited. Some African societies such as Bushmen and Pygmies do not practice witchcraft because of their mobility as hunters or food-gatherers (see Bowie 2000:232-235, 251; Brain 1981:13-16). Witchcraft is also rare in highly urbanized societies, where the family structure has moved from an extended family system to a nuclear one. In such societies, alternative methods of social press are observed, such as ostracism in place of witchcraft.

a community or individually, they tend to hold the *wachawi* responsible for their misfortunes. A close examination of their conceptualization of *wachawi* will also help to better understand the kind of psycho-cultural world in which Zanzibari Muslims live.

However, we should be careful not to confuse the official Islamic idea of witches with popular beliefs about the same, as already discussed above. The official Islamic teachings strictly condemn anyone who contacts *jinn* for their private gains as a witch. So it is not just sorcerers but also witchdoctors that are supposed to be denounced. But, in practice, ordinary folks in Zanzibar do not treat traditional practitioners (*waganga*) as a sorcerer or witch in accordance with the Islamic teachings, even though they have the suspicion that *waganga* can become witches owing to their ability (*uwezo*) to contact *jinn* and manipulate their power. Notwithstanding somewhat uncertain distrust and Islamic warnings, the general perception among Zanzibaris is that *waganga* are spiritual healers who can fight for them against sihiri, and are thus often revered by ordinary folks.[24] Even intellectuals like Ali are quite reluctant to censure the practice of *uganga* with *jinn* power.

However, the tone changes drastically when Zanzibaris begin talking about *wachawi* in its full sense from their popular viewpoint. Here again, we need to be careful not to be perplexed by the local usage of the word *wachawi*. Swahili speakers in Zanzibar use the word to refer

24) Despite Islam's official strict warning against the practice of contacting *jinn*, the Swahili *uganga* (spiritual healing practice) is flourishing in Zanzibar. This is also very true of the coastal towns of Tanzania, such as Dar es Salaam and Bagamoyo.

indiscriminately to two different categories. So outsiders often get lost in conversations unless they pay attention to the context in which the word is used. The first type of *wachawi* to which the word refers is those who practice *sihiri* on someone's request. These practitioners are sorcerers who are repugnant to the whole society but can be known at least to those who request *sihiri* against their enemies.[25] Certainly it is taboo and even dangerous to expose their identity to others. Nevertheless, it is obvious that this sorcerer-type of *wachawi* can be identifiable in spite of their clandestine practice, thus less mystical, as illustrated in the case of the Islamic Prophet's experience of *sihr*. Apparently, there exist sorcerers in Zanzibar who provide their services for evil purposes.

At the same time, Zanzibaris use the same word *wachawi* to denote another class of odd people, who are believed to possess a mystical power and whom ordinary people cannot identify.[26] They are believed to do innumerable numinous things for the purpose of evil in society. These *wachawi* in the second category are equivalent to the "witches" as popularly understood in English. It is apparent that Zanzibaris differentiate this witch-type from the sorcerer-type categorically, although they believe that any *mchawi* can be both. As generally assumed in East Africa, the *wachawi* of the witch-type are wicked people who pos-

25) The person that requests *sihiri* is called *mteja* (client), and the sorcerer is nicknamed fundi, meaning skillful expert, due to his or her knowledge and ability to manipulate *jinn* to harm the client's enemies. It is commonly admitted that any traditional doctor (*mganga*) can become a sorcerer.

26) These *wachawi* may be identified only when an extremely powerful *mganga* (witch-doctor) performs divination. Their curse or bewitchment can be thwarted or counteracted only through a proper performance of *uganga* (healing) by a powerful *mganga*.

sess evil qualities inherently in themselves. Unlike sorcerers who may perform *sihiri* on their customer's request, these *wachawi* always do evil and exert immoral influences upon society. Whereas the sorcerer-*mchawi* "uses material objects in a magic way to harm his or her victims" (Middleton 1992:181), the witch-*mchawi* can harm others with his or her own innate evil power. This second type of mchawi is also called *mwanga* among Swahili speakers, and he or she is the embodiment of all evil, as unpredictable, vicious, cruel, ferocious, violent, and atrocious as *mashetani* (devils).[27] In general, mystical abilities and immoral behaviors are attributed to the *wachawi*, such as the ability to come out of their body and travel in dreams, run naked at night, eat human corpses, drink human blood, cause disharmony between family members, and so forth. This kind of understanding of *wachawi* is commonly shared by both Zanzibari Swahilis and non-Swahili Africans in East Africa.[28]

3) The Zanzibari Concept of the Witch-*Wachawi*

One of my informants, Hasan Suleiman, told me a very interesting story, which demonstrates what Zanzibaris believe about the wachawi of the second category.[29] One day, an *mganga* (traditional healer or witch-

27) Middleton differentiates between *mchawi* and *mwanga* the former refers to the sorcerer while the latter to the witch. However, as he also admitted (1992:181), this distinction is quite equivocal. They casually used the word *mchawi* throughout our conversations, referring to both witch and sorcerer.

28) For more information of East African understandings of witches, see note 21.

29) Hasan is an elderly person at age 83. He is from a village called Makunduchi located in southeastern Zanzibar. The interview was carried out in front of his house in Makunduchi on 23 August 2012.

doctor) was invited from the mainland Tanzania to stay in Hasan's village (Makunduchi) to provide healing services (*uganga*) for local people. But he was soon attacked by local wachawi with their power of *sihiri/uchawi,* which made him unable to sleep at night or eat properly. Having not been able to resist and overcome the spiritual attackthat made his life unbearable, he eventually had to leave the village. Hasan and my other informants (Ali and his friend Yusuf) say that the *mganga* was forced to move out and go back (*amehamishwa* and *ametoroshewa*, both being the passive tense with the indication of withdrawal by force). The informants ascribe the cause of his withdrawal to a group of people whom they call "big people" in the vicinity of Makunduchi.

These big people are *wachawi wakubwa* (great witches) according to my informants. However, they prefer to use a roundabout way to address them. Using metaphors, they call them *masheha*, *magwenge*, and *wigi*, all of which signify powerful *wachawi*. It is also interesting to observe their bodily motions when they address them and mention things that the "big people" do. They lower their voice warily and even show reverence for them. These behaviors indicate my informants' belief that the *wachawi* can hear them with their supernatural power.[30] However, they are neither identifiable nor accessible. My informants say that they have never seen or met any of the *wachawi* they certainly do not even

30) This reminds me of my interview with Bi Mariam Fadhil in 1998, who had been the leader of *Mwaka Kogwa* (cf. note 31). She also lowered her voice and almost whispered to me and my assistant because she was afraid that the spirits that she served might hear our conversation.

wish to encounter them. Although they have never seen any of them, Zanzibaris "know" their existence. My informants say that these powerful witches are the primary cause of plagues and calamities in their community (Makunduchi in particular). They are believed to be able to even stop rain, which is the major lifeline for the whole community. The *wachawi* are such a great threat to the whole society that the community annually performs a ritual called *shomoo*, which is intended to cleanse *sihiri* and remove all evil from the land.[31]

It is also commonly believed among Zanzibari folks that there is a center for *sihiri*. They believe that these "big people" or *wachawi* have their own guild, which is a supernatural secret society, called *Giningi*. *Giningi* is the headquarters of *wachawi*, as Said Mohamed, a Swahili author, indicates in his drama (1990:1-3). Omar Khamisi, another informant of mine, says that there are different locations, such as Bumbwini in Zanzibar and Chambani in Pemba, in which *Giningi* is found.[32] This secret society of *wachawi* is believed to have its own government and constitutions that are hidden from the access of ordinary people. Hasan says that the "big people" in his region live in Kizimkasi, which is located in southern Zanzibar near Makunduchi. However, the *Giningi* should be understood to be a mythical

31) *Mwaka Kogwa* is the community cleansing ceremony conducted by the spiritual leaders of the Makunduchi community at the beginning of every year (according to their calendar). For a more detailed discussion on this, see Kim (2004:62, 117-119) and Echtler (2006:131-160).

32) Omar Khamisi is assistant director of the Zanzibari Archives. I called him on the phone on 10 October 2012 to verify the information that I obtained about *Giningi*, and he kindly confirmed it for me. See also Mohamed (1990:1).

place rather than a terrestrial location. Mohamed states in the introduction to his drama, "*Giningi* is located inside the heads (minds) of people of Zanzibar and Pemba" (1990:1).[33] It is a secret place which ordinary people cannot enter; it is only accessible to the members of the witch guild. It is a place that is feared and spoken about quietly and privately by peoples on the Swahili coast as well as Zanzibaris (including Swahilis on Pemba Island). This also shows well how the image of *sihiri* lingers in the minds of Zanzibaris and what kind of world they actually live in as Muslims.

4) A Comparison between the Zanzibari and the Non-Muslim East African Concepts of *Wachawi*

Although the popular representation of *wachawi* is shared among East Africans regardless of their religious affiliations, Zanzibaris apparently hold a view that is fundamentally different from other East Africans' understanding of *wachawi*. It is the Islamic influence that has contributed to their different conceptualization of *wachawi*. What then is the key element that differentiates the Zanzibari belief about *wachawi* from the non-Muslim idea about them in East Africa? It is the different understanding of the source of the innate power that *wachawi* possess, as I have already indicated when I was discussing the Islamic substratum of the belief in *sihiri*.

Both non-Muslim East Africans and Zanzibari Muslims believe that the supernatural power to harm others resides within the evil person

33) The original words are: *Giningi imo ndani ya vichwa vya watu wa Unguja na Pemba.*

(*mchawi*). It is traditionally believed in East Africa that the *mchawi* may be born with evil power or that a person can acquire the power of *uchawi* (witchcraft) by becoming callously evil.[34] In either case, the mystical power to harm is believed to be inherently part of the person's nature.[35] However, people who believe in this are not sure of the source of the destructive power in the *mchawi*. It is often ascribed indefinitely to a mystery. There are many different opinions, which hardly contribute to a unified theory.[36] As Muslims, however, Zanzibaris believe that all *wachawi* attain their malignant power from *mashetani*, that is, evil *jinn*. A person may be born as a *mchawi*, but the source of his or her evil power still comes from *mashetani*. It must be the evil *jinn* that keep providing immoral and destructive forces for the evil people. Thus, the *jinn* world and the world of *sihiri* are very closely associated in the Zanzibari mind. They are not thought of separately in the Zanzibari Muslim worldview.

34) There are various folk theories about how one becomes a witch, but it seems that in general people believe that anyone can become a witch. This issue would be another huge topic to discuss in length, so I will defer it to a later time. For various views even among East Africans, see Kirwen (2005:204-214).

35) Even those who become *wachawi* by doing evil mercilessly are believed to attain this kind of inherent evil nature.

36) Even some non-Muslim East Africans believe that *wachawi* receive the supernatural power from spiritual beings, such as ancestors and nature spirits. However, a common view is that the source of power is unknown, often ascribed to evil itself.

IV. *SIHIRI* AS A SOCIAL QUANDARY

Above, I have juxtaposed the official Islamic perspective of *sihr* with some of the Zanzibari beliefs and practices of *sihiri* to show the religio-cultural gaps between Islamic principles and Muslim life in Zanzibar. Thus far I noted that Islam soberly requires all Muslims to treat *sihr* (or *sihiri* in Swahili context) as a *harām*, which is a sinful action and is thus prohibited in any Muslim community.[37] I also noted that official Islam does provide religious guidelines for fighting the *sihr*. Here, I will discuss the Quranic teaching that Muslims should cope with sufferings instead of blaming others for their misfortunes and why this teaching is not upheld among the Zanzibari.

According to the *Quran*, there seem to be three major causal agents for human afflictions: devils (38:41), people themselves (that is, their disbelief; 4:79), and *Allah* (2:155-156). By examining the Quranic verses that mention sufferings, one can apprehend that many of them are related to disbelief in the core of the Islamic theology, *tawhid* (oneness of God), and the defiance of the Muhammad's prophethood. People may suffer from disbelief or because of *Allah's* test for sincere belief. *Allah* may even allow faithful Muslims to suffer, but he knows everything that happens to believers (64:11).

This notion of Allah's absolute control with omniscience and omnipotence is the theological basis for Muslim endurance and the reason for trusting solely in *Allah*, hence total submission to him and his mes-

---

37) The Arabic word *harām* should not be confused with *harām*, which refers to either a sacred place or a women's apartment (cf. Hughes 1994:163).

senger (64:12). Muslims should know that *Allah* does not allow believers to bear burdens that they cannot carry (2:286; 6:152; 7:42; 23:62). So, as mentioned, sufferings are viewed as a divine test in official Islam the endurance of adversities will bring a great reward to sincere Muslims (2:155-156). Misfortunes should be interpreted and explained in light of this Islamic teaching. Therefore, Muslims should not be tempted by recourse to pagan means to overcome problems such as *sihiri*. If one looks for pre- or non-Islamic methods to deal with *sihiri*, this is a sin of shirk and deserves severe punishment by *Allah*.[38]

Despite this stern warning in Islam, Zanzibari society perpetuates all kinds of beliefs in *sihiri*. It seems almost impossible to remove these beliefs from the minds of Zanzibari Muslims. Why are they so unable to do so despite their Muslim identity? There are numerous ways to answer this question from diverse theoretical perspectives, but I would like to propose an explanation from an anthropological viewpoint.

As inferred from the descriptions above, *sihiri* is like a cultural mirror that reflects how Zanzibari Muslims interpret misfortunes. Frequently, ordinary folks find it too difficult to cope with all sorts of plights in a strictly Islamic way. The religious requirements often sound too idealistic for them to fulfill; consequently, they seek remedies from non-Islamic sources despite stern Islamic disapproval of them. When life chal-

38) Since Zanzibaris are Muslims, explaining their view of causality only with an "interpersonal causal ontology" (to borrow Shweder's terminology, 2003:77) does not seem adequate in understanding the Zanzibari conceptualization of sufferings. It is more complicated than the interpersonal causality due to the complex mixture of Islamic ideas with the pre-Islamic African worldview.

lenges appear uncontrollable beyond human capacity and unanswered by their official religion, people may very well go back to their original traditions to look for immediate solutions to their problems. Thus Zanzibaris tend to return to African traditional religions to deal with various issues of *sihiri*. However, it seems that Zanzibaris do not find good answers from their pre-Islamic sources. The African tradition offers a religio-cultural paradigm that actually complicates the socio-cultural life of Zanzibaris. This paradigm may be called the paradigm of *sihiri*, and four traditional quandaries compose this paradigm: the belief in *sihiri*, the fear of the power of *sihiri*, the dread of alleged *wachawi*, and the trepidation of witchcraft accusation. This intricate religio-cultural paradigm seems to perpetuate the dread of *sihiri* rather than help commoners to overcome it. Life becomes more uncanny and unpredictable; it is increasingly like an atrocious spiritual battlefield.

Along with the cultural knowledge of *sihiri*, the fear of it is also transmitted to future generations through the process of enculturation, in which Zanzibari adults inculcate their children with their traditional beliefs and fears.[39] Thus, both the knowledge and fear of *sihiri* become an indelible cultural belief, and they are perpetual in spite of Islamic influences. In addition to this, the common suspicion of dreadful *wachawi* in their neighborhood increases the psychology of social fear and provides a good excuse for the boom of divination. The divination,

39) "Enculturation" is an anthropological term used to refer to the cultural process by which a social member learns his or her culture during childhood (normally from the time of birth till the entrance of puberty). Cf. William Haviland (1993:117-119).

in turn, often leads the society to practicing the so-called witch-hunting.

Witchcraft accusation is another social problem, which seems even more serious than the *sihiri* itself because it entails a complicated moral issue. This topic is so important as to deserve another lengthy discussion. While deferring the discussion to a later time due to the space limitation in this paper, I can at least share a glimpse from my recent fieldwork that witchcraft accusation appears much less prevalent in Zanzibar than in the mainland. It is probably because the whole community of Zanzibar Island is too small and crowded to lynch alleged witches in a clandestine way as is usually done in the mainland. It is also noteworthy that witchcraft was strictly prohibited during the regime of the first President of Zanzibar, Mr. Karume.[40] Based on Middleton's observation that beliefs in witches and sorcerers seem stronger in rural areas than in Stone Town, where the belief in *jinn* power is stronger (1992:182), we may well infer that witchcraft accusation could be more active in the countryside than Stone Town.

In sum, *sihiri* is a complicated cultural paradigm in Zanzibar. Islam

40) One file at Zanzibar Archives (*afisi ya makamo wa kwanza wa rais*) with the file number P4/1/28, shows some court cases from May 1969 to May 1970. There are 40 cases reported in the file, and the charges were as follows: (1) 3 people charged for raising leopard [for a witchcraft purpose] and sentenced to prison each for 10 years, (2) 1 person charged for killing his wife via witchcraft and sentenced to prison for 5 years, (3) 1 person charged for killing his uncle via witchcraft and sentenced to prison for 3 years, (4) 29 people charged for endangering others with witchcraft and sentenced to prison for 1 month up to 4 years, (5) 2 people charged for possessing witchcraft medicines and sentenced to prison for 1 year, (6) 1 person charged for simply practicing witchcraft and sentenced to prison for 1.5 years, and (7) 3 people charged for making themselves a witch and sentenced to prison for 1 to 2 years.

condemns all practices relating to *sihiri*, but its cultural power seems invincible, and this paradigm becomes a social impasse. Khamisi, another Zanzibari informant of mine, laments that people follow the old way because they lack true faith in *Allah* and his messenger. Apparently, an uncomfortable tension exists between Islamic idealism and a pragmatic realism regarding *sihiri*. Official Islam does not seem to sufficiently provide efficacious antidotes that can help the powerless to defeat this cultural nuisance in everyday life. Rather, an uncomfortable religious guilt irks ordinary Zanzibaris as they keep both old and new ideas arbitrarily. Having come originally from African-Bantu traditions, as has been affirmed by a number of researchers (cf. Middleton 1992 Allen 1993 Kim 2004), Zanzibaris will continue to struggle with this religio-cultural dilemma, despite their Muslim identity, unless there comes an innovative idea to revolutionize the syncretistic paradigm of *sihiri*.

V. CONCLUSIONS

All cultures and religions reflect the complex nature of the human mind. There is not a single culture that is simpler than the others. Thus, it normally requires a huge amount of effort to understand someone else's culture and religion. This is so true, especially when a non-Muslim researcher looks into a Muslim community whose religion is a long-held amalgamation of a number of religio-cultural elements. The Swahili Muslim society in Zanzibar should be the case in point. Among many cultural features in Zanzibar, the belief in *sihiri* and related practices certainly compose a peculiar cultural domain that could easily perplex outsiders. They also actually formulate a very strong religio-cultural paradigm in terms of which Zanzibaris understand their world and interpret all occurrences in it. This cultural paradigm, however, poses many complex problems and questions, which may well entice more anthropologists and Islamicists into a serious investigation of this particular cultural domain. This being said, there seems to be a missional mandate assigned especially for Christians who desire to build a meaningful relationship with Zanzibaris; it is to seek a deep understanding of them, with a sympathetic attitude towards common human predicaments, rather than a superficial knowledge of their culture and religion. Furthermore, an incarnational approach to Zanzibaris who undergo various problems related to *sihiri* will also lessen cultural biases and balance Christian passion and intellect. In this way, Christian faith will also be presented and listened to with much less misunderstandings on the Muslim side as well.

[References Cited]

'Al-Bukharī, *hahih Ḥadīth. The Translation of the Meanings of Sahih Al-Bukhari.* 4&7. Muhammad Muhsin Khan, trans. and ed. Al Nabawiya: Dar Ahya Us-Sunnah. n.d.

Al-Hilali, Muhammad Taqi-ud-Din and Muhammad Muhsin Khan, trans. *The Noble Quran in the English Language.* Madinah, K. S. A. n.d.

Allen, James de Vere. *Swahili Origins: Swahili Culture and Shungwaya Phenomenon.* London: James Currey, 1993.

Ameen, Abu'l Mundhir Khaleel ibn Ibrahim, trans. *The Jinn and Human Sickness Remedies in the Light of the Quraan and Sunnah.* Nasiruddin Al-Khattab, Darussalam Publishers and Distributors, 2005.

Bowie, Fiona. *The Anthropology of Religion.* Malden, MA: Blackwell Publishing, 2000.

Brain, James L. *Witchcraft and Development.* Dar es Salaam: Dar es Salaam University Press, 1981.

Ciekawy, Diane. "Witchcraft in Statecraft: Five Technologies of Power in Colonial and Postcolonial Coastal Kenya," *African Studies Review*, 41 no. 3, Dec., 1998. 119-141.

Drieskens, Barbara. *Living with Djinns: Understanding and Dealing with the Invisible in Cairo.* London: SAQI, 2008.

Echtler, Magnus. "Recent Changes in the New Year's Festival in Makunduchi, Zanzibar: A Reinterpretation," in Roman Limeier and Rudiger Seesemann, eds., *The Global Worlds of the Swahili: Interfaces of Islam, Identity and Space in 19th and 20th Century East Africa.* Berlin: Lit Verlag, 2006.

Ellis, Stephen and Gerrie Ter Haar. *Worlds of Power: Religious Thought and Political Practice in Africa.* NY: Oxford University Press, 2004.

Evans-Pritchard, E. E. "Witchcraft," *Africa: Journal of the International Institute of African Languages and Cultures*, 8 no. 4, Oct., 1935. 417-422.

_____. *Witchcraft, Oracles and Magic among the Azande.* Oxford: Clarendon Press, 1937.

Foster, George. *Traditional Societies and Technological Change.* NY: Harper&Row, Publishers, 1973 (2nd edition).

Glassé, Cyril. *The Concise Encyclopedia of Islam.* NY: HarperSanFrancisco, 1989.

Hand, Wayland. "Folk Medical Magic and Symbolism in the West", in Arthur Lehmann and James Myers, eds., *Magic, Witchcraft, and Religion: An Anthropological Study of the Supernatural.* Mountain View, CA: Mayfield Publishing Company, 1997.

Haviland, William. *Cultural Anthropology.* Fort Worth, TX: Harcourt Brace College Publishers, 1993 (7th edition).

Hiebert, Paul, Daniel Shaw, and Tite Tiēnou. *Understanding Folk Religion.* Grand Rapids, MI: Baker Books, 1999.

Hughes, Thomas P. *Dictionary of Islam.* Chicago, IL: KAZI Publications, 1994.

Kathir, Ibn. *Tafsir ibn Kathir (Abridged)*, 4. Riyadh, Saudi Arabia: Darussalam, 2000a.

______. *Tafsir ibn Kathir (Abridged),* 5. Riyadh, Saudi Arabia: Darussalam, 2000b.

______. *Tafsir ibn Kathir (Abridged)*, 10. Riyadh, Saudi Arabia: Darussalam, 2000c.

Kim, Caleb C. *Islam among the Swahili in East Africa.* Nairobi: ActonPublishers, 2004.

______. "*Jinn* Possession and *Uganga* (Healing) among the Swahili: A Phenomenological Exploration of Swahili Experiences of *Jinn*," *Muslim-Christian Encounter,* 3, no. 2, Nov., 2010, 67-90.

______. "Affliction by Jinn among the Swahili and an Appropriate Christian Approach," in Evelyne Reisacher, ed., *Toward Respectful Understanding and Witness among Muslims: Essays in Honor of J. Dudley Woodberry*, Pasadena, CA: William Carey Library, 2012.

Kirwen, Michael, ed. *African Cultural Knowledge: Themes and Embedded Beliefs.* Nairobi: Maryknoll Institute of African Studies, 2005.

Lehmann, Arthur and James Myers, eds. *Magic, Witchcraft, and Religion: An Anthropological Study of the Supernatural,* Mountain View, CA: Mayfield Publishing Company, 1997.

Love, Rick. *Muslims, Magic and the Kingdom of God.* Pasadena, CA: William Carey Library, 2000.

Maranz, David. *Peace Is Everything: The World View of Muslims and Traditionalists in the Senegambia.* Dallas, TX: International Museum of Cultures, 1993.

Maududi, S. Abul A'la. *The Meaning of the Quran*, Part 4. Nairobi, Kenya: The Islamic Foundation, 1982.

______. *The Meaning of the Quran*, Part 7. Nairobi, Kenya: The Islamic Foundation, 1984.

Middleton, John. *The World of the Swahili: An African Mercantile Civilization.* New Haven, CT: Yale University Press, 1992.

Miller, Norman. *Encounters with Witchcraft: Field Notes from Africa.* Albany, NY: State University of New York Press, 2012.

Mohamed, Said. *Kivuli Kinaishi.* Nairobi: Oxford University Press, 1990.

Musk, Bill. *The Unseen Face of Islam.* London: MARC, 1989.

'Omar, 'Abdul Mannan. *Dictionary of the Holy Quran.* Hockessin, DE: Noor Foundation –International Inc., 2005 (3rd edition).

Parshall, Phil. *Bridges to Islam: A Christian Perspective on Folk Islam.* Grand Rapids, MI: Baker Book House, 1983.

Quran Majeed, software by Pakistan Data Management Services (www.pakdada.com), 2012.

Shweder, Richard A. *Why Do Men Barbecue? Recipes for Cultural Psychology.* Cambridge, MA: Harvard University Press, 2003.

서평

『철학자들의 부조리』

(*Tahafut Al-Falasifah* by Al-Ghazali, 1095)

박 성 은

알 가잘리[1]의 『철학자들의 부조리(*Tahafut Al-Falasifah*)』(1095년 저작)[2]는 그의 여러 저작 중 정통 이슬람의 입장에 있는 그의 신 개념을 알 수 있는

---

1) 알 가잘리(Al-Ghazali, 1058-1111)는 지금의 이란의 동북부인 후라이산 투스(Khurasan Tus)에서 태어났다. 그의 아버지는 페르시아 수피(*sufi*)로서, 알 가잘리가 어린 시절에 세상을 떠났는데 친구인 수피에게 아들의 양육을 부탁했다. 그의 도움으로 알 가잘리는 경건한 종교적 분위기에서 성장하였다. 그는 해박(該博)한 저술가이며, 율법가, 철학자, 역사가, 신학자, 영성가, 비평가, 비교종교가로 평가된다. 해밀턴 알렉산더 깁(H.A.R. Gibb, 1895-1971)은 "알 가잘리는 종교적 통찰이나 지적인 탁월함에서 어거스틴이나 루터와 같다."고 했으며, 골드자이허(Ignaz Goldziher, 1850-1921)는 알 가잘리를 "인격(personality)에 있어서 가장 뛰어난 사람 중 하나"로 평가했다. 케네스 그래그(Kenneth Cragg)는 알 가잘리를 높은 주지주의(high intellectualism)와 신비적 회심(mystical conversion)을 성취하고 종교의 심원한 심리학을 발견한 자로 묘사한다. 알 가잘리는 어린 시절부터 신 중심적인 신비사상을 가르치는 수피(*sufi*)정신과 친숙했으며, 그 바탕 위에서 아샤리 학파(school of al-Ashari) 신학을 배웠다. 알 가잘리는 19세에 고향을 떠나 알 주와이니(al-Juwayni, 1085년 사망)에게 지도를 받고, 재상 니잠 알 물크(Nizam al-Mulk, 1092년 사망)의 조언자로, 교수로, 구도자로, 영적 부흥 갱신가로 활동했다.

2) Al-Ghazali, Tahafut al-Falasifah, translated, introduced, and annotated by Michael E. Marmura-1st ed., *The Incoherence of the Philosophers*, a parallel English Arabic text (Provo, Utah: Brigham Young University Press, 1997).

대표적인 저서[3] 이다. 우리는 그가 철학자들의 신 개념의 오류를 반박하는 과정을 통해 그의 사상적 경향성을 분석할 수 있다. 이 책을 검토함으로써 그의 사상을 다른 철학자들과 비교해 볼 수 있다. 특히 신의 영원성, 신의 창조, 신의 의지, 신의 인식, 신의 본질과 속성, 영혼불멸과 사후 심판에 대한 중요한 개념들을 파악할 수 있다. 그가 이 책에서 반박하고 있는 철학자는 주로 아비센나(Avicenna)인데, 그의 신에 대한 개념까지도 파악할 수 있는 책이라고 본다. 더 나아가 이 책을 분석함으로써 그의 사상의 변이 과정에서 이 저서가 차지하는 사상적 위치를 점검할 수 있다. 후에 알 가잘리는 정통 이슬람의 신 개념에 신의 내재성이 결여됨을 인식하고 수피즘의 신과의 합일사상을 더함으로써 신 개념을 완성했다.

알 가잘리는『철학자들의 부조리』첫 장에서 철학자들의 신 개념, 창조에 대한 이해, 세계의 영원성 개념, 세계의 자존성에 관한 문제, 신의 인식 대상에 관한 문제, 신의 본질과 속성에 대한 철학자들의 이해, 인간 영혼의 불멸에 대한 철학자들의 이해와 신의 심판을 부인하는 철학자들의 허구성을 지적하기 위하여 다음과 같이 20개의 항목으로 반박했다.[4]

첫째는 세계 이전의 영원성(pre-eternity)에 대한 철학자들의 입장을 반박하는 것으로써, 이것은 과거 세계의 영원성(doctrine of the world's past eter-

---

3) 『철학자의 의도(*The Aims of the Philosophers*)』(Maqasid al-Falasifa, 1094년-1095년저작)는 철학자들의 의도를 요약한 그리스 철학의 입문서이다.『지식의 척도(*The Standard for Knowledge*)』(Miyar Al-Ilm, 1094년-1095년 저작)는 두 번째 작품이다. 자기 성찰적 자서전(Autobiographical Work)이라고 할 수 있는『오류로부터의 구원(*Deliverance from Error*)』(Al-Munqidh Min Al-Dalal, 1106년-1110년 저작)은 이성의 확실성(certainty)에 대한 의심을 품고 연구한 작품이다.『철학자들의 부조리(*Tahafut Al-Falasifah*)』(1095년 저작)에서는 철학자들의 신 개념의 오류들을 반박하면서 자신의 입장을 밝혔다.『종교학의 부활(*Ihya'm'Ulum Al-Din*)』(1099년-1102년 저작)은 영혼 구원의 문제에 관한 작품이다. 신비주의적 체험을 담고 있는 작품으로는『빛의 벽감(*Mishkat Al-Anwar*)』등이 있다.

4) Al-Ghazali, *Tahafut al-Falasifah*, 10-11.

nity)의 교리를 주장하는 철학자들의 입장을 반박하는 것이다.

둘째는 세계 이후의 영원성(post-eternity)을 주장하는 철학자들의 입장을 반박하는 것이다. 즉 세계 이후의 영원성(post-eternity of the world), 시간, 운동의 영원성에 대한 철학자들의 주장을 다루고 있다.

셋째는 신이 세계의 창조자(maker of the world)라는 것과 그 세계는 그가 만든 것이라는 것(the world is of His making) 사이의 철학자들의 모호한 입장을 보여 주려는 것이다. 그는 신이 우주의 창조자라는 철학자들의 주장은 부정직한 진술이라고 반박했다.

넷째는 창조자의 존재를 증명할 수 없는 철학자들의 무능을 보여 주는 것이다.

다섯째는 두 신들의 실존의 불가능(the impossibility the existence of two gods)을 주장하는 철학자들의 무능을 지적하는 것이다.

여섯째는 신의 속성(God's attributes)을 부정하는 철학자들의 주장을 반박하는 것이다.

일곱째는 일자(the First)의 본질(essence)은 종(genus)과 차(species)로 나누어질 수 없다는 것을 논증할 수 없는 철학자들의 주장을 반박하는 것이다.

여덟째는 일자(the First)는 본질(quiddity)을 가지지 않는 단순한 존재(simple existent)라는 철학자들의 주장을 반박하는 것이다.

아홉째는 일자(the First)는 비육체적 존재라는 것을 증명할 수 없는 철학자들의 무능을 반박하는 것이다.

열 번째는 시간에 대한 철학자들의 믿음과 창조주의 부존재(不存在)에 대한 논증의 부당함을 보여 주는 것이다.

열한 번째는 일자(the First)는 다른 것(others)을 알 수 있다는 주장을 증명할 수 없는 철학자들의 무능을 반박하는 것이다.

열두 번째는 일자(the First)는 자신(Himself)을 알고 있다는 것을 증명할 수 없는 철학자들의 무능을 반박하는 것이다.

열세번 째는 일자(the First)는 특수자들(particulars)을 모른다는 철학자들의 주장을 반박하는 것이다.

열네번 째는 천체는 유기체로서 자신의 추진력(推進力)으로 움직인다는 것에 대한 철학자들의 입장을 반박하는 것이다.

열다섯 번째는 천체가 움직이는 목적에 관한 철학자들의 주장을 반박하는 것이다.

열여섯 번째는 천체의 영혼들(the souls of the heavens)이 모든 특수자들(all particulars)을 알고 있다는 주장에 대하여 반박하는 것이다.

열일곱 번째는 자연의 법칙은 변하지 않고 붕괴될 수 없다는 철학자들의 주장에 대하여 반박하는 것이다.

열여덟 번째는 인간의 영혼은 자존하는 실체(self-subsistent)로서 물질도 아니고 우연도 아니라는 철학자의 주장을 반박하는 것이다.

열아홉 번째는 영혼불멸은 불가능하다는 철학자들의 주장을 논박하는 것이다.

스무 번째는 사후의 부활과 천국의 기쁨 및 지옥의 고통을 부인(否認)하는 철학자들의 주장을 반박하는 것이다.

이 책을 평가하는 데 있어서 필자는 알 가잘리가 반박하고 있는 20가지의 항목들을 크게 "유일한 존재의 영원함, 신의 인식, 신의 본질과 속성"에 대한 내용으로 분류하여 그 주제를 다룸으로써 『철학자들의 부조리』를 분석하고 평가하고자 한다.

신의 영원성에 대한 부분에서는 신과 세계, 신의 선재성, 창조의 문제가 다루어진다. 신의 인식의 문제에서는 신이 인식하는 대상에 대해서 다루어진다. 알 가잘리는 신이 모든 특수자들까지 인식한다고 주장하는 반면, 아비센나는 왜 신이 특수자들을 인식할 수 없다고 주장하는지 그 이유가 밝혀지게 된다. 신의 본질과 속성에서는 신의 본질과 속성의 관계를 밝히고, 아비센나는 왜 신의 속성을 인정하지 않는지 그 이유에 대해 밝히고 있다. 이 책을 읽음으로써 알 가잘리와는 달리 철학자들의 관점에서는 영혼의 불멸을 부정하고 사후 심판을 부정해야 하는지 그 관점까지도 파악할 수 있게 될 것이다.

유일한 존재의 영원함에 대하여

알 가잘리는 『철학자들의 부조리』의 첫 번째 항목에서 신은 영원한 존재로서 그의 비실존(His non-existence)은 불가능하다는 것을 지적한다. 유일한 신은 세계의 창조자로서 영원하다. 그는 영속적이며, 모든 것에 앞서 존재한다. 신보다 앞서서 존재하는 것은 아무것도 없다. 신은 시작과 끝도 없다. 신은 처음이며 마지막이다. 그러나 오직 신(神)만이 영원하다는 알 가잘리의 이해와는 달리 세계가 영원하다고 주장하는 철학자들의 입장을 다음과 같이 설명한다.[5]

> 철학자들의 세계의 과거 영원성에 대한 교리는 철학자들 간에 일치하지 않는다. 그러나 고대와 현대 철학자들 대다수의 의견은 세계가 영원하다는 입장을 취하며 세계의 과거의 영원성(past eternity)을 지지한다. 세계는 신과 함께 존재하기를 멈춘 적이 없다. 세계는 신보다 시간에 있어 그보다 늦게 존재한 적이 없다.

---

5) Al-Ghazali, *Tahafut al-Falasifah*, 12.

세계는 빛이 태양과 함께 존재하는 것처럼 결과가 원인과 함께 존재한다. 세계에 대한 창조자의 우선성은 결과에 대한 원인의 우선성과 같다. 창조자의 우선성은 본질과 순위(rank)에 있어서 우선하는 것이며 시간에 우선하지 않는다.[6]

알 가잘리는 세계가 영원하다는 철학자의 입장을 소개한 후, 그는 왜 신만이 영원하며 모든 것에 앞서서 신이 존재하는지를 설명한다. 세계는 신의 영원한 의지에 의해 창조되었다는 주장이 불가능하지 않으며 신의 영원한 의지에 의해 시간의 실존이 분명해졌다는 것이다.

신이 세계에 앞서 존재한다는 가정은 무한한 시간에 앞선 시간이 있다는 것을 전제한다. 시간은 시간에 앞서서 존재하는 것이 없는 때에 창조되었다. 신은 세계가 없이도 존재했으며, 창조 후에는 세계와 함께 존재했다.[7]

이러한 관점으로 알 가잘리는 질료가 영원하며 신이 영원하다는 아비센나와 같은 철학자들의 입장이 왜 부당한지 『철학자들의 부조리』에서 반박한다. 여기서 알 가잘리가 말하는 철학자들이란 알 파라비(al-Farabi)와 아비센나인 것으로 보인다. 철학자들의 경우, 신이 세계에 앞선다는 것은 신은 본질에 앞서서 존재하는 것이지 시간에 앞서서 존재하는 것이 아니다. 신이 본질적으로 앞선다는 아비센나의 주장은 다음의 예로 비유될 수 있다.

비록, 신이 세계와 함께 동시적(同時的)으로 존재할지라도 신이 본질적으로 앞선다는 것은 결과에 앞서는 원인과 같다. 인간의 움직임과 그림자의 움직임은 동시적이다. 그러나 인간의 움직임이 그림자의 움직임보다 본질적으로 앞선다. 반지를 낀 물속의 손의 움직임과 물의 움직임은 동시적이다. 그러나 손의 움직임은 물의 움직임보다 본질적으로 앞선다. 왜냐하면 그림자의 움직임은 사람의 움

6) Al-Ghazali, *Tahafut al-Falasifah*, 12.
7) Al-Ghazali, *Tahafut al-Falasifah*, 31.

직임 때문이며, 물이 움직인 것은 물 안에 있는 손의 움직임 때문이다. 그림자가 움직여서 사람이 움직였다고 할 수 없으며, 물이 움직였기 때문에 손이 움직였다고 할 수 없다. 각각의 움직임은 동시적이나, 그림자나 물이 먼저 움직였다고 할 수 없는 것과 같다.[8]

손의 움직임이 반지의 움직임보다 앞서며, 사람의 움직임이 그림자의 움직임보다 먼저이듯이 신과 세계는 동시적으로 존재하나 신은 본질에 있어서 세계보다 앞선다고 해석하는 아비센나의 경우, 신은 존재론적(ontological)으로만 우선한다는 것이다. 그러나 이러한 입장은 알 가잘리의 입장에서 볼 때 신의 선재성을 의미하는 것도, 신의 영원성을 의미하는 것도 아니다. 그러므로 알 가잘리는 아비센나가 주장한 신의 존재론적 우선성만을 인정하는 신의 영원성에 대한 개념을 반박했다.

알 가잘리는 『철학자들의 부조리』 제3항에서 신이 세계의 창조자(maker of the world)라는 것과 세계는 그가 만든 것이라는 개념의 모호함에 대하여 반박했다. 제4항에서 알 가잘리는 세계의 창조자(maker)의 존재를 증명하는 철학자들의 무능함을 보여 준다.[9] 알 가잘리는 『철학자들의 부조리』 제17항에서 우인론적(偶因論的, occasional) 창조원리를 강조하면서, "세계는 자연의 법칙에 의하여 변하지 않으며, 영원히 붕괴될 수 없다."는 철학자들의 입장은 자의적인(arbitrary) 주장일 뿐이라고 반박했다.[10] 알 가잘리가 보기에 창조, 시간, 그리고 창조자 등에 대한 철학자들의 개념은 모호했다.[11] 알 가잘리는 "신은 그의 의지에 의해 세계를 창조했다."고 주장한 반면, 아비센나는 "신이 창조자(maker)이기는 하지만, 세계는 영원히 있었다."고 주장한다. 알 가잘리

8) Al-Ghazali, *Tahafut al-Falasifah*, 31.
9) Al-Ghazali, *Tahafut al-Falasifah*, 10.
10) Al-Ghazali, *Tahafut al-Falasifah*, 10.
11) Al-Ghazali, *Tahafut al-Falasifah*, 10.

의 입장에서 아비센나의 창조 개념은 표상(figurative sense)에 불과하다.[12] 아비센나는 신은 창조자라고 하면서도 세계와의 차이를 명백히 구분하지 않았다. 그는 신의 존재와 세계 사이에 시간의 차이를 인정하지 않았으며, 신의 영원성과 세계의 영원성을 동시에 주장한다.[13] 신은 시간에 앞서 존재하지 않는다. 단지 존재론적으로(ontological) 앞설 뿐이다. 세계는 신의 인식을 통하여 실존(existence)하게 되었다.[14] 아비센나는 신의 인식의 행위는 다른 것들이 존재하도록 하는 실존 원인이라고 주장한다.[15] "세계는 신의 본질의 필연성에 의해서 창조되었다. 태양이 빛을 멈출 힘을 가지고 있지 않고, 불이 덥게 하는 것을 멈출 수 없듯이, 일자(the First)는 창조를 멈출 수 없다."[16]

이상에서 알 가잘리의 신의 영원성과 철학자들의 신의 영원성이 개념을 살펴보았다. 필자가 보기에 이러한 개념은 세계를 이해하는 전제의 차이로 보인다. 알 가잘리가 아비센나의 신의 창조 개념과 세계의 영원성의 개념을 명백히 논증할 수 없음을 반박했듯이, 알 가잘리가 주장하는 신이 영원함과 신의 선재 개념 역시 명백히 논증하기 어려운 문제이다. 알 가잘리와 철학자들은 세계를 보는 기본적인 사상의 차이를 보이고 있다. 알 가잘리는 이슬람 신앙의 관점에서 철학자들의 신 개념의 허구성을 지적하고 있다. 그럼에도 불구하고 알 가잘리와 그가 반박하고 있는 철학자들의 신과 세계의 개념을 더욱 치밀하게 논증하며 연구할 가치가 있다. 『철학자들의 부조리』를 연구함으로써 계시와 이성 사이에 세계를 보는 관점이 전혀 다른 사상의 맥이 어떻게 형성되고 있는지 인식할 수 있다. 다음으로 알 가잘리가 반

12) Al-Ghazali, *Tahafut al-Falasifah*, 79.
13) Al-Ghazali, *Tahafut al-Falasifah*, 130.
14) Al-Ghazali, *Tahafut al-Falasifah*, 130.
15) Al-Ghazali, *Tahafut al-Falasifah*, 106-107.
16) Al-Ghazali, *Tahafut al-Falasifah*, 131.

박하고 있는 철학자들의 신의 인식에 대한 문제에 대해서 살펴보기로 한다.

유일한 존재의 인식에 대하여

알 가잘리는 『철학자들의 부조리』에서 신이 인식하는 대상에 관한 문제에 관해 다룬다. 그는 『철학자들의 부조리』 제11항에서 일자(The First)는 다른 것(others)을 알 수 있다는 주장을 증명할 수 없는 철학자들의 무능을 반박했다.[17] 제12항에서는 일자는 자신(Himself)을 알고 있다는 것을 증명할 수 없는 철학자들의 무능을 반박했다. 그리고 제13항에서 일자는 특수자들을 모른다는[18] 아비센나의 주장을 각각 반박했다. 아비센나는 신은 자신을 알고 타자를 아는 존재라고 주장했지만, 알 가잘리의 관점에서 볼 때 아비센나의 주장은 자의적이었다.

알 가잘리에 의하면 신은 살아 있는 존재로서 자신을 알고 타자를 인식하며, 창조된 모든 것 또한 신의 의지에 의해서 기원되었기 때문에 신은 그 모든 것들을 알고 있다. 신 자신 외에는 신으로부터 기원되지 않은 것이 없다. 신은 의지자이며, 의지한 바를 인식하는 자(knower)이다. 의지자는 필연적으로 살아 있는 존재이며, 그는 다른 것(another)을 알고, 자신을 무엇보다도 우선적으로 알고 있다. 대부분의 무슬림은 살아 있는 실존은 모두 신에게 알려진다고 생각한다.[19] 알 가잘리는 신은 특수자를 인식하는 살아 있는 존재로 보았다. 그는 그 이유를 다음과 같이 설명한다.

17) Al-Ghazali, *Tahafut al-Falasifah*, 10.
18) Al-Ghazali, *Tahafut al-Falasifah*, 10.
19) Al-Ghazali, *Tahafut al-Falasifah*, 128.

> 신이 듣고, 보고, 말하지 못한다면 어떻게 살아 있는 존재라고 할 수 있는가?… 살아 있는 존재는 모두 자신을 알고 타자(other things)를 알 수 있으나, 죽은 자들은 자신도 알지 못하며 타자도 알지 못한다.[20]

그는 '살아 있지 않는 존재를 어떻게 일자(The First)라고 말할 수 있겠는가?'라며 아비센나의 주장을 반박했다.[21] 그러나 아비센나에 따르면, 신은 자신을 알고 타자를 아는 존재라고 했지만 신이 다른 것을 인식한다는 것은 자신 이후에 오는 것들에 대한 지식의 원인(cause)이라는 것을 의미한다.[22] 신의 타자에 대한 인식은 신의 자기 인식으로부터 나온다.[23] 신은 자신으로부터 인식하는 존재이다. 만일 신이 자신을 타자로부터 안다면 신은 자존(self-subsistent)하는 존재가 아니라 피조물에 의존하는 존재가 된다.[24] 만일 신의 타자에 대한 지식이 타자로부터 유래한다면, 그것은 신이 변화 가능하다는 것을 의미하며, 일시적이며, 시간에 매이는 존재라는 것을 의미한다.[25] 알 가잘리가 아비센나의 신인식 대상에서 반박한 것과 같이 아비센나의 신 개념은 신과 피조물과의 관계성을 피조물의 존재 원리 이상의 다른 관계로 설명할 수 없다. 아비센나가 이해하는 신의 인식은 다음과 같다.

> 그(신)는 직접적인 인식에 의해(by first intention) 다른 것을 알지 못한다. 오히려 그는 모든 것들의 원리로서 자신을 인식한다. 그는 간접적인 인식에 의해(by the second intention) 필연적으로 되어가는 모든 것을 인식한다. 왜냐하면 그는 그 자신을 원리로서만 인식하기 때문이다. 왜냐하면 실재에 있어 이것이 그의 본질이기 때문이다. 그는 논리적인 필연적 원인과 결과에 의하지 않고서는

20) Al-Ghazali, *Tahafut al-Falasifah*, 134-136.
21) Al-Ghazali, *Tahafut al-Falasifah*, 134-136.
22) Al-Ghazali, *Tahafut al-Falasifah*, 98.
23) Al-Ghazali, *Tahafut al-Falasifah*, 98.
24) Al-Ghazali, *Tahafut al-Falasifah*, 100.
25) Al-Ghazali, *Tahafut al-Falasifah*, 101.

다른 것의 원리로서 그 자신을 인식할 수 없기 때문이다. 그의 본질이 필연적인 결과를 가져야 한다는 것은 부적절하지 않다. 이것은 자신의 본질 안에서 다수성을 필연화하지 않는다. 그러기에 다수적인 것을 인식하는 것은 불가능하다.[26] 일자는 자신을 그 자신으로부터 발생한 것들의 근거로 인식한다. 일자는 보편에 의한 방식으로(by universal knowledge) 다양한 종류들 안에서(in various kinds) 모든 실존들을(all the existents) 지성적으로(intellectually) 인식한다. 일자는 특수한 것을 인식하지 못한다. 왜냐하면 단지 제일 원칙은 단지 다른 것보다 지성적으로만 앞서기 때문이다. 일자가 단지 자신을 인식한 결과는 다른 지성 그리고 천체의 영혼과 천구가 유출된다.[27]

그러나 알 가잘리의 관점에서 신이 자신으로부터 자신을 인식하며, 그러한 신은 결국 보편적인 지식만을 인식할 수 있다는 아비센나의 견해는 신 자신이 자신을 모르는 것과 같다. 그 자신을 알지 못하는 자는 살아 있는 존재가 아니다. 모든 특수한 것들을 인식하지 못하는 신을 어떻게 살아 있는 자라 할 수 있겠는가?[28] 알 가잘리는 "그(신)는 그 자신을 알 수 있다는 것을 증명하려는 철학자들의 무능을 반박했다."

우리는 말한다. 무슬림들은 세계가 신의 의지에 의해서 일시적으로 기원되었다고 인정한다. 그들은(무슬림들) 의지로부터 지식을 추론한다. 그후에 그들은 의지와 지식으로부터 생명을 추론한다. 생명(life)으로부터 그들은 살아 있는 모든 것은 자신을 알고 있다는 것을 추론한다. 신은 살아 있다. 그러므로 신은 그 자신을 알고 있다. 이것은 무슬림들이 이해하는 매우 강력한 추론의 패턴이다. 그러나 당신(철학자들)은 신의 의지와 시간 안에서의 기원을 부정한다. 그들은 신으로부터 발생하는 모든 것은 필연과 본성에 의한 것이라고 주장한다. 당신(철학자)이 주장하는 것이 부당한 이유는 그의 본질은 단지 첫 결과만이 그보다 앞선다고 주장하는 것과 첫 결과는 두 번째 결과보다 앞선다는 것이 신의 본질이라고 주장하기 때문이다.… 신은 그 자신을 알지 못한다. 마치 열보다 불이 필연적

26) Al-Ghazali, *Tahafut al-Falasifah*, 101.
27) Al-Ghazali, *Tahafut al-Falasifah*, 71.
28) Al-Ghazali, *Tahafut al-Falasifah*, 134.

으로 앞서는 것과 같이 그리고 태양이 빛보다 필연적으로 앞서는 것과 같이 마치 어떤 것이 자신을 알지 못하는 것처럼 신은 자신을 알지 못하지 않는가? 아니면 이와는 반대로 그것 자체를 아는 것은 그것으로부터 앞서는 것을 알 수 있다. 우리는 철학자들의 신 개념에서 신은 다른 것을 알지 못한다.[29]

우리는 알 가잘리의 『철학자들의 부조리』를 통하여 신의 인식에 대한 두 가지 관점을 접하게 되었다. 첫째는 알 가잘리의 경우로서 신은 개별자들까지도 모두 인식하는 자로서 이해하는 관점이다. 한편, 알 가잘리가 반박한 아비센나가 말하는 신이 인식하는 것이란 신은 단일한 존재의 인식에 의해 발생한 보편적 원리만을 아는 것임을 밝혔다. 이상에서 언급한 신의 인식을 분석하여 평가할 때, 아비센나에게 있어 신의 인식 대상은 보편적인 원리만을 인식할 뿐 특수자들과 신과의 관계 설명은 불가능하다. 아비센나의 신의 인식 개념은 알 가잘리의 관점에서 볼 때 신의 전지전능성에 위배되는 것이며, 정통 이슬람의 신 개념에 위배되는 것으로 보였기에 아비센나의 신의 인식 대상에 대한 문제를 강하게 반박했다. 이 책은 신에 대한 인식이 신과 세계와의 관계에 대한 이해에 얼마나 큰 차이를 가져오는지 통찰할 수 있는 지평을 열어 준다. 알 가잘리는 이슬람 신앙의 관점에서 신은 모든 특수자들을 알고 보상하고 심판하는 자로 묘사하고 있다.

유일한 존재의 본질과 속성에 대하여

알 가잘리는 『철학자들의 부조리』 제6항에서 신의 속성을 부정하는 아

---

29) Al-Ghazali, *Tahafut al-Falasifah*, 134.

비센나와 같은 철학자들의 주장을 반박했다.[30] 또한 그는 제8항에서는 일자(The First)는 본질을 가지지 않는 단순한 존재(simple existence)라는 아비센나의 주장을 반박했다.[31] 알 가잘리에 따르면, 아비센나의 주장은 비(非) 신앙적 진술이었다. 알 가잘리는 신의 본질과 속성의 관계를 다음과 같이 설명한다.

> 신의 속성은 신의 본질과의 관계에서 볼 때 우연적(偶因論的, occasional)이다.[32] 신의 본질은 별개의 것으로 자존하는 것이 아니라 그 안에 신의 속성들이 존재한다. 신의 본질은 단독으로(for itself), 원인 없이 속성과 함께 영원히 존재한다.[33] 신은 영원한 속성을 가진다. 신의 속성 또한 원인을 갖지 않으며, 원인 없이 영원하다.[34]

알 가잘리에 의하면 신은 의지자로서 필연적으로 살아 있는 존재이다. 살아 있는 모든 것들은 다른 것(another)을 알고, 자신 또한 무엇보다도 잘 알고 있다.[35]

> 의지(will), 힘(power), 선택(choice) 등을 행하지 않는 자는 듣지도, 보지도, 못하는 죽은 자이다. 더군다나 타자를 알지 못하는 자는 죽은 자이다. 만약 제일자가 이들 모든 속성들이 결여되는 것이 가능하다면 신이 그 자신을 아는 것이 무슨 필요가 있겠는가?[36]

30) Al-Ghazali, *Tahafut al-Falasifah*, 10.
31) Al-Ghazali, *Tahafut al-Falasifah*, 10.
32) Al-Ghazali, *Tahafut al-Falasifah*, 100.
33) Al-Ghazali, *Tahafut al-Falasifah*, 99.
34) Al-Ghazali, *Tahafut al-Falasifah*, 102.
35) Al-Ghazali, *Tahafut al-Falasifah*, 128.
36) Al-Ghazali, *Tahafut al-Falasifah*, 135.

알 가잘리가 보기에 의지가 없는 존재는 살아 있는 존재라 할 수 없다. 신은 그가 원하는 것을 행하고 결정하며, 그가 원하는 모든 창조물을 창조하되, 그가 원하는 형상에 따라 창조한다. 그는 창조에 있어 신의 의지를 무엇보다 강조한다.[37]

> 무슬림에게 모든 실존은 일시적으로 기원되었다. 영원한 것은 신과 신의 속성 이외에 다른 것은 없다. 신 외의 다른 모든 것들은 신의 의지에 의해 기원되었다. 신에 대한 지식의 필연적인 전제는 모든 실존들에게 깨닫게 되도록 되었다. 왜냐하면 의지된 것은 필연적으로 의지자에게 알려져야만 한다. 그에 의해 발생되거나 기원되지 않은 것은 없다. 신 자신을 제외하고 창조되지 않은 것은 아무것도 없다. 그는 의지자이며, 그는 그가 의지한 바를 알고 있으며, 그는 필연적으로 살아 있는 존재이다. 다른 것을 알고 그 자신을 아는 살아 있는 존재는 다른 모든 것에 앞서 존재한다. 그러므로 무슬림들은 모든 실존은 신에게 알려져 있다고 생각한다. 그들(무슬림들)은 이러한 방식으로 이러한 것들을 인식한다. 신이 세계의 기원이라는 것은 명백하다. 만약 당신과 같은 철학자들이 세계 이전의 세계의 영원성을 주장한다면, 세계는 신의 의지로 기원되지 않았을 것이다. 그렇다면 당신은 어떻게 신이 그 자신 외에 그가 다른 무엇을 알 수 있다고 보는가? 이것에 대한 논증은 필연적으로 요청된다.[38]

그러나 아비센나는 단순한 존재에 신의 의지를 인정하는 것은 신의 불완전성을 의미하는 것으로 보았다. 무타질라파가 제일 원칙(the First Principle)이 지식, 힘, 의지와 같은 것을 가지는 것의 불가능성을 이야기한 바처럼 철학자들은 신의 속성을 부인한다. 철학자들은 신의 속성을 인정하는 것을 하나인 신의 본질을 감소하는 것으로 여긴다. 철학자들은 신의 본질에 속성이 더해지는 것을 인정하지 않는다. 그들은 인간의 본질에 우리(인

37) Al-Ghazali, *Tahafut al-Falasifah*, 56.
38) Al-Ghazali, *Tahafut al-Falasifah*, 128.

간)의 지식, 힘과 같은 방식으로 하나인 신에게 무엇이 더해지는 것을 허용하지 않는다. 속성은 다수한 존재에 필연적인 것이다. 왜냐하면 만약 인간에게 발생한다면 이것은 속성이 본질에 더하여진 것이다. 속성을 인정하는 것은 필연존재에 다수성을 인정하는 것이 된다. 그러나 그것은 불가능한 일이다. 이러한 이유로 철학자들은 속성들을 부인하는 것에 모두 동의한다.[39]

그러나 알 가잘리는 신은 자유롭고, 무엇이든지 가능한 의지자로 보았다. 알 가잘리는 신의 속성을 통하여 신을 인식할지라도 인간의 인식은 한계적이므로 신의 본질(essence)을 모두 인식할 수 없다고 보았다. "신의 창조를 생각하라. 그리고 신의 본질을 생각하지 말라."[40]는 말에서 알 가잘리의 신의 속성과 본질에 대한 입장을 잘 알 수 있다.

이상에서 알 가잘리의 『철학자들의 부조리』에 나타난 철학자들의 신 개념에 함축된 오류가 무엇인지, 왜 그는 이러한 철학자들의 입장들을 부조리한 것으로 인식하고 있는지 살펴보았다. 역으로, 철학자들의 관점에서 볼 때 알 가잘리의 관점은 부조리한 것인 아니지 질문을 제기할 수 있다. 그런데 후대에 아베로에스(Averroes)는 알 가잘리의 『철학자들의 부조리』에 대한 책을 읽고 『부조리의 부조리』에 대한 책을 써서 알 가잘리의 사상에 반격을 가했다. 알 가잘리는 철학자들이 그들의 입장을 논증할 수 없는 부분을 반박했다. 필자가 보기에 이러한 알 가잘리의 입장은 그가 이슬람 신앙에서 출발하여 철학자들의 관점을 보았기 때문인 것으로 보인다.

알 가잘리의 『철학자들의 부조리』는 철학하기의 방법을 통해서 이슬람 신앙을 설명하고 그와 기본 전제를 달리하는 철학자들의 관점을 반격하는

---

39) Al-Ghazali, *Tahafut al-Falasifah*, 128.
40) Al-Ghazali, *Tahafut al-Falasifah*, 78.

책이므로, 이슬람 신앙과 그의 철학적 방법, 더 나아가서 아리스토텔레스의 철학과 신플라톤주의의 영향을 받아 그만의 독특한 사상체계를 형성한 아비센나의 사상까지도 파악할 수 있는 사상의 지평을 열어 주는 소중한 책이라고 본다. 더 나아가 알 가잘리의 신앙과 신학, 철학의 체계를 파악할 수 있다. 그는 삶의 후반기에 이러한 신앙, 신학, 철학 체계에 한계를 느끼고 수피즘에서 신과의 합일을 이야기함으로써 그의 신개념을 보완·발전시킨다. 필자가 보기에 알 가잘리는 신학, 철학 그리고 수피즘에서 그의 사상을 완성시키는 것으로 보이는데, 『철학자들의 부조리』는 이슬람 신앙을 철학자들에게 변증하는 것으로 보인다. 알 가잘리는 끊임없이 참된 신앙과 진리를 추구한 신앙인이요, 학자로서 그의 사상의 변천 과정을 겪는다. 그의 참된 진리를 추구하는 자세와 학자로서의 탐구열정과 진리에의 열린 가능성에 대한 그의 구도자적 태도는 철학과 신학을 한다는 것과 참된 신앙이라는 것이 무엇인지에 대해 우리로 하여금 이성적인 부분뿐 아니라 영적인 부분까지도 성찰하도록 한다.

WOMEN'S REBELLION & ISLAMIC MEMORY

(*Women's Rebellion & Islamic Memory* by Fatima Mernissi, ZedBooks, London & New Jersey, 1996)

전 재 옥

파띠마 메르니시(Fatima Mernissi)는 이슬람 세계에서 가장 왕성한 저작 활동을 하는 여성 운동가이면서 교수로 서구의 학자들에게 알려져 있다. 요즘은 주로 무슬림 여성들을 교육시키는 일을 하는데, 정식 학위 과정은 아니고, 문맹 여성들, 교육받은 여성들, 직업여성들 등 여러 계층의 여성들을 대상으로 한다. 교육의 주된 목적은 무슬림 여성도 무슬림 사회에서 가정의 울타리를 넘어 직업여성으로 자유롭게 자기 전문 분야를 발전시킬 수 있고, 자신이 속한 지역 사회의 민주주의 발전과 경제 발전을 위하여 남성과 같이 전진하여야 한다는 확신을 심어 주는 것이다. 그녀는 모로코의 페즈(Fez)에서 무슬림 '하람' 가족 속에서 어린 시절을 보내고, 무함마드 브이 대학교(Mohammad V University)에서 사회학과 정치학을 전공하였다. 파띠마 메르니시는 아랍어, 불어 그리고 영어로 저작활동을 하고 있는데, 이 책은 그녀의 가장 최근 작품이다.

"이슬람 기억과 여성의 반항"에서 그녀는 무슬림 여성이 왜 차별을 받아 왔는지 그리고 왜 지금도 그 틀에서 벗어나지 못하고 있는가를 질문한 다음 스스로 답을 제시하고 있다. 이슬람의 기억들-꾸란, 하디스, 그리고 이슬람의 역사를 통하여 보면 여성 혐오와 여성 차별을 찾아볼 수 있다(꾸란 2:228, 꾸란 4:34 등). 하지만 동시에 꾸란과 이슬람의 역사에서 여성이 남성과 동등한 것을 가르치고 있는 실례들을 지적한다. 그러면서 어차피 역사는 선택된 자료들에 근거하는데, 꾸란에서 여성을 비하시키고, 남자보다 열등한 성으로 묘사되고 있는 것만을 기억하고 고집할 것이 아니라, 꾸란에서 여성을 남성과 동등하게 말하고 있는 것을 선택해서 가르쳐야 한다고 주장한다.

파띠마 메르니시는 무슬림 여성의 관점에서 이슬람 사회의 문제를 여성 베일과 폭력주의로 요약한다. 여기서 여성 베일은 종교적이고 국가적인 압력에 의하여 강요되고 있고, 폭력주의는 이슬람 사회에서 종교적으로 용납되고 있다는 것이다. 그런데 이 두 가지 문제들은 서로 상관이 없는 것 같이 보이지만, 그 배후의 세력은 하나라고 지적한다. 그 세력은 곧 이슬람 사회의 현 체제를 유지하고 민주주의에 저항하고 배척하는 것을 목적으로 한다. 즉 여성 베일과 폭력주의는 민주주의의 발전을 막고 있는 것이다. 이 책의 미덕은 특히 여성의 베일을 통하여 이슬람을 이해하는 데 공헌하고 있다는 점이다. 특히 무슬림 여성인 저자의 눈을 통해 다른 이슬람 자료들에서 다뤄지지 않던 것들이 예리하게 파헤쳐지고 있다.

파띠마 메르니시는 무슬림 여성들이 자신들이 태어나고 성장한 바로 그 지역에서 소외되고 차별받고 있는 많은 실례들을 들려 주고 있다. 그런데 왜 무슬림 여성들이 그렇게 억압 속에 있어야 하는가를 질문하면서 그녀는 자신이 그 답을 찾았다고 주장한다. 그것은 무슬림 사회가 그리고 무슬림들이 여성을 증오하거나 피하거나 또는 차별을 의도적으로 하는 것이 실제로는 민주주의를 배척하고 서구 세력에 저항하는 것이지 여성을 향한 저항이거나 여성 배척이 아니라는 점이다.

여성에게 베일을 쓰게 하는 것은 세 가지 효과를 지배층에게 주고 있다고 한다. 첫째는 무슬림 인구의 절반인 여성들을 비민주주의에 이용하고 있다는 것이다. 둘째는 여성들로 하여금 집안에만 머물게 해서 직업전선에서 남성들이 좀더 많은 기회를 갖게 한다는 것이다. 셋째는 남성주의의 승리라는 것이다. 그러므로 여성 베일은 문화적 차원만이 아니라 정치적인 측면을 가진다. 여성들이 정치적인 수단으로 이용되고 있다는 것이다. 그러나 저자는 무슬림 여성에게 잠재되어 있는 힘을 직시하고 있다.

· **무슬림 여성의 힘** : 모든 무슬림 국가들에서 여성들은 남성들보다 훨씬 높은 문맹률을 보이고 있다. 모로코는 지금도 문맹자의 90% 이상이 여성이라는 점을 들면서, 여성들을 교육시키는 것이 이슬람 사회의 변화와 발전을 위하여 가장 시급하고 효과적인 것이라고 주장한다. 무슬림 사회의 변화는 여성, 어머니의 힘에 의존하고 있다는 것이다. 이슬람 사회와 국가는 폭력주의나 군사주의가 아니라 여성의 힘을 인정해야 희망이 있다는 것이다. 지금까지 군사력, 폭력 등 남성의 힘에 의존했던 이슬람 사회는 이제라도 온유하고 조용한 힘, 여성의 양육하는 힘을 받아들여야 한다고 저자는 지적한다. 이러한 여성의 힘이 외적으로, 공적으로 잘 수용되지 못하고 있기 때문에 여성들은 자신의 삶과 결단을 표현하기 위해 다른 수단을 사용한다. 그것은 성현들을 찾고 성현들의 무덤을 찾는 것이다.

· **무슬림 여성 성현들과 기도원** : 무슬림 여성들이 자주 찾는 곳은 병원도 아니고 여성들의 출입을 막는 무슬림 사원이 아니라 성현이 있는 무덤이나 기도원이다. 성현을 모신 곳이나 무덤에서 무슬림 여성들을 쉽게 찾아볼 수 있다. 그곳에서 그들은 가정과 병원 또는 사원에서 표현할 수 없는 자신들의 목소리로 부르짖을 수 있다는 것이다. 그곳에서 그들은 삶의 여러 가지 문제들을 자기 방법대로 표출할 수 있고 그러한 과정에서 앞으로 살아갈 출구를 발견하게 된다. 또한 다른 여성들과 함께 모여 있는 분위기 그 자체 속에서 위로와 지지, 그리고 필요한 심리 치료를 받을 수 있다는 것이다.

파띠마 메르니시에게 있어서 이러한 여성들의 공간은 반체제와 반정통주의의 공간이다. 성현들의 자리는 정규기도(살라)를 드리는 모스지드와는 다른 것이다. 모스지드에는 여성의 자리가 없다. 있다고 하더라도 커튼 뒤에 또는 이층의 먼 베란다에 조그마한 자리가 있을 뿐이다. 그곳에 있는 것 자체가 오히려 자신들이 이미 당하고 있는 구별과 차별을 더욱 실감나게 한다. 더구나 자신들이 아랍어나 지역어를 읽지도 쓰지도 못한다는 사실을 더 적나라하게 느끼게 할 뿐이다. 그러나 성현들의 기도원은 다르다. 여기서 그들은 삶의 가장 심각한 문제들을 해결받는다. 그리고 그것은 다른 측면에서 여성의 반항이다.

· **무슬림 여성의 직업** : 대부분의 무슬림 남성들은 자기 아내나 딸이 직업을 갖는 것을 자신의 경제적 무능력과 가장으로서의 실패라고 생각한다. 실제로 직업을 가지고 남성들이 함께 일하는 공장, 시장, 회사에서 자유롭게 활동하는 여성들을 동등한 노동자, 직원 또는 상인으로 보는 것이 아니라 가능한 매춘부로 여긴다는 것이다. 무슬림 남성에게

여성이 가지고 있고 할 수 있는 것은 성과 출산이라는 것이다. 이것이 용납되는 것은 가정과 집안에서만이다. 그러므로 남성은 밖에서 활동하는 경제적 에이전트이고 여성은 집안에서 아이를 낳고 기르는 가정의 에이전트라고 완전히 구별하여 보는 것이다.

저자는 이러한 전통이 이슬람의 기억에서 보면 꾸란과 하디스뿐만 아니라 초기 칼리프 시기에 있었던 '자리야(여성 노예-이슬람 확장 시기에 포로가 된 여자들은 그 미모와 재질에 따라 노동력을 제공하는 노예가 아니라, 정복자의 노리개 노예로 기생과 같은 역할을 하였다.)' 개념이 여성의 이러한 이미지를 더하게 했다고 본다. '자리야'는 꾸란에서 '호우리'라는 개념과 비교된다고 한다. '호우리'는 죽음 이후의 파라다이스에서 많은 선행을 행하고 들어간 남성들에게 주어지는 선물로서 '호우리'는 영원히 사랑스럽고, 아름답고, 그리고 처녀라는 것이다.

· **여성의 지도력** : 무슬림 여성이 지도자가 될 수 있는가를 물으면서 저자는 이슬람의 역사에서 여성들이 지도자로 활동한 사례들을 든다. 예언자는 무함마드의 아내들 중 아이샤는 '낙타의 전쟁'이라고 일컬어지는 전쟁을 이끌었다고 한다. 즉 그 당시 두 분파로 갈리게 한 두 칼리프, 알리와 우스만에게 결정적인 영향을 끼친 여성으로 지목된다. 물론, 여기서 '뉴스즈'라는 개념으로 오히려 아이샤의 이러한 참여가 이슬람 역사를 피의 역사로 이끌었다고 비난하기도 한다. '뉴스즈'라는 단어는 꾸란의 용어인데 아내가 남편에게 저항하고 반항하는 것을 의미한다. 꾸란에서는 이 개념이 이러한 아내를 책벌하기 위하여 사용된 것이다. 이슬람 사회에서 순종, 침묵, 그리고 부동을 여성의 세 덕목으로 생각하고 있는데, '뉴스즈'는 정죄받아야 된다는 것이다. 그러나 저자 파

따마 메르니시는 이것이 개인주의를 두려워하고 민주주의를 저항하는 것이라고 해석한다. '비드아', 즉 변화 또는 변혁은 이슬람의 전통에서는 큰 죄인 것이다. '비드아'는 매우 위험한 것으로 변화를 일으키는 자들이 이슬람 공동체에서 벗어나는 행동을 하기 때문만이 아니라 이슬람 공동체 자체에 도전한다고 생각되기 때문이다. 그러므로 여성이 베일을 벗고 여성도 남성과 함께 교육을 받고, 사회의 여러 분야에서 사회와 가정을 위하여 그리고 국가를 위하여 함께 공동 전선을 이루어 나간다는 것은 현재의 체제에 대한 반항이며, 또한 '뉴스즈'이자 '비드아'인 것이다.

이러한 배경에서 저자는 이슬람의 기억에 호소를 한다. 그것은 이슬람의 꾸란, 하디스, 그리고 이슬람의 역사에서 여성의 다른 위치를 보여 주는 가르침과 사례들이 있다는 점이다. 저자는 역사를 선택된 자료와 역사를 정리한 이들의 해석에 의존하고 있다고 여긴다. 무슬림 여성들이 반드시 남성들이 말하고 있는 꾸란, 하디스, 그리고 이슬람 역사에만 의존할 것이 아니라 같은 자료와 사례에서 여성을 다르게 말하고 있는 자료들을 찾아서 자기 주장과 자기 표현을 해야 한다는 것이다. 즉 무슬림 여성들이 초기 이슬람 세계와 1,400년의 역사에서 정치·경제적으로 왕성한 활동을 한 사례들을 기억하자는 것이다. 왜 여성을 차별하는 자료를, 그리고 그러한 역사만을 기억해야 하는가! 이슬람의 고전 자료와 역사에서 얼마든지, 여성들의 동등한 참여를 기억해 낼 수 있는데 말이다. 오늘도 이슬람의 근본주의의 강한 파도는 여성 베일과 폭력주의를 조장하고 있다. 그 이면에는 민주주의에 대한 저항이 숨어 있는 것이다.

저자는 모로코의 이슬람 문화에 대한 경험적 관찰과 여성으로서 날카로운 분석을 토대로 자기 고백적인 이야기를 들려 주고 있다. 이 책은 한 번 손에 든 독자들이 끝까지 읽지 않고는 배길 수 없을 만큼 매혹적인 책임에 틀림없다.

마지막으로 이 책에서는 다뤄지지 않았지만, 이렇게 무슬림 여성들이 그녀의 주장대로 문맹에서 벗어나서, 자신의 문제를 직시하고 자기 변화를 꾀하고 실제로 그렇게 변혁을 시도해서 해방되었을 때 이슬람은 종교와 문화적으로 어떤 특징들을 보여 주게 될 것인가를 질문해 볼 수 있을 것이다. 아직도 파띠마 메르니시의 책이 서구의 독자들을 대상으로 하고 있는 것이다. 그녀의 글이 90% 이상의 문맹률을 보이고 있는 무슬림 여성들에게 읽혀졌을 때 파생될 가공할 만한 힘은 어느 정도일지 궁금하다.

MUSLIMS AND CHRISTIANS ON THE EMMAUS ROAD

(*Muslims and Christians on the Emmaus Road* by J. Dudley Woodberry, Monrovia: MARC Publications, 1989)

김 아 영

1987년 7월, 네덜란드의 자이스트에서는 세계 복음화를 위한 로잔위원회와 즈웨머 연구소의 공동 주최로 전 세계의 이슬람 관련학자들과 선교사들이 모여 무슬림 전도와 관련된 중요한 문제들을 논의하였다.

레바논, 파키스탄, 아프가니스탄과 사우디아라비아에서의 오랜 선교 경험과 풀러 신학교의 이슬람 담당 교수 겸 선교 대학원장이라고 하는 학문적 배경을 고루 갖추고 있는 우즈베리 박사(J. Dudley Woodberry)는 이 회의에서 발표된 중요한 논문들을 간추려 『엠마오 도상의 무슬림과 기독교인(*Muslims and Christians on the Emmaus Road*)』이라는 제목의 책으로 출판하였다.

제목에서 드러난 것과 같이, 이 책은 엠마오 도상에서 두 제자가 부활하신 주님을 만났던 사건을 모티브로 하여 편집되었다. 24명의 저명한 학자와 선교사의 논문들은 "다양한 민족들(Varieties of People)," "무슬림 선교의 성서적 근거(Scriptural Perspectives)," "낡은 형식과 새 의미(Old Forms and New Meaning)," "능력 대결(Spiritual Empowering)," "연구를 위한 자료(Resources for Understanding)"이라고 하는 6개의 주제에 의해 편집되었다.

이 책의 첫 번째 부분은 무슬림 세계의 다양성을 신중하게 다룬 논문들을 통하여 무슬림 선교 사역의 광범위한 지역적 배경을 잘 보여 주고 있다. 케네스 크랙(Kenneth Cragg) 주교는 기독교-이슬람 간의 종교 간의 대화의 상황적 배경 이해를 위해 현대 이슬람의 경향들을 잘 정리해 주고 있으며, 폴 히버트(Paul Hiebert)는 민속 이슬람과의 능력 대결(Power Encounter)에 대한 신학적 논의들을 다루고 있다. 그는 무슬림들을 대상으로 하는 선교는 병든 자를 치유하는 것과 같이 하나님의 능력을 가시적으로 보여 주는 것을 반드시 포함해야 함을 강조하고 있다. 그러나 이적과 기사를 행하는 것은 복음의 최종적 증거를 위한 수단이 되어야지 그것 자체가 목적이 되어서는 안 됨을 재삼 강조하고 있다.

두 번째 주제인 "무슬림 선교의 성서적 근거"는 무슬림 선교에 있어서 근본적인 신학적 주제들을 분석한 논문들을 포함하고 있다. 콜린 채프만(Colin Chapman)은 바울이 아테네의 아레오바고 광장에서 사람들에게 복음으로 도전을 했던 것을 적용하여 무슬림 전도를 위한 세 가지 원칙-하나님과 그의 말씀, 하나님과 그의 선지자, 하나님과 그의 은혜-을 제시하였다.

에버렛 후퍼드(Everett Huffard)는 무슬림들을 전도하기 위한 복음주의 신학적 근거로써 하나님의 사랑과 십자가를 제시하고 있다. 무슬림들은 전능하신 하나님의 선지자가 사람들에 의해 십자가상에서 죽임을 당했다고 하는 것은 하나님께 대한 모독이라고 생각하여 예수의 십자가 수난을 부인하고 있다. 후퍼드는 무슬림들에게 그리스도의 십자가의 의미를 설명하기 위한 새로운 신학적 패러다임으로써 상황화된 기독론을 제시하고 있다. 그에 의하면 영광과 권위와 충성이 이슬람교 내에서 가장 중요한 가치로 간주되고 있으므로, 십자가상의 예수의 죽음을 하나님의 뜻에 순종하려고 한 예수의 충성의 행위였음을 강조하여 설명함으로써 무슬림들을 설득할 수 있음을 제시하고 있다.

세 번째 주제인 "무슬림 선교의 형태"에서는 무슬림들에게 복음을 효과적으로 증거할 수 있는 실제적 방법들을 사회적이고 신학적인 측면에서 제시하고 있다. 다양한 상황 속에서 무슬림들에게 복음을 증거했던 경험을 담고 있는 6개의 짧은 논문들은 복음을 증거하는 실제적인 상황에 대처하는 구체적인 사례들을 제시해 주고 있다.

데니스 그린(Denis Green)은 이 책의 네 번째 주제인 "낡은 형식과 새 의미"에 대한 논의에서 무슬림 선교의 상황화(Contextualization) 문제를 논의하고 있다. 그는 타문화권 선교에 있어서 상황화가 중요하기는 하나 그 자체가 목적이 될 수는 없으며 교회를 영적으로 성숙시키기 위한 수단이 되어야 함을 강조하고 있다. 때로는 "상황화된 신념과 행위들이 교회의 영적인 성숙이라고 하는 최종 목표를 향한 과정에서 걸림돌이 될 수도 있음"을 경고하면서 이러한 걸림돌은 상황화된 신념과 행위들을 수정하거나 과감히 제거함으로써만 극복될 수 있음을 강조하고 있다.

이슬람권 선교사들 사이에서 혁신적인 선교 전문가로 알려져 있는 필 파샬(Phil Parshall)은 이 책에 실린 논문에서도 전통적인 복음주의자들이 선교를 하면서 흔히 범하는 실수를 지적해 내고 있다. 그는 선교사 400여 명을 대상으로 한 설문조사를 토대로 하여 선교사들의 영성에 대한 문제를 제기하고 있다. 그의 조사에 따르면 선교사들의 87% 이상이 기도와 말씀 묵상에 할애하는 시간이 하루에 30분도 채 안 된다는 것이다. 파샬은 경건한 무슬림들이 기독교인들을 보며 그들이 하나님께 순종하지 않는 사람들이라고 비난한 것을 예로 들면서, 이러한 우선순위의 잘못이 선교 사역 실패의 가장 큰 원인임을 지적하고 있다.

"능력 대결"의 주제 하에 실려 있는 논문은 3편 모두가 오늘날 선교현장에서 선교사들이 어떤 형태로든 영적인 전쟁과 관련되어 있으므로 선교사들 스스로가 이러한 대결에 준비되어야 함을 강조하고 있다. 콜린 채프만은 기도의 성서적 근거를 제시하면서 "타문화권 선교(Cross-Communication)와 관련된 주제들과 영적 전쟁을 양자택일의 문제로 생각하는 것"의 위험성과 잘못을 경고하고 있다. 그는 이따금씩 무슬림들을 향한 선교에 있어서 기독교의 가장 중요한 신학적 주제들이 간과되고 있음을 지적하였다. 예를 들어, 악의 궁극적 근원은 이슬람 종교 그 자체나 이슬람 국가의 사회체제가 아니라 공중의 정사와 권세임을 잊지 말고 선교에 임해야 함을 강조하고 있다. 크리스티 윌슨(Christy Wilson)은 아프가니스탄에서 오랫동안 사역했던 경험을 기반으로 하여 무슬림들에게 복음을 증거함에 있어 장기적인 중보기도의 중요성을 강조하고 있다.

이 책의 마지막 부분인 "연구를 위한 자료들"은 이슬람과 이슬람 선교를 연구하는 개인이나 단체에 실제적인 도움을 주는 중요한 자료들을 제공하고 있다. 로버트 더글라스(Robert Douglas)는 기독교 연구기관을 통해 무슬림들을 향한 타문화권 선교를 위한 연구와 훈련이 이루어질 필요성을 지적하면서, 세계 도처에서 이슬람권 선교 사역에 핵심적으로 관여하고 있는 학자나 선교사들을 중심으로 한 연구기관과 훈련단체가 설립되어야 함을 역설하고 있다.

마지막으로 위렌 채스틴(Warren Chastin)은 이슬람 관련 도서목록을 정리해 놓음으로써 이슬람과 이슬람권 선교에 관심을 가지고 있는 사람들에게 좋은 자료를 제공하고 있다.

이상에서 살펴본 바와 같이 우드베리의 이 책은 이슬람권을 향한 기독교 선교와 관련된 다양하고 방대한 내용들을 담고 있어서 단숨에 읽기에는 무리가 있으며 정독을 요구하는 책이다. 다양한 주제의 논문들을 편집해 놓은 이러한 종류의 책에서 흔히 발견될 수 있는 아쉬운 점이 이 책에서도 발견되고 있다. 즉 기독교 선교의 상황화에서부터 꾸란의 해석에 이르기까지 이 책이 다루고 있는 다양한 주제의 폭에 비해, 각 분야별로 보다 심도 있는 연구가 이루어지지 못했다는 점이 바로 그것이다. 또한 저자들의 면면을 살펴볼 때 좀더 다양한 배경을 가지고 있는 학자나 선교사가 참여했었더라면 하는 아쉬움도 남는다. 그러나 이러한 점에도 불구하고 이 책은 이슬람 선교에 관심을 가지고 있는 다양한 계층의 사람들 -학자, 선교 전문가, 선교사 후보생, 평신도- 모두에게 유용하게 읽힐 수 있는 책으로써, 특히 신학교나 선교 훈련원에서 이슬람권 선교사를 훈련시키는 교재로 활용하기를 적극 추천하는 바이다.

WHOSE HOLY CITY?

(*Whose Holy City* by Colin Chapman, Baker Books, 2005)

권 지 윤

예루살렘은 사해에서 서쪽으로 약 24km, 지중 해안에서 동쪽으로 약 56km 떨어진 이스라엘 중심부에 위치하며 지중해 연안 평야와 요르단 강 사이에 자리잡고 있는 하나의 작은 도시이다. 지정학적으로 여느 다른 도시보다 특별히 좋은 위치에 자리잡고 있지도 않은 하나의 작은 도시로, 그저 평범한 사람들이 이 도시에서 그들 나름의 삶을 살아갈 수 있는 곳이다. 그러나 우리의 시선을 집중시키는 특별함이 이 도시에 있다는 것은 그리 놀랄 만한 일이 아니다. 이 작은 도시가 세계의 이목을 집중시키고 있다는 것, 우리가 시청하는 뉴스의 한 코너에 지속적으로 등장했었다는 사실들, 미국을 비롯한 서구의 여러 국가와 중동 지역의 여러 아랍 국가들의 정치인들 간에 뜨거운 이슈로 존재하고 있다는 사실들은 우리에게 이 도시가 갖는 특별함이 무엇인지에 대해 궁금증을 불러일으킨다.

흔히 "이/팔 갈등"이라는 제목으로 국내외에서 이 도시 예루살렘이 이슈가 되고 있다. 이/팔 갈등이라는 제목 아래서 등장하는 많은 이슈들은 오랫동안 국제 정치의 한 면을 장식하고 있다. 중동 지역에서 드러나고 있는 많은 정치적 이슈들 중에 가장 비중 있게 다루어지기 시작해서 최근까지도 그 자리를 굳게 지키고 있는 암울한 이슈가 된 지 오래이다. 이러한 갈등의 주요 원인은 현재 이곳 예루살렘과 그 주변부를 둘러싸고 있는 이 지역에 대한 주권을 누가 가질 수 있느냐 하는 문제로부터 시작되었다. 더 나아가 이러한 갈등은 오랫동안 지속되면서 해결하기 어려운 일이 되어버리고 그 갈등의 영향력은 이제 세계적인 문제로 커져버렸다.

특별히 이곳 예루살렘의 주권을 놓고 벌어지는 이스라엘과 팔레스타인의 갈등과 수많은 충돌은 예루살렘에 거주하지 않은 다른 이들까지도 그 갈등에 대해 흥분하고 민감하게 반응하게 한다. 이 예루살렘과 그 주변부에서 일어나는 모든 갈등의 이슈들이 미국과 같은 서구 지역과 중동의 여러 아랍 국가 간의 정치적 갈등의 주요 원인으로 작용하거나 비 아랍 국가를 비롯한 세계 여러 곳에서 일어나는 테러의 동기로 작용하기도 한다는 사실은 이미 알려진 것이다. 이러한 사실들은 이 도시 예루살렘의 갈등과 충돌이 이미 오래전에 그곳에 거주하는 팔레스타인 아랍인들, 기독교인들, 무슬림 더욱이 이스라엘 유대인들 또는 시오니스트들에게만 국한된 갈등이 아니라는 것을 보여 주고 있다.

그렇다면 무엇이 예루살렘의 갈등에 대해 비예루살렘 거주자들의 마음을 흔들고 있는 것일까? 무엇이 그들 예루살렘의 주권 다툼을 목적으로 하는 정치적 갈등에 대해 그들뿐만 아니라 우리의 시선을 집중시키고 있는 것일까?

이러한 질문들을 던져놓고 예루살렘을 생각하면 분명 예루살렘은 여느 작은 도시들과 다른 특별함이 있다는 생각을 떨쳐버릴 수 없게 만든다. 아마도 이 도시 예루살렘이 갖는 특별함에 대해서 우리가 무엇인가 말하고자 한다면, 지난 사천 년에 걸쳐서 이 도시에서 점증적으로 누적되어 온 역사와 정치 그리고 종교와 신학을 동시에 포괄하는 예루살렘의 독특함에 대해서 설명하여야 할 것이다. 이 도시 예루살렘이 갖는 특별함은 이 모든 것을 포괄하고 있는 것이 분명하다.

예루살렘이 포괄하고 있는 특별함 가운데 가장 먼저 우리의 시선을 집중시키는 사실, 즉 우리가 예루살렘을 떠올릴 때마다 잊혀지지 않는 특별함은 이 도시가 성지라는 사실이다. 이 성지는 인도의 타지마할처럼 어느 한 종교의 성지로 국한된 것이 아니라 무려 세 가지 종류의 종교, 즉 기독교, 유대교, 이슬람교라는 세계 주요 종교들의 성지로써 상징되어 왔다는 사실이다. 이렇게 상징적인 도시 예루살렘이 갖는 특별함은 이 세 종교의 성지라는 점에서 한발짝 더 나아가 이 세 종류의 종교와 신학에 영향력을 행사하고 있다는 사실이며, 이 사실이 현재 지속적으로 일어나고 있는 이 지역의 정치적 패권 다툼에 중요한 동기로 작용하고 있다는 것이다. 또한 이러한 정치적 다툼이 현지에서 삶을 영위하는 사람들의 모든 주권과 생명권을 지키거나 파멸시키는 데 지대한 영향력을 끼치고 있다는 사실은 결코 간과할 수 없는 것이다. 그러나 우리가 더욱 심각하게 고려해야 하는 것은 이러한 모든 사실이 포괄하고 있는 특별함이 결코 이 도시의 문제에 국한되지 않고 작게는 중동의 아랍 지역의 평화로부터 크게는 세계의 평화를 유지하는 데 방해가 되는 갈등의 씨앗으로 자라고 있었다는 사실이다.

따라서 예루살렘이 갖는 포괄적인 특별함은 결국 '이 도시 예루살렘이 평화의 도시로서 상징되어질 수 있는가? 갈등과 충돌의 도시로서 상징되어져 버렸는가?' 하는 문제에 있다. 평화의 상징으로서의 예루살렘과 갈등과 충돌의 상징으로서의 예루살렘은 이 도시가 지난 사천여 년 동안 지녀온 아픔을 고스란히 보여 주는 표현이다. 이 도시 예루살렘은 끊임없이 평화를 향하여 갈등하면서 그 역사 속에 함께 공존했던 여러 세대의 사람들에게 상징이 되어버렸기 때문이다.

이러한 특별한 상징이 인간에게 주는 영향력이라는 것은 우리가 말로 쉽게 표현할 수 없는 것임에 틀림없다. 한 사람 또는 한 집단이 특별한 상징, 즉 그들의 영혼에 위안을 주는 상징을 소유하게 될 때 그것은 이러한 상징이 인간의 시간을 초월해서 지속적으로 세대를 거치면서 강화되어 존재되어지기 때문에 쉽게 말로 표현할 수 없는 것이다.

그러나 콜린 채프만(Colin Chapman)의 *Whose Holy City?* 라는 이 책은 이렇게 말로 쉽게 표현할 수 없는 이 도시 예루살렘이 가지는 포괄적인 상징성, 즉 예루살렘의 특별함에 대해서 지난 사천여 년 동안 예루살렘이 지녀온 역사를 연대기 순으로 서술하면서 우리가 예루살렘의 상징성, 즉 그 도시의 특별함에 무엇인가 말할 수 있도록 하고 있다. 다시 말해서 콜린 채프만은 예루살렘이 가지는 역사, 정치 그리고 종교, 신학을 포괄하는 특별함을 다양한 시각에서 조명함으로써, 갈등과 충돌의 상징으로 인지되고 있는 이 도시가 그 본래의 평화의 상징이 될 수 있는 가능성을 보여 주고 있다고 생각한다.

그렇다면 콜린 채프만이 말하고 있는 예루살렘은 현재 갈등과 충돌 속에서 어떻게 평화의 상징으로 자리잡을 수 있는 것인가? 우리가 이러한 질문에 답하려고 노력하는 것은 아마도 예루살렘에서 삶을 영위하면서도 그들의 생명권과 주권에 대한 두려움과 공포감을 가지고 있는 현지인들에게뿐만 아니라 같은 시대를 공유하며 살아가고 있는 우리들에게도 의미 있는 일이 될 것이라 기대한다. 즉 이러한 노력은 예루살렘이 평화의 상징으로 자리잡는 데 조금이나마 기여하게 될 것인데, 이러한 기여는 그들, 현재 그곳에서 삶을 영위하는 이들에게 가져오게 될 평화가 그들만의 것이 아니라 우리의 것이기도 하기 때문이다. 그렇다면 콜린 채프만은 이 책 *Whose Holy City?* 에서 이 문제에 어떻게 답하고 있는지 살펴보도록 하자.

그는 예루살렘이 수천 년 동안 만들어져 온 풍부한 인간들의 모자이크로 우리에게 보이고 있다는 사실을 피하지 않으려고 한다. 그는 예루살렘이 갖는 특별한 상징성을 예루살렘의 역사와 함께 서술해 나간다. 즉 구약시대부터 그의 긴 여정을 시작하여 현재에 이르게 하고 있다.

구약시대 예루살렘은 특별히 이스라엘 민족에게 의미를 가진다. 역대상 23:25에서 표현하기를 "이스라엘의 하나님 여호와께서 선택하신 장소"로 예루살렘은 "이스라엘의 하나님 여호와께서 평강을 그 백성에게 주시고 예루살렘에 영원히 거하시니"라고 서술한다. 이때에 예루살렘은 여호와가 자기 이름을 두시려고 이스라엘 모든 지파 가운데 빼신 성으로 이해되고 있다. 다윗과 솔로몬의 시대를 거치면서 이곳은 전성기를 누리지만 BC 586 바벨론 유수로 인하여 폐허에 이르게 된다. 이러한 예루살렘의 멸망은 예루살렘이 이스라엘의 하나님, 즉 이스라엘에게만 특별함을 주는 특별한 장소가 아니라 만민이 기도하는 집으로 다른 나라의 이방인들에게도 열려 있는 장소로써 상징되어진다는 사실을 교훈하게 된다. 특별히 시편 87편에서 예루살렘은 모든 열방에게 열려 있는 신의 도시로서 상징성을 표현하고 있다. 이스라엘 민족뿐만 아니라 모든 이방 민족들이 하나님의 도시인 이곳에서 충분한 권리를 가지고 평화롭게 살아갈 수 있는 시민으로 포함될 것이라는 메시지를 표현하고 있다. 즉 오랫동안 갈등의 원인으로 작용해 온 모든 민족주의적, 국가주의적, 종교적 편견에 도전을 주고 있는 것이다.

BC 6세기 헤롯 왕 시대에 재건된 예루살렘은 신약시대, 즉 예수의 삶의 여정 속에서 그 특별한 상징적 의미를 새롭게 가지게 된다. 하나님이 그 이름을 두시려고, 즉 하나님이 임재하는 예루살렘은 이제 예수의 시대에 하나님의 임재를 대표하는 예수 그 자신으로 새롭게 재해석되고 있었다. 예수는 그 자신을 성전의 모델로 택하고 그 자신을 성전으로 내보임으로써 하나님의 임재가 바로 그 자신이라는 사실을 표현하였다. 따라서 하나님이 특별한 방법으로 그의 백성들을 만나는 장소인 성전 혹은 "거룩한 도시" 예루살렘은 예수 그 자신을 상징하게 되었다. 즉 예루살렘은 새 하늘과 새 땅(요한계시록)으로 표현되면서 더 이상 지엽적인 것을 초월하는 하나님의 임재를 상징하게 되었는데 이는 예수 안에서 새롭게 회복되고 창조된 평화의 상징이 된 것을 말한다.

그러나 당시의 유대인들에게 이러한 예수의 해석은 받아들이기 쉽지 않은 것이었다. 유대인들은 로마의 침략에 대항하여 예루살렘을 끝까지 하나님의 거룩한 성전으로 지키려고 했지만 CE 70년(유대와 로마의 전쟁) 이후에 유대인들의 바코크바 반란(CE 132-135)과 로마인의 통치로 또 다시 폐허가 되어버린다. 이러한 사건으로 더 이상 예루살렘이 가지는 특별한 상징성을 소유할 수 없게 되었다. 그곳 예루살렘은 폐허 속에 사라져 버리고 있었다.

그러나 4세기 초 콘스탄틴 대제가 기독교를 로마제국의 국교로 공인한 이후 예루살렘은 그 특별한 상징성을 다시 찾게 되었다. 그러나 예루살렘은 또 다시 커다란 소용돌이 속에 휘말리게 되는데, 이것은 CE 638년 무슬림들, 즉 이슬람을 믿는 사람들이 예루살렘을 통치하게 되었을 때이다. 이 시기 즉 칼리프 우마르가 예루살렘을 정복한 이후, CE 810년경 바위 돔에서 남쪽으로 수백 미터 떨어진 곳에 알 아끄사 모스크가 건축되면서 예루살렘은 무슬림들에게 메카와 메디나에 이어 세 번째로 거룩한 지역으로써 인식되었으며, 본격적으로 "거룩한 집"으로 불리게 되었다. 무슬림 순례자들은 하지(*hajj*) 때 행하는 메카의 카바 주위를 도는 것과 같은 방식으로 바위 돔 주위를 돌며 순례를 행하기 시작하였다. 즉 이 시기 이후 예루살렘은 세 종교의 성지로 자리매김하게 되었고, 이러한 예루살렘의 역사성은 세 종교의 성지로써 갖는 특별한 번영과 평화의 상징성과 함께 갈등의 씨앗이 되는 위험한 상징이 되기도 하였다.

이후 CE 1099년 기독교의 십자군이 예루살렘에 입성하면서 예루살렘의 특별함은 갈등의 씨앗이 되어 가고 있었다. 예루살렘에 십자군이 입성하면서 그곳에서는 끔직한 대학살이 일어났으며, 이러한 사건은 수세기가 지난 지금도 기독교와 이슬람 간에 갈등의 원인으로 이용되고 있는 것이 사실이다. 우리가 잘 알고 있는 당시의 무슬림 살라딘의 다음과 같은 서술은 기독교 십자군과 무슬림 사이에 충돌에 대한 무슬림들의 이해를 충분히 보여 주고 있다. 그는 "예루살렘이 당신들(기독교/유대인)들의 것이기도 하지만 우리들의 것이기도 하다. 실제로 그 도시는 우리에게 더 신성한 곳이다. 왜냐하면 그곳은 우리의 선지자가 밤의 여행을 마친 곳이고, 마지막 심판 때에 우리 공동체 모두가 모일 곳이기 때문이다. 우리가 예루살렘을 포기하거나 이러한 점에 흔들릴 거라고 생각하지 말라. 그 땅은 원래 우리의 것이었고…"라고 하였다. 살라딘이 1187년 십자군으로부터 예루살렘을 다시 빼앗았지만, 이것이 예루살렘에 평화를 가져오지는 않았다.

예루살렘은 계속되는 정치적 종교적 갈등 속에서 1917년 12월 11일에드먼드 알렌비(Edmund Allenby) 장군이 영국과 연합군의 수장으로서 예루살렘 구도시에 입성하면서 영국의 위임통치가 시작되었고, 이러한 위임통치는 예루살렘이 평화가 아닌 갈등과 충돌의 상징이 되어 가는 데 중요한 역할을 하게 되었다. 그 이유는 이러한 서구의 통치가 무슬림들에게는 중동에서 십자군의 연장선상에서 일어나는 행위로 인식되어졌기 때문이다. 1947년 위임통치가 끝났지만 이 도시 예루살렘의 정치적 종교적 갈등은 더욱 심화되어 가고 있었다.

현대에 이르는 이 갈등의 정점은 아마도 1967년 6월 6일 전쟁으로 이스라엘이 팔레스타인의 요르단 강 서안과 가자 지구를 점령한 이후라고 볼 수 있다. 이 전쟁 이후 이스라엘군이 성전 산, 통곡의 벽, 다마스쿠스 문 방향에서 부채꼴 모양으로 도시를 점령하고, 이스라엘 국회가 "예루살렘은 분리될 수 없는 하나의 도시이며, 이스라엘 국가의 수도다."라고 선언하는 법안을 통과시키면서 이 도시는 작은 자극에도 폭력으로 치달을 수 있는 상태가 지속되었다. 이 전쟁 이후로 평화를 상징하는 도시 예루살렘은 좌절과 분노가 들끓는 갈등과 충돌의 진원지가 되어가고 있었다. 그것은 이스라엘이 이 도시 예루살렘을 정복하면서, 그들은 옛날 유대성전이 있던 성벽으로 둘러싸인 구도시 예루살렘에 대한 회복으로 받아들이고 있기 때문이다.

예루살렘으로부터 추방당한 아픈 역사 속에서 다시 통곡의 벽 앞에서 있을 수 있게 된 것은 예루살렘이 유대인들에게 그들이 하나님으로부터 선택받은 사람들이라는 의미로써 그들 자신을 위한 상징이 되기 때문이다. 그러나 유대인들이 그들의 상징을 폭력으로 되찾는 그 순간 팔레스타인 사람들을 비롯한 많은 아랍인들은 그들의 상징을 빼앗기는 패배를 경험하면서, 이슬람의 성지가 파괴되었다는 모욕감에 휩싸여야만 했다. 무슬림들이 그들의 성지로써 상징된 예루살렘을 빼앗긴 것에 대한 모욕감은 이 전쟁 이후 펼쳐지는 여러 가지 협상에서 미국을 비롯한 서방 기독교 국가들이 드러나지 않게 이스라엘에게 유리한 입장을 지지하고 있었기 때문에 더욱 심화되었다.

2004년 이스라엘에 의해 188km의 "분리장벽"이 예루살렘 북쪽과 북서쪽으로 설치되면서, 팔레스타인의 사회는 "민족과 땅이 분리되고, 격리, 구별된 잡동사니"처럼 조각나 버렸고 이곳의 팔레스타인 사람들은 정치·경제·사회적으로 고립되어 버렸다. 이러한 조치는 팔레스타인 사람들과 이스라엘 사이에 갈등을 더욱 심화시켜 끊임없는 충돌의 원인을 만드는 것이다. 결국 이러한 예루살렘의 충돌은 이 지역의 평화뿐만 아니라 우리들의 평화까지 위협할 수 있는 잠재력을 안고 있다는 사실을 증명하는 것이다.

2008년 현재 이 도시 예루살렘이 아직 평화의 상징이 될 수 있다고 생각할 수는 없을 것이다. 여전히 이 도시는 유대인, 기독교인 무슬림들 사이에서 정치적 목적을 위해 강한 종교적 동기를 이용되는 갈등과 충돌 속에서 몸부림치며, 평화를 향한 진통을 겪고 있다. 아이러니하게 세 종교 모두에게 성지로써 평화와 번영을 상징하는 예루살렘은 세 종교 모두에게 갈등과 충돌을 상징하게 되었다.

콜린 채프만은 이 책 *Whose Holy City?* 에서 이러한 사실들을 다양한 시각에서 비교적 객관적으로 서술하면서, 예루살렘이 유대인, 기독교인, 무슬림들에게 평화의 상징으로서 공유될 수 있는 희망을 보여 주려는 노력으로 이 책을 마치고 있다. 그는 우리가 만약 이러한 희망을 간절히 바란다면, 그것은 더 이상 꿈이 아니라 실현될 수 있는 것임을 보여 주려고 한다. 그는 예루살렘은 평화를 상징하는 도시로 남을 수 있는 희망이 여전히 존재한다고 믿고 있다. 그리고 이것이 유대인, 기독교인, 무슬림들의 신앙을 위한 것이 아니라 전 세계 모든 이들을 위한 예루살렘이 되는 것을 말하는 것이라고 한다. 현재 그들, 즉 그 지역에서 치열하게 삶을 살아가고 있는 사람들뿐만 아니라 우리에게도 눈앞에 실재하는 예루살렘의 평화는 없는 것처럼 보인다. 그러나 그들뿐만 아니라 우리 모두가 평화의 상징으로 예루살렘을 보기 위해 맘속에 깊게 염원하고 이러한 염원들이 실제적으로 서로의 고통에 대한 이해와 수용으로 공유될 수 있다면, 이러한 공유가 이 지역에 실제적으로 영향력을 끼치는 사람들과 그 영향력에 신음하는 사람들의 마음속에 하나님에 의해 전해질 수 있다면, 만민이 기도하는 집 예루살렘의 평화는 불가능한 일이 되지 않을 것이다.

콜린 채프만은 이러한 희망이 실현되기 위한 몇 가지 실천 방안을 이 책 *Whose Holy City?* 의 마지막 장에서 보여 주고 있다. 즉 평화를 향한 희망을 가지고 그들과 우리 모두 노력해야 하는 것은 유대인과 무슬림들이 서로가 사라져야 할 존재로 인식하거나 사라질 것이라고 생각하지 않고 모두가 이 도시 예루살렘이 상징하는 평화의 한 조각, 조각의 일부로 받아들이려는 노력이다. 다시 말해서 서로가 이유는 다르겠지만 이 땅의 일부와 도시에 느끼는 동일한 애착을 수용하려는 노력이다. 더 나아가 서로가 다른 쪽의 고통을 인식하고 이해하는 것으로써 평화의 정치적인 구조를 성립해 나가는 노력을 말한다. 이러한 노력은 그곳의 주요한 종교들이 다양한 신학을 포용하고, 모두가 하나님 앞에서 동일한 권리와 신분을 지녔음을 인식하는 종교적 관용의 성립으로부터 시작되는 것이다.

예루살렘은 그곳이 세 종교의 성지이기 때문에, 그곳이 하나님 앞에서 모두에게 평화의 상징이기 때문에, 더 나아가 만민이 기도하는 집이기 때문에 공유되어야 하는 것이다. 즉 콜린 채프만은 거룩한 도시 예루살렘의 본질은 평화의 상징으로 공유되어진 주권 안에서 재해석되어야 한다는 사실을 이 책 *Whose Holy City?* 에서 분명하게 밝히고 있다. 따라서 우리가 예루살렘이 지니는 정치, 사회, 종교와 신학의 포괄적인 특별함으로써 그 상징성에 대해서 말할 수 있는 것은 이 도시가 가지는 특별한 상징은 이 도시가 갈등과 충돌을 상징하는 것이 아니라 평화를 상징하는 도시로서 그들뿐만 아니라 우리 모두의 영혼에 위안을 주는 상징이 될 수 있다는 희망이다. 즉 이 도시 예루살렘이 유대인, 기독교인, 무슬림들을 비롯한 세계 모든 이들에게 주는 상징으로의 평화는 시대를 넘어서서 강화되어 존재하는 초월적인 상징이 되어 우리들 모두의 삶 속에 자리잡을 수 있다는 희망이다. 그들뿐만 아니라 우리 모두는 이러한 희망을 믿음으로 붙잡고 현재의 갈등과 충돌을 넘어서서 평화를 향하고 있는 것이다.

MUSLIM AND CHRISTIAN REFLECTIONS ON PEACE : DIVINE AND HUMAN DIMENSIONS

(*Muslim and Christian Reflections on Peace : Divine and Human Dimensions* by J.Dudley Woodberry, Osman Zumurt, and Mustafa Koyly, University Press of America, 2005)

권 지 윤

우리는 종종 다양한 언론매체를 통해서 세계 도처에서 여전히 일어나고 있는 종교적 폭력과 갈등을 경험한다. 유대인 이스라엘인과 무슬림 팔레스타인의 갈등, 세르비아 기독교인과 코소보 무슬림의 갈등, 인도네시아 무슬림과 동티모르의 기독교인들, 수단의 북부 무슬림과 남부 무슬림의 폭력과 유혈 사태, 북아일랜드의 개신교와 카톨릭의 갈등, 세계를 두렵게 했던 무슬림 극단주의자들의 9·11테러에 이르기까지 우리 주위를 돌아보면 끊임없는 종교적 갈등과 이러한 갈등으로 폭력이 끊이지 않고 안타까운 희생이 반복되고 있다. 분명히 이러한 갈등의 저변에는 정치적·경제·사회적 이슈들이 있지만 폭력으로 치닫는 이러한 갈등을 촉진하고 정당화시킬 수 있는 힘이 우리가 신념으로 믿고 살아가는 종교에 있다는 것은 더 이상 놀라운 주장이 아니다. 예전에는 과장되게 말하자면, 종교가 또는 종교인들이 세상을 염려하고 안타까워했지만, 현대는 세상이 종교를 걱정해 주는 시대에 우리가 살아가고 있다고 말할 수 있다. 오늘날 종교가 우리가 살아가는 이 세대에 평화, 정의, 사랑을 실천하는 세상의 선으로서의 순기능을 하지 못하고 오히려 폭력과 학대, 갈등, 전쟁을 촉진하는 역할을 하는 것은 그것이 또 다른 관점에서 정당성을 갖는다 하여도 모두가 바라는 사실이 아닌 것은 분명하다.

19세기 말엽에 종교에 관한 두 가지 상반된 예견이 대두 되었다. 첫 번째로 칼 막스(Karl Marx)를 중심으로 한 사회학자들은 "합리성을 중요시하는 모더니즘의 영향으로 종교는 사라질 것이다."라고 주장했으며, 이와는 정반대로 달레(Lars Dahle)과 바르넥(Johannes Warneck)을 중심으로 한 서구의 신학자, 선교사들은 "1990년대에는 전 세계가 복음화 될 것이다."라고 장담했다. 그러나 오늘날 우리가 보는 종교적 상황은 이 두 가지 예상이 모두가 빗나갔음을 증명한다. 특별히 "2차 세계대전 이후 신생국들의 독립은 그 나라 문화의 독립을 의미하여 문화의 핵심은 종교이므로 불교, 이슬람, 힌두교 같은 소위 세계 주요 종교들이 부흥을 맞이했다."[1]라고 김아영 박사는 분석하였다.

21세기에 들어와 이러한 종교적 부흥의 흐름은 새로운 국면을 맞이한다. 다시 말해서, 20세기 이후 부흥된 세계종교는 21세기에 들어와 포스트모더니즘과 종교다원주의라는 거대한 인식의 전환점에 서게 된 것이다. 이러한 상황 안에서 합리성과 과학적 사고를 기반으로 하는 거대 담

1) 김아영, "이슬람의 이해", 『횃불트리니티 한국이슬람연구소 2008 겨울이슬람 정기강좌』(서울: 한국이슬람연구소, 2008), 3-4.

론은 사라지고, 하나의 진리가 무조건적으로 절대 진리로 받아들여지는 종교적 사고는 그 힘을 잃어가는 위기를 맞이했다. 개개인의 종교는 자신의 종교적 신념이 자신과 다른 종교를 신념으로 가지고 살아가는 이들에게 어떻게 이해되고 받아들여질 것인가, 혹은 자신의 종교적 신념이 이 거대한 인식의 흐름 속에서 사라지지 않고 계속해서 유지될 수 있는지를 고민하게 되었다.

현대 종교의 이러한 고민의 과정은 세 가지 종교적 견해를 나타낸다. 포괄적으로 말해서, 첫 번째는 이러한 고민의 과정이 종교적 극단주의, 또는 지나친 배타주의를 만들어 종교적 갈등, 폭력 등의 형태로 표현된다는 것이다. 두 번째로 종교적 혼합주의나 다원주의를 만들어내고 있다. 종교 간의 경계가 무너지게 되면서 자신의 고유한 종교적 정체성을 잃어버리는 것이다. 세 번째로 타종교와 현대적 상황의 이해를 바탕으로 하여 종교적 대화와 협력을 모색하고 공통의 이슈들을 만들고 해결해 나가려는 것이다.

이 책 *Muslim and Christian Reflections on Peace*는 현대 종교의 여러 가지 현상과 고민들에 대해 다양한 믿음을 가진 이들이 어떻게 서로를 이해하고, '진리와 정의'를 실천할 수 있는가를 논의하게 위해 무슬림과 기독교인 학자들이 2001년 터키의 삼순 지방에서 모임을 가진 내용들을 우드베리(J.Dudley Woodberry), 메이스(Ondokuz Mays), 줌룻(Osman Zümrüt) 박사를 중심으로 해서 책으로 엮은 것이다. 종교 간의 갈등이 난무한 이 시대에 '진리와 정의'를 실천하는 종교의 순기능을 하는 것은 종교 간의 대화와 협력을 통해서 갈등과 폭력을 종식시키고 세계 평화에 종교가 기여할 수 있는 든든한 기지를 만드는 일이 될 것이다. 이러한 목적으로 모인 학자들은 총 12편의 다양한 주제의 글들을 게재하였다. 이 책은 1부와 2부로 나뉘어 진행되었는데, 1부는 기독교 학자들의 논의를 다루었고, 2부는 무슬림 학자들의 논의를 다루었다. 필자는 이 책에 게재된 여러 편의 논문이 "평화, 정의, 진리를 향한 종교 간의 대화와 협력"이라는 공통된 주제를 다루고 있지만, 그 내용에 있어 기독교와 이슬람 신학 간의 깊이 있고 다양한 접근법과 내용들을 수록하고 있기 때문에 이 책의 내용에 대한 이해를 돕기 위해 12편의 글의 주제와 저자들에 대해 간략히 소개하겠다.

첫 번째 글은 예일 대학교 신학부의 볼프(Miroslav Volf), 라이트(Henry B.Wright) 교수가 쓴 "Living with the Other"이며, 이 글에서 그는 다양한 종교적 전통을 가진 이들이 어떻게 공통의 과제로 진리와 정의를 논의하고, 특별히 기독교인들이 이러한 논의에 기여할 수 있는가 하는 것에 대해 깊이 있게 서술하고 있다.

두 번째 글의 저자는 풀러 신학교의 우드베리 교수의 글로써, "Toward Common Ground in Understanding the Human Condition"은 본질적인 인류의 성향이 어떻게 세계 평화를 위협하는 갈등의 근간이 될 수 있는지를 설명하고 있다. 우드베리 박사에 의하면, 무슬림들은 전통적으로 인류가 선하고 중립적인 본성을 지녔기에 인류에게는 선한 방향으로 인도 또는 안내가 필요한 것이지만, 성경적 관점에서 보면 인간은 하나님의 형상대로 창조되었지만 타락하게 된다. 이러한 기독교적 관점에서 본다면 인류에게는 안내자 이상의 구원자가 필요한 것이다. 우드베리 박사는 좀더 세밀하게 꾸란을 연구한다면, 꾸란이 인류의 근본에 관한 성경적 관점과 면밀한 접근성을 가지고 있음을 발견할 수 있다고 한다. 따라서 두 종교 간에 인류의 근본에 대한 해석에 있어서 공통된 접근법을 논의할 수 있고, 이러한 논의가 종교 간의 대화를 가능케 하고, 더 나아가 인류의 평화에 기여할 수 있는 공통된 논의를 할 수 있는 장을 마련할 수 있다는 것이다.

세 번째 글은 예일 대학교의 쿰밍(Joseph Cumming)의 "Did Jesus Die on the Cross? Reflections in Muslim Commentaries"이다. 이 글은 예수의 수난과 부활에 관한 두 종교의 이해의 차이를 세밀하게 표현하고 있다. 기독교인들에게는 예수를 통해 십자가의 수난과 부활이 인류를 향한 하나님의 용서와 새로운 삶(거듭남)을 의미하지만, 무슬림들은 꾸란의 해석함에 있어 기독교의 교리를 받아들이지 않는다. 아이러니하게도 대부분의 무슬림 꾸란 주석가들은 실제적인 십자가 수난과 부활을 꾸란적 관점에서 합리적으로 이해하고 인정하고 있지만, 이러한 해석은 인류의 죄를 구원하기 위한 기독교적인 수난과 부활로 해석하고 있지 않기에 무슬림들에게는 예수의 수난과 부활이 무슬림들을 구원에 이끄는 큰 이슈가 되지 않는다.

네 번째 글은 말레이시아 쿠알라룸푸르의 카이로스 연구센터의 소장으로 있는 캄 웡(Na Kam Weng)이 "Conveant Community in a Divided World"라는 제목으로 쓴 글이다. 그의 글의 주제는 성경이 말하고 있는 하나님에 대한 사랑과 순종의 삶이 갈라진 인류를 치료할 수 있다는 것이다.

1부의 마지막 글은 인도네시아 반둥지역의 타이라누스 신학교의 신학과 교수인 클루버(Jonathan E.Cluver)의 글이다. 클루버는 그의 글 "The Ishmael Promises : A Bridge for Mutual Respect"에서 무슬림과 기독교인들 사이에 있는 두 종교 간의 신학과 교리에 관한 심각한 오해들을 다루고 있다. 더 나아가 창세기 16:7-13, 17:18-21, 21:9-21의 새로운 해석을 통해서 서로를 더 깊이 있게 이해하면서, 무슬림과 기독교인 사이에 평화를 향한 교두보를 놓으려는 시도를 하였다.

이 책 *Muslim and Christian Reflections on Peace*의 2부도 1부의 기독교 학자들의 논의와 마찬가지로 기독교와 이슬람 간의 의미 있는 종교 간의 대화와 세계 평화를 위한 노력을 주제로 무슬림 학자들의 논의가 이어진다. 총 7편으로 이루어진 2부에서는 이슬람 신학의 일반적인 주제로부터 세부적인 접근까지 자신들의 정체성을 잃지 않으면서 이슬람적 관점에서 타종교를 이해하고 평화를 갈망하는 무슬림 학자들의 모습을 잘 보여 주고 있다.

첫 번째 글은 이슬람 역사학자 오스만(Osman Zumrut)이 쓴 "The Contribution of Religions to World Peace"이다. 이 글에서 오스만은 인간 내면의 존엄성과 평등함, 그리고 조화와 같은 인간이 만들 수 있는 가치들을 잘 지켜나가는 것이 세계 종교가 인류 평화에 기여할 수 있는 길이라고 주장하면서, 특별히 이슬람은 이러한 방법으로 인류 평화에 기여할 수 있는 종교라고 설명하고 있다.

두 번째 글은 종교역사, 종교 간의 대화를 연구하는 마흐뭇 아이딘(Mahmut Aydin) 교수가 쓴 "Religious Pluralism as an Opportunity for Living Together in Diversity"이다. 그는 이 글에서 종교다원주의는 다른 신앙을 가진 이들이 함께 살아가는 법을 배우는 주요한 기회를 제공한다는 주장을 하였다.

세 번째 글은 종교교육학자 무스타파(Mustafa Koylu)가 쓴 "Common Human Agenda for Christians and Muslims"이다. 그의 글에서 무스타파는 두 종교 간에 신학적 이슈에 대한 대화의 한계를 넘어서서 인류가 처한 가난과 학대 같은 어려움을 실제적으로 해결할 수 있는 방안에 대해 논의하는 것이 두 종교가 인류의 평화를 위해서 기여할 수 있는 방법이라고 설명하였다.

네 번째 글은 이슬람 역사를 연구하는 박사과정 학생인 이스라필(Israfil Bacil)이 쓴 "A Common Human Agenda for Christians and Muslims"

이다. 이 글은 이슬람의 역사 속에서 발견되는 꾸란에 대한 주석가들의 두 가지 모순되는 해석과 철폐의 법칙(abrogation)에 대해 상세하게 설명하면서, 이슬람의 타종교에 대한 관점에 있어서 모순되거나 또는 상충되는 꾸란의 구절들에 대한 해석은 이슬람이 타종교와 함께 공존할 수 있는 종교라는 사실에 바탕을 두고 이루어져야 한다는 사실을 논리적으로 표현하고 있다.

나머지 세 가지 논문은 시나시(Sinasi Gunduz)의 "Hegemonic Power Versus tawhid", 카퍼(Cafer Sadil Yaran)의 "Wisdom ad an Inter-Religious Concept for Peace", 버하네틴(Burhanettin Tatar)의 "Some Remarks on the Authority of Sacred Texts and Violence"로, 이슬람이 세계 평화에 기여할 수 있는 종교라는 사실을 이슬람 신학적 주제들을 가지고 다루려고 노력하였다.

오늘날 다원주의 사회 속에서 현대 기독교인 학자들과 무슬림학자들은 자신들의 신앙, 또는 믿음의 정체성을 잃지 않으면서 타종교와 대화하고, 더 나아가 세계 평화에 기여하려는 노력들을 시도하고 있다. 다시 말해서, 현대의 종교가 이데올로기화되고 극단주의로 치달아, 갈등과 폭력을 정당화시킬 수 있는 힘으로 작용하고 있는 이 시대에 종교의 순기능이 발휘되도록 노력하고 있다.

이 책 *Muslim and Christian Reflections on Peace*의 저자들은 현대의 종교가 세계 평화에 기여할 수 있는 가능성에 대해 공통된 의견을 피력하면서, 이와 반대로 종교의 역기능, 즉 종교가 특히 기독교와 이슬람이 정치, 사회, 문화적 이유로 폭력과 갈등을 부추기는 역할을 해왔던 상황에 대해서 몇 가지 예를 들고 있다. 특히 앞서 소개했던 무슬림 학자 마훗은 이 부분에 대해서 역사적 사실들을 예로 들면서 자세하게 설명하고 있다.

마흐뭇에 의하면, 첫 번째로 로마제국 시대 콘스탄틴 황제에 의해 기독교가 주변부에 있다가 국교로 등장하면서 정치 세력화 되었을 때를 예로 든다. 사도 바울이 로마에서 복음을 전하다가 네로 황제에 의해 순교당했을 당시만 해도 기독교는 로마의 많은 종교 중에 하나로 주변부에 있었을 뿐이었다. 그러나 4세기 이후 로마제국의 공식 종교로 기독교가 선포되면서, 기독교는 로마제국의 이교도들의 신전들을 부수고 이교들을 박해하였다고 한다. 물론 로마제국에 의해서 기독교도 많은 박해를 받았고 많은 이들이 순교를 당했지만, 기독교가 국교화되기 이전에는 없었던 심한 박해가 비기독교인들에게 있었다고 한다. 당시의 로마의 상황이나 정황에 대한 역사적 자료들이 더 조사되어야 하겠지만, 마훗의 주장이 설득력이 있는 것은 당시의 기독교가 국교화되면서, 로마제국의 정치와 무관한 종교가 아니었다는 것이다.

두 번째는 10세기부터 이루어진 십자군 전쟁이다. 특별히 십자군 전쟁은 무슬림들에게 기독교인에 대한 가장 좋지 않은 역사적 기록이다. 대 테러 전쟁을 두고 무슬림 극단주의자들이 대중 무슬림들에게 심리적 동조와 반미 감정을 조장하며 주장하는 것이 서구 또는 기독교 국가에 의한 제2의 십자군 전쟁이라는 표현이다. 우리가 잘 알고 있듯이 십자군 전쟁은 기독교의 성지 예루살렘을 무슬림들로부터 되찾자는 대의로 시작하지만, 결과적으로 명분 없이 수많은 무슬림들을 희생을 만들어내었다. 현대의 기독교 역사학자들의 십자군에 대한 여러 평가가 있지만 십자군 전쟁 역시 기독교가 정치 세력화 되었을 때 일어난 비극의 일부이다.

세 번째로 유대인들의 선민사상이다. 유대인들은 하나님이 자신들에게 인류를 향하여 진리를 전할 사명을 부여했다고 믿는다. 이러한 선민사상에 의하면, 유대인들은 하나님에게 세상에 진리를 전하기 위해 선택받은 이들이다. 이러한 사상은 "이스라엘이 모든 나라(열방)에 빛이 되라."는 성서의 구절을 중심으로 하여 표현되고 있는데, 이 구절에 대한 해석은 유대인의 선교는 한 사람 개인을 유대교로 회심하도록 하는 것을 목적으로 하는 것이 아니라 모든 열방, 즉 모든 국가를 유대교화 하는 것으로 하고 있다. 이러한 해석은 결국 타종교, 또는 타종교인들이 사는 국가 전체를 유대교 또는 유대교화 해야 한다는 관점을 표현하고 있는 만큼 위험성이 있다고 말할 수 있다.

네 번째로 '성전'이라 불리는 이슬람의 지하드 개념이다. 이슬람은 전통적으로 우리가 사는 세상을 이분법화 한다. '다를 알 합 : 이슬람이 지배하지 않는 전쟁의 집, 다를 알 이슬람:이슬람의 집', 이러한 이분법화는 무함마드 이전 시대부터 이슬람이 발흥된 후 현재까지 여러 가지 역사적 정황들 속에서 발전되어 온 사상이다. 무엇보다도 중요한 것은 이러한 이분법화는 지하드의 해석에 있어 전쟁의 집을 이슬람의 집으로 정복 또는 변화시켜야 한다는 명분을 주었다고 볼 수 있다. 무슬림들은 이슬람을 방어하거나 또는 이슬람을 전파시키기 위해 성전을 행한다. 꾸란의 몇몇 수라를 살펴보면 실제로 개종하지 않는 이교도들을 죽이고 정복하되, 그들이 개종하여 이슬람의 의무를 행하면 그들을 해방시키라는 의미를 지닌 수라들이 발견된다. 이슬람의 오랜 역사를 살펴볼 때 이슬람의 부흥기 특별히 무함마드 사후 13세기까지는 비이슬람 국가를 지하드를 통해서 정복하고, 이슬람으로 개종하도록 하거나 이교도 또는 비무슬림들에게 특별한 세금(jizah)을 부여하기도 하였다. 역사적 사실에 대한 여러 가지 정치, 사회적인 정황과 오해 등이 있지만, 많은 역사학자들에 의하면, 두 가지 중 하나를 선택하지 않으면 피정복민들이 죽음을 맞기도 하였다고 주장한다. 이러한 예 또한 이슬람이라는 종교가 정치 세력화 되면서 일어난 현상이라고 볼 수 있을 것이다. 그러나 현대의 온건한 무슬림 주석가들은 주장하기를, 칼이 아니면 이슬람을 택해야 하는 한다는 논리와 꾸란적 해석은 이슬람에 대한 편견과 오해 또는 급진적인 무슬림들의 편협한 꾸란의 해석에서 비롯된 것으로써 이슬람은 타종교에 대하여 관용적인 태도로 그들과 평화롭게 공존할 수 있는 종교라고 주장한다. 이슬람은 세계 평화에 기여할 수 있는 가능성을 그들의 신학적 뿌리로부터 발견할 수 있다는 논리이다.

필자는 한 사람의 종교인으로서, 이 책을 읽으면서 가장 큰 의문이 드는 것은 '무슬림 학자들이 어떠한 신학적 근거를 가지고 이슬람이 평화에 기여할 수 있는 종교라는 주장을 할 수 있는가?' 하는 점이다. 우리가 일반적으로 우리들의 일상생활에서 무슬림들을 만날 때 우리는 그들이 우리와 다른 종교를 가지고 있지만 우리와 같은 성정을 지닌 한 사람의 이웃으로 받아들인다. 그러나 여러 언론매체들을 통해 일부 무슬림 극단주의자들을 만날 때 그들은 분명히 타종교, 타문화를 인정하지 못하며, 전 세계를 이슬람화하려고 테러까지 일으키는 사람들이라는 인상을 받지 않을 수 없다. 무슬림에 대한 이러한 이해는 현대를 살아가는 비무슬림들에게 있어 누구에게나 흔히 발견되는 딜레마이며, 무슬림 자신들도 오해와 진실, 또는 이슬람이라는 종교의 순기능과 역기능 사이에서 갈등하고 있음이 분명하기에 더욱 이러한 질문을 가지게 된다.

12편의 논문 중, 이러한 질문에 대한 포괄적인 답변과 이슬람에 대한 재평가를 하는 글은 이스라필의 "An Islamic Approach International Peace"이다. 그는 이슬람은 평화에 기여할 수 있는 가능성을 가지고 있고 무슬림들이 이를 발견하고 노력해야 한다는 주장을 이슬람 신학적 논리로 표현하고 있다. 필자는 직접적이라고 볼 수 없지만 넓은 의미에서 이러한 질문에 대한 답을 찾기 위해 그의 논문을 좀더 구체적으로 소개하고자 한다. 이스라필에 의하면, 이슬람에 대한 현대의 일반적인 평가 "무슬림들은 전통적으로 비무슬림을 적대시 하며, 비이슬람 국가를 무력으로 이슬람 시키려고 하려는 성향을 지녔기에 타종교인들과 대화적인 관계를 가질 수 없으며, 더 나아가 세계 평화를 위협하고 있다."는 것은 무슬림들에게 불공평한 평가로써 무슬림들의 경전, 꾸란을 어떻게 해석하느냐 하는 것에 따라 달라질 수 있다고 주장한다.

무슬림들은 꾸란이 무함마드에게 계시되었다고 믿으며, 그들의 믿음의 행위와 신학적 근거를 모두 꾸란에 두고 있다. 무함마드에게 계시된 꾸란은 크게 헤지란 전후를 구분하여 메카 수라와 메디나 수라로 구분한다. 여기서 중요한 것은 메카 수라와 메디나 수라는 무함마드의 역할에 따라 계시에 내용이 다르다는 것이다. 메카 시절 무함마드는 아랍 무슬림들에게 영적인 지도자였으나 무슬림 공동체가 확장되면서 메디나 시절 무함마드는 영적 지도자이면서 정치적 지도자 역할까지 하게 되었다. 따라서 당시에는 비무슬림과의 전쟁을 피할 수 없었고, 이슬람과 그의 공동체를 지키기 위해 비무슬림을 향해서 싸우고 관용을 베풀지 말라는 내용의 수라가 많다. 즉 여러 번의 전쟁 때 계시된 수라들은 전쟁을 멈추지 말고 비무슬림, 이교도들을 죽이라는 내용의 수라들이 많다는 것이다. 메카 시절 계시된 꾸란은 비무슬림 또는 이교도들을 향해서 영적인 싸움을 계시했고 무력을 사용하여 그들을 정복하라는 계시는 없었다. 헤지라 전후의 꾸란의 계시의 내용이 달라지면서, 보수적인 무슬림 주석가들은 서로 충돌하는 내용의 꾸란의 수라를 후 시대(메디나)에 계시된 수라가 전 시대(메카)에 계시된 수라를 철폐(abrogation/nesh : 아랍어 표현)할 수 있다는 해석을 하면서, 비이슬람에 대한 관용과 공존, 더 나아가 평화적 관계를 유지할 수 있는 가능성을 이슬람 신학에서 근본적으로 철폐하였다고 볼 수 있다.

그러나 이 글을 쓴 저자 이스라필도 마찬가지겠지만 현대의 온건한 무슬림 학자들은 이러한 전통적인 꾸란의 해석을 어느 시대 상황에 관계없이 무조건적으로 적용하는 것은 편협한 꾸란의 해석이며, 꾸란에 대한 해석은 계시 될 당시의 역사적, 사회적 상황이 고려되어야 한다고 주장한다. 더 나아가, 무함마드 당시 비이슬람과 평화로운 관계를 유지했던 예와 메카 시대의 수라들을 예로 들어 이슬람은 전통적으로 비무슬림과 평화적인 관계를 유지할 수 있으며, 이슬람이라는 종교의 이름으로 세계 평화를 위협하지 않으며, 더 나아가 세계 평화에 기여할 수 있는 가능성을 충분히 지녔음을 설명하고 있다. 이슬람이 평화를 사랑하는 종교라고 말하면 많은 사람들은 그것이 거짓말이라고 비판하기만 한다. 그러한 대책 없는 비판보다는 기독교도 마찬가지이겠지만, 이슬람 내의 학자들에 의한 이러한 해석이 주는 영향력은 종교가 자신들의 교리를 절대적인 것으로 이데올로기화 하여 폐쇄적이고, 극단주의화되는 것을 조금이나마 막을 수 있지 않을까 하는 기대를 가지게 한다는 것이다. 다시 말해서, 종교가 그 기능을 제대로 하지 못하고 오히려 종교의 이름으로 일어나는 정치 사회적 폭력과 갈등을 정당화시키는 기능을 하는 것을 피할 수 있지 않을까 하는 기대를 가지게 한다는 것이다. 기독교도 마찬가지겠지만 이슬람이 평화에 기여할 수 있는 가능성을 찾고 실천하는 것은 타종교인이 아니라 그들 무슬림 또는, 기독교라면 기독교인들의 몫이기 때문이다. 세상이 종교를 염려하도록 하지 말고 종교가 세상을 변화시키고 평화롭게 하는 것은 종교인들 스스로의 자기 반성과 올바른 해석이 있어야 할 것이다.

이 책의 서문에서 우드베리 박사는 평화(Peace/Salam)라는 말은 하나님과 인간의 관계, 인간과 인간의 관계 안에서 모두가 누리는 것으로써, 육체적인 영역과 정신적인 영역 모두가 통합되어 평화로울 때 평화라는 말을 사용한다고 한다. 특별히 바울 선지자는 그의 서신에서 평화라는 말에 덧붙여 은혜(Grace/Chairs)라는 말을 사용했는데, 이는 기독교적 관점에서 볼 때 평화가 예수 그리스도의 용서와 사랑을 통해서 이루어질 수 있는 것이기 때문이라고 한다. 따라서 진정한 평화는 서로에 대한 이해와 용서, 사랑으로부터 시작되는 것이다. 이러한 관점에서 필자는 타종교에 대한 폭넓은 이해를 가지고 타종교인들에 대한 적대감 또는 두려움에서 시작하는 대화보다는 예수 그리스도의 사랑의 관점에서 대화를 시작하고 협력하여 종교가 세계 평화에 기여할 수 있는 순기능을 하게 되기를 바란다.

SHARING LIGHTS ON THE WAY TO GOD :

MUSLIM-CHRISTIAN DIALOGUE AND THEOLOGY IN THE CONTEXT OF ABRAHAMIC PARTNERSHIP

(*Sharing Lights on the Way to God : Muslim-Christian Dialogue and Theology in the Context of Abrahamic Partnership* by Pim Valkenberg, Rodopi, 2006)

이 경 희

I. 여는 글

2001년 9월 11일 자유무역센터와 미국 국방성의 공격이 있은 후 이슬람과 서구 사회의 관계에 대한 서적들이 세계 곳곳에서 발간되었다. 그 당시 저자인 핌 발켄버그(Pim Valkenberg)는 미국에서 안식년을 보내며 이 책을 집필하고 있었다. 미국은 물론 유럽 세계에 던져진 이슬람의 도전은 매우 충격적이고 위협적인 것이었으며 이로 인해 저자의 고국인 네덜란드에서도 무슬림을 공격하고 모스크를 불태우는 사건들이 발생하였다. 저자는 당시 전 세계 곳곳에서 발생했던 기독교와 이슬람 혹은 서구인들과 무슬림들 간의 긴장과 폭력의 상황을 목격하면서 기독교와 이슬람의 대화라는 주제를 다시 한 번 심각하게 고민하게 되었다.

이 책의 저자 핌 발켄버그는 현재 네덜란드 네이메헨(Nijmegen)에 소재한 라드바우드 대학(Radboud University Nijmegen)에서 신학과 종교학을 가르치고 있다. 핌 발켄버그는 1980년대 후반부터 최근까지 기독교와 이슬람 그리고 유대교의 관계를 종교적, 역사적, 선교 신학적 틀로 분석하는 연구들을 진행해 오고 있다. 특히 그가 활동하고 있는 라드바우드 대학은 무슬림 학생들의 수가 점점 증가함에 따라 기독교와 이슬람 간의 종교와 신학적 연구들을 필요로 하게 되었다. 저자 또한 네이메헨에서의 기독교와 이슬람 간의 대화를 기획하고 수년 동안 이 대화의 스텝으로 활동하였으며, 이 대화를 계기로 네이메헨 교회 협의회로부터 세계종교회의(Council of Worldviews and Religions)기구의 자문 역할을 위임받았다.[1]

이 책에서 저자는 기독교와 이슬람의 관계에 대한 해법을 단도직입적으로 제시하려는 것보다는 종교 간의 대화신학을 바탕으로 기독교와 이슬람의 관계를 성찰하고 또 전망하고자 한다. 저자는 기독교와 이슬람 두 종교가 인류의 가치를 증진시키고 절대자를 향한 동반자로써 서로를 인정하고 존중할 수 있는 관계가 되기를 희망한다. 또한 그의 희망은 두 종교를 포함한 세계 모든 종교의 미래에 관한 것임을 함께 주장하고 있다.

1. 무슬림과 기독교 간의 대화신학

이 책의 부제는 "아브라함 종교의 동반자적 관계인 무슬림과 기독교 간의 대화와 신학(Muslim-Christian Dialogue and Theology in the Context of

1) 핌 발켄버그의 연구 논문과 저서들은 이 책의 참고 문헌에 상세하게 처리되어 있다(359-461 참조).

Abrahamic Partnership)"이다. 저자는 전통적으로 두 종교의 역사적 만남이 갈등의 측면에서 조명되어 온 점을 비판하며, 동시에 사무엘 헌팅턴(Samuel Phillips Huntington)의 문명 충돌론에 대한 시각에도 긍정적이지 않다. 저자는 두 종교를 갈등과 대립의 관계로만 고착시키려는 모든 논의에 회의적이다(xi-xii). 저자는 신학자들조차도 이슬람이나 무슬림을 적대적인 시선으로 바라보는 서구 사회의 압도적인 분위기에 당혹감을 느낀다고 했다(xi).

서구의 이러한 분위기는 저자가 보기에 폭력적이고 자극적인 기사로 세상의 이목을 사로잡는 대중매체의 편중적인 시각에도 원인이 있으며 종교의 근원적인 속성을 무시한 채, 이슬람을 정치적으로만 해석하는 현실주의자들에게도 책임이 있다. 이러한 관점에서 보자면 이 책의 기독교와 이슬람의 관계 연구는 종교학적이고 신학적이기를 선호한다. 또한 네덜란드 네이메헨에서 행해졌던 기독교와 이슬람의 대화는 저자의 그동안의 성찰과 연구들을 현장으로 연결한 소중한 경험이었으며 이를 통해 저자는 기독교와 이슬람이 아브라함 종교로서 동반자적 관계를 이룰 수 있음을 결론적으로 주장하고 있다(xii).

2. 기독교와 이슬람에 대한 유대교의 영향

한편 저자는 기독교와 이슬람을 아브라함 종교로써 조명한다는 측면에서 유대교와의 관계도 함께 논구한다. 서구 사회가 경제적으로 발전하면서 이곳에 유입된 많은 무슬림과 유대교인들은 근대 이후 현재까지 서구 사회에서 사회적, 경제적, 정치적 약자 혹은 소수자 혹은 이방인으로써 존재해 왔다. 그들의 인권의 문제는 종교적인 문제와 분리시킬 수 없는 것이기 때문에 대화적 공간을 조성하고 대화신학의 지평을 넓혀가는 것은 종교 간의 관계에 있어서 중요한 과제가 되었다. 이러한 측면들을 포괄하고 선교 신학적 담론을 형성하기 위해 1장에서는 먼저 나그네를 위해 긍휼을 베푸는 성서의 가르침을 제시한다.

또한 저자는 기독교와 이슬람 그리고 유대교와의 대화적 공간을 만들기 위해서는 서로의 차이를 존중해야 한다는 윤리적 공감대를 강조한다. 이러한 그의 인식의 철학적 기초는 폴 니터(Paul Knitter)와 조나단 삭스(Jonathan Sacks)의 견해에 따른 것이다.[2] 니터에 따르면, 종교 간의 특수성(particularity)과 상황(context)을 올바로 인식하게 될 때 서로 간의 신학적 논의가 가능해진다고 하였다(xii). 기독교와 이슬람 그리고 유대교 간의 대화를 위해 기독교 신학자인 저자는 자신의 배경을 넘어 공통적인 상징들을 추구한다. 그러한 이미지에 부합한 것이 바로 "빛"이다. 빛은 이 책의 제목을 구성하고 있듯이 기독교와 유대교 그리고 무슬림의 전통에서 중요한 상징이라고 할 수 있다.

이 책에서 유대교적 관점을 수용하는 또 하나의 중요한 근거는 유대 철학자 임마누엘 레비나스(Emmanuel Levinas)의 사상이다. 레비나스가 언급하는 타자에 대한 이해는 저자가 속한 서구 사회의 무슬림과 같은 이방인에 대한 이해와도 연관된다. 서구 주류 사회에서 인종적으로, 종교적으로 비켜나 있는 무슬림들은 타자로서 오히려 하나님의 계시를 담지한 자들이다. 전혀 생소한 타인의 얼굴에서 하나님에 대한 지식의 원천을 발견한다는 레비나스의 통찰은 저자에게 무슬림을 바라보는 시선을 교정해주었다. 저자는 유럽의 카톨릭 신학자로서 그에게 타인의 얼굴로 비춰지

2) Paul Knitter, *One Earth, Many Religions : Multifaith Dialogue and Global Responsibility* (Maryknoll NY: Orbis Books, 1995) ; Jonathan Sacks, *The Dignity of Difference : How to Avoid the Clash of Civilizations* (London ; NY: Continuum, 2002).

는 무슬림은 이제 대화의 상대가 되어 모든 신학적 이성을 통과하고 삶의 자리에서 만나야 하는 동반자가 되었다.

II. 본문의 구성과 내용

이 책은 기독교와 이슬람 간의 신학적 통찰을 접목시켜 대화의 공통적 기반을 마련하려는 목적을 가지고 있다. 이에 따라 이 책의 연구 범위와 방법은 크게 두 개의 파트로 구성되어 있다.

첫 번째 파트(1장-6장)는 기독교와 이슬람의 대화에 대한 신학적 종교학적 논의들을 재구성한 것이다. 이를 위해 먼저 저자가 활동한 네덜란드에서의 기독교와 이슬람의 대화적 사례를 소개하고 그밖의 기독교와 이슬람의 대화적 노력들을 평가한다. 이후 아브라함 종교의 의미와 아브라함 종교의 에큐메니컬한 대화적 가능성을 고찰한다. 마지막으로 이러한 아브라함 종교의 대화의 방향과 태도에 대한 고찰은 곧 세계 종교의 상황에도 적용 가능한 한 모델임을 기술하며 종교 간의 대화 그리고 종교 간의 비교신학의 의미와 필요성을 함께 논구하였다.

두 번째 파트(7장-8장)는 기독교와 이슬람의 신학을 접촉시켜 주는 인물과 그의 사상에 관한 연구이다. 저자는 토마스 아퀴나스(Thomas Aquinas, 1224/5-1274)와 알 가잘리(al-Ghazālā, 1058-1111), 그리고 이븐 아라비(al-Arabī, 1165-1240)와 루미(al-dīn Rūmī, 1207-1237)의 사상을 대화의 상황(context)에 맞게 조명하였다. 중세의 대표적인 기독교 변증가인 토마스 아퀴나스에 대한 연구는 저자가 위트레흐트(Utrecht)의 “토마스 아퀴나스 연구소(Thomas Institute)”에서 발표 연구를 중심으로 편집한 것으로 알 가잘리와

아퀴나스의 신 개념을 비교 논의하였다.[3]

1. 나그네를 후히 대접하라

이 책의 도입 부분에 해당하는 제1장은 종교 간의 대화를 가능하게 하는 성서적 근거와 철학적 사유에 관한 것이다. 종교 간의 대화에서 추구하는 미덕은 손님을 접대하는 후한 마음(hospitality)이다. 이러한 '긍휼, 베풀음, 자비' 등의 덕목에 대한 성서적 근거와 철학적인 사유를 바탕으로 기독교와 이슬람에 미친 사상적 영향력을 고찰하고 있다. 종교 간의 대화라는 광범위한 주제를 독자로 하여금 보다 친밀하고 구체적으로 이해시키기 위해 저자는 네덜란드의 네이메헨의 기독교와 이슬람 간의 대화의 사례를 소개한다. 네덜란드는 미국이나 중동, 남아프리카 그리고 중동과 마찬가지로 다양한 종교적 배경의 사람들이 공존하는 곳이기 때문에 이러한 대화의 시도들이 연속적으로 진행되었다.

이 책의 주요 논의 중 하나는 종교 간의 대화에 대한 타당성을 기독교 신학 안에서 찾는 것이다. 성서에서도 보듯 "너희 속에 있는 소망에 관한 이유를 묻는 자에게는 대답할 것을 항상 준비하되…"(벧전 3:15) 복음에 대한 변증을 위해 준비하라고 한 대답은 그리고 이와 관련된 모든 행위들은 종교 간의 대화로 발전시켜 볼 수 있다. 이러한 점에서 저자는 "대화를 위한 신학(theology for dialogue)"보다는 "대화의 신학(theology of dialogue)"을 강조한다.

이러한 종교 간의 대화를 강조하는 신학의 기본적인 태도는 바로 나

3) Pim Valkenberg, "How to Talk to Strangers : Aquinas and Interreligious Dialogue in the Middle Ages." in Henk J.M. School ed., *Jaarboek 1997 Thomas Institut te Utrecht: Thomas Institut*. 9-47.

그네를 대접함이다. 나그네를 후히 대접한다는 덕목은 기독교에서는 제대로 조명되지 않았다. 즉 복음을 선포하는 과정에서 자비로움은 어느새 사라지고, 타종교에 대해 불친절한 교리적 선포만이 남게 된 것을 지적하고 있다(5-6). 이러한 경향은 특히 로잔 언약을 위시한 복음주의의 선포방식에서 자주 찾아볼 수 있는 것이었다. 불친절한 방식으로 모든 이에게 복된 소식을 전했던 기독교의 과오는 1962년 바티칸 공의회를 통해 반성되었다. 저자는 레슬리 뉴비긴(Lesslie Newbigin)의 견해를 수용하면서 로마 카톨릭의 기독교 선교에 있어서 윤리적 고찰에 대한 공식 선언을 함께 기술하였다(5).

나그네에 대한 환대는 유대교나 기독교, 그리고 이슬람에서도 공통적으로 중요시 되어온 덕목인데, 그렇다면 이 낯선 사람, 나그네, 타자를 어떻게 대할 것인가? 저자는 레비나스가 언급하는 타자의 정의를 인용하면서 구약성서에 대표적인 약자로 명시되어 있는 나그네를 대화의 상대자로 제안한다. 그들은 특히 언어와 종교, 인종과 국가, 민족에서 타자화 된 자들로서 기독교인과 무슬림의 관계로도 이해할 수 있다.

무슬림을 나그네로, 타자로 그리고 대화의 상대자로 보자는 이야기의 첫 번째 과제는 바로 문화의 이해이다. 저자는 서구 중심적인 틀로 문화를 평가하던 방식을 벗어나 문화의 중층 해석을 주장한 클리포드 기어츠의 이론을 통해 타자와 문화에 대한 이해를 보완한다. 기어츠는 문화에 대한 포스트모던적 관점을 제시한 인물로써, 그에 의하면 규범이 되는 문화는 존재하지 않으며 토착민에 의한 자기 문화의 해석과 이에 대한 타자의 해석만이 있을 뿐이다. 이러한 문화적 상대주의 관점을 수용하여 저자는 대화신학의 태도와 관점을 제시하고 있다(15).

2. 작은 시작 : 네덜란드의 네이메헨에서의 대화

제2장에서 저자는 네덜란드 네이메헨 지역 사회에서 이뤄졌던 기독교와 이슬람 간의 대화의 사례를 소개한다. 핌 발켄버그는 1987년부터 이곳의 카톨릭 대학교에 교수로 부임했다. 이곳은 네덜란드의 동쪽에 위치한 지역이다. 니코 렌드만(Nico Landman)에 의하면 22,000여 명의 터어키와 모로코 출신의 무슬림들이 1970년대 이후부터 우트레츠(Utrecht)에서 살게 되었다. 그들은 전체 인구의 약 10%에 달하는 수로써 초기 정착 시기 이들과의 종교적 대화는 미흡하였다. 점차로 기독교 안에서 이웃이 된 무슬림들과 대화의 자리를 마련하게 되고 전문적 기구들(IFCF : International Foundation Churches and Foreigners)이 설립되었다. IFCF의 스태프들은 무슬림의 인권을 언급했으며 카톨릭과 개신교 출신들은 무슬림과의 대화를 기획했다.

하지만 더러는 이러한 대화가 실질적으로 무슬림의 인권의 문제를 해결하지 못하고 명목상의 단체로 남게 되기도 하였다. 이러한 시행착오를 겪으면서 관계자들은 이것이 실질적인 삶의 현장에서 이뤄져야 할 이슈들임을 깨닫게 되었다. 다시 말해, 서로의 사상과 전통을 논하는 지식적인 만남조차도 삶의 현장에 뿌리를 두어야 함을 인식하게 되었다.

저자의 사역지이기도 했던 네이메헨의 자치 단체의 구성비율을 보면 우선 로마 카톨릭 출신뿐만 아니라 개신교 그리고 무슬림을 비롯한 타종교인들도 일부 포함되어 있었다. 2000년대 초에 들어오면서 네이메헨에서 개최된 기독교와 이슬람 간의 대화는 무슬림이 참석하는 국제적인 심포지엄의 수준까지 확장되었다. 특히 여기서 저자는 새로운 무슬림 단체 사람들을 만나게 되었는데[4] 이들은 '이슬람 대화 재단(Islam and Dialogue Foundation)'의 소속으로 젊고 학문적으로 잘 훈련되어 있었으며 전문성을 갖추고 있었다. 그들은 종교 간의 대화에 매우 커다란 관심과 중요성을 부여하고 있었다. 특히 저자는 네이메헨에서 무슬림과의 대화를 주도적으로 이끌었다. 이 과정에서 성서의 아브라함의 여행에 대한 묵상이 무슬림과 대화하는 데 나침반 역할을 했다고 서술한다(38-42).

종교 간의 대화의 연구 모임는 네이메헨 카톨릭 대학교의 종교학 분야로 흡수되어 2004년에는 국제 심포지엄을 개최하였다. 저자는 종교 간의 대화가 서로 논쟁적이 되는 것도 필요하며 정치적 영향력도 행사될 수 있다고 보았다. 이곳에서 정기적으로 개최되는 종교 간의 대화에서 기독교의 특징으로 나타나는 긍휼의 덕목은 세계종교의회(Council of Worldviews and Religions)의 주목을 받기도 하였다(44-46).

네덜란드는 무슬림 국가인 인도네시아를 식민지화하였지만, 이곳 출신보다는 1970년에 들어온 모로코와 터어키 출신들이 다수를 이루고 있다. 약 25년 후 무슬림 인구는 9만 명에서 63만 명으로 늘어나게 되었다. 네덜란드 정부는 무슬림이 증가함에도 불구하고 그들에게 영주권 비자를 발급하지 않고 단기간만 체류할 수 있도록 제한하였다. 사회적으로 하층민 생활을 해나갈 수밖에 없는 이들이 점차로 그 수가 더해짐에 따라 교육환경과 사회적 입지가 조금씩 달라졌다. 즉 언어와 문화의 훈련들을 받고 들어오게 된 이맘들도 있었으며 3세대는 이전 세대보다 교육 환경이 훨씬 개선되었다.

이처럼 무슬림의 입지가 달라지면서 무슬림 여성이나 인종에 대한 비

---

4) 저자가 만난 새로운 무슬림 단체는 'Islam and Dialogue Foundation'로서 여기 출신의 참여자들은 젊고 학문적으로 잘 훈련되어 있었으며 전문성을 갖추고 있었으며 그들은 종교 간의 대화에 커다란 관점과 중요성을 부여하고 있었다고 기술한다(46).

판적인 관점들이 대두되기 시작했다. 기독교와 이슬람의 대화에서도 이러한 사회적 이슈들이 거론되었다. 그러나 아직까지 저자가 보기에 네덜란드는 종교적으로 무슬림에 대하여 패쇄적이며 이중적인 태도를 취하고 있다(51-53). 나아가 네덜란드를 통해서 본 서구 사회 무슬림에 대한 입장도 이중적이다. 한편으로는 무슬림 단체들이 종교 간의 대화에 적극적이지만 동시에 정치적 상황은 그들에게 유리하거나 호의적이지 않다. 과거 기독교의 세속화의 논의가 한동안 진행되었듯이, 이제 담론은 이민자들과 종교적 폭력에 관한 논의들도 첨가되어야 할 것이다.

3. 아브라함 종교의 대화의 전통과 의미

아브라함 종교 간의 대화는 이슬람과 기독교 외에 타종교에 대한 관계 혹은 대화를 여는 데도 중요한 역할을 한다. 제3장에서 저자는 아브라함 종교인 기독교와 유대교 사이에 무슬림이 개입하는 것에 대해 그 신학적 의미를 고찰한다.

기독교가 유대교를 신학적 동반자로써 필요로 하듯이 헬라화된 유대교나 팔레스타인 유대교의 범주 안에서 기독교는 유대교의 완성이라고 할 수 있다. 이러한 점에서 두 종교는 신학적 동반자가 될 수 있다. 저자는 유럽 출신의 학자들 다수가 아직까지도 강경하고 근본주의적인 입장을 취하고 있는 점을 지적한다(57). 이러한 입장은 나아가 기독교와 유대교의 관계를 위해 무슬림을 희생양으로 삼는 결과를 가져오게 된다고 비판하며 기독교와 이슬람 그리고 유대교의 관계가 균형적으로 이뤄져야 한다는 점을 강조하고 있다.

기독교와 이슬람 그리고 유대교의 균형적인 관계를 신학적으로 이해시키기 위해 저자는 세 종교의 공통분모인 유일신 사상과 아브라함 신앙의 기원을 다시 고찰한다. 반 델 리우(Van der Leeuw)나 엘리아데(Mircea Eliade) 등의 종교학자들이 설정한 유일신관은 세 종교의 대화의 근거가 되지만(58), 사실상 신의 자기 계시는 전혀 다르다는 것이다. 또한 아브라함이라는 이름에 대해서도 기독교와 유대교 그리고 이슬람의 역사적 이해가 다르다. 서로 다른 세 종교의 역사적 관점과 해석을 고려해야 한다는 점을 재차 확인하고 있다(59).

제4장은 '종교 간의 대화(interreligious dialogue)'의 상황과 이 용어의 의미를 살펴보고 있다. 그동안 이뤄져왔던 기독교와 이슬람 간의 대화는 개종의 부담감 때문에 부정적으로 작용해 온 점을 간과할 수 없다. 유대교인이나 무슬림들은 기독교 측에서 시도하는 대화 자체를 두고도 의심의 여지를 가져왔다(82). 이러한 점에서 저자는 대화라는 단어가 가지는 철학적 의미에 주목한다. '대화(dialogue)'라는 단어는 그리스어로 'dialegesthai'로서 '말하기', '담론'의 뜻을 지니는데, "사람들 사이에서(dia) 사용하는 말(legen)의 선택"인 점이 특히 강조되었다(83).

인도 출신의 신학자 라이몬 파니카(Raimon Panikkar)는 대화란 이성의 한계를 넘어 영성의 대화로 이어져야 한다고 강조한다. 그가 의미하는 영성의 대화란 삶의 경험조차도 함께 존중해 줄 수 있는 대화를 일컫는다(85). 이러한 삶에 기초한 종교 간의 대화는 유대의 탈무드적인 교훈을 담고 있다. 프란즈 로젠스위그(Franz Rosenweig), 마틴 부버(Martin Buber), 임마누엘 레비나스(Emmanuel Levinas) 그리고 한스 게오르그 가다머(Hans Georg Gadamer)와 위트겐 하버마스(Jürgen Habermas)로 이어지는 유대인 사상가들에 의하면 대화란 종결되지 않는 것이다. 대화를 통해 다름이 끊임없이 발생하고 그 다름을 통해 새로운 가치를 배워 나가는 것을 즐기는 것이 대화의 진정한 태도라고 설명한다(86).

또한 대화는 논쟁의 기능을 지닌다. 논쟁은 서로 자신의 의견을 고수하기 위해 상대방에게 공격적이 되는 것이 아니라 서로 문화, 종교, 이념이 다른 타자가 만나 새로운 진리를 알아가는 것이다. 이러한 논쟁(debate)으로써 대화는 무슬림 전통과도 가깝다. 일찍이 무함마드의 메시지를 믿게 하기 위해 무슬림들은 유대교와 기독교인과 논쟁했다. 기독교 전통에서도 논쟁적인 대화는 자연스러운 것이었다. 제2차 바티칸 공의회에서 로마 카톨릭은 타종교와 타문화에 대해 동등하고 개방적이며 공정하고 서로 간의 영향을 긍정했다. 이러한 동등한 위치의 대화는 개신교의 WCC의 대화활동에도 지침이 되었다(92).

소크라테스나 플라톤 등의 그리스 철학자들은 대화를 통해 철학을 가르쳤을 정도로 대화의 방식은 보편적이고 효과적이었다. 초기 라틴의 교부들도 변증의 의미로써 대화라는 단어를 사용하였다. 순교자 저스틴(St. Justin Martyr)이 헬레니즘 문화 속에서 기독교 신앙을 변증한 것이나, 오르겐(Orgen)이 이단에 대응했던 것은 좋은 실례가 될 수 있다. 이러한 전통은 13세기 기독교의 가장 위대한 변증가 토마스 아퀴나스의 『이교도대전(*Summa Contra Gentiles*)』에서 절정을 이루었다.

저자는 대화의 역사적 흐름을 중세시대까지 기독교의 변증으로 마감시키고 근대 이후 대화의 의미와 방식이 변화된 점을 주목한다. 즉 기독교의 신앙을 변증하기 위해 행해졌던 대화 방식은 근대에 넘어오면서 타자와 함께 진리를 모색하는 대화의 성격으로 변화 된 것을 주목하고 있다(96-97). 타자를 변증과 논쟁의 대상으로서 인식하는 단계에서 타자와 동반자적인 관계로 발전할 때 필요한 것은 대화에 임하는 태도와 정신이다. 저자는 대화의 목표는 인간 사회의 해방의 단계를 넘어 더 깊이 들어

가면 종교적인 전통조차도 나눌 수 있다는 점에서 대화는 선교라고 주장한다(102).

이러한 점에서 저자는 대화로써 선교의 방향을 네 가지로 정리하고 있다. 종교 간의 대화는 첫째, 삶에 관한 대화이고, 둘째, 인류의 발전과 해방을 위한 행동에 대한 대화여야 한다. 셋째, 신학적 교류의 차원에서 서로 간의 종교적 유산과 영적 가치를 존중하며 이해하는 대화여야 한다. 넷째, 종교적 경험에 대한 대화여야 한다. 인간은 종교적 전통에 근거한 삶을 살고 있으므로 절대자를 찾는 기도, 명상, 신앙의 의식의 교류를 통해 서로의 신앙을 풍부하게 형성할 수 있다(105).

이러한 점에서 저자가 보기에 개신교의 WCC의 대화 노력은 그 결과적인 면에서 한계가 있다고 평가하고 오히려 카톨릭의 종교 간의 대화의 노력들이 고무적이었음을 주장한다(108). 종교의 미래를 전망하면서 카톨릭이 신설한 회의(예를 들어, World Conference of Religion and Peace 혹은 International Association for Religious Freedom) 등은 앞으로 로마 카톨릭의 종교 간의 관계를 이끌어갈 실천 방안이 될 것이라고 전망하였다(111).

4. 종교 간의 대화 그리고 미래

저자는 21세기에 들어오면서 종교 간의 대화는 이제까지와는 전혀 다른 새로운 방식으로 전개될 것을 전망하고 있는데, 제5장은 자신이 논문 2004년의 연구를 다시 정리한 것이다.[5] '종교 간의 대화' 라고 했을 때 선택될 수 있는 '다종교의(multireligious)', '신앙 간의(interfaith)', '교차 종교 간의

5) Pim Valkenberg, "The Future of Religion: From Interreligious Dialogue to Multiple Religious Identity?," *Studies in Interreligious Dialogue* 14, 95-107.

(intrareligious)' 세 가지 다양한 용어들을 비교 설명한다. 즉 '다종교의'라는 말은 제도, 교리, 의례에 있어서 표현의 방식이 서로 다른 것을 뜻하며, '신앙 간의'라는 말은 절대자를 향한 공통적인 인간의 본성을 서로 교감한다는 뜻이며, 마지막 '교차 종교 간의'라는 말의 뜻은 특정한 종교적 전통과 경험을 바탕으로 보편적으로 내재하는 신앙을 교감하고 교류하는 관계를 의미한다(113-114).

이러한 '종교' 간의 대화는 또 다시 '신앙'과의 대화와 구별된다. 저자는 신앙의 범주와 종교의 범주를 구분하면서 신앙은 개인적인 차원에서 언급되는 것이지만 종교는 이러한 개인들이 속해 있는 전체, 즉 전통과 문화를 포함한다고 설명한다. 이러한 차이는 카톨릭과 개신교의 종교 간의 대화에 대한 태도 혹은 지침에서도 발생한다. 교회는 신과 세계의 중재자이기 때문에 카톨릭에서는 제도화된 교회 차원에서 종교 간의 대화가 이뤄져야 할 것을 전제한다. 반면 개신교는 어떠한 사회적 제도의 차원에서 고려되는 '종교' 간의 대화보다는 인간 본연의 종교적 심성을 중심으로 개인의 신앙의 대화를 선호한다(115-117).

한편 저자는 미래의 종교에 대한 신학적 보편성의 접근을 제안하고 있다. 세계적으로 종교 부흥 시대를 경험하고 있다고 평가되는 현재(117), 유럽 사회의 종교에 대한 현상이 매우 예외적임을 지적한다. 즉 유럽인들은 종교적인 심성을 가지고 있지만, 어떠한 종교 집단에도 소속하는 것을 거부한다. 소위 말하는 "소속하지 않고 믿기(believing not belonging)"의 현상을 일컫는 것인데, 이러한 현상은 저자를 비롯한 여러 종교 학자들의 공통된 의견인 종교와 신앙의 구별을 통해 잘 이해될 수 있다(117).[6] 저자는 제도화된 종교는 서로 배타적인 영역을 형성할 수 있지만 인간 본연의 신

6) 특히 이 논의는 Kenneth Cragg, *The Call of the Minaret* 2nd edition, revised and enlarged (Maryknoll NY / Ibadan : Orbis Books / Daystar Press, 1985).를 참조.

앙심은 대화의 소통역할을 하게 될 것을 주장한다. 이러한 대화가 미래의 종교가 지향해야 할 것임을 여러 학자들의 견해(어니스트 트웰치, 폴 틸리히, 그리고 칼 라너)를 통해 확인하고 있다(118).

제7장과 8장에서는 기독교와 무슬림 신학자에 대한 분석으로써 중세의 신학자 토마스 아퀴나스와 알 가잘리, 그리고 근 현대에 들어와 사이드 너스리(Said Nusri, 1878-1960)의 사상을 소개하고 평가한다. 알-가잘리는 토마스 아퀴나스보다 한 세기 앞선 인물이었기 때문에 아퀴나스가 그의 저서를 접했을 것으로 저자는 추측한다(214). 저자는 알 가잘리의 사상을 읽으면 마치 그가 기독교 신학자인 것 같은 착각을 불러 일으킬 정도로 기독교 신비주의 친근한 영성을 가지고 있다고 평가한다(214).

저자는 현대 이슬람과 기독교의 대화적 인물로써 사이드 너스리를 선택하고 그의 생애와 사상을 서술하였다. 너스리는 다마스커스의 설교자라는 별칭을 얻을 정도로 유명한 설교를 하였는데 바로 1911년 다마스커스의 움미야드 모스크에서 행했던 설교이다. 너스리는 다문화, 다종교적인 사회에서의 무슬림의 삶에 대해 긍정적으로 분석했다. 이러한 너스리의 사상은 무슬림과 비무슬림이 서로를 존중하고 공존하는 관계로 평가되어 당시 많은 존경을 받았다. 너스리는 무슬림이 모든 기독교인과 유대교인들을 불신자라고 폄하해서는 안 된다고 주장했다. 이와 같은 아브라함 종교에 대한 존중 사상은 한스 큉(Hans Küng)의 사상과 같은 맥락을 이룬다. 한스 큉은 서로를 불신자가 아닌 한 하나님 아래 있는 형제요 자매라고 하였다. 너스리는 무슬림과 기독교 그리고 유대교 간에 서로 친근한 관계를 희망했다. 저자는 기독교뿐만 아니라 이슬람 안에도 평화적 대화적 인물과 사상이 공존하고 있음을 너스리의 생애와 사상을 통해 입증하고 있다.

III. 평가 및 나가는 글

저자는 근대 이후 서구에서 이뤄져온 종교 간의 대화에 대한 신학적 종교학적 논의를 '대화의 신학(theology of dialogue)'이라는 논제에 맞추어 비판적으로 성찰하고 그에 대한 실천적인 인물과 경험을 소개하였다. 이를 통해 대화신학의 동반자로써 기독교와 이슬람의 관계를 이해할 수 있었고 두 종교가 공존할 수 있는 윤리적 통찰을 함께 살펴볼 수 있었다. 특히 대화를 선교적인 맥락에서 이해시키려는 저자의 의도는 카톨릭의 제2차 바티칸 공의회의 타종교에 대한 입장을 소개하는 부분에서 구체화되었다. 이를 통해 기독교와 이슬람 간의 관계를 대화의 방법으로 도모하려는 각 신학적 노력들을 살펴볼 수 있었다.

그런데 그의 대화신학의 실천적 사례들-인물과 사상 연구-중에서 몇 가지 문제점과 아쉬운 점을 발견할 수 있다. 우선 네이메헨에서의 기독교와 이슬람의 대화 사례에서 저자는 이 대화를 바티칸 공의회의에서 결의한 대화신학의 전통과 명분을 성실하게 담지하고 있는 것으로 평가한다. 하지만 이 대화에 대한 저자의 평가가 지나치게 고무적이고 미래 지향적인 점에만 치우쳐 있어서 대화의 파트너가 되는 서구 무슬림들의 삶의 자리는 진정성 있게 반영되지 않았다. 그들의 삶의 자리가, 특히 사회적 위치가 어떠한지에 대한 반성과 평가가 이뤄지지 않는 상황에서 종교 간의 대화로의 논의 진행은 편협하고 객관성을 잃을 수 있다. 또한 무슬림이 기독교와 대화를 원하는지, 원한다면 서구 사회의 소수자로써 어떤 대화를 원하는지, 그들과 동등한 의견 교류가 가능한 것인지를 논구하기 바라며 대화를 원하는 무슬림의 자발적인 대화 동기는 무엇인지를 다시 한 번 질문해 볼 수 있을 것이다.

이러한 질문을 다시 저자에게 한다면 "저자는 왜 대화에 신학적 의미를 되새기려고 하는가?"이다. 즉 저자가 의도하는 대화적 목적은 저자의 종교적, 문화적 정체성과 연관된다. 그는 인도네시아를 식민지화 했던 네덜란드 출생이다. 인도네시아를 비롯한 동남아시아 지역은 전 세계에서 무슬림 인구 비율이 현재 가장 높은 곳이다. 이러한 문화적 종교적 특징 때문에 네덜란드 출신의 종교학자나 선교학자는 이슬람에 대한 연구를 다양하게 수행할 수 있었다. 하지만 이 책에는 이슬람을 식민지화 하면서 그들을 문화적으로 종교적으로 연구했던 네덜란드 학자들의 오리엔탈리즘적인 현상에 대한 반성은 언급되어 있지 않다. 다시 말해 저자가 속한 유럽 사회, 그 중에서도 무슬림을 식민화 했던 과거의 경험에 대한 비판적인 성찰이 함께 논의되어 있지 않다. 저자가 종교 간의 대화에 대한 논의를 개진하고 그러한 주장들을 현실화하는 데 적극적이었던만큼 저자는 자신의 객관적인 시각을 입증할 필요가 있다. 저자가 서구 카톨릭 신학자인 점에서 발생할 수 있는 오해와 편견을 해소하기 위해서는 이러한 논의들이 함께 첨가되어야 할 것으로 생각된다.

마지막으로, 저자는 인류의 가치를 증진시키고 절대자를 향한 동반자로서 기독교와 이슬람의 관계를 강조하며 그 공존의 방식으로 대화를 주장한다. 그런데 이러한 과정에서 기독교와 이슬람 간의 대화가 지나치게 윤리적으로만 강조되었다. 대화를 통해 관계 중심의 철학이 강조되다 보니 서로의 신앙에 대한 배타성과 고유성이 자연스럽게 배제된 측면을 발견할 수 있었다.

기독교와 이슬람 간의 대화의 어려움은 사실상 서로의 신앙고백에 있다. 그런데 이것이 이 책에서 단순히 역사적인 장면들로만 다뤄진 점은 대화신학을 논한다는 측면에서 아쉬움으로 남는다. 종교 간의 대화의 필요성을 고찰하면서 동시에 그 대화에서 발생되는 신앙고백의 어려움을 어떻게 이해하고 신학적으로 재정립할 것인지를 함께 논구했다면 대화신학의 의미와 방향을 더욱 진정성 있게 모색하는 계기가 되었을 것이라고 생각한다.

THE FUTURE OF ISLAM

(*The Future of Islam* by John L. Esposito,[1] Oxford: Oxford University Press, 2010)

임 스 데 반

I. 서론

오늘날 세계화 격랑 속에서 변화의 소용돌이로부터 자유로운 사회는 어디에도 없다. 이슬람 세계 역시 예외가 아니다. 최근 중동의 민주화 사태에서 볼 수 있듯이 이슬람 사회 역시 급격한 변화를 경험하고 있다. 이 변화는 이슬람 미래와 관련하여 두 가지 중요한 화두를 던지고 있다. 이슬람 사회는 과연 세계화된 새로운 세계 속에서 하나의 정당한 일원으로써 자리

1) John Esposito는 미국 워싱턴 DC에 소재한 죠지타운 대학 교수로써 국제문제 및 이슬람 연구를 담당하고 있다. 비무슬림 이슬람 전문가로써 그는 이슬람 이해에 있어서 서구 지식인과 무슬림 지식인 사이의 거리감을 좁히기 위해 애쓰고 있다. *Islam and Democracy* (1996), *What Everyone Needs to Know about Islam* (2002), *Who Speaks for Islam: What a billion Muslims really think* (2008) 그리고 *Islam : The straight path* (2004) 등 대표적 저술들이 있다.

매김할 수 있을 것인가? 만약 이 자리매김이 성공적이 되려면 이슬람 사회의 정체성을 규정하는 이슬람은 어떤 모습으로 변화할 것인가? 두 과제는 사실 동전의 양면과 같다. 새로운 시대 속에서 공존할 수 있는 이슬람의 정체성 확보는 동시에 세계화된 새로운 시대 속에서 전세계의 1/5 이상을 차지하고 있는 이슬람 세계가 새로운 세계의 일원으로써 공존의 틀을 세우는 계기가 될 것이기 때문이다.

이와 함께 비이슬람 세계가 이슬람 세계의 변화를 어떤 관점으로 볼 것인가도 중요한 과제이다. 우리나라를 비롯해서 이슬람이 주류 사회 일원으로 자리잡지 못하고 있는 지역에서는 이슬람의 성장, 그리고 이슬람이 세계의 정당한 일원으로 자리잡기 위한 노력을 의혹의 눈초리, 불안한 마음으로 지켜보고 있고, 그들을 사회의 정당한 일원으로 받아들이기를 거부하고 있다.[2] 저자는 이 부분 역시 이슬람 미래를 결정하는 데 있어서 중요한 변수라고 인식한다. 저자는 서구와 미국에 이미 상당수의 무슬림들이 국민의 일부로 정착하고 있는 상황에서 이들을 정당한 사회 일원으로써의 수용을 거부하는 것은 심각한 사회문제가 될 수 있다고 주장한다. 이는 또한 세계화된 추세와도 상충된다.

저자는 서구의 이슬람 이해가 편향적이라 지적한다. 그리고 이 편향성은 이슬람 세계에 대한 바른 이해를 통해 교정되어야 한다. 왜냐하면 이슬람 세계 밖 사람들의 이슬람 내부에 대한 바른 이해야말로 이슬람과 비이슬람 세계가 함께 공존해야 하는 미래에 있어서 매우 중요하기 때문이다. 저자는 이슬람 세계가 자신의 미래를 결정해 가는 과정에서 비이슬람 세

2) 비이슬람 지역의 이슬람을 바라보는 관점은 한국 사회에서 한동안 열띤 논쟁을 불러 일으켰던 "이슬라모포비아" 문제에서도 잘 엿볼 수 있다. 이는 다문화, 다종교 현상을 자연스럽게 받아들이는 유럽과 미주에서도 마찬가지이다. 무슬림 인구는 이들 지역에서 이미 두 번째 또는 세 번째로 많은 종교인구를 차지하고 있음에도 이슬람 세력을 유럽과 미주의 정당한 일원으로 받아들이는 것을 주저하고 있다.

계, 특히 미국과 유럽으로 지칭되는 서구의 역할을 강조한다. 서구가 무슬림 대중 사이에 확산되고 있는 개혁주의적 태도들을 지원함으로써, 이슬람 세계가 시민 사회로 성장하도록 돕는 것은 바람직한 이슬람의 미래를 위해 필요하다고 보기 때문이다.[3]

II. 무슬림들의 자기 이해

이 책에서 에스포시토의 제시하는 가장 핵심적인 질문은, "이슬람은 어떤 미래로 나아갈 것인가?"이다. 이슬람의 미래를 논의하려면 먼저 이슬람 세계의 현주소에 대한 명확한 파악이 선행되어야 한다. 그렇다면 현재 이슬람은 누구에 의해 대변되는가? 여러 가능한 답이 있을 수 있다: 서구 미디어, 과격 이슬람 근본주의/테러리즘, 이슬람 세계를 주도하는 정치, 종교지도자 등. 그런데 에스포시토는 의외의 답을 제시한다. 대다수 무슬림들의 자기이해 속에서 이슬람 세계의 현주소를 찾아야 한다는 것이다.

저자는 이슬람 사회가 서구에 의해 오해되고 있다고 주장한다. 그동안 이슬람 세계는 자신을 적극적으로 설명하지 못했고, 서구 학자들 역시 이슬람 세계를 체계적이고 객관적으로 소개하지 못해 왔다. 서구인들의 이슬람 이미지는 상당부분 서구 미디어에 의해 형성된 면이 있다. 그렇다면 서구 미디어는 이슬람 세계를 어떻게 묘사해 왔는가? 서구 미디어에 비춰지는

3) 저자는 *The Future of Islam*이 다음의 목적을 위해 쓰여졌다고 쓰고 있다. 1) 진정한 이슬람 정신(the soul of Islam)을 회복하기 위한, 이슬람 내부의 개혁주의적 몸부림들을 이해하기 위해, 2) 무슬림 세계의 종교적, 문화적, 정치적 다양성을 파헤치기 위해, 3) 이슬람 개혁과 관련한 논쟁들과 그 역학관계를 명확히 하기 위해, 4) 이슬람 극단주의, 테러주의에 대항하여 진행되는 시도들을 평가하기 위해, 5) 무슬림 세계와 서구 관계의 미래를 가늠하기 위해 (Esposito 2010: 3).

이슬람 세계는 근본주의 이슬람/테러리즘과 깊이 연관되어 있다.[4] 한편 정치, 사회 지도자들의 근대화와 이슬람을 통합하는 정치 이데올로기, 또는 중세적 이슬람 문화를 강조하는 종교지도자들의 신학이 이슬람 세계를 대변해 온 면도 있다. 그런데 저자는 이 책에서 이슬람 세계를 진정으로 대변할 수 있는 것인 대다수 일반 대중 무슬림이며, 일반 대중 무슬림들의 생각하는 이슬람 세계의 자화상이야말로 이슬람 세계의 진정한 모습이라고 주장한다. 그리고 이슬람의 미래에 대한 논의는 여기서부터 시작되어야 한다.

그런데 그동안 다수 대중 무슬림들이 자신들의 의견을 드러낼 창구나 기회가 전혀 없었다. 이슬람 세계에 대한 이미지는 소수의 신학자나 극단주의자들에 의해 대변되어 왔다. 때문에 저자는 이슬람 세계의 자기이해를 제대로 파악하려면, 대다수 대중이 갖고 있는 의식 조사로부터 출발해야 한다고 주장했고, 그는 갤럽과 함께 "Who Speaks for Islam?"이란 주제로 실시된 광범위한 리서치를 통해 실제 다수 무슬림들의 이슬람 세계 정체성을 조사하였다.[5] 이 조사 결과를 근거로 저자는 이슬람 세계의 미래에 대해

4) 물론 이에 대해서는 논란이 있다. 저자는 서구 미디어에 비쳐지는 근본주의적 이슬람을 통해 이슬람 세계는 서구를 위협하는 세력으로 인식되어 온 면이 있는데, 이는 실제 이슬람 세계와 거리가 있다고 주장한다. 저자는 그의 책 *The Islamic Threat: Myth or Reality?* (1992)에서 이슬람 근본주의 위협을 이슬람 세계의 모습 전체를 대변하는 것으로 보는 것을 거부한다. 이슬람 근본주의는 이슬람의 일부일 뿐이며 이들을 통해 이슬람이 서구 사회가 위협받고 있다는 주장은 과장된 것이라고 주장한다.

5) 이는 갤럽에 의해 6년에 걸쳐 진행된 대규모 리서치였다. 이 리서치는 35개 이슬람 국가들에 살고 있는, 농촌과 도시, 여자와 남자, 젊은이와 노인, 그리고 문맹자와 지식인을 총 망라한 수만 명의 무슬림들에 대한 일대일 면담을 통해 진행되었다. 그들이 사용한 질문은 다음과 같다. "왜 무슬림들은 반미적인가?" "누가 극단주의자인가?" "무슬림들은 민주주의를 원하는가?" "무슬림 여성들이 원하는 것은 무엇인가?" 등등. 이 설문 결과는, 테러리즘, 극단주의 등으로 대변되는 오늘날의 이슬람 세계 이미지는 여러 면에서 왜곡된 것임을 보여 주고 있다. (이 조사 결과는 Dalia Mogahed와 함께 공저한 *Who Speaks for Islam? What a Billion Muslims Really Think* (2008) 통해 자세히 보고되었다.) 한편, 이 책을 저술한 John Esposito와 Dalia Mogahed은, "Who Speaks for Islam?"이란 제목으로 진행된 설문조사 결과에 대해 각기 다른 인터뷰를 통해 설명하고 있다. http://www.youtube.com/watch?v=jrDvC5u2OKI (John Esposito's interview: lastly visited Feb. 16 2012), http://www.youtube.com/watch?v=Bn12s19X8xU (Dalia's interview, lastly visited Feb. 16 2012).

긍정적인 결론을 내린다. 그는 무슬림 대중들 안에 진행되고 있는 개혁주의적 의식들에 대해 소개하고 이는 이슬람 미래에 대한 긍정적 전망을 가능케 하는 매우 중요한 요소로 설명하고 있다.[6]

두 번째 저자가 던지는 화두는, "이슬람 근본주의와는 다른 방향성을 가진 다수 대중 무슬림의 영향력이 어떻게 바람직한 이슬람 미래 형성을 위한 변수로 작용하도록 할 것인가?"이다. 이슬람 세계에서는 이슬람 미래를 주도하기 위해, 매우 다양한 집단이 영향력을 확대하려 애쓰고 있다. 그런데 저자는 세계화되고 다원주의 세계관이 지배할 미래 세계에서 대다수 대중 무슬림을 대변할 세력으로 중도적인 사고를 가진 지도자들, 즉 개혁주의적 사상을 가진 학자, 활동가들을 주목한다.[7]

> 아프가니스탄 탈레반 정부의 정책들, 경직된 이슬람 근본주의 신학들, 중세적 사고에 젖어 있는 극보수주의 종교지도자들, 사회 발전이 정체된 여러 이슬람 사회들의 후진성 등으로 인해, "이슬람은 근대 시민 사회와 결코 공존할 수 없다!"라는 주장이 설득력을 얻고 있다. 그러나 이슬람 세계는 19세기 이래 자체 개혁의 움직임이 계속 있어 왔다. 오늘날에도, 저명한 이슬람 신학자들, 학자들, 사회운동가들, 대중 설교자 등 다수의 지도자들이 현대 기술 및 미디어를 이용하여 21세기 세계

---

6) 저자는 무슬림 대중 의식에 대한 조사 결과는 대부분의 무슬림, 특히 서구에 정착한 무슬림들은 무슬림으로서의 정체성을 유지하면서도 서구 사회와 조화롭게 공존할 수 있다는 긍정적 태도를 갖고 있음을 보여준다고 주장한다. 갤럽 조사에 응한 무슬림의 91%는 9.11 테러를 비롯한 테러리즘에 동의하고 있지 않고 있으며 (Esposito 2010:30) 유럽 거주 이주 무슬림 대다수가 극단적인 근본주의 이슬람 가르침에 동의하지 않는다고 응답했다(Esposito 2010: 28). 설문조사 결과 나타난 무슬림의 삶의 우선순위를 보면, 취업 등 경제적 안정, 공정한 법집행과 민주정치, 사회 긴장 완화, 문맹퇴치, 사회정의, 그리고 종교의 자유 등을 중요한 가치로 여긴다. 무슬림들의 삶에 대한 우선순위는 서구의 비무슬림들의 그것과 별반 다르지 않다 (Esposito 2010: 55).

7) 저자는 개혁적인 무슬림 지식인으로 여러 무슬림 지도자를 예로 들고 있다. Esposito는 그의 책 제3장 "Where are the Muslim Reformers?"에서 다수의 무슬림 학자, 지도자들의 개혁주의적 시도들을 소개하고 있다. 저자가 소개하는 개혁주의적인 무슬림 지도자들로는 *TIME*지를 통해 세계 가장 영향력 있는 지도자 100인으로 뽑힌 Tariq Ramadan, Amr Khaled을 비롯해 Sheikh Ali Gomaa, Mustafa Ceric, Yusuf Qaradawi, Nurcholish Madjid, Timothy Winter, Farhat Hashmi, Amina Wadud, 그리고 Heba Raouf 등이 있다.

> 적응을 위한 이슬람 세계 개혁 이슈들을 끊임없이 제기하고 있다.…일반 대중 무슬림들(the grass roots) 사이에 개혁에 대한 광범위한 열망이 퍼져나가고 있다는 것은 분명한 사실이다. 갤럽 조사 결과는 세계 전역에 흩어져 있는 무슬림 대중이 개혁을 원하고 있으며, 그 개혁을 위한 틀이 이슬람 신앙 안에서 세워질 필요가 있음을 보여 주고 있다. (Esposito 2010: 139)

그렇다면 이 개혁적 무슬림 지식인들의 영향력이 과연 미래 이슬람 세계를 규정하는 새로운 이정표를 세울 정도로 광범위한 지지를 받고 있는가? 저자는 이 부분에 대해서도 매우 낙관적인 견해를 갖고 있다. 현 시점에서 저자의 입장이 맞는지는 가늠하기 어렵다. 최근 중동에서 진행되고 있는 민주화 운동과 이슬람 개혁주의 바람 등의 추이를 지켜봐야 할 것 같다.

그런데 이슬람 세계는 이슬람 신앙, 더 구체적으로는 꾸란 해석 방법론에 의해 규정되는 면이 많다. 그러므로 이슬람 세계 내의 개혁적 관점들은 이슬람 신학 또는 꾸란의 가르침에 대한 재해석 문제로 연결된다. 과연 세계화, 다원화된 사회에 적합하도록 꾸란 또는 이슬람에 대한 재해석이 가능한가? 저자는 이에 대한 최근 시도들을 언급하면서 긍정적으로 전망한다.

III. 서구의 고민 : 이슬람을 서구의 정당한 일원으로 수용할 것인가?

저자는 이슬람의 미래는 이슬람 혼자 결정할 수 있는 것이 아니라고 본다. 유럽과 미국 등 서구의 역할 역시 이슬람의 미래 방향 결정에 중요한 변수가 된다. 이 때문에 서구의 바른 이슬람 세계 이해는 매우 중요하다. 그런데 이를 위해서 극복되어야 할 장애물이 있다. 바로 서구 사회에 깊숙히 퍼져 있는 이슬람에 대한 반감, 의심이다. 이슬라모포비아 현상에서 보듯이, 서구 사회는 이슬람을 정당한 일원으로 받아들였을 경우, 이것이 사회

불안요소로 작용할지 모른다는 두려움을 갖고 있고, 이 때문에 무슬림들의 주류 사회 진출은 (서구적 가치를 인정하고 수용하는 한에서) 선별적으로 허용되어야 한다는 생각을 갖고 있는 듯하다. 그런데 저자는 서구 세계에 펴져 있는 "이슬라모포비아(Islamophobia)," 즉 이슬람을 위험요소로 보고 거부하는 태도가 극복되지 않고는 바람직한 이슬람 미래를 위한 협조는 어려울 것이라 전망한다.

저자는 이슬람 포비아 현상은 결국 헌팅턴이 주장한 "문명의 대결"로 세계를 몰아가며 이슬람 세계와 서구 사회의 공존을 저해한다고 본다. 이슬람 포비아를 앞세워 이슬람 세계를 거부하는 서구 또는 기독교의 태도는 이슬람의 절대성을 앞세워 비무슬림 세계를 부정하는 이슬람 근본주의와 별반 다르지 않다고 이해한다. 최근 유럽에서 쟁점이 되고 있는 "유라비아(Eurabia)" 개념을 둘러싼 이슈(Esposito 2010: 26) 역시 이슬람 세계에 대한 서구의 의심과 거부를 보여 준다. 유라비아는 유럽과 아라비아의 합성어로, 유럽이 이슬람에 의해 점령될 지도 모른다는 경고를 담고 있는 말이다. 이 토론은 최근 이집트 태생 유대계 학자인 밧 예올(Bat Ye'or)이 쓴 동명의 책 *Eurabia : Euro-Arab Axis* 에 의해 널리 알려졌다. 이런 쟁점들은 세계화된 시대 속에서 이슬람 세계가 그 정당한 일원으로써 서구와 미국 등 서구 사회에 의해 용납되어지는 것이 쉽지 않음을 보여 준다.

이슬람 세계를 유럽의 정당한 일원으로 받아들일 것인가? 이 질문은 매우 현실적인 질문이다. 현재 유럽 전역에 약 4천 4백만 명의 무슬림이 살고 있으며 이는 유럽 전체 인구 6%에 해당한다.[8] 만약 터키가 유럽연합(EU)에

8) The FEW Forum on Religion & Public Life이 2011년 1월 발표한 "The Future of the Global Muslim Population: Projections for 2010-2030"이란 논문에 따르면, 1990년 2,960만 명이었던 유럽 내 무슬림 인구는, 2010년 현재, 4,410만 명으로 늘어났다. 2030년이 되면 이 수는 5,800만으로 늘어날 전망이다. 이는 전체 유럽 인구의 6%에서 8%로 무슬림 인구 비율이 늘어남을 의미한다. http://www.pewforum.org/future-of-the-global-muslim-population-regional-europe.aspx (May. 6 2012)

가입하게 되면 무슬림이 일시에 1억 명으로 늘어날 것이며 유럽 내에서 이슬람의 영향력은 급속히 확대될 것이다. 과연 이러한 상황을 서구인들은 어떻게 받아들일 것인가? 이것은 다문화, 다원주의를 지향해 온 서구 사회/문화에 커다란 도전이 될 것이다.

이슬람 사회는 다원화되고 세계화된 오늘날, 지구촌의 존경받는, 정당한 일원으로써 인정될 수 있는가? 이는 저자가 이 책을 통해 던지는 또 다른 화두이다. 저자는 서구에 이주해 와서 살고 있는 무슬림들 공동체, 그들의 세계관 속에서 저자는 이 질문에 대한 답을 찾고 있다. 유럽과 미국으로 이주해서 정착하고 있는 무슬림들은 이슬람의 정체성을 고수하면서 동시에 다문화 사회의 일원으로써 서로 조화를 이루며 살고 있다. 이들은 이슬람 세계가 서구 다문화, 세속화 사회 속에서 공존의 길을 찾을 수 있는 가능성을 보여 주고 있다.

이슬람 세계의 미래와 관련한 서구 사회의 입장과 관련하여 저자는 한 가지 더 흥미로운 점을 제시한다. 이슬람 세계의 개혁, 개혁주의 세력의 성공은, 유럽, 미국과 같은 서구 세력의 이들에 대한 지원과 깊은 연관이 있다는 것이다.[9] 즉 서구 지식인들, 정책결정자들은 이슬람 개혁주의 세력과의

9) 이 관점은 2009년 6월 이집트 카이로 대학에서 행한 오바마의 역사적 연설을 통해서 잘 나타나 있다. 그는 "미국은 이슬람 세계와 새로운 동반자 관계를 시작할 준비가 되어 있다."고 말했는데 이는 "무슬림 세계에 대해서, 우리는 상호 이해와 존경에 기초해서 함께 새로운 진보의 길을 찾을 것"이라 한 그의 취임연설과 맥을 같이 한다고 볼 수 있다(Esposito 2010: 142). 그러나 이러한 관점에 대한 반론도 만만치 않다. 많은 이슬람 학자들은 이슬람 세계의 개혁은 이슬람 내부로부터 나와야 한다고 믿고 있다. 외부,특히 서방세계의 지원에 의한 변혁은 언제나 제한적일 수밖에 없으며 오히려 심각한 반작용을 불러오기도 한다. Sam Harris는 그의 책 *The End of Faith: Religion, Terror, and the Future of Reason* (2004)에서 이슬람 개혁은 내부로부터 비롯되어야 한다는 주장을 제시했다. "Is Islam compatible with a civil society? Is it possible to believe what you must believe to be a good Muslim, to have military and economic power, and to not pose an unconscionable threat to the civil societies of others? I believe that the answer to this question is no. If a stable peace is ever to be achieved between Islam and the West, Islam must undergo a radical transformation. This transformation, to be palatable to Muslims, must also appear

연대를 통해 이슬람 사회가 시민 사회(civil society)로 발전하도록 도와야 한다. 그리고 이들과 함께 이슬람 사회가 세계화된 다문화 사회 속에서 하나의 정당한 일원으로 인정되도록 함께 힘을 모아야 한다.

IV. 바람직한 이슬람 미래를 위한 제언

저자는 중도적이며 개혁적 경향을 갖고 있는 무슬림 대중과 이슬람 개혁을 주장하는 개혁주의 지식인 세력이 이슬람 미래를 주도해야 한다고 주장한다. 특히 개혁주의적 성향의 무슬림 지도자의 역할을 강조한다. 그러나 이들이 이슬람 개혁을 주도하기에는 아직도 극복되어야 할 많은 장애물들이 존재한다.

> 그러나 개혁주의적 무슬림들은, 여전히 강력한 저항세력의 도전을 직면하고 있는 소수자들이다. 억압적인 권위주의 정부(repressive authoritarian regimes)들은 법에 의한 통치, 권력의 공유를 외치는 개혁주의 세력을 자신들의 권력을 위협하는 존재로 인식하고 있다. 종교적 극단주의자들(religious extremists)은, 자신들이 주장하는 "이슬람"에 반대하는 개혁주의를 붕괴시켜야 할 적으로 믿고 있다. 중세적 패러다임에 충실한, 고집스런 보수 종교세력들(intransient religious conservatives)은 권위주의적 정부와 결탁하여 개혁주의 이슬람을 "이단"으로 정죄한다. 창의적이고 자주적인 사고와 행동을 보장하는 시민사회로 성장하지 못한 많은 이슬람 지역에서 개혁주의적 무슬림들은 자신들을 지지할 세력들을 찾기 위해 몸부림치고 있다. (195)

---

to come from Muslims themselves. It does not seem much of an exaggeration to say that the fate of civilization lies largely in the hands of "moderate" Muslims. Unless Muslims can reshape their religion into an ideology that is basically benign –or outgrow it altogether - it is difficult to see how Islam and the West can avoid falling into a continual state of war, and on innumerable fronts" (Harris 2004: 152).

과연 이슬람 개혁주의 세력이 미래 이슬람 사회를 주도할 수 있을 것인가? 이 질문은 이슬람의 미래를 예측함에 있어서 매우 중요한 질문이 아닐 수 없다. 저자는 이 책의 결론에서 이들 개혁주의 세력은 이슬람 사회 미래를 주도할 만큼 확고하지 못하며 때문에 이들을 향한 서방 세계의 지원이 매우 중요하다고 주장한다.[10]

저자는 이슬람 근본주의를 이슬람 신앙과 신학에서 비롯된 것이라기보다는 이슬람 정치 경제 사회적 실패가 이 극단주의를 키웠다고 보고 있다. 그러므로 시민 사회의 성장은 중도적이고 개혁적 성향을 갖는 무슬림 대중들의 참여를 높이고 이는 테러리즘을 주도하는 이슬람 근본주의 세력이 뿌리내리고 있는 토양을 제거하는 효과가 있다고 주장한다(Esposito 2010: 196).[11]

V. 결론

이 책을 통해 제기한 에스포시토의 논의들은 이슬람의 미래에 대해 지나치게 긍정적인 면이 없지 않다. 오랜 동안 중세적 정치 문화와 종교 영향력 아래 지내온 이슬람 세계의 특성을 고려할 때, 일반 대중 무슬림들의 태도와 견해가 이슬람 미래 결정의 주요 변수가 될 것이란 전제는 역사적인 분석이 뒤따라야 할 것으로 보인다. 개혁주의 세력을 지나치게 정치적 관점

10) Espositos는 과거 서방의 이슬람 세계에 대한 정책을 비판적으로 평가한다. 과거 서방은 이슬람 국가들의 권위주의적 정부 지원을 통해 과격 무슬림 세력 통제를 지원했으나 이 접근은 성공하지 못했다. 저자는 앞으로는 개혁주의 무슬림 세력을 지원해서, 그들과 함께 이슬람 정치, 경제, 사회가 시민사회로 성장할 수 있도록 도와야 한다고 주장한다.

11) 서방 세계는 어떻게 이슬람 세계가 개혁주의적 미래를 열어나갈 수 있도록 지원할 수 있는가? 저자는 두 방향에서 그 가능성을 제안한다. 하나는 정부 차원에서의 이슬람 세계 지원이고 다른 하나는, 세계화된 환경 속에서 열린 대화를 통해 이슬람 사회 지도자들 뿐 아니라 무슬림 대중들과의 교류를 확대해 나갈 수 있도록 노력해야 한다.

에서 분석한 면이 있다. 이슬람 내부의 개혁주의적 성향은 세계화, 세속화의 분위기 속에서 이슬람 사회 전 영역에서 제기되고 있으며 이에 대한 총체적 분석이 이뤄지지 못한 점이 아쉽다. 마지막으로 서구의 이슬람 개혁주의 지원이 이슬람 사회의 시민 사회화와 민주화에 주요 변수로 제시했는데, 실제로는 서구 미국의 간섭이 이슬람 근본주의를 강화시키는 이유가 될 수 있음을 간과한 듯 보인다.

위의 문제점에도 불구하고 에스포시토는 이 책을 통해 이슬람의 미래, 그리고 이슬람과 함께 어우러져 가야 할 세계화된 미래를 향해 시의 적절한 토론거리를 제시하고 있다.

첫째, 이슬람의 미래는, 이슬람 근본주의, 또는 극단주의 이슬람이 아니라 중도적이고 개혁적 성향을 가진 대중 무슬림들에 의해 주도되어져야 한다. 둘째, 이 대중들의 갈망과 태도를 대변할 세력으로써, 개혁주의적 학자들, 무슬림 활동가들의 역할에 주목한다. 셋째, 개혁적 이슬람 시민 사회의 형성을 통해 이슬람 사회가 미래(서구/ 비무슬림) 사회 속에서 하나의 정당한 구성원으로 인정될 수 있어야 한다. 마지막으로, 바람직한 이슬람 사회의 미래를 위해서는 서구 사회의 이슬람 이해가 확대되어야 하며 개혁주의 성향 무슬림 세력을 중심으로 이슬람 세계의 시민 사회화를 지원해야 한다. 저자가 제시하는 쟁점들은 이슬람 미래에 있어서 핵심적인 사안으로써 이슬람 미래에 대한 새로운 안목을 열어 주었다고 평가할 수 있다. 저자는 이슬람 근본주의자뿐만 아니라 관용을 거부하고 "이슬라모포비아"를 주장하는 서구의 태도 역시 극복되어야 할 과제로 보았다. 에스포시토는 양 극단적 태도를 벗고 중도적이고 포용적인 관점, 정책이야말로 세계화된 다원사회에 필요한 태도라고 주장한다.

에스포시토가 제시하는 낙관적인 이슬람 미래상은 룸바드(Joseph E. B. Lumbard)가 자신이 편집한 책 *Islam, Fundamentalism, and the Betrayal of*

Tradition, Revised and Expanded (2009)의 서문에서 피력한 이슬람 세계 미래와 맥을 같이하고 있다. 그는 세계화된 시대 속에서 이슬람 문화와 함께 서구의 세속화된 문화를 접하면서 성장한 무슬림 신세대(지식인)들로 인해 이슬람의 미래는 여전히 낙관적이라고 주장한다. 이들은 미래 세계에서 단절된 두 세계를 잇는 가교역할을 감당할 것이라 전망한다.

> The late twentieth and early twenty-first centuries have given rise to a new phase in the history of relations between Islam and the West.…They have also produced a large crop of young Muslims who are of both the East and the West, Muslims who are as familiar with the streets of London, Paris, and New York as they are with the streets of Cairo, Tehran, and Islamabad.…At a time when the forces of technology and globalization are pushing us ever closer, we must make use of all available means to alleviate the tensions that arise from our mutual misunderstanding. The generation is uniquely qualified to help all of us bridge the gap between Islam and the West, for they have spent much of their lives bridging it within themselves and their families (Lumbard 2009: xii).

마지막으로 에스포시토가 이 책에서 제기한 쟁점들은 '이슬람의 확대를 어떻게 볼 것인가?'라는 문제와 씨름하고 있는 한국 사회를 향해서도 의미심장한 화두를 던지고 있다. 과연 이 책의 관점은 '한국 사회에도 적용가능한가? 다문화 사회로 변화되고 있는 한국 사회가 성장하고 있는 이슬람 세력을 하나의 정당한 사회 일원으로 받아들여야 하는가? 무슬림들은 자신의 정체성을 유지하면서 동시에 한국 사회의 충실한 시민으로써 공존할 수 있을 것인가? 시민 사회의 핵심쟁점들(예를 들면, 민주주의, 세속주의, 인권, 전쟁과 평화, 여성해방론, 다원주의 등)에 대해 합리적 태도를 보여 줄 수 있는가? 주류 사회의 기존 가치들에 대한 충성심, 헌신의 태도를 유지할 수 있는가?' 등 다양한 질문에 대한 답을 찾아야 할 것이다.

이슬람 연구 3 저자 소개

권지윤 : 한국이슬람연구소 책임연구원

김아영 : 횃불트리니티 신학대학원대학교 선교학 교수, 한국이슬람연구소 소장

김영남 : 한국선교연구원 연구교수

김정년 : BEE Korea 중동, 아프리카지역 선교사, 한국이슬람연구소 연구원

김철수 : 나이로비 Africa International University 다문화학 교수

박성은 : 백석문화대, 백석대 외래교수, 한국이슬람연구소 연구원

이경희 : 한국이슬람연구소 연구원

임스데반 : GMP 대표

전재옥 : 이화여자대학교 명예교수, 한국이슬람연구소 명예소장

조희선 : 명지대학교 아랍지역학과 교수